会计专业岗位实操系列规划教材

Introduction to the Application of Yonyou
ERP Supply Chain Management System

用友ERP供应链管理系统应用教程

(版本U8 V10.1)

宋红尔 赵越 冉祥梅 主编

东北财经大学出版社
Dongbei University of Finance & Economics Press

大连

图书在版编目（CIP）数据

用友ERP供应链管理系统应用教程（版本U8 V10.1）/宋红尔，赵越，冉祥梅主编. 一大连：东北财经大学出版社，2018.2（2019.2重印）
（会计专业岗位实操系列规划教材）
ISBN 978-7-5654-2948-4

Ⅰ. 用… Ⅱ. ①宋… ②赵… ③冉… Ⅲ. 企业管理-供应链管理-计算机管理系统-高等学校-教材 Ⅳ. F274-39

中国版本图书馆CIP数据核字（2017）第228404号

东北财经大学出版社出版
（大连市黑石礁尖山街217号 邮政编码 116025）
网 址：http://www.dufep.cn
读者信箱：dufep@dufe.edu.cn

大连图腾彩色印刷有限公司印刷 东北财经大学出版社发行
幅面尺寸：185mm×260mm 字数：617千字 印张：22.5 插页：1
2018年2月第1版 2019年2月第5次印刷
责任编辑：包利华 责任校对：惠恩乐
封面设计：冀贵收 版式设计：钟福建

定价：45.00元

教学支持 售后服务 联系电话：（0411）84710309
版权所有 侵权必究 举报电话：（0411）84710523
如有印装质量问题，请联系营销部：（0411）84710711

前　言

2016 年 10 月 8 日，财政部印发了《会计改革与发展"十三五"规划纲要》（财会〔2016〕19 号），纲要明确提出"不断提高单位会计信息化水平。推动基层单位会计信息系统与业务系统的有机融合，推动会计工作从传统核算型向现代管理型转变"。在此背景下，我们编写了这本教材。

本教材以用友 ERP-U8 V10.1 软件为蓝本，以虚拟的辽宁恒通商贸有限公司 2018 年 1 月份的经济业务为背景，全面介绍了总账、应收款管理、应付款管理、采购管理、销售管理、库存管理、存货核算等七个子系统的处理方法和单据处理流程。

与同类教材比较，本教材具有如下特点：

1. 实务性。所有经济业务均以原始凭证呈现，尽量减少文字性描述，以锻炼学生认知经济业务的能力。

2. 层次性。对经济业务进行分层编排。项目 1、2、3、6 为一般业务，项目 4、5 为特殊业务。这样编排一是便于教师根据授课学时进行取舍；二是层次要求较高的特殊业务也可用于全国会计技能大赛的赛前练习。

3. 紧跟时代步伐。在"营改增"背景下，力求体现会计信息化在实际应用中最新的研究成果。

4. 教学资源丰富。配套资源包括：（1）教案、电子课件；（2）阶段性试卷三套（含初始账套）；（3）所有经济业务操作过程的录屏（通过扫描教材中的二维码收看学习）；（4）教材正文的初始账套、结果账套。

限于篇幅，本教材业务编排较为紧凑，建议读者严格按照经济业务发生日期进行处理。

本教材为锦州市社会科学重点研究课题（课题名称："互联网+"背景下会计信息化教材开发与研究）的阶段性研究成果。

本教材由宋红尔、赵越、冉祥梅任主编，王宏阁、吴爽任副主编，参与编写的还有郭军、左继男两位老师。宋红尔负责拟定全书大纲及所有原始凭证的制作，并对全书进行总纂、修改和定稿。

本教材适合于高职高专院校财经类专业会计信息化的教学，也可作为普通高等院校开设的会计信息系统的实验用书。

本教材在编写过程中参考了国内相关著述、教材和论文，在此对有关作者表示衷心的感谢。

由于编者的水平有限，书中难免有错误和不当之处，恳请读者提出批评指正。联系方式：

E-mail：songhonger@163.com 或 137773528@qq.com

QQ 群：233163238（会计信息化教学与研究）

宋红尔

2018 年 2 月于锦州

目　录

项目1 供应链基础工作

任务1　了解企业概况

1.企业基本情况

（1）公司注册资料

公司注册名称：辽宁恒通商贸有限公司（简称辽宁恒通）

公司注册地址及电话：辽宁省沈阳市皇姑区人民路369号，电话：024-82681359

公司邮箱地址：hengtong@163.com

公司注册资本：人民币1 500万元

公司法定代表人：李成喜，兼任公司总经理

公司经营范围：主要从事服装、手表、皮具等的批发、零售

（2）公司银行资料

①基本存款账户

中国工商银行沈阳皇姑支行，账号：2107 0240 1589 0035 666

②一般存款账户

中国银行沈阳皇姑支行（人民币户），账号：2107 3817 6532 3431 951

中国银行沈阳皇姑支行（美元户），账号：2107 3817 6532 3431 982

（3）公司税务资料

国税：沈阳市国家税务局皇姑区分局，纳税人识别号91210105206917583A，缴款账户：国家金库沈阳市皇姑区支库，账号：2107924538127058769。

地税：沈阳市地方税务局皇姑区分局，纳税人识别号91210105206917583A，缴款账户：国家金库沈阳市皇姑区支库（代理），账号：2107962985123。

2.会计核算要求

（1）往来科目辅助核算要求

"应收票据"和"应收账款"科目下均设人民币和美元两个二级科目，同时设置客户往来，且应收系统受控。"预收账款"科目下设一般人民币预收账款、一般美元预收账款、销售定金和附条件销售款四个二级科目，均设置客户往来，其中，一般人民币预收账款和一般美元预收账款两个二级科目应收系统受控，销售定金和附条件销售款两个二级科目应收系统不受控。"应付票据"和"预付账款"科目设置供应商往来，同时应付系统受控。"应付账款"科目下设一般应付账款、暂估应付账款和受托代销三个二级科目，均设置供应商往来，其中一般应付账款设置为应付系统受控，暂估应付账款和受托代销设置为应付系统不受控。

（2）其他科目辅助核算要求

日记账：库存现金、银行存款及其明细账。

银行账：银行存款及其明细账。

个人往来：其他应收款/职工个人往来。

项目核算：交易性金融资产、持有至到期投资和可供出售金融资产及其明细科目。

（3）会计凭证的基本规定

录入或生成"记账凭证"均由指定的会计人员操作，含有"库存现金"和"银行存款"科目的记账凭证均需出纳签字。记账凭证采用单一的复式记账凭证格式。对已记账凭证的修改，采用红字冲销法。为保证财务与业务数据的一致性，能在业务系统生成的记账凭证不得在总账系统直接录入。根据原始单据生成记账凭证时，除收付款核销及特殊规定外不采用合并制单。出库单与入库单原始凭证以软件系统生成的为准。除指定业务外，在业务发生当日，收到发票并支付款项的业务使用现付功能处理，开出发票同时收到款项的业务使用现结功能处理。

（4）货币资金业务的处理

公司采用的结算方式包括现金结算、支票、托收承付、委托收款、银行汇票、商业汇票、电汇等。收、付款业务由财务部门根据有关凭证进行处理，在系统中没有对应结算方式时，其结算方式为"其他"。

（5）坏账损失的处理

公司除应收账款外，其他预付及应收款项不计提坏账准备。期末按应收账款余额百分比法计提坏账准备，提取比例为 0.5%。

（6）存货业务的处理

公司存货主要包括服装、手表、皮具及应税劳务等，按存货分类进行存放及核算。各类存货按照实际成本核算，采用永续盘存制；发出存货成本采用"先进先出法"按仓库进行核算，采购入库存货对方科目全部使用"在途物资"科目，受托代销入库存货对方科目使用"受托代销商品款"科目，委托代销成本核算方式按发出商品核算。同一批出库或入库业务生成一张凭证；采购、销售必有订单，订单号为合同编号，到货必有到货单，发货必有发货单，存货按业务发生日期逐笔记账并制单，暂估业务除外。

存货核算系统制单时，除发生非合理损耗的采购业务外，不允许勾选"已结算采购入库单自动选择全部结算单上单据，包括入库单、发票、付款单，非本月采购入库按蓝字报销单制单"选项。

（7）税费的处理

公司为增值税一般纳税人，增值税税率为 17%，按月缴纳，按当期应交增值税 7% 计算城市维护建设税、3% 计算教育费附加和 2% 计算地方教育费附加；企业所得税采用资产负债表债务法，企业所得税的计税依据为应纳税所得额，税率为 25%，按月预计，按季预缴，全年汇算清缴。交纳税费按银行开具的原始凭证编制记账凭证。

（8）财产清查的处理

公司每年年末对存货及固定资产进行清查，根据盘点结果编制"盘点表"，并与账面数据进行比较，由库存管理员审核后进行处理。

（9）利润分配

根据《公司法》及公司章程，公司税后利润按以下顺序分配：①弥补亏损；②按 10% 提取法定盈余公积；③按 30% 向投资者分配利润。

（10）损益类账户的结转

每月末将各损益类账户余额转入"本年利润"账户，结转时按收入和支出分别生成记账凭证。

任务2　系统管理

1.增加操作员

辽宁恒通的U8系统共有7位操作员，见表1-1。

表1-1　　　　　　　　　　　　软件应用操作员/用户

编号	姓名	用户类型	认证方式	口令	所属部门	角色	职务
A01	李成喜	普通用户	用户+口令（传统）		总经理办公室	账套主管	总经理
W01	王钰	普通用户	用户+口令（传统）		财务部	普通员工	财务经理
W02	赵凯	普通用户	用户+口令（传统）		财务部	普通员工	会计
W03	贺青	普通用户	用户+口令（传统）		财务部	普通员工	出纳
X01	刘晓明	普通用户	用户+口令（传统）		销售部	普通员工	销售员
G01	张宏亮	普通用户	用户+口令（传统）		采购部	普通员工	采购员
C01	李泽华	普通用户	用户+口令（传统）		仓储部	普通员工	库管员

【具体操作过程】

（1）由系统管理员（admin）登录系统管理。执行"开始→所有程序→用友U8V10.1→系统服务→系统管理"命令，打开"用友U8［系统管理］"窗口。在该窗口，选择"系统→注册"命令，打开"登录"窗口，如图1-1所示，单击"登录"，进入系统管理窗口。

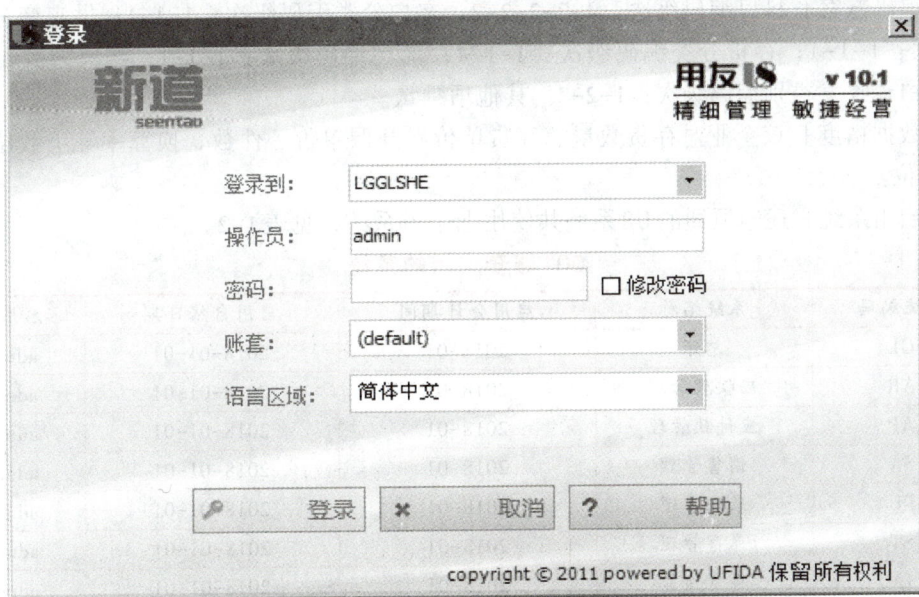

图1-1　系统管理登录窗口

【提示】

如果系统桌面存在"系统管理"图标，双击该图标也可登录系统管理。

（2）增加操作员。在系统管理窗口，点击"权限"菜单下的"用户"命令，打开"用户管理"窗口，单击"增加"，根据表 1-1 增加 7 位用户，结果如图 1-2 所示。

用户编码	用户全名	部门	Email地址	手机号	用户类型	认证方式	状态	创建时间
A01	李成喜	总经理办公室			普通用户	用户+口令(传统)	启用	2018-01-01 17:35:44
admin	admin				管理员用户	用户+口令(传统)	启用	
C01	李泽华	仓储部			普通用户	用户+口令(传统)	启用	2018-01-01 17:38:09
demo	demo				普通用户	用户+口令(传统)	启用	
G01	张宏亮	采购部			普通用户	用户+口令(传统)	启用	2018-01-01 17:37:52
SYSTEM	SYSTEM				普通用户	用户+口令(传统)	启用	
UFSOFT	UFSOFT				普通用户	用户+口令(传统)	启用	
W01	王钰	财务部			普通用户	用户+口令(传统)	启用	2018-01-01 17:36:02
W02	赵凯	财务部			普通用户	用户+口令(传统)	启用	2018-01-01 17:36:22
W03	贺青	财务部			普通用户	用户+口令(传统)	启用	2018-01-01 17:36:51
X01	刘晓明	销售部			普通用户	用户+口令(传统)	启用	2018-01-01 17:37:36

图 1-2　用户管理窗口

2. 建立账套

根据以下资料建立辽宁恒通的账套。

［账套信息］账套号：001；账套名称：辽宁恒通商贸有限公司；启用会计期：2018年1月。

［单位信息］单位名称：辽宁恒通商贸有限公司；单位简称：辽宁恒通；单位地址：辽宁省沈阳市皇姑区人民路 369 号；法人代表：李成喜；邮政编码：110000；联系电话/传真：024-82681359；电子邮件：hengtong@163.com；税号：91210105206917583A。

［核算类型］本币代码：RMB；本币名称：人民币；企业类型：商业；行业性质：2007 年新会计制度科目；账套主管：李成喜。

［基础信息］该企业进行经济业务处理时，需要对存货、客户、供应商进行分类，有外币核算。

［编码方案］科目编码级次：4-2-2-2-2；客户分类编码级次：1-1-1；供应商分类编码级次：1-1-1；存货分类编码级次：1-1-1；部门编码级次：1-1-1；结算方式编码级次：1-1；收发类别编码级次：1-2-2。其他项默认。

［数据精度］该企业对存货数量、存货单价、开票单价、件数、换算率等小数位数约定为 2 位。

［启用系统］辽宁恒通的 U8 系统共使用七个子系统，见表 1-2。

表 1-2　　　　　001 账套启用的系统

系统编码	系统名称	启用会计期间	启用自然日期	启用人
GL	总账	2018-01	2018-01-01	admin
AR	应收款管理	2018-01	2018-01-01	admin
AP	应付款管理	2018-01	2018-01-01	admin
SA	销售管理	2018-01	2018-01-01	admin
PU	采购管理	2018-01	2018-01-01	admin
ST	库存管理	2018-01	2018-01-01	admin
IA	存货核算	2018-01	2018-01-01	admin

【具体操作过程】

（1）在"用友 U8［系统管理］"窗口，选择"账套→建立"命令，打开"建账方式"对话框，如图 1-3 所示。

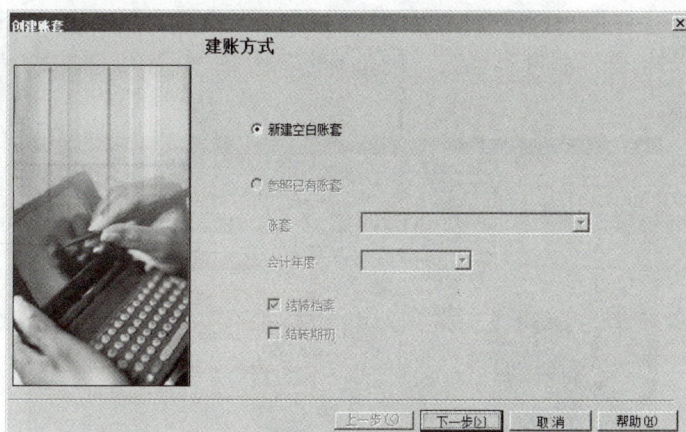

图 1-3　建账方式

（2）单击"下一步"，打开"账套信息"对话框，"账套名称"输入"辽宁恒通商贸有限公司"，"启用会计期"设置为 2018 年 1 月，结果如图 1-4 所示。

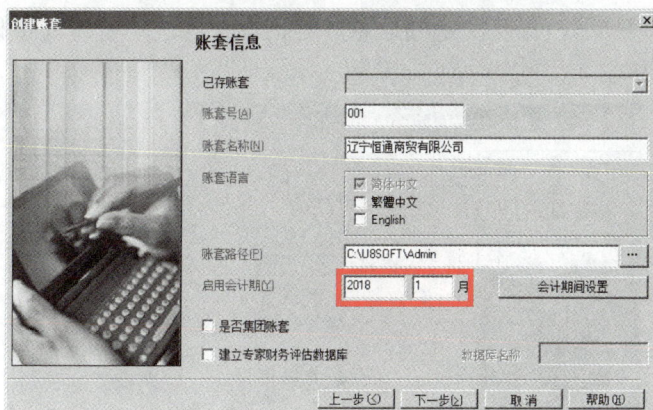

图 1-4　账套信息

（3）单击"下一步"，打开"单位信息"对话框，根据资料输入相关信息，结果如图 1-5 所示。

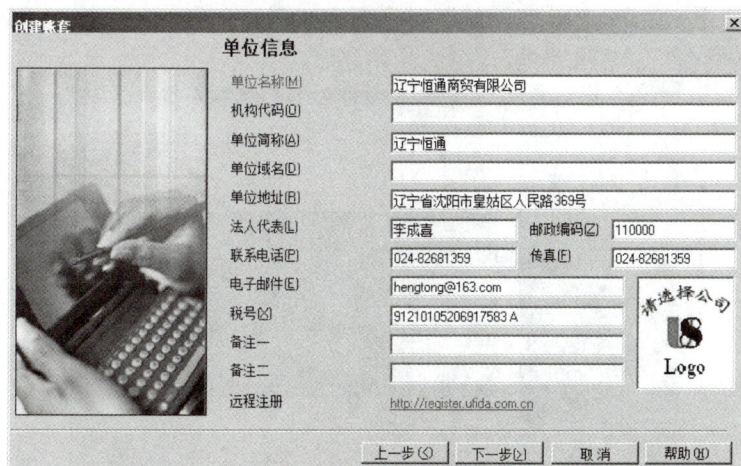

图 1-5　单位信息

（4）单击"下一步"，打开"核算类型"对话框，"企业类型"选择"商业"，"行业性质"选择"2007年新会计制度科目"，"账套主管"选择"［A01］李成喜"，其他项默认，结果如图1-6所示。

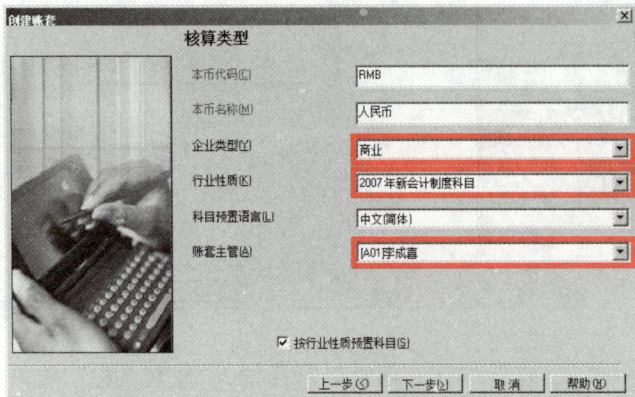

图1-6　核算类型

（5）单击"下一步"，打开"基础信息"对话框，勾选"有无外币核算"，其他项默认，结果如图1-7所示。

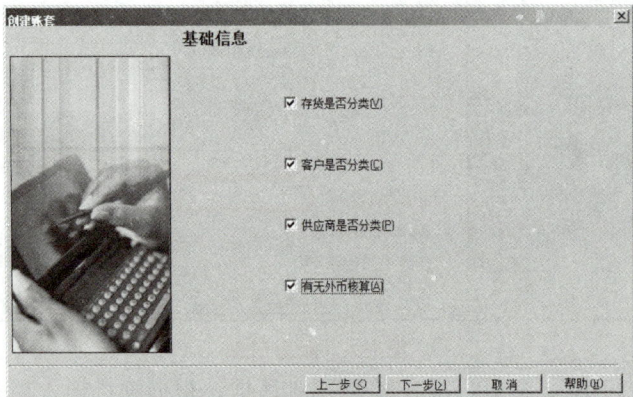

图1-7　基础信息

（6）单击"下一步"，打开"开始"对话框，如图1-8所示，单击"完成"，系统提示"可以创建账套了么?"，单击"是"，系统开始建账。

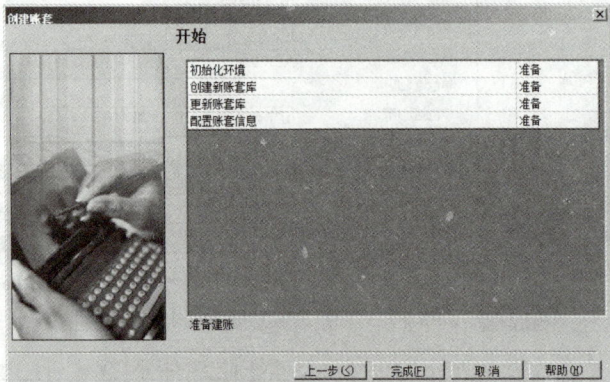

图1-8　开始建账

（7）建账结束，系统弹出"编码方案"对话框，根据资料对相关编码级次进行调整，其他项默认，结果如图1-9所示。单击"确定"，再单击"取消"，系统弹出"数据精度"对话框，如图1-10所示，单击"确定"。

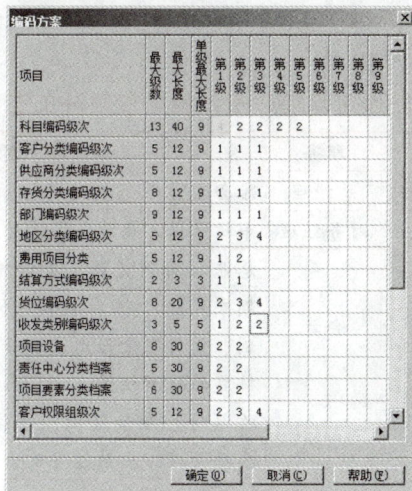

图 1-9　编码方案

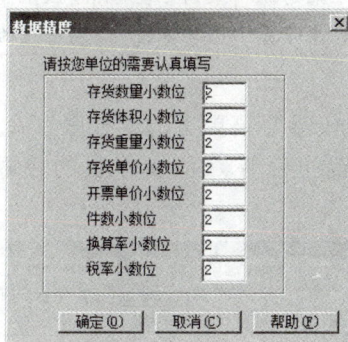

图 1-10　数据精度

（8）数据精度设置完毕，系统弹出"创建账套"对话框，单击"是"，进入"系统启用"窗口。根据表1-2启用总账等七个子系统，结果如图1-11所示。关闭该窗口。

图 1-11　系统启用

【提示】

启用系统有两种方法，一种是由系统管理员（admin）在建立账套时直接启用，另一种是由账套主管在企业应用平台的基本信息中启用。

3.设置操作员权限

根据表1-3设置操作员权限。

表1-3　　　　　　　　**软件应用操作员及操作权限分工表**

编码	姓名	隶属部门	职务	操作分工
A01	李成喜	总经理办公室	总经理	账套主管
W01	王钰	财务部	财务经理	审核凭证、查询凭证、对账、总账结账、编制UFO报表
W02	赵凯	财务部	会计	总账（填制凭证、查询凭证、记账、常用凭证、账表、期末处理）、应收款和应付款管理（不含收（付）款单填制、销售定金转出、选择收（付）款和票据管理）、存货核算的所有权限
W03	贺青	财务部	出纳	收（付）款单填制、销售定金转出、选择收（付）款、票据管理、出纳签字及出纳的所有权限
X01	刘晓明	销售部	销售员	销售管理的所有权限
G01	张宏亮	采购部	采购员	采购管理的所有权限
C01	李泽华	仓储部	库管员	公共单据、库存管理的所有权限

【具体操作过程】

在系统管理窗口，点击"权限"菜单下的"权限"命令，打开"操作员权限"窗口，根据表1-3设置王钰等六位操作员的权限，结果如图1-12所示。

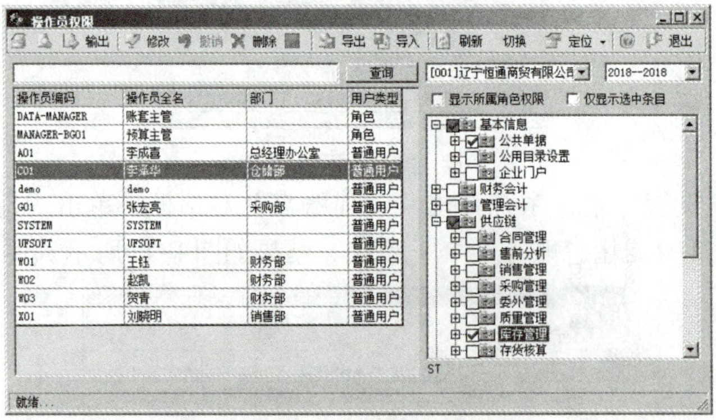

图1-12　操作员权限

任务3　　　　　　基础档案设置

由账套主管李成喜（A01）登录企业应用平台。执行"开始→所有程序→用友U8V10.1→企业应用平台"命令，打开"登录"窗口。在该窗口，"操作员"输入A01，"账套"选择"［001］（default）辽宁恒通商贸有限公司"，"操作日期"选择2018-01-01，结果如图1-13所示。单击"登录"，进入企业应用平台。

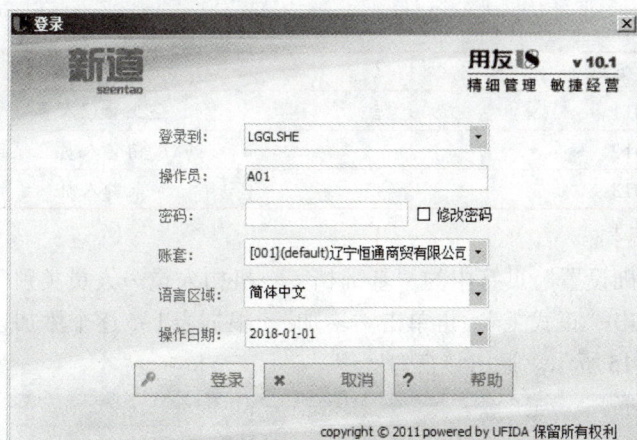

图 1-13 企业应用平台登录窗口

【提示】

如果系统桌面存在"企业应用平台"图标，双击该图标也可打开登录窗口。

1.机构人员

（1）设置部门档案

部门档案见表1-4。

表 1-4 部门档案

部门编码	部门名称
A	总经理办公室
W	财务部
X	销售部
G	采购部
C	仓储部

【具体操作过程】

依次双击"基础设置"页签中的"基础档案→机构人员→部门档案"菜单，打开"部门档案"窗口，单击"增加"，根据表1-4逐个添加部门档案信息，添加完毕单击"刷新"，结果如图1-14所示。关闭该窗口。

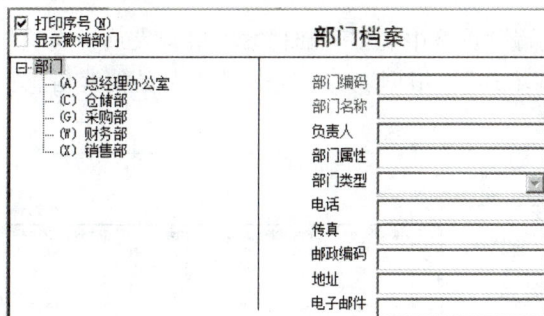

图 1-14 部门档案

（2）设置人员类别

正式工的人员类别见表1-5。

表1-5 　　　　　　　　　　　　　　　正式工的人员类别

档案编码	档案名称
1011	企业管理人员
1012	销售人员
1013	采购人员

【具体操作过程】

依次双击"基础设置"页签中的"基础档案→机构人员→人员类别"菜单，打开"人员类别"窗口，单击"正式工"，再单击"增加"，根据表1-5逐个添加正式工的人员类别信息，结果如图1-15所示。退出该窗口。

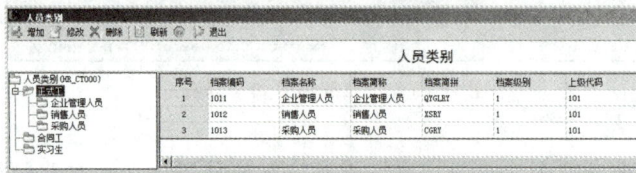

图1-15　人员类别

（3）设置人员档案

人员档案见表1-6。

表1-6 　　　　　　　　　　　　　　　人员档案

部门编码和名称	人员编码和姓名	性别	雇佣状态	人员类别	是否操作员	是否业务员
A 总经理办公室	A01 李成喜	男	在职	企业管理人员	是	是
W 财务部	W01 王钰	女	在职	企业管理人员	是	是
	W02 赵凯	男	在职	企业管理人员	是	是
	W03 贺青	女	在职	企业管理人员	是	是
X 销售部	X01 刘晓明	男	在职	销售人员	是	是
	X02 何丽	女	在职	销售人员		是
G 采购部	G01 张宏亮	男	在职	采购人员	是	是
	G02 徐辉	男	在职	采购人员		是
C 仓储部	C01 李泽华	女	在职	企业管理人员	是	是

【具体操作过程】

依次双击"基础设置"页签中的"基础档案→机构人员→人员档案"菜单，打开"人员档案"窗口，单击"增加"，根据表1-6逐个添加人员档案信息，结果如图1-16所示。退出该窗口。

图1-16　人员档案

2.客商信息

（1）设置地区分类

地区分类见表1-7。

表1-7　　　　　　　　　　　　　　地区分类

分类编码	分类名称
01	北京地区
02	上海地区
03	东北地区
04	华北地区
05	西北地区

【具体操作过程】

依次双击"基础设置"页签中的"基础档案→客商信息→地区分类"菜单，打开"地区分类"窗口，单击"增加"，根据表1-7逐个添加地区分类信息，结果如图1-17所示。退出该窗口。

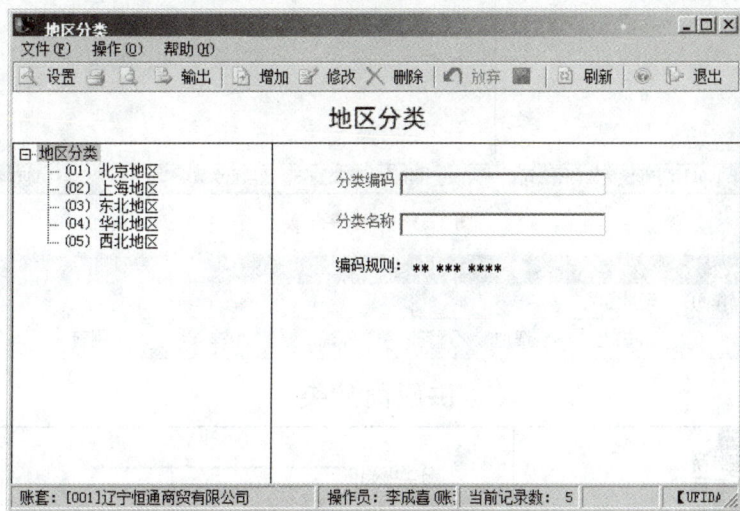

图1-17　地区分类

（2）设置客户分类、供应商分类

客户分类及供应商分类见表1-8。

表1-8　　　　　　　　　　　客户分类及供应商分类

类别名称	类别编码	名称
客户	1	一般类
	2	代销类
	9	共同类
供应商	1	服装商
	2	手表商
	3	皮具商
	4	综合类
	9	共同类

【具体操作过程】

依次双击"基础设置"页签中的"基础档案→客商信息→客户分类"菜单,打开"客户分类"窗口,单击"增加",根据表1-8逐个添加客户分类信息,结果如图1-18所示。退出该窗口。按此方法,双击"客商信息→供应商分类"菜单,打开"供应商分类"窗口,根据表1-8逐个添加供应商分类信息,结果如图1-19所示。

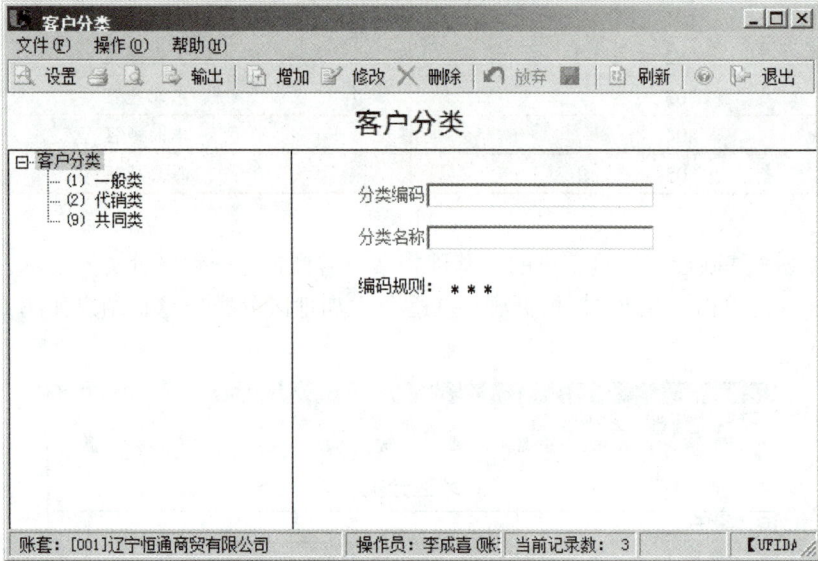

图 1-18   客户分类

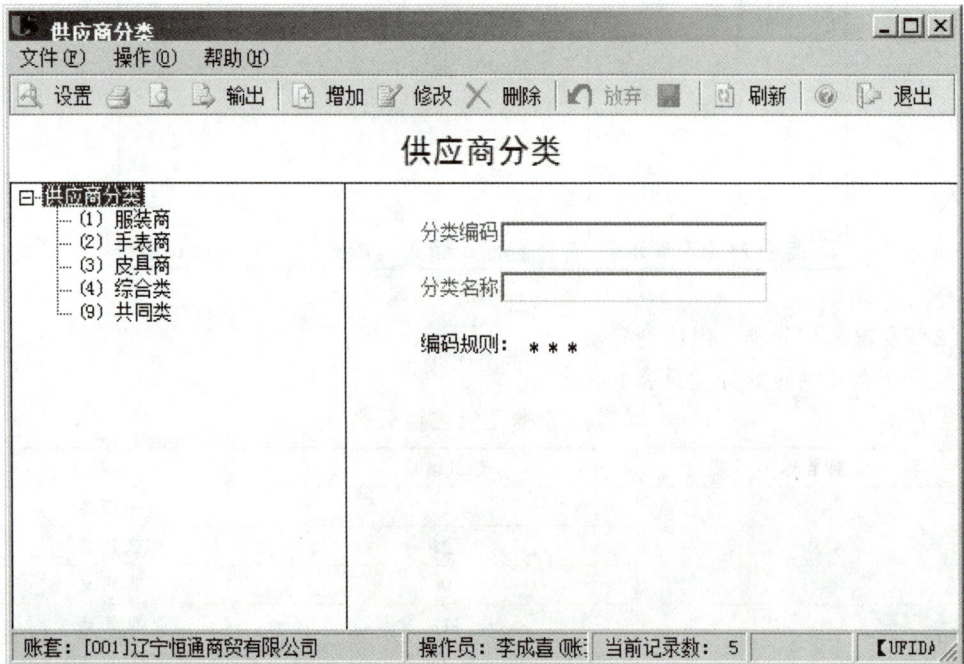

图 1-19   供应商分类

(3)设置客户档案、供应商档案

客户档案及供应商档案见表1-9。

表1-9　　　　　　　　　　客户、供应商档案

所属类别	编码	客商名称	分类	地址、电话、税号	开户银行、账号
客户	101	北京汇鑫百货有限公司 简称：北京汇鑫	1	北京市顺义区常庄路992号 010-86218025、 91110113578732690A	中国银行北京顺义常庄支行 2700322598914536398
	102	广州华丰超市有限公司 简称：广州华丰	1	广东省广州市北市区向阳路108号 020-52396012、 91440100613815327A	中国工商银行广州向阳支行 2692006083025562331
	103	上海乐淘贸易有限公司 简称：上海乐淘	1	上海市闵行区北京路1号 021-65431789、 91310112203203919A	交通银行闵行区北京路支行 8059209375023168063
	104	大福贸易（中国）有限公司 简称：大福贸易	1	吉林省长春市绿园区大顺路1206号 0431-3819395、 91220106558728329A	中国建设银行长春绿园支行 2798372568980102952
	105	广西玉宝商贸有限公司 简称：广西玉宝	1	广西玉林市成文路7号 0775-3890642、 91450904342576849A	中国工商银行玉林市东门支行 2111702010422009265
	106	零散客户	1	零散客户	
	201	沈阳喜来商贸有限公司 简称：沈阳喜来	2	辽宁省沈阳市沈河区万春路66号 024-65507283、 91210103282819034A	中国农业银行沈阳万春支行 5830626920062662115
	202	沈阳金泰商贸有限公司 简称：沈阳金泰	2	辽宁省沈阳市铁西区百花路2号 024-65308833、 91210103291938726A	中国农业银行沈阳百花支行 5830611580626927622
	901	山东顺达皮具有限公司 简称：山东顺达	9	山东省青岛市崂山区李沧路90号 0536-5328912、 91370212386932857A	中国工商银行青岛崂山支行 6800328250237723819
	902	天津惠阳商贸有限公司 简称：天津惠阳	9	天津市南开区中华路三段88号 022-81329367、 91120104572036908A	中国农业银行天津南开支行 2806725046208670931
供应商	101	湖南百盛服装有限公司 简称：湖南百盛	1	湖南省长沙市开福区林夕路100号 0731-8266319、 91430105276531895A	中国农业银行长沙开福支行 1012093710651047815
	102	北京嘉伟服装有限公司 简称：北京嘉伟	1	北京市宣武区长丰路六段360号 010-30453221、 91110104759695583A	招商银行北京宣武分行 2590739805061504276
	201	上海恒久表业有限公司 简称：上海恒久	2	上海市静安区花园路甲7号 021-28386699、 91310106896543287A	中国银行上海静安支行 9517205720902010400
	202	大连博伦表业有限公司 简称：大连博伦	2	大连市西岗区古塔路1029号 0411-87691203、 91210203821392076A	交通银行大连西岗支行 3041309299285602525
	301	山东顺达皮具有限公司 简称：山东顺达	3	山东省青岛市崂山区李沧路90号 0536-5328912、 91370212386932857A	中国工商银行青岛崂山支行 6800328250237723819
	401	天津惠阳商贸有限公司 简称：天津惠阳	4	天津市南开区中华路三段88号 022-81329367、 91120104572036908A	中国农业银行天津南开支行 2806725046208670931
	402	沈阳通达物流有限公司 简称：沈阳通达	4	辽宁省沈阳市皇姑区振兴路968号 024-82961537、 91210105357948262A	中国银行沈阳皇姑支行 8201141631080910001
	403	润家贸易（中国）有限公司 简称：润家贸易	4	辽宁省沈阳市皇姑区东风路113号 024-87921576、 91210105380972316A	中国工商银行沈阳皇姑支行 3602025308746041967
	901	沈阳金泰商贸有限公司 简称：沈阳金泰	9	辽宁省沈阳市铁西区百花路2号 024-65308833、 91210103291938726A	中国农业银行沈阳百花支行 5830611580626927622
	902	广西玉宝商贸有限公司 简称：广西玉宝	9	广西玉林市成文路7号 0775-3890622、 91450904342576849A	中国工商银行玉林市东门支行 2111702010422009265

【具体操作过程】

①依次双击"基础设置"页签中的"基础档案→客商信息→客户档案"菜单，打开"客户档案"窗口，单击"增加"，根据表1-9逐个添加客户档案信息，结果如图1-20所示。

图1-20　客户档案

②依次双击"基础设置"页签中的"基础档案→客商信息→供应商档案"菜单，打开"供应商档案"窗口，单击"增加"，根据表1-9逐个添加供应商档案信息，结果如图1-21所示。

图1-21　供应商档案

3.存货

（1）设置存货分类

存货分类见表1-10。

表1-10　存货分类

一级分类		二级分类	
编码	名称	编码	名称
1	商品	11	服装
		12	手表
		13	皮具
2	应税劳务		

【具体操作过程】

依次双击"基础设置"页签中的"基础档案→存货→存货分类"菜单，打开"存货分类"窗口，单击"增加"，根据表1-10逐个添加存货分类信息，结果如图1-22所示。

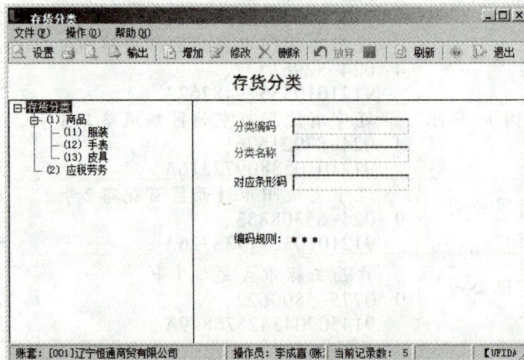

图1-22　存货分类

（2）设置计量单位

计量单位组及计量单位见表1-11。

表1-11　　　　　　　　　　　计量单位组及计量单位

计量单位组			计量单位		
编码	名称	类别	编码	名称	备注
1	自然单位组	无换算率	101	件	
			102	条	
			103	套	
			104	只	
			105	对	
			106	个	
			107	千米	
			108	次	

【具体操作过程】

依次双击"基础设置"页签中的"基础档案→存货→计量单位"菜单，打开"计量单位-计量单位组"窗口，单击"分组"，打开"计量单位组"窗口，根据表1-11添加计量单位组，结果如图1-23所示。退出该窗口。单击"单位"，打开"计量单位"窗口，根据表1-11添加计量单位信息，添加完毕退出"计量单位"窗口，结果如图1-24所示。

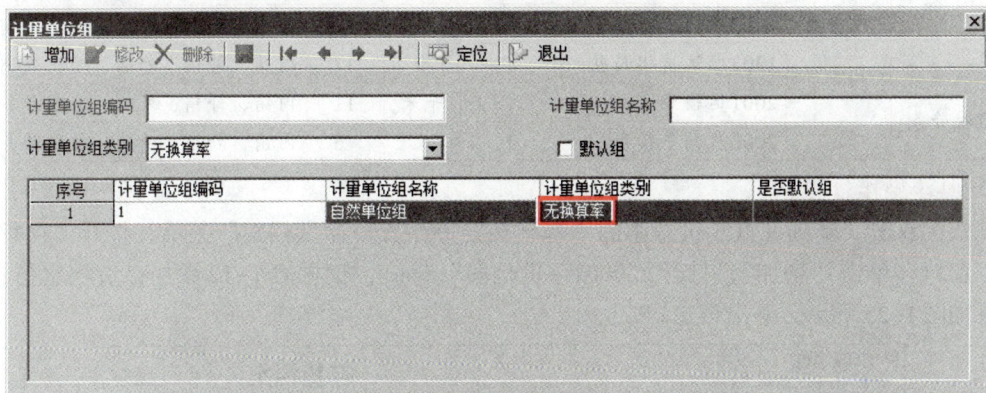

图1-23　计量单位组

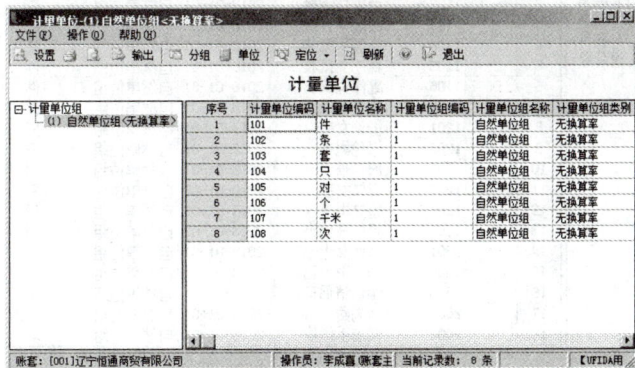

图1-24　计量单位

（3）设置存货档案

存货档案见表1-12。

表 1-12 　　　　　　　　　　　　　　　　存货档案

存货分类		存货编码及名称	计量单位组	计量单位	税率(%)	存货属性
一级	二级					
1商品	11服装	1101百盛男夹克	1	件	17	内销、外销、外购
		1102百盛休闲裤	1	条	17	内销、外销、外购
		1103百盛牛仔裤	1	条	17	内销、外销、外购
		1104百盛男套装	1	套	17	内销、外销、外购
		1105嘉伟女风衣	1	件	17	内销、外销、外购
		1106嘉伟男风衣	1	件	17	内销、外销、外购
		1107嘉伟羽绒服	1	件	17	内销、外销、外购
	12手表	1201博伦女表	1	只	17	内销、外销、外购
		1202博伦男表	1	只	17	内销、外销、外购
		1203博伦情侣表	1	对	17	内销、外销、外购
		1204恒久女表	1	只	17	内销、外销、外购
		1205恒久男表	1	只	17	内销、外销、外购
		1206恒久情侣表	1	对	17	内销、外销、外购
	13皮具	1301顺达女士箱包	1	个	17	内销、外销、外购、受托代销
		1302顺达男士箱包	1	个	17	内销、外销、外购、受托代销
		1303顺达情侣箱包	1	个	17	内销、外销、外购、受托代销
2应税劳务		2001运输费	1	千米	11	内销、外销、外购、应税劳务
		2002代销手续费	1	次	6	内销、外销、外购、应税劳务

【具体操作过程】

依次双击"基础设置"页签中的"基础档案→存货→存货档案"菜单，打开"存货档案"窗口，单击"增加"，打开"增加存货档案"窗口，根据表1-12添加存货档案信息，结果如图1-25所示。退出该窗口。

图1-25　存货档案

【提示】

存货属性中的"受托代销"，须在采购管理系统选项中勾选"启用受托代销"后，该属性才可用。

4.财务

（1）维护会计科目

①指定会计科目。

指定"1001库存现金"为现金科目，"1002银行存款"为银行科目。

②增加会计科目。

会计科目见表1-13。

表1-13 会计科目表

科目编码	科目名称	辅助账类型
100201	中国工商银行	日记账 银行账
10020101	沈阳皇姑支行	日记账 银行账
100202	中国银行	日记账 银行账
10020201	沈阳皇姑支行	日记账 银行账
1002020101	人民币	日记账 银行账
1002020102	美元	日记账 银行账
101201	银行汇票存款	
101202	存出投资款	
110101	成本	项目核算，数量核算：股（份）
110102	公允价值变动	项目核算
112101	人民币	客户往来，应收系统受控
112102	美元	客户往来，应收系统受控
112201	人民币	客户往来，应收系统受控
112202	美元	客户往来，应收系统受控
122101	职工个人往来	个人往来
150101	成本	项目核算，数量核算：份
150102	利息调整	项目核算
150301	成本	项目核算，数量核算：股（份）
150302	公允价值变动	项目核算
170101	专利权	
170102	商标权	
170103	土地使用权	
190101	待处理流动资产损溢	
190102	待处理固定资产损溢	
220201	一般应付账款	供应商往来，应付系统受控
220202	暂估应付账款	供应商往来，应付系统不受控
220203	受托代销	供应商往来，应付系统不受控
220301	一般人民币预收账款	客户往来，应收系统受控
220302	一般美元预收账款	客户往来，应收系统受控
220303	销售定金	客户往来，应收系统不受控
220304	附条件销售款	客户往来，应收系统不受控
221101	工资	
221102	社会保险费	
22110201	基本医疗保险	
22110202	工伤保险费	
22110203	生育保险费	
221103	设定提存计划	
22110301	基本养老保险费	
22110302	失业保险	
221104	住房公积金	
221105	工会经费	
221106	职工教育经费	
221107	职工福利费	
221108	非货币性福利	
222101	应交增值税	
22210101	进项税额	

科目编码	科目名称	辅助账类型
22210105	转出未交增值税	
22210106	销项税额	
22210108	进项税额转出	
22210109	转出多交增值税	
222102	未交增值税	
222103	待抵扣进项税额	
222104	应交企业所得税	
222105	应交个人所得税	
222106	应交城建税	
222107	应交教育费附加	
222108	应交地方教育费附加	
224101	代扣医疗保险	
224102	代扣养老保险	
224103	代扣失业保险	
224104	代扣住房公积金	
224105	应付售后回购款	供应商往来，应付系统不受控
410401	提取法定盈余公积	
410402	提取任意盈余公积	
410409	未分配利润	
605101	受托代销手续费	
630101	债务重组利得	
630102	非货币性资产交换利得	
630103	处置非流动资产利得	
660101	折旧费	部门核算
660102	职工薪酬	部门核算
660103	水电费	部门核算
660104	差旅费	部门核算
660105	办公费	部门核算
660106	业务招待费	部门核算
660107	运输费	
660108	广告宣传费	
660109	委托代销手续费	
660201	折旧费	部门核算
660202	职工薪酬	部门核算
660203	水电费	部门核算
660204	差旅费	部门核算
660205	办公费	部门核算
660206	业务招待费	部门核算
660207	修理费	
660208	无形资产摊销	
660209	品牌管理费	
660301	利息支出	
660302	汇兑损益	
660303	手续费及工本费	
660304	现金折扣	
671101	债务重组损失	
671102	非货币性资产交换损失	
671103	处置非流动资产损失	
680101	当期所得税费用	
680102	递延所得税费用	

③修改会计科目。

修改会计科目"应收票据"和"应收账款"辅助核算为"客户往来"，受控于"应收系统"；

修改会计科目"应付票据"和"预付账款"辅助核算为"供应商往来"，受控于"应

付系统";

将"交易性金融资产"、"持有至到期投资"和"可供出售金融资产"设置为项目核算；

将"1321代理业务资产"的科目名称改为"受托代销商品"；

将"2314代理业务负债"的科目名称改为"受托代销商品款"，辅助核算类型为"供应商往来"且应付系统不受控；

将"6403营业税金及附加"的科目名称改为"税金及附加"。

【具体操作过程】

①指定科目。依次双击"基础设置"页签中的"基础档案→财务→会计科目"菜单，打开"会计科目"窗口，点击"编辑"菜单的"指定科目"，打开"指定科目"窗口。分别指定"现金科目"和"银行科目"，结果如图1-26所示。指定完毕单击"确定"退出该窗口，返回"会计科目"窗口。

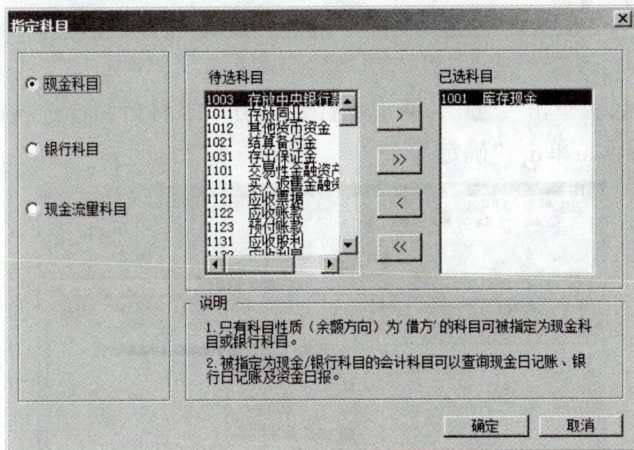

图1-26 指定科目

②增加会计科目。在"会计科目"窗口，单击"增加"，根据表1-13添加会计科目。

③修改会计科目。在"会计科目"窗口，双击要修改的会计科目，单击"修改"，根据资料修改相关会计科目。

（2）设置项目目录

项目核算资料见表1-14。

表1-14　　　　　　　　　　　　　　**项目核算资料**

1.项目大类	金融资产	
2.核算科目	1101交易性金融资产、110101成本、110102公允价值变动	
	1501持有至到期投资、150101成本、150102利息调整	
	1503可供出售金融资产、150301成本、150302公允价值变动	
3.项目分类	1 股票	2 债券
4.项目目录	11 东旭光电	
	12 京东方	

【具体操作过程】

①新增项目大类。依次双击"基础设置"页签中的"基础档案→财务→项目目录"菜单，打开"项目档案"窗口。单击"增加"，系统打开"项目大类定义_增加"窗口，在

"新项目大类名称"处输入"金融资产",单击两次"下一步",再单击"完成",系统返回"项目档案"窗口。在该窗口的"项目大类"选择"金融资产",如图1-27所示。

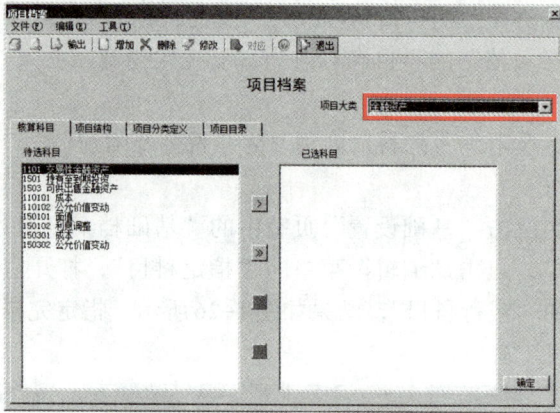

图1-27 增加项目大类

②指定核算科目。单击"≫",将交易性金融资产等科目由待选科目区移动到已选科目区,如图1-28所示,单击"确定"。

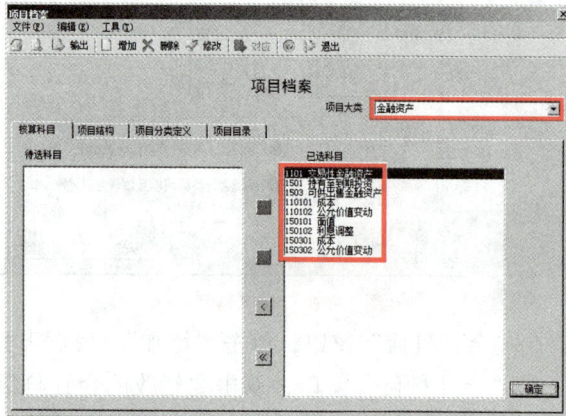

图1-28 指定核算科目

③增加项目分类。单击"项目分类定义"选项卡,单击窗口右下角的"增加",根据表1-14添加项目分类,结果如图1-29所示。

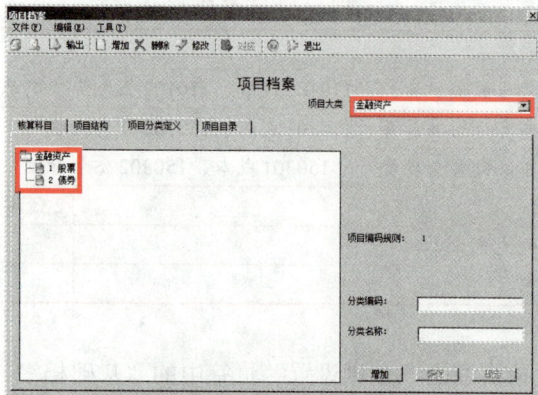

图1-29 增加项目分类

④增加项目目录。单击"项目目录"选项卡，单击窗口右下方的"维护"，进入"项目目录维护"窗口，单击"增加"，根据表1-14添加项目目录，添加完毕退出该窗口，结果如图1-30所示。退出该窗口。

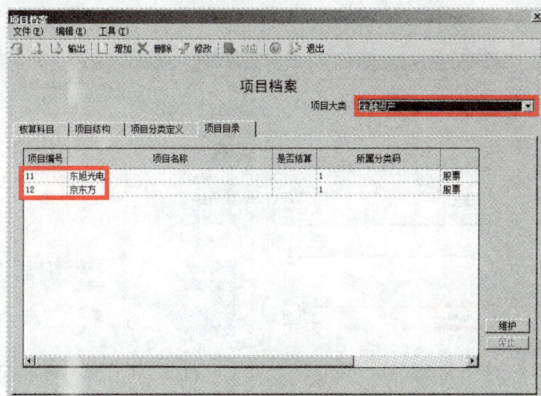

图1-30　增加项目目录

（3）设置凭证类别

辽宁恒通采用通用记账凭证格式。

【具体操作过程】

依次双击"基础设置"页签中的"基础档案→财务→凭证类别"菜单，打开"凭证类别预置"窗口，系统默认第一种凭证类别——记账凭证，单击"确定"，系统打开"凭证类别"窗口，单击"退出"。

（4）设置外币核算

①定义外币：币符：USD；币名：美元；浮动汇率；2018 年 1 月 1 日记账汇率：6.83000，其他项默认。

②修改会计科目。设置"1002020102 银行存款/中国银行/美元"、"112102 应收票据/美元"、"112202 应收账款/美元"和"220302 预收账款/一般美元预收账款"由美元外币核算。

【具体操作过程】

①依次双击"基础设置"页签中的"基础档案→财务→外币设置"菜单，打开"外币设置"窗口，根据资料设置外币，结果如图1-31所示。

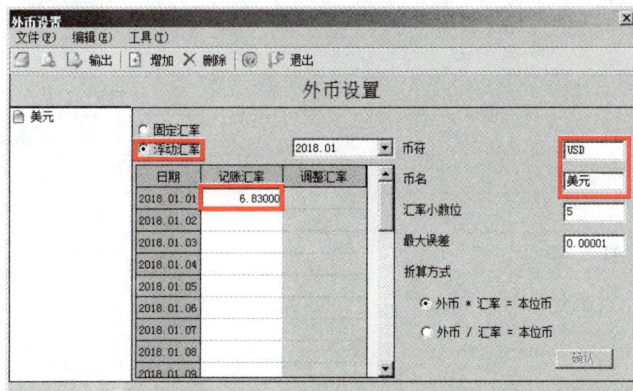

图1-31　外币设置

②依次双击"基础设置"页签中的"基础档案→财务→会计科目"菜单，打开"会计科目"窗口，找到"1002020102银行存款/中国银行/美元"科目，双击该科目，打开"会计科目_修改"窗口，单击窗口下方的"修改"，勾选"外币核算"，如图1-32所示，单击"确定"。关闭该窗口。

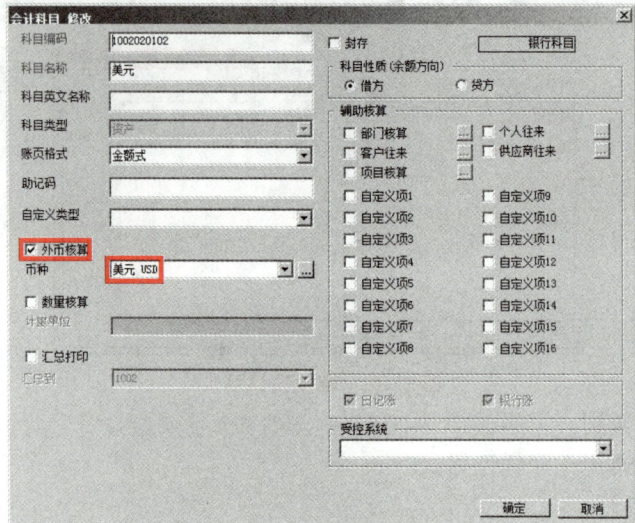

图1-32　修改会计科目

按此方法依次为"112102应收票据/美元"、"112202应收账款/美元"和"220302预收账款/一般美元预收账款"设置美元外币核算。

5.收付结算

（1）设置结算方式

结算方式见表1-15。

表1-15　　　　　　　　　　常用结算方式

结算方式编码	结算方式名称
1	现金
2	支票
21	现金支票
22	转账支票
3	汇票
31	银行汇票
32	商业承兑汇票
33	银行承兑汇票
4	汇兑
41	电汇
42	信汇
5	委托收款
6	托收承付
9	其他

【具体操作过程】

依次双击"基础设置"页签中的"基础档案→收付结算→结算方式"菜单，打开"结算方式"窗口，单击"增加"，根据表1-15添加结算方式信息，结果如图1-33所示。关闭该窗口。

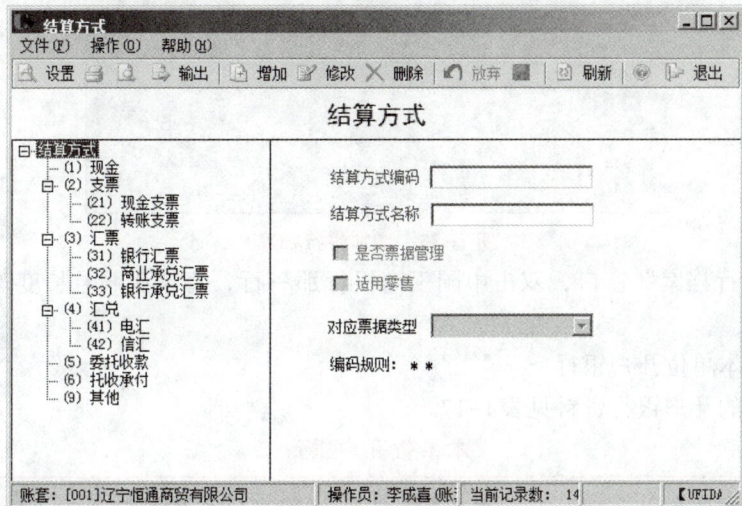

图1-33　结算方式

（2）设置付款条件

付款条件见表1-16。

表1-16　　　　　　　　　　　付款条件

付款条件编码	信用天数	优惠天数1	优惠率1	优惠天数2	优惠率2	优惠天数3	优惠率3
1	30	10	4	20	2	30	0
2	30	10	3	20	1.5	30	0

【具体操作过程】

依次双击"基础设置"页签中的"基础档案→收付结算→付款条件"菜单，打开"付款条件"窗口，单击"增加"，根据表1-16添加付款条件信息，结果如图1-34所示。关闭该窗口。

付款条件

序号	付款条件编码	付款条件名称	信用天数	优惠天数1	优惠率1	优惠天数2	优惠率2	优惠天数3	优惠率3	优惠天数4	优惠率4
1	1	4/10, 2/20, n/30	30	10	4.0000	20	2.0000	30	0.0000	0	0.0000
2	2	3/10, 1.5/20, n/30	30	10	3.0000	20	1.5000	30	0.0000	0	0.0000

图1-34　付款条件

（3）设置银行档案

①增加银行档案：银行编码为"05"，银行名称为"锦州银行"，账号（企业账户、个人账户）长度为19位（均定长），录入时自动带出的长度为15位。

②修改银行档案：将"01中国工商银行"的企业账户定长设为19。

【具体操作过程】

①依次双击"基础设置"页签中的"基础档案→收付结算→银行档案"菜单，打开"银行档案"窗口，单击"增加"，添加银行档案信息，结果如图1-35所示，保存后退出该窗口。

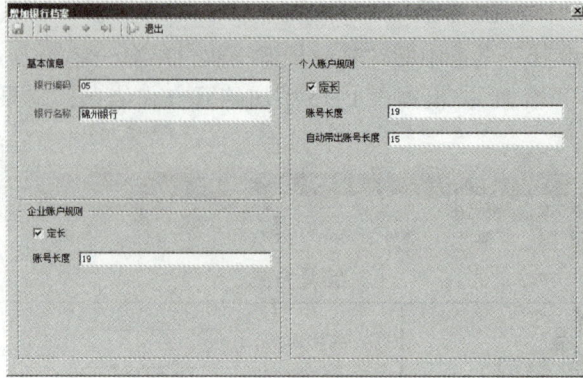

图1-35 增加银行档案

②在"银行档案"窗口，双击中国工商银行那一行，将企业账号长度改为19，保存后退出该窗口。

（4）设置本单位开户银行

辽宁恒通的开户银行资料见表1-17。

表1-17　　　　　　　　　　　　　本单位开户银行

编码	银行账号	账户名称	开户银行	币种	所属银行
1	2107 0240 1589 0035 666	辽宁恒通商贸有限公司	中国工商银行沈阳皇姑支行	人民币	01
2	2107 3817 6532 3431 951	辽宁恒通商贸有限公司	中国银行沈阳皇姑支行 机构号：10423 联行号：8002	人民币	00002
3	2107 3817 6532 3431 982	辽宁恒通商贸有限公司	中国银行沈阳皇姑支行 机构号：10423 联行号：8002	美元	00002

【具体操作过程】

依次双击"基础设置"页签中的"基础档案→收付结算→本单位开户银行"菜单，打开"本单位开户银行"窗口，单击"增加"，根据表1-17添加开户银行信息，结果如图1-36所示。退出该窗口。

图1-36 设置本单位开户银行

6.业务档案

（1）仓库档案

仓库档案见表1-18。

表1-18　　　　　　　　　　　　　仓库档案

仓库编码	仓库名称	计价方式	备注
1	服装仓	先进先出法	
2	手表仓	先进先出法	
3	皮具仓	先进先出法	受托代销
9	废旧品仓	先进先出法	以旧换新

【具体操作过程】

依次双击"基础设置"页签中的"基础档案→业务→仓库档案"菜单,打开"仓库档案"窗口,单击"增加",根据表1-18添加仓库档案,其他项默认,结果如图1-37所示。关闭该窗口。

☑ 打印序号(N)

仓库档案

序号	仓库编码	仓库名称	部门名称	仓库地址	电话	负责人	计价方式	是否货位管理	是否参与MRP运算	是否参与ROP计算	仓库属性	资产仓
1	1	服装仓					先进先出法	否	是	是	普通仓	否
2	2	手表仓					先进先出法	否	是	是	普通仓	否
3	3	皮具仓					先进先出法	否	是	是	普通仓	否
4	9	废旧品仓					先进先出法	否	是	是	普通仓	否

图1-37 仓库档案

(2)收发类别

收发类别见表1-19。

表1-19

收发类别

一级类别		收发标志	二级类别		三级类别	
编码	名称		编码	名称	编码	名称
1	入库	收	101	采购入库		
			102	受托代销入库	10201	视同买断
					10202	收取手续费
			104	非货币性资产交换入库		
			105	债务重组入库		
			106	以旧换新入库		
			107	售后回购入库		
			109	盘盈入库		
			110	直运采购		
			119	其他入库		
2	出库	发	201	销售出库		
			202	委托代销出库		
			203	受托代销出库	20301	视同买断
					20302	收取手续费
			204	非货币性资产交换出库		
			205	债务重组出库		
			206	以旧换新出库		
			207	售后回购出库		
			208	附退回条件销售出库	20801	可以估计退货率
					20802	无法估计退货率
			209	盘亏出库		
			210	直运销售		
			219	其他出库		

【具体操作过程】

依次双击"基础设置"页签中的"基础档案→业务→收发类别"菜单,打开"收发类别"窗口,单击"增加",根据表1-19添加收发类别信息,结果如图1-38所示。退出该窗口。

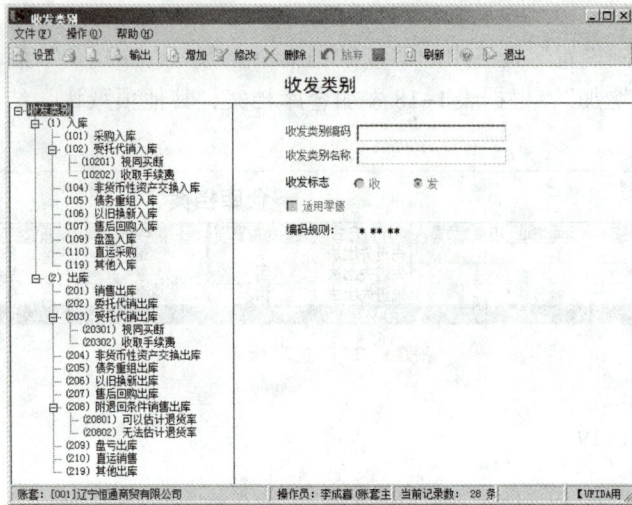

图1-38 收发类别

（3）采购类型

采购类型见表1-20。

表1-20　　　　　　　　　　　　采购类型

采购类型编码	采购类型名称	入库类别
01	正常采购	101采购入库
02	受托代销（买断）	10201视同买断
03	受托代销（手续费）	10202收取手续费
05	非货币性资产交换	104非货币性资产交换入库
06	债务重组	105债务重组入库
07	以旧换新	106以旧换新入库
08	售后回购	107售后回购入库
12	直运采购	110直运采购

【具体操作过程】

依次双击"基础设置"页签中的"基础档案→业务→采购类型"菜单，打开"采购类型"窗口，单击"增加"，根据表1-20添加采购类型信息，结果如图1-39所示。退出该窗口。

图1-39 采购类型

（4）销售类型

销售类型见表1-21。

表1-21　**销售类型**

销售类型编码	销售类型名称	出库类别
01	正常销售	201销售出库
02	委托代销	202委托代销出库
03	销售受托代销货物（买断）	20301视同买断
04	销售受托代销货物（手续费）	20302收取手续费
05	非货币性资产交换	204非货币性资产交换出库
06	债务重组	205债务重组出库
07	以旧换新	206以旧换新出库
08	售后回购	207售后回购出库
09	附退回条件销售（可以估退货率）	20801可以估计退货率
10	附退回条件销售（无法估退货率）	20802无法估计退货率
11	分期收款	201销售出库
12	直运销售	210直运销售

【具体操作过程】

依次双击“基础设置”页签中的“基础档案→业务→销售类型”菜单，打开“销售类型”窗口，单击“增加”，根据表1-21添加销售类型信息，结果如图1-40所示。添加完毕退出该窗口。

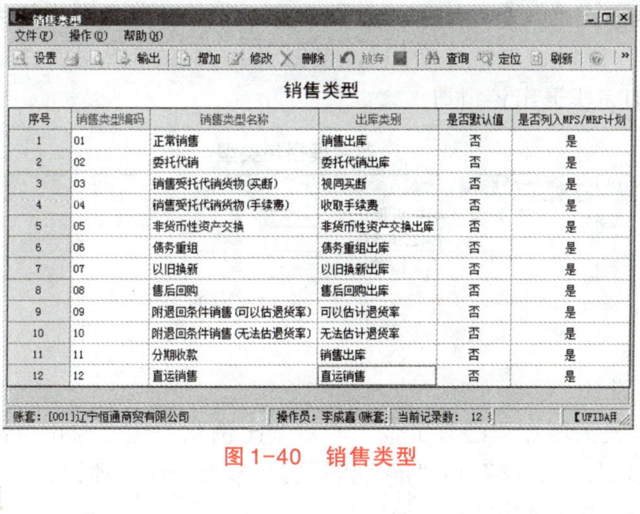

序号	销售类型编码	销售类型名称	出库类别	是否默认值	是否列入MPS/MRP计划
1	01	正常销售	销售出库	否	是
2	02	委托代销	委托代销出库	否	是
3	03	销售受托代销货物(买断)	视同买断	否	是
4	04	销售受托代销货物(手续费)	收取手续费	否	是
5	05	非货币性资产交换	非货币性资产交换出库	否	是
6	06	债务重组	债务重组出库	否	是
7	07	以旧换新	以旧换新出库	否	是
8	08	售后回购	售后回购出库	否	是
9	09	附退回条件销售(可以估退货率)	可以估计退货率	否	是
10	10	附退回条件销售(无法估退货率)	无法估计退货率	否	是
11	11	分期收款	销售出库	否	是
12	12	直运销售	直运销售	否	是

图1-40　销售类型

（5）费用项目

费用项目分类及费用项目见表1-22。

表1-22　**费用项目**

费用项目编码	费用项目名称	费用项目分类编码	费用项目分类名称
1	代销手续费	1	日常费用
2	运输费	1	日常费用

【具体操作过程】

①依次双击“基础设置”页签中的“基础档案→业务→费用项目分类”菜单，打开

"费用项目分类"窗口，单击"增加"，根据表1-22添加费用项目分类信息。添加完毕退出该窗口。

②依次双击"基础设置"页签中的"基础档案→业务→费用项目"菜单，打开"费用项目"窗口，单击"增加"，根据表1-22添加费用项目信息，结果如图1-41所示。添加完毕退出该窗口。

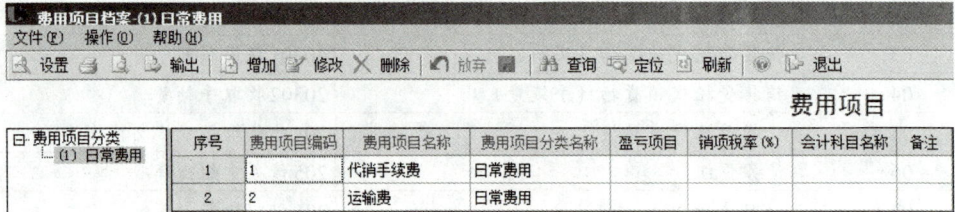

图1-41　费用项目

（6）非合理损耗类型

非合理损耗类型见表1-23。

表1-23　　　　　　　　　　　　　非合理损耗类型

非合理损耗类型编码	非合理损耗类型名称	是否默认值
1	运输部门责任	否
2	保险公司责任	否
3	员工个人责任	否

【具体操作过程】

依次双击"基础设置"页签中的"基础档案→业务→非合理损耗类型"菜单，打开"非合理损耗类型"窗口，单击"增加"，根据表1-23添加费用项目分类信息，结果如图1-42所示。添加完毕退出该窗口。

图1-42　非合理损耗类型

7.单据设置

（1）单据格式设计

①为销售订单表头增加"必有定金"、"定金比例"、"定金原币金额"、"定金本币金额"、"定金累计实收原币金额"和"定金累计实收本币金额"项目；

②为应收收款单表头增加"订单号"项目；

③为委托代销结算单表头增加"发票号"项目；

④为费用支出单表头增加"费用供货商名称"和"单据流向"项目；

⑤为到货单表体增加"拒收数量"和"已拒收数量"项目；

⑥为销售专用发票表体增加"退补标志"项目，将其表体"数量"项目改为非必输项；

⑦修改销售订单、发货单、销售专用发票表头的"汇率"项目，取消勾选"禁止编辑"。

【具体操作过程】

依次双击"基础设置"页签中的"单据设置→单据格式设置"菜单，打开"单据格式设置"窗口，在窗口左侧的销售管理中找到"销售订单"，根据资料为其表头项目增加"必有定金"、"定金比例（%）"、"定金原币金额"、"定金本币金额"、"定金累计实收原币金额"和"定金累计实收本币金额"等六个项目，结果如图1-43所示。按此方法完成其他单据的格式设置。

单据格式设置

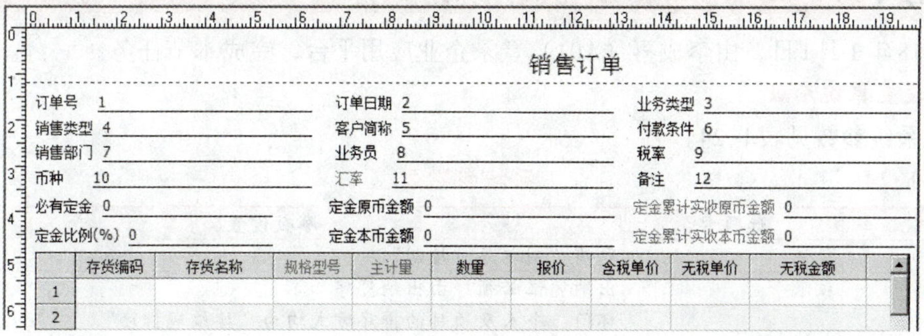

图1-43　单据格式设置

（2）单据编号设置

①将销售专用发票、销售普通发票、销售零售日报、采购专用发票、采购普通发票的编号方式设置为"完全手工编号"；

②将销售发货单、委托结算单、委托发货单、销售订单、采购到货单、采购订单、其他入库单、其他出库单、销售出库单、采购入库单的编号方式设置为"手工改动，重号时自动重取"。

【具体操作过程】

依次双击"基础设置"页签中的"单据设置→单据编号设置"菜单，打开"单据编号设置"窗口，在窗口左侧的销售管理中找到销售专用发票，单击"⚒"按钮，勾选"完全手工编号"，单击"保存"，结果如图1-44所示。按此方法完成其他单据的编号设置。

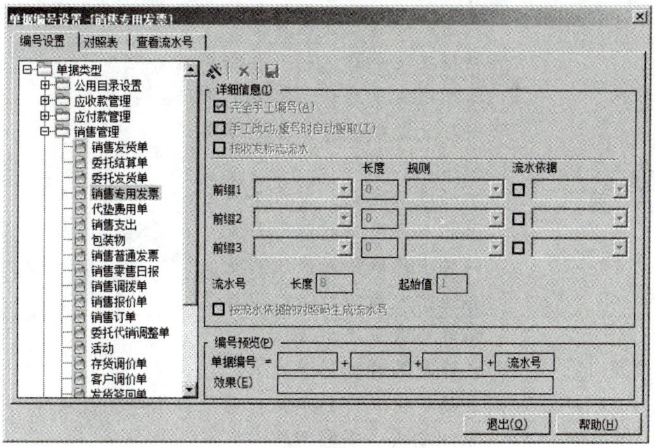

图1-44　单据编号设置

8.数据权限控制设置

取消对所有"记录级""字段级"业务对象的权限控制。

【具体操作过程】

依次双击"系统服务"页签中的"权限→数据权限控制设置"菜单，打开"数据权限控制设置"窗口，在"记录级"选项卡，单击窗口右下方的"全消"按钮。在"字段级"选项卡，单击窗口右下方的"全消"按钮。单击"确定"，系统自动退出该窗口。

任务4　　　　　　　　　系统初始化

2018年1月1日，由李成喜（A01）登录企业应用平台，完成本节任务。

1.设置系统参数

各系统参数见表1-24。

表1-24　　　　　　　　　　　系统参数表

系统	选项卡	参数设置
总账	凭证	取消"制单序时控制"
	权限	出纳凭证必须经由出纳签字
	其他	部门、个人及项目的排序方式均为"按编码排序"
		外币核算的汇率方式：浮动汇率
应收款管理	常规	单据审核日期依据：单据日期
		坏账处理方式：应收余额百分比法
		自动计算现金折扣
	凭证	受控科目制单方式：明细到单据
		销售科目依据：按销售类型
应付款管理	常规	单据审核日期依据：单据日期
		自动计算现金折扣
	凭证	受控科目制单方式：明细到单据
		采购科目依据：按采购类型
销售管理	业务控制	有零售日报业务
		有委托代销业务
		有分期收款业务
		有直运销售业务
		取消"销售生成出库单"
	其他控制	新增发货单默认：不参照单据
		新增退货单默认：不参照单据
		新增发票默认：不参照单据
采购管理	业务及权限控制	启用受托代销
	公共及参照控制	单据进入方式：空白单据
库存管理	通用设置	采购入库审核时改现存量
		销售出库审核时改现存量
		其他出入库审核时改现存量
	专用设置	允许超发货单出库
		允许超采购到货单入库
		自动带出单价的单据：其他出库单、盘点单
存货核算	核算方式	暂估方式：单到回冲
		销售成本核算方式：销售发票
		委托代销成本核算方式：按发出商品核算
	控制方式	进项税转出科目：22210108

【具体操作过程】

①依次双击"基础设置"页签中的"业务参数→财务会计→总账"菜单，打开"选项"窗口，单击窗口下方的"编辑"按钮，根据表1-24进行总账系统选项设置，如图1-45所示。设置完毕关闭该窗口。按此方法完成其他系统的参数设置。

设置系统参数

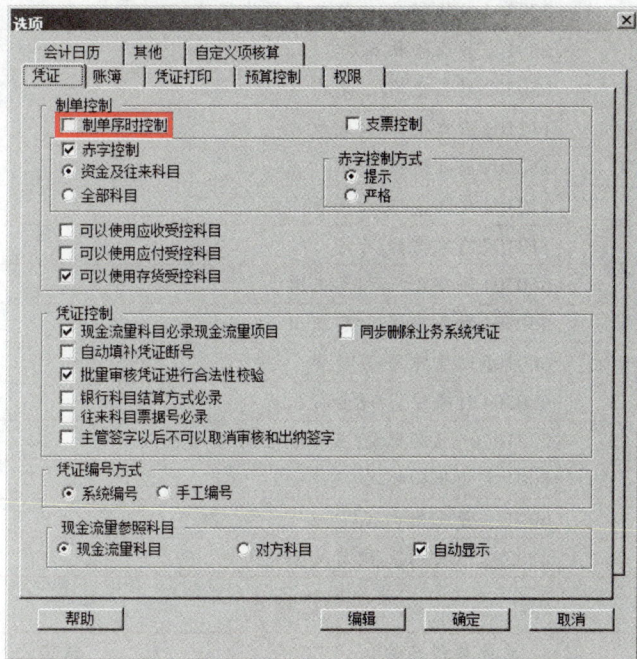

图1-45　选项

②到存货档案为受托代销的存货（顺达女士箱包、顺达男士箱包、顺达情侣箱包）勾选"受托代销"属性。

【提示】

关于销售管理系统的"销售生成出库单"参数与库存管理系统的"库存生成销售出库单"参数。"销售生成出库单"与"库存生成销售出库单"，两者的设置是互斥关系。即当勾选销售管理系统的参数"销售生成出库单"时，库存管理系统的参数"库存生成销售出库单"自动取消勾选。反之，当勾选库存管理系统的参数"库存生成销售出库单"时，销售管理系统的参数"销售生成出库单"自动取消勾选。

2.应收款管理

（1）初始设置

①基本科目设置。

基本科目见表1-25。

②产品科目设置。

产品科目见表1-26。

③结算方式科目设置。

结算方式科目见表1-27。

表1-25 **基本科目设置**

基础科目种类	科目	币种
应收科目	112201 应收账款/人民币	人民币
应收科目	112202 应收账款/美元	美元
预收科目	220301 预收账款/一般人民币预收账款	人民币
预收科目	220302 预收账款/一般美元预收账款	美元
出口销售收入科目	6001 主营业务收入	人民币
汇兑损益科目	660302 财务费用/汇兑损益	人民币
商业承兑科目	112101 应收票据/人民币	人民币
商业承兑科目	112102 应收票据/美元	美元
银行承兑科目	112101 应收票据/人民币	人民币
银行承兑科目	112102 应收票据/美元	美元
票据利息科目	660301 财务费用/利息支出	人民币
票据费用科目	660301 财务费用/利息支出	人民币
收支费用科目	660105 销售费用/办公费	人民币
现金折扣科目	660304 财务费用/现金折扣	人民币
税金科目	22210106 应交税费/应交增值税/销项税额	人民币
销售收入科目	6001 主营业务收入	人民币
销售退回科目	6001 主营业务收入	人民币
销售定金科目	220303 预收账款/销售定金	人民币

表1-26 **产品科目设置**

业务类型编码	业务类型名称	销售收入科目
04	销售受托代销货物（手续费）	220203 应付账款/受托代销
08	售后回购	224105 其他应付款/应付售后回购款
10	附退回条件销售（无法估计退货率）	220304 预收账款/附条件销售款

表1-27 **结算方式科目设置**

结算方式	币种	本单位账号	科目
现金	人民币	2107024015890035666	1001 库存现金
现金支票	人民币	2107024015890035666	10020101 沈阳皇姑支行
转账支票	人民币	2107024015890035666	10020101 沈阳皇姑支行
转账支票	美元	2107381765323431982	1002020102 美元
银行汇票	人民币	2107024015890035666	10020101 沈阳皇姑支行
电汇	人民币	2107024015890035666	10020101 沈阳皇姑支行
电汇	美元	2107381765323431982	1002020102 美元
信汇	人民币	2107024015890035666	10020101 沈阳皇姑支行
委托收款	人民币	2107024015890035666	10020101 沈阳皇姑支行
托收承付	人民币	2107024015890035666	10020101 沈阳皇姑支行
其他	人民币	2107024015890035666	10020101 沈阳皇姑支行

④坏账准备设置：提取比率0.5%，坏账准备期初余额为3 510，坏账准备科目1231，对方科目6701。

【具体操作过程】

① 依次双击"业务工作"页签中的"财务会计→应收款管理→设置→初始设置"菜单，打开"初始设置"窗口，单击窗口左侧的"基本科目设置"，单击工具栏的"增加"，根据表1-25进行基本科目设置，结果如图1-46所示。

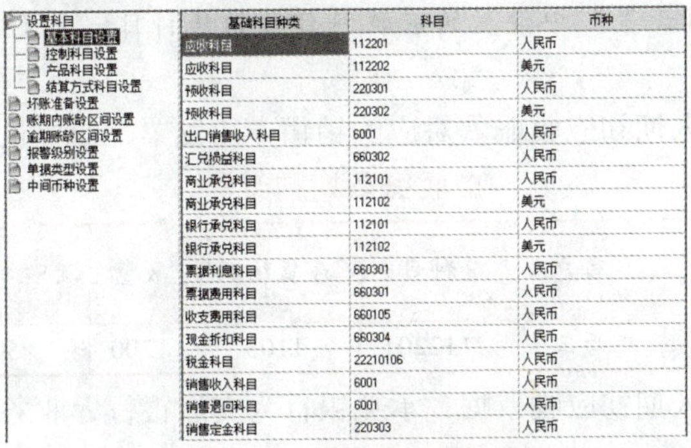

图1-46 基本科目设置

②在"初始设置"窗口，单击窗口左侧的"产品科目设置"，根据表1-26进行产品科目设置，结果如图1-47所示。

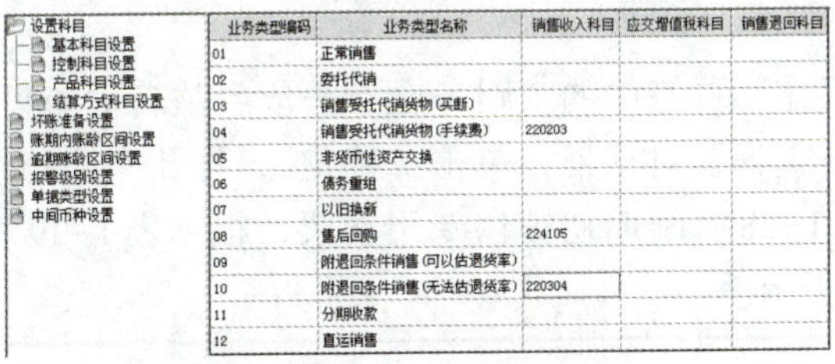

图1-47 产品科目设置

③在"初始设置"窗口，单击窗口左侧的"结算方式科目设置"，根据表1-27进行结算方式科目设置，结果如图1-48所示。

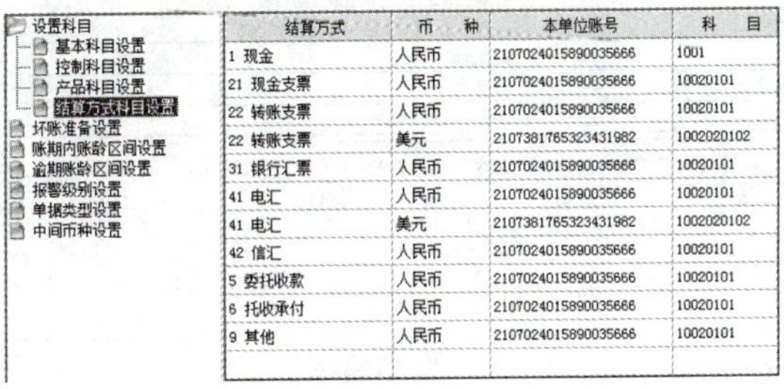

图1-48 结算方式科目设置

④在"初始设置"窗口，单击窗口左侧的"坏账准备设置"，根据资料进行坏账准备设置，结果如图1-49所示。

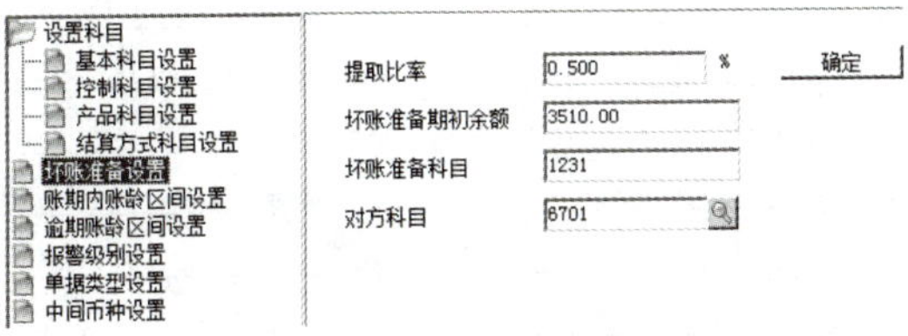

图1-49 坏账准备设置

【提示】

"基本科目设置"、"控制科目设置"及"产品科目设置"的关系。对销售发票制单时，系统先判断控制科目依据，根据控制科目依据取"控制科目设置"中对应的科目。然后系统判断销售科目依据，单据销售科目依据取"产品科目设置"中对应的科目。若没有设置，则取"基本科目设置"中设置的应收科目和销售科目，若无，则手工输入。

（2）期初余额

①根据表1-28录入期初应收账款对应的销售专用发票，业务员为销售部刘晓明。

表1-28   应收账款期初余额

开票日期	发票号	客户	科目	存货编码	数量	无税单价（元）	价税合计（元）
2017-12-17	21323501	广西玉宝	112201	1103	1200	500.00	702 000.00

②根据表1-29录入期初应收票据，承兑银行为交通银行，业务员为销售部刘晓明。

表1-29   应收票据期初余额

单据类型	票据编号	开票单位	票据面值	科目	签发日期	收到日期	到期日
银行承兑汇票	35978808	上海乐淘	97 000.00	112101	2017-12-20	2017-12-23	2018-06-20

【具体操作过程】

依次双击"业务工作"页签中的"财务会计→应收款管理→设置→期初余额"菜单，系统弹出"期初余额—查询"对话框，单击"确定"，打开"期初余额"窗口，单击工具栏的"增加"，根据表1-28填制期初销售专用发票，根据表1-29填制期初应收票据，结果如图1-50、图1-51所示。

销售专用发票

表体排序

开票日期 2017-12-17   发票号 21323501   订单号
客户名称 广西玉宝   客户地址 广西玉林市成文路7号   电话 0775-3890622
开户银行 中国工商银行玉林市东门支行   银行账号 2111702010422009265   税号 91450904342576849A
付款条件   税率(%) 17.00   科目 112201
币种 人民币   汇率 1   销售部门 销售部
业务员 刘晓明   项目   备注

	货物编号	货物名称	主计量单位	税率(%)	数量	无税单价	含税单价	税额	无税金额	价税合计	科目
1	1103	百匠牛仔裤	条	17.00	1200.00	500.00	585.00	102000.00	600000.00	702000.00	112201
2											

图1-50   期初销售专用发票

期初票据

币种 人民币

票据编号 35978808   开票单位 上海乐淘
承兑银行 交通银行   背书单位
票据面值 97000.00   票据余额 97000.00
面值利率 0.00000000   科目 112101
签发日期 2017-12-20   收到日期 2017-12-23
到期日 2018-06-20   部门 销售部
业务员 刘晓明   项目
摘要

图1-51   期初应收票据

3.应付款管理

（1）初始设置

①设置基本科目。

基本科目见表1-30。

表1-30   **设置基本科目**

基础科目种类	科目	币种
应付科目	220201 应付账款/一般应付账款	人民币
预付科目	1123预付账款	人民币
采购科目	1402在途物资	人民币
税金科目	22210101 应交税费/应交增值税/进项税额	人民币
汇兑损益科目	660302财务费用/汇兑损益	人民币
商业承兑科目	2201应付票据	人民币
银行承兑科目	2201应付票据	人民币
票据利息科目	660301财务费用/利息支出	人民币
现金折扣科目	660304财务费用/现金折扣	人民币
固定资产采购科目	1601固定资产	人民币

②产品科目设置。

产品科目见表1-31。

表1-31   **产品科目设置**

业务类型编码	业务类型名称	采购科目
02	受托代销（买断）	2314受托代销商品款
03	受托代销（手续费）	220203应付账款/受托代销
08	售后回购	224105其他应付款/应付售后回购款

③设置结算方式科目。

结算方式科目见表1-32。

表1-32   **设置结算方式科目**

结算方式	币种	本单位账号	科目
现金	人民币	2107024015890035666	1001库存现金
现金支票	人民币	2107024015890035666	10020101 沈阳皇姑支行
转账支票	人民币	2107024015890035666	10020101 沈阳皇姑支行
转账支票	美元	2107381765323431982	1002020102 美元
银行汇票	人民币	2107024015890035666	101201银行汇票存款
电汇	人民币	2107024015890035666	10020101 沈阳皇姑支行
电汇	美元	2107381765323431982	1002020102 美元
信汇	人民币	2107024015890035666	10020101 沈阳皇姑支行
委托收款	人民币	2107024015890035666	10020101 沈阳皇姑支行
托收承付	人民币	2107024015890035666	10020101 沈阳皇姑支行
其他	人民币	2107024015890035666	10020101 沈阳皇姑支行

【具体操作过程】

①依次双击"业务工作"页签中的"财务会计→应付款管理→设置→初始设置"菜单，打开"初始设置"窗口，单击窗口左侧的"基本科目设置"，单击工具栏的"增加"，根据表1-30进行基本科目设置，结果如图1-52所示。

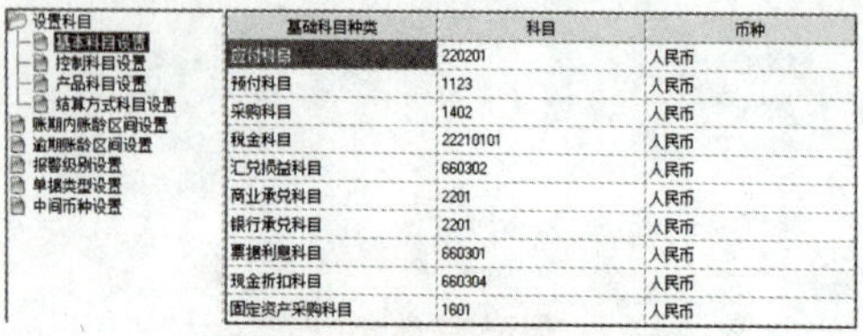

图1-52　基本科目设置

②在"初始设置"窗口，单击窗口左侧的"产品科目设置"，根据表1-31进行产品科目设置，结果如图1-53所示。

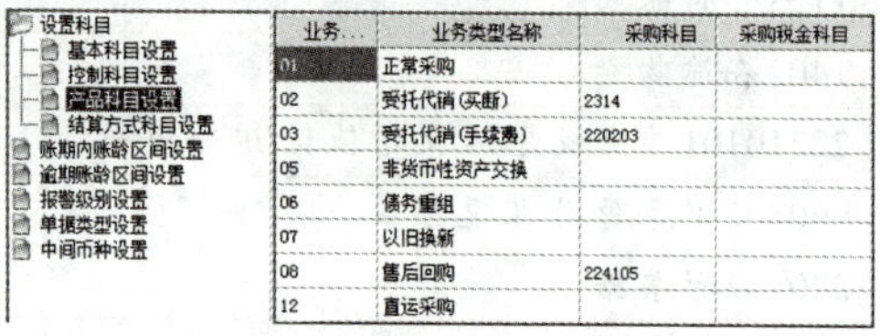

图1-53　产品科目设置

③ 在"初始设置"窗口，单击窗口左侧的"结算方式科目设置"，根据表1-32进行结算方式科目设置，结果如图1-54所示。

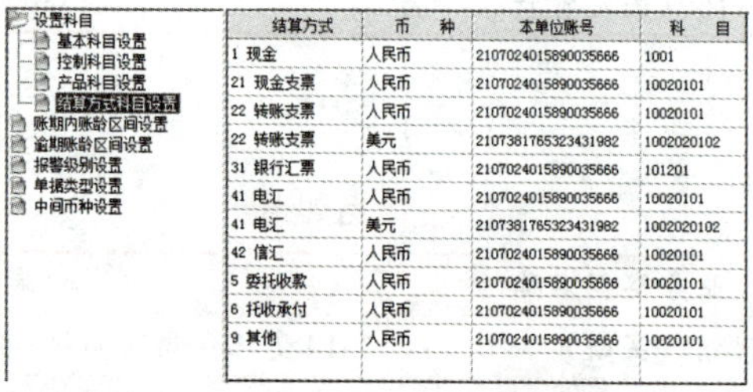

图1-54　结算方式科目设置

（2）录入应付账款期初余额

根据表1-33录入期初应付账款对应的采购专用发票，业务员为采购部张宏亮。

表1-33　　　　　　　　　　　　　　　　应付账款期初余额

发票号	开票日期	供应商	科目	存货编码	数量	原币单价（元）	价税合计（元）
14035890	2017-12-15	天津惠阳	220201	1201	17 000	3 450.00	68 620 500.00

【具体操作过程】

依次双击"业务工作"页签中的"财务会计→应付款管理→设置→期初余额"菜单，系统弹出"期初余额-查询"对话框，单击"确定"，打开"期初余额"窗口，单击工具栏的"增加"，根据表1-33填制期初采购专用发票，结果如图1-55所示。

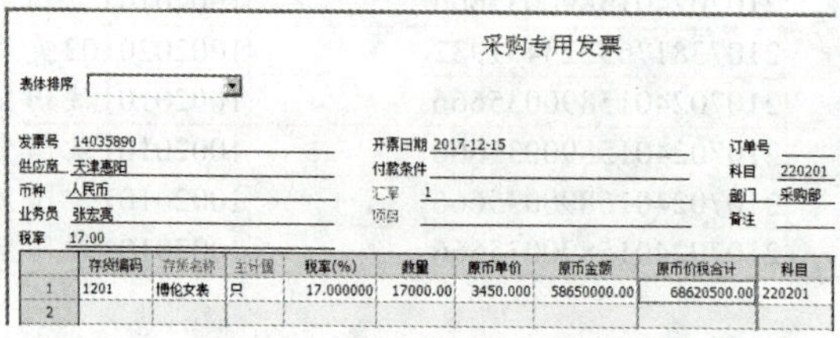

图1-55　期初采购专用发票

4.总账

根据表1-34录入总账系统期初余额。

表1-34   **总账期初余额**

科目	方向	受控系统	金额（元）
库存现金	借		8 532.00
银行存款/中国工商银行/沈阳皇姑支行	借		86 080 345.00
银行存款/中国银行/沈阳皇姑支行/人民币	借		69 613 501.00
银行存款/中国银行/沈阳皇姑支行/美元	借		5 805 500.00 USD 850 000.00
交易性金融资产/成本	借		230 000.00 东旭光电，20 000股
应收票据	借	应收系统	97 000.00
应收账款	借	应收系统	702 000.00
坏账准备	贷		3 510.00
库存商品	借		301 644 000.00
可供出售金融资产/成本	借		240 000.00 京东方，80 000股
固定资产	借		21 890 300.00
累计折旧	贷		1 785 153.68
短期借款	贷		5 000 000.00
应付账款/一般应付账款	贷	应付系统	68 620 500.00
应付账款/暂估应付账款	贷		12 525 000.00 2017-12-27，湖南百盛 采购部张宏亮
应付职工薪酬/工资	贷		38 952.69
应付职工薪酬/社会保险费/基本医疗保险	贷		1 641.60
应付职工薪酬/社会保险费/工伤保险费	贷		102.60
应付职工薪酬/社会保险费/生育保险费	贷		174.42
应付职工薪酬/设定提存计划/基本养老保险费	贷		2 462.40
应付职工薪酬/设定提存计划/失业保险	贷		410.40
应付职工薪酬/住房公积金	贷		2 052.00
应付职工薪酬/工会经费	贷		867.99
应交税费/未交增值税	贷		461 502.40
应交税费/应交企业所得税	贷		363 128.50
应交税费/应交个人所得税	贷		137.56
应交税费/应交城建税	贷		32 305.17
应交税费/应交教育费附加	贷		13 845.07
应交税费/应交地方教育费附加	贷		9 230.05
其他应付款/代扣医疗保险	贷		410.40
其他应付款/代扣养老保险	贷		1 641.60
其他应付款/代扣失业保险	贷		205.20
其他应付款/代扣住房公积金	贷		2052.00
长期借款	贷		50 000 000.00
实收资本	贷		15 000 000.00
盈余公积	贷		2 129 405.00
利润分配/未分配利润	贷		330 316 487.27

【具体操作过程】

①引入受控系统科目期初余额。依次双击"业务工作"页签中的"财务会计→总账→设置→期初余额"菜单，打开"期初余额录入"窗口。找到"应收票据/人民币"科目，双击该科目，系统打开"辅助期初余额"窗口，单击"往来明细"，打开"期初往来明细"窗口。单击"引入"，系统提示"确定要引入期初吗？"，单击"是"，系统从应收系统引入上海乐淘的期初往来明细，结果如图1-56所示。单击"汇总"，系统弹出图1-57所示的对话框，单击"是"，单击"确定"。依次退出"期初往来明细"窗口、"辅助期初余额"窗口。

图 1-56 期初往来明细账

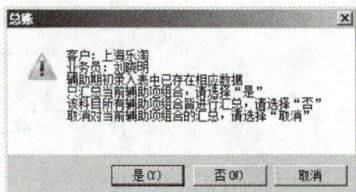

图 1-57 总账汇总提示

按此方法引入"应收账款/人民币"和"应付账款/一般应付账款"的期初余额。

②直接录入总账系统期初余额。在"期初余额录入"窗口，双击每个会计科目的末级科目，根据表1-34录入该科目的期初余额。录入完毕，单击工具栏的"试算"，结果如图1-58所示。单击"确定"，退出"期初余额录入"窗口。

图 1-58 试算结果

【提示】

灰色单元格对应的会计科目期初余额无需录入。部分设置辅助核算但不受控于应收或应付系统的会计科目，双击该科目到"辅助期初余额"窗口或"期初往来明细"窗口录入期初余额。

5.采购管理

（1）录入期初采购入库单

2017年12月27日，采购部张宏亮从湖南百盛购入男夹克等商品，商品全部验收合格并已入服装仓，合同约定2018年1月9日开具增值税专用发票。采购类型为"正常采购"，入库单号RK12089，具体见表1-35。

表 1-35   期初采购入库单

存货编码	存货名称	单位	实收数量	无税单价（元）	无税金额（元）
1101	百盛男夹克	件	10 000	298.00	2 980 000.00
1102	百盛休闲裤	条	15 000	199.00	2 985 000.00
1104	百盛男套装	套	20 000	328.00	6 560 000.00
合　计					12 525 000.00

（2）采购系统期初记账

【具体操作过程】

①依次双击"业务工作"页签中的"供应链→采购管理→采购入库→采购入库单"菜单，打开"期初采购入库单"窗口。单击"增加"，根据表1-35填制一张期初采购入库单，录入完毕单击"保存"，结果如图1-59所示。关闭该窗口。

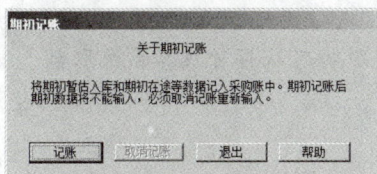

图 1-59　期初采购入库单

②依次双击"业务工作"页签中的"供应链→采购管理→设置→采购期初记账"菜单，打开"期初记账"窗口，如图1-60所示。单击"记账"，系统提示"期初记账完毕!"，单击"确定"。退出该窗口。

图 1-60　采购系统期初记账

6.库存管理

根据表1-36录入库存管理系统期初数据，入库类别为"采购入库"，部门为"采购部"。

表1-36
库存商品期初结存

仓库名称	存货编码及名称	数量	单位	单价（元）	金额（元）	存货科目
服装仓	1101百盛男夹克	10 000	件	298.00	2 980 000.00	1405库存商品
	1102百盛休闲裤	15 000	条	199.00	2 985 000.00	1405库存商品
	1103百盛牛仔裤	8 000	条	120.00	960 000.00	1405库存商品
	1104百盛男套装	20 000	套	328.00	6 560 000.00	1405库存商品
	1105嘉伟女风衣	16 000	件	498.00	7 968 000.00	1405库存商品
	1106嘉伟男风衣	20 000	件	648.00	12 960 000.00	1405库存商品
	1107嘉伟羽绒服	9 000	件	590.00	5 310 000.00	1405库存商品
小　计		98 000			39 723 000.00	
手表仓	1201博伦女表	17 000	只	3 450.00	58 650 000.00	1405库存商品
	1202博伦男表	10 000	只	2 835.00	28 350 000.00	1405库存商品
	1203博伦情侣表	5 000	对	6 666.00	33 330 000.00	1405库存商品
	1204恒久女表	6 300	只	2 900.00	18 270 000.00	1405库存商品
	1205恒久男表	3 000	只	5 555.00	16 665 000.00	1405库存商品
	1206恒久情侣表	12 000	对	8 888.00	106 656 000.00	1405库存商品
小　计		53 300			261 921 000.00	
合　计		151 300			301 644 000.00	

【具体操作过程】

①依次双击"业务工作"页签中的"供应链→库存管理→初始设置→期初结存"菜单，打开"库存期初数据录入"窗口。在窗口右上方选择"服装仓"，单击"修改"，根据表1-36录入服装仓的期初库存，录入完毕单击"保存"，再单击"批审"，结果如图1-61所示。

库存期初数据录入

②将"库存期初数据录入"窗口右上角的仓库改为"手表仓"，单击工具栏的"修改"按钮，根据表1-36录入手表仓的期初库存，录入完毕保存并批审，结果如图1-62所示。

图1-61　服装仓期初库存

图1-62　手表仓期初库存

【提示】

库存管理系统的期初结存数据可从存货核算系统取数。

7.存货核算

（1）设置科目

①存货科目设置。

存货科目见表1-37。

表1-37　　　　　　　　　　　　存货科目

存货分类	存货科目	分期收款发出商品科目	委托代销发出商品科目	直运科目
11服装	1405库存商品	1406发出商品	1406发出商品	1402在途物资
12手表	1405库存商品	1406发出商品	1406发出商品	1402在途物资
13皮具	1321受托代销商品			

②对方科目设置。

对方科目见表1-38。

表1-38　　　　　　　　　　　　对方科目

收发类别	对方科目	暂估科目
101采购入库	1402在途物资	220202暂估应付账款
10201视同买断	2314受托代销商品款	2314受托代销商品款
10202收取手续费	2314受托代销商品款	2314受托代销商品款
104非货币性资产交换入库	1402在途物资	
105债务重组入库	1402在途物资	
106以旧换新入库	1402在途物资	
107售后回购入库	1406发出商品	
109盘盈入库	190101待处理流动资产损溢	
110直运采购	1402在途物资	
201销售出库	6401主营业务成本	
202委托代销出库	6401主营业务成本	
20301视同买断	6401主营业务成本	
20302收取手续费	2314受托代销商品款	
204非货币性资产交换出库	6401主营业务成本	
205债务重组出库	6401主营业务成本	
206以旧换新出库	6401主营业务成本	
207售后回购出库	1406发出商品	
20801可以估计退货率	6401主营业务成本	
20802无法估计退货率	1406发出商品	
209盘亏出库	190101待处理流动资产损溢	
210直运销售	6401主营业务成本	

【具体操作过程】

① 依次双击"业务工作"页签中的"供应链→存货核算→初始设置→科目设置→存货科目"菜单，打开"存货科目"窗口。单击"增加"，根据表1-37录入存货科目，录入完毕单击"保存"，结果如图1-63所示。

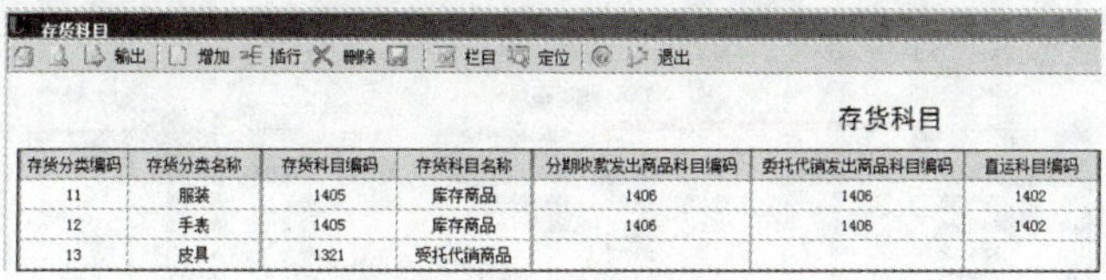

图1-63 存货科目

②在存货核算系统，执行"初始设置→科目设置→对方科目"菜单，打开"对方科目"窗口。单击"增加"，根据表1-38录入对方科目，录入完毕单击"保存"，结果如图1-64所示。

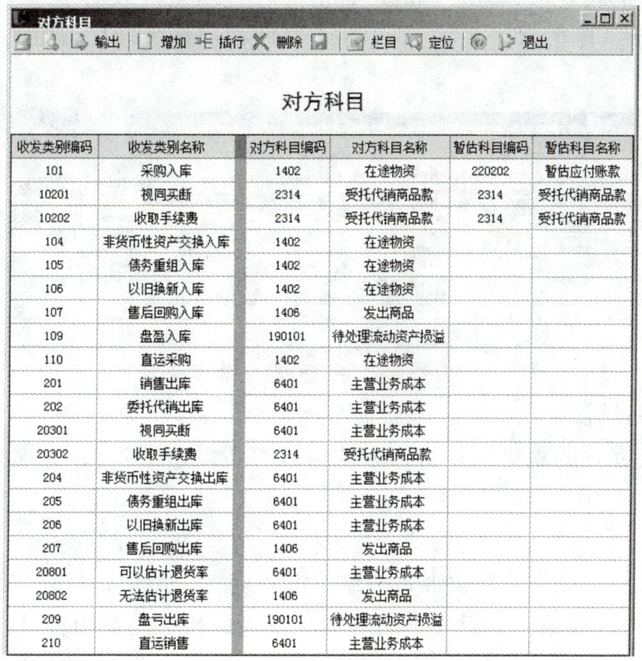

图1-64 对方科目

【提示】

此功能用于设置本系统中生成凭证所需要的存货对方科目（即收发类别）所对应的会计科目，因此用户在制单之前应先在本系统中将存货对方科目设置正确、完整，否则无法生成科目完整的凭证。

直运采购发票制单时，借方科目取用户在存货科目设置中设置的直运科目。

直运销售发票制单时，贷方科目取用户在存货科目设置中设置的直运科目。

发出商品发货单制单时，借方科目取发出商品对应的科目，贷方取存货对应的科目。

发出商品发票制单时，借方科目取收发类别对应的科目，贷方取发出商品对应的科目。

（2）录入期初余额并记账

期初余额与库存管理系统期初结存数据一致。从库存管理系统取数至存货核算系统。

【具体操作过程】

①依次双击“业务工作”页签中的“供应链→存货核算→初始设置→期初数据→期初余额”菜单，打开“期初余额”窗口。仓库选择“服装仓”，单击“取数”，从库存管理系统取期初库存至存货核算系统，结果如图1-65所示。

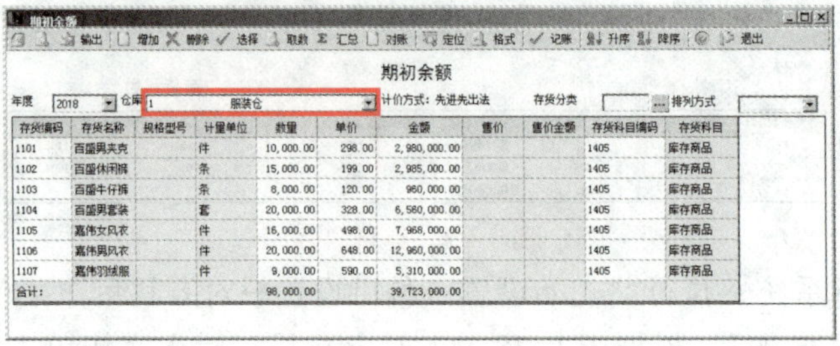

期初余额

年度 2018 仓库 1 服装仓 计价方式：先进先出法 存货分类 排列方式

存货编码	存货名称	规格型号	计量单位	数量	单价	金额	售价	售价金额	存货科目编码	存货科目
1101	百盛男夹克		件	10,000.00	298.00	2,980,000.00			1405	库存商品
1102	百盛休闲裤		条	15,000.00	199.00	2,985,000.00			1405	库存商品
1103	百盛牛仔裤		条	8,000.00	120.00	960,000.00			1405	库存商品
1104	百盛男套装		套	20,000.00	328.00	6,560,000.00			1405	库存商品
1105	嘉伟女风衣		件	16,000.00	498.00	7,968,000.00			1405	库存商品
1106	嘉伟男风衣		件	20,000.00	648.00	12,960,000.00			1405	库存商品
1107	嘉伟羽绒服		件	9,000.00	590.00	5,310,000.00			1405	库存商品
合计：				98,000.00		39,723,000.00				

图1-65 服装仓期初余额

②仓库选择“手表仓”，单击“取数”，从库存管理系统取期初库存至存货核算系统，结果如图1-66所示。单击“记账”，系统提示“期初记账成功!”，单击“确定”。退出该窗口。

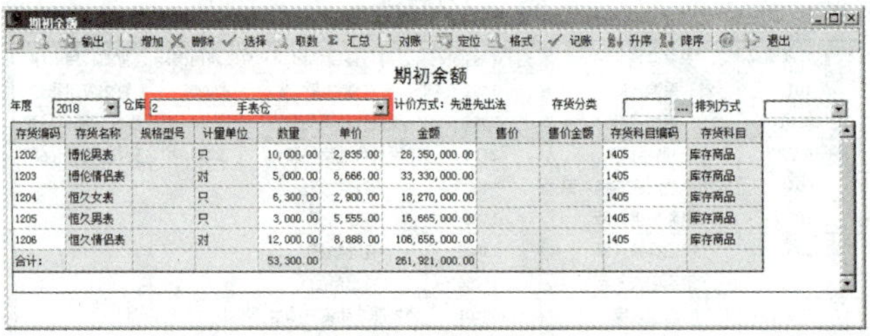

期初余额

年度 2018 仓库 2 手表仓 计价方式：先进先出法 存货分类 排列方式

存货编码	存货名称	规格型号	计量单位	数量	单价	金额	售价	售价金额	存货科目编码	存货科目
1202	博伦男表		只	10,000.00	2,835.00	28,350,000.00			1405	库存商品
1203	博伦情侣表		对	5,000.00	6,666.00	33,330,000.00			1405	库存商品
1204	恒久女表		只	6,300.00	2,900.00	18,270,000.00			1405	库存商品
1205	恒久男表		只	3,000.00	5,555.00	16,665,000.00			1405	库存商品
1206	恒久情侣表		对	12,000.00	8,888.00	106,656,000.00			1405	库存商品
合计：				53,300.00		261,921,000.00				

图1-66 手表仓期初余额

(3) 跌价准备设置

设置第一大类存货的跌价准备科目为“1471存货跌价准备”，计提费用科目为“6701资产减值损失”。

【具体操作过程】

在存货核算系统，执行“跌价准备→跌价准备设置”菜单，打开“跌价准备设置”窗口。单击“增加”，设置第一大类存货的跌价准备科目和计提费用科目，结果如图1-67所示。退出该窗口。

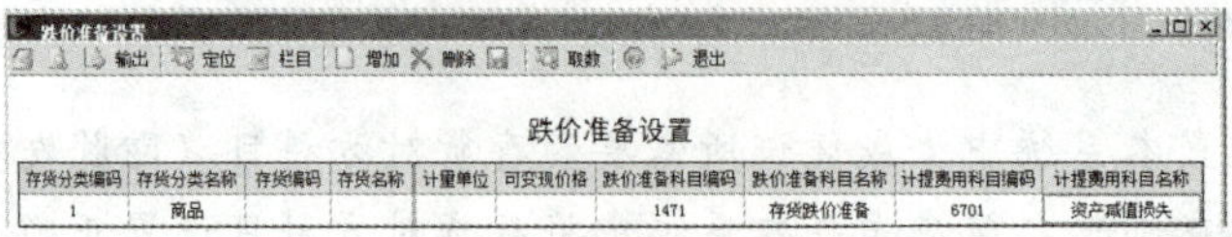

跌价准备设置

存货分类编码	存货分类名称	存货编码	存货名称	计量单位	可变现价格	跌价准备科目编码	跌价准备科目名称	计提费用科目编码	计提费用科目名称
1	商品					1471	存货跌价准备	6701	资产减值损失

图1-67 跌价准备设置

项目2　一般采购业务

| 任务1 | 普通采购业务 |

业务1 典型采购业务

2018年1月1日，采购部张宏亮与北京嘉伟服装有限公司（简称北京嘉伟）签订购销合同。相关凭证如图2-1至图2-4所示。

购 销 合 同

合同编号：CG01001

卖方：北京嘉伟服装有限公司

买方：辽宁恒通商贸有限公司

为保护买卖双方的合法权益，根据《中华人民共和国合同法》的有关规定，买卖双方经友好协商，一致同意签订本合同，并共同遵守合同约定。

一、货物的名称、数量及金额：

货物名称	规格型号	计量单位	数量	单价（不含税）	金额（不含税）	税率	税额
嘉伟女风衣		件	1 000	518.00	518 000.00	17%	88 060.00
嘉伟羽绒服		件	1 200	668.00	801 600.00	17%	136 272.00
嘉伟男风衣		件	1 300	580.00	754 000.00	17%	128 180.00
合　计					¥2 073 600.00		¥352 512.00

二、合同总金额：人民币贰佰肆拾贰万陆仟壹佰壹拾贰元整（¥2 426 112.00）。

三、签订合同当日，卖方交付货物并开具增值税专用发票，买方以电汇方式支付全部货款。

四、交货地点：辽宁恒通商贸有限公司。

五、发运方式与运输费用承担方式：由卖方发货，运输费用由卖方承担。

卖　　方：北京嘉伟服装有限公司　　　　买　　方：辽宁恒通商贸有限公司

授权代表：赵　涛　　　　　　　　　　　授权代表：张宏亮

日　　期：2018年1月1日　　　　　　　日　　期：2018年1月1日

图2-1　购销合同

入 库 单

供应商：北京嘉伟　　　　　　　　　2018年1月1日　　　　　　　　　单号：RK01001

验收仓库	存货编码	存货名称	单位	数量		单价	金额
				应收	实收		
服装仓	1105	嘉伟女风衣	件	1 000	1 000		
服装仓	1107	嘉伟羽绒服	件	1 200	1 200		
服装仓	1106	嘉伟男风衣	件	1 300	1 300		
合　计							

部门经理：略　　　　会计：略　　　　仓库：略　　　　经办人：略

图2-2　入库单

北京增值税专用发票

1100172140　　　　　　　　　　　　　　　　　№ 69861152

发票联

开票日期：2018年1月1日

购买方	名　　　称：辽宁恒通商贸有限公司 纳税人识别号：91210105206917583A 地址、电话：辽宁省沈阳市皇姑区人民路369号 024-82681359 开户行及账号：中国工商银行沈阳皇姑支行 2107024015890035666	密码区	2275*5426>8265<6+32-> >2+-+6<+-+>9*343<*+20 2>4595*8/5-03-151>65* >5907<4/7511+2+512+8-	加密版本:01 1100172140 69861152

货物或应税劳务、服务名称	规格型号	单位	数量	单价	金　额	税率	税　额
嘉伟女风衣		件	1 000	518.00	518 000.00	17%	88 060.00
嘉伟羽绒服		件	1 200	668.00	801 600.00	17%	136 272.00
嘉伟男风衣		件	1 300	580.00	754 000.00	17%	128 180.00
合　　计					¥2 073 600.00		¥352 512.00

价税合计（大写）	⊗贰佰肆拾贰万陆仟壹佰壹拾贰元整	（小写）¥ 2 426 112.00

销售方	名　　　称：北京嘉伟服装有限公司 纳税人识别号：91110104759695583A 地址、电话：北京市宣武区长丰路六段360号 010-30453221 开户行及账号：招商银行北京宣武分行 2590739805061504276	备注

收款人：米思颖　　复核：齐琴　　开票人：岂俏　　销售方：（章）

图2-3　增值税专用发票

中国工商银行　电汇凭证（回单）　1　36257058

☑普通　□加急　　　委托日期　2018年1月1日

汇款人	全　称	辽宁恒通商贸有限公司	收款人	全　称	北京嘉伟服装有限公司
	账　号	2107024015890035666		账　号	2590739805061504276
	汇出地点	辽宁省　沈阳市/县		汇入地点	北京市/县

汇出行名称	中国工商银行沈阳皇姑支行	汇入行名称	招商银行北京宣武分行										
金额	人民币 （大写）	贰佰肆拾贰万陆仟壹佰壹拾贰元整	亿	千	百	十	万	千	百	十	元	角	分
				¥	2	4	2	6	1	1	2	0	0

支付密码

附加信息及用途：货款
（06）

此联为汇出行给汇款人的回单

复核　　　记账

图2-4　电汇付款凭证

【操作过程概览】

本业务的操作过程概览见表2-1。

表2-1　　　　　　　　　　　　　操作过程概览

序号	操作日期	操作员	系统	操作内容
1	2018-01-01	G01张宏亮	采购管理	填制采购订单
2	2018-01-01	G01张宏亮	采购管理	参照采购订单生成到货单
3	2018-01-01	C01李泽华	库存管理	参照到货单生成采购入库单
4	2018-01-01	G01张宏亮	采购管理	参照入库单生成采购专用发票
5	2018-01-01	W02赵凯	应付款管理	审核发票并制单处理
6	2018-01-01	W02赵凯	存货核算	正常单据记账并生成凭证

【具体操作过程】

1.填制采购订单

2018年1月1日，由张宏亮（G01）登录企业应用平台。

（1）依次双击"业务工作"页签中的"供应链→采购管理→采购订货→采购订单"菜单，打开"采购订单"窗口。单击工具栏的"增加"按钮，根据图2-1填制采购订单。

①填制表头信息。修改表头的"订单编号"（即合同编号）为CG01001，"采购类型"为"正常采购"，"供应商"为"北京嘉伟"，"业务员"为"张宏亮"，其他项默认。

【提示】

当一张单据需要同时选择"部门"和"业务员"信息时，可直接选择"业务员"，则系统自动将该业务员所在"部门"信息带出。

②填制表体信息。在第1行，选择"存货编码"为1105（嘉伟女风衣）、输入"数量"为1000，"原币单价"为518，"计划到货日期"为当日；按此方法录入第2行、第3行的货物信息。

（2）单击工具栏的"保存"按钮，保存该单据。单击工具栏的"审核"按钮，审核该订单，结果如图2-5所示。关闭并退出该窗口。

采购订单

表体排序

业务类型	普通采购		订单日期	2018-01-01		订单编号	CG01001	
采购类型	正常采购		供应商	北京嘉伟		部门	采购部	
业务员	张宏亮		税率	17.00		付款条件		
币种	人民币		汇率	1		备注		

	存货编码	存货名称	主计量	数量	原币单价	原币金额	原币税额	原币价税合计	税率	计划到货日期	行关闭人
1	1105	嘉伟女风衣	件	1000.00	518.00	518000.00	88060.00	606060.00	17.00	2018-01-01	
2	1107	嘉伟羽绒服	件	1200.00	668.00	801600.00	136272.00	937872.00	17.00	2018-01-01	
3	1106	嘉伟男风衣	件	1300.00	580.00	754000.00	128180.00	882180.00	17.00	2018-01-01	
4											

图2-5 采购订单

说明：为了完整显示关键信息，本教材对部分单据或窗口的单元格所在列进行了隐藏。下同。

2.参照采购订单生成到货单

说明：若无特别提示，本步骤无需重新登录，仍由上一步操作员完成。下同。

（1）在"采购管理"子系统，双击"采购到货→到货单"菜单，打开"到货单"窗口。单击工具栏的"增加"按钮，再点击工具栏的"生单"|"采购订单"命令，打开"查询条件选择-采购订单列表过滤"对话框，单击"确定"按钮，系统弹出"拷贝并执行"窗口。双击"到货单拷贝订单表头列表"中订单号CG01001号最左侧的"选择"单元格，选中该订单，结果如图2-6所示。单击"确定"按钮。系统返回"到货单"窗口，生成一张到货单。

（2）单击工具栏的"保存"按钮，保存该单据。单击工具栏的"审核"按钮，审核该单据，结果如图2-7所示。关闭并退出该窗口。

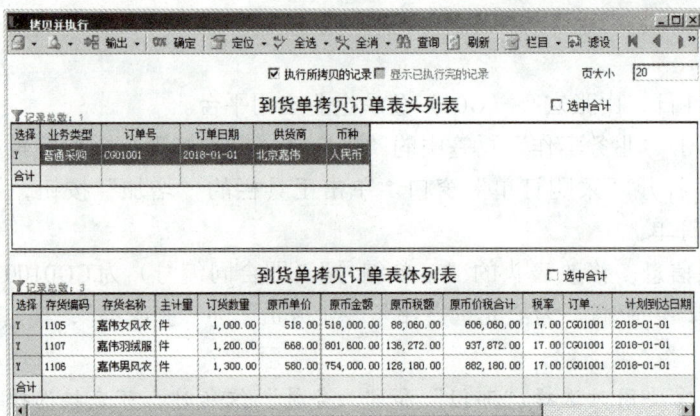

图2-6 "拷贝并执行"窗口

图2-7 到货单

3.参照到货单生成采购入库单

2018年1月1日，由李泽华（C01）登录企业应用平台。

（1）依次双击"业务工作"页签中的"供应链→库存管理→入库业务→采购入库单"菜单，系统打开"采购入库单"窗口。在"采购入库单"窗口中，执行"生单"I"采购到货单（蓝字）"命令，打开"查询条件选择-采购到货单列表"对话框，单击"确定"按钮，系统打开"到货单生单列表"窗口。在"到货单生单列表"窗口中，双击要选择的到货单所对应的"选择"栏（即上一步骤完成的到货单），如图2-8所示，再单击工具栏的"确定"按钮，系统返回"采购入库单"窗口。根据图2-2修改采购入库单表头中的"入库单号"为"RK01001"，"仓库"选择为"服装仓"，其他项默认，结果如图2-9所示。

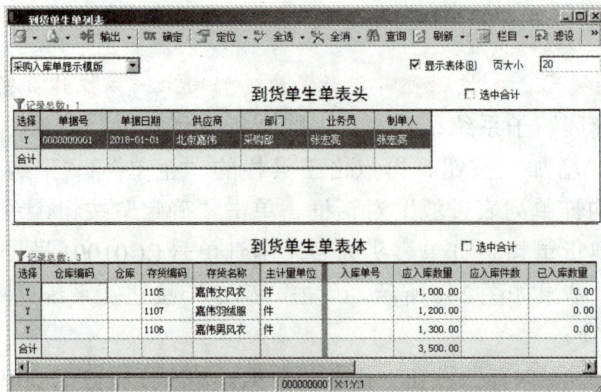

图2-8 "到货单生单列表"窗口

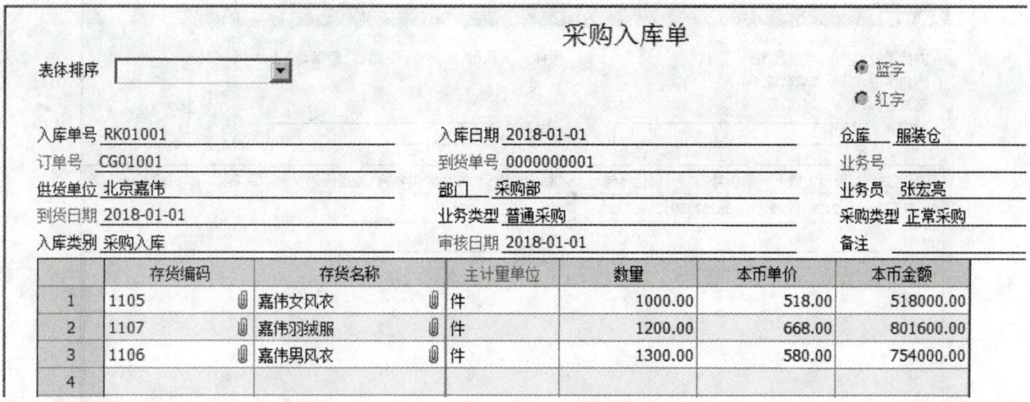
采购入库单

表体排序

蓝字　红字

入库单号 RK01001　入库日期 2018-01-01　仓库 服装仓
订单号 CG01001　到货单号 0000000001　业务号
供货单位 北京嘉伟　部门 采购部　业务员 张宏亮
到货日期 2018-01-01　业务类型 普通采购　采购类型 正常采购
入库类别 采购入库　审核日期 2018-01-01　备注

	存货编码	存货名称	主计量单位	数量	本币单价	本币金额
1	1105	嘉伟女风衣	件	1000.00	518.00	518000.00
2	1107	嘉伟羽绒服	件	1200.00	668.00	801600.00
3	1106	嘉伟男风衣	件	1300.00	580.00	754000.00
4						

图2-9　采购入库单

（2）单击工具栏的“保存”按钮，再单击“审核”按钮，系统提示“该单据审核成功!”，单击“确定”按钮。关闭并退出该窗口。

4.参照入库单生成采购专用发票

2018年1月1日，由张宏亮（G01）登录企业应用平台。

（1）依次双击“业务工作”页签中的“供应链→采购管理→采购发票→专用采购发票”菜单，打开“专用发票”窗口。单击工具栏的“增加”按钮，再点击工具栏“生单”|“入库单”命令，打开“查询条件选择-采购入库单列表过滤”对话框，单击“确定”按钮。在“拷贝并执行”窗口中，双击选择RK01001号入库单对应的“选择”栏，如图2-10所示，然后单击工具栏的“确定”按钮，返回“销售专用发票”窗口。根据图2-3修改表头项目“发票号”为69861152，其他项默认。单击工具栏的“保存”按钮。

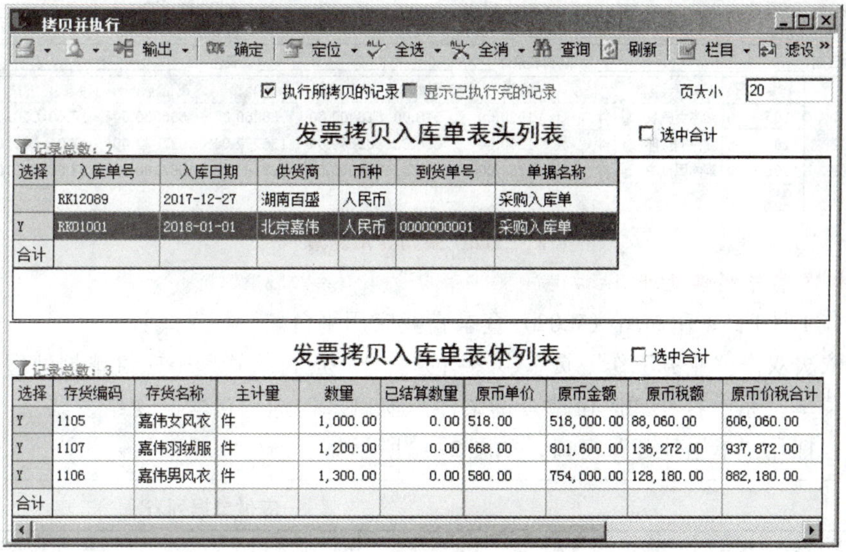
拷贝并执行

输出　确定　定位　全选　全消　查询　刷新　栏目　滤设

执行所拷贝的记录　显示已执行完的记录　页大小 20

发票拷贝入库单表头列表　选中合计

记录总数：2

选择	入库单号	入库日期	供货商	币种	到货单号	单据名称
	RK12089	2017-12-27	湖南百盛	人民币		采购入库单
Y	RK01001	2018-01-01	北京嘉伟	人民币	0000000001	采购入库单
合计						

发票拷贝入库单表体列表　选中合计

记录总数：3

选择	存货编码	存货名称	主计量	数量	已结算数量	原币单价	原币金额	原币税额	原币价税合计
Y	1105	嘉伟女风衣	件	1,000.00	0.00	518.00	518,000.00	88,060.00	606,060.00
Y	1107	嘉伟羽绒服	件	1,200.00	0.00	668.00	801,600.00	136,272.00	937,872.00
Y	1106	嘉伟男风衣	件	1,300.00	0.00	580.00	754,000.00	128,180.00	882,180.00
合计									

图2-10　“拷贝并执行”窗口

（2）现付。单击工具栏的“现付”按钮，打开“采购现付”对话框，根据图2-4电汇凭证回单，“结算方式”选择“电汇”，“原币金额”输入“2426112”，“票据号”输入“36257058”，结果如图2-11所示。单击“确定”按钮。

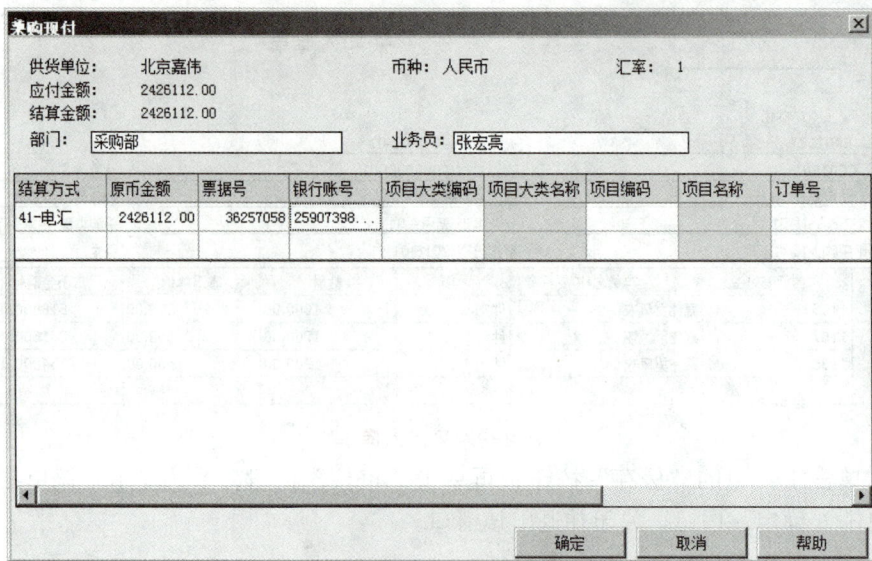

图2-11 "采购现付"窗口

（3）结算后关闭。单击工具栏的"结算"按钮，完成采购专用发票结算处理。结果如图2-12所示。关闭并退出该窗口。

图2-12 采购专用发票

5. 审核发票并制单处理

2018年1月1日，由赵凯（W02）登录企业应用平台。

（1）依次双击"业务工作"页签中"财务会计→应付款管理→应付单据处理→应付单据审核"菜单，系统打开"应付单查询条件"窗口。勾选"包含已现结发票"，单击"确定"按钮，打开"单据处理"窗口，如图2-13所示。

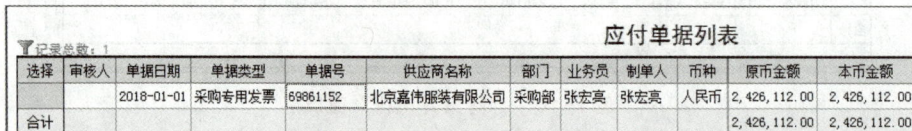

图2-13 应付单据列表

（2）双击"69861152"单据号，打开要审核的发票，单击工具栏的"审核"按钮，系统提示"是否立即制单？"，单击"是"，系统自动打开"填制凭证"窗口，单击工具栏的

"保存"按钮，结果如图2-14所示。

图2-14 记账凭证

6.正常单据记账并生成凭证

（1）正常单据记账。在供应链的"存货核算"子系统，依次执行"业务核算→正常单据记账"命令，系统打开"查询条件选择"窗口，直接单击其"确定"按钮，系统打开"未记账单据一览表"窗口，如图2-15所示。双击入库单RK01001的"选择"栏或者单击工具栏的"全选"按钮，使其显示"Y"字样。单击工具栏的"记账"按钮，系统弹出信息框提示记账成功，单击其"确定"按钮，完成记账工作。退出该窗口。

正常单据记账列表

选择	日期	单据号	存货编码	存货名称	单据类型	仓库名称	收发类别	数量	单价	金额
	2018-01-01	RK01001	1105	嘉伟女风衣	采购入库单	服装仓	采购入库	1,000.00	518.00	518,000.00
	2018-01-01	RK01001	1107	嘉伟羽绒服	采购入库单	服装仓	采购入库	1,200.00	668.00	801,600.00
	2018-01-01	RK01001	1106	嘉伟男风衣	采购入库单	服装仓	采购入库	1,300.00	580.00	754,000.00
小计								3,500.00		2,073,600.00

图2-15 正常单据记账列表

（2）生成凭证。依次执行"存货核算"子系统的"财务核算→生成凭证"命令，系统打开"生成凭证"窗口。单击工具栏的"选择"按钮，系统弹出"查询条件"对话框，单击"确定"按钮，系统打开"选择单据"窗口，如图2-16所示。单击工具栏的"全选"按钮，选中已记账的采购入库单，再单击工具栏的"确定"按钮，系统自动退出"选择单据"窗口进入"生成凭证"窗口，如图2-17所示。单击工具栏的"生成"按钮，系统打开"填制凭证"窗口并自动生成凭证。单击工具栏的"保存"按钮，保存此凭证，如图2-18所示。关闭并退出窗口。

图2-16 "选择单据"窗口

凭证类别 记 记账凭证

选择	单据类型	单据号	摘要	科目类型	科目编码	科目名称	借方金额	贷方金额	借方数量	贷方数量	科目方向	存货编码
1	采购入库单	RK01001	采购入库单	存货	1405	库存商品	518,000.00		1,000.00		1	1105
				对方	1402	在途物资		518,000.00		1,000.00	2	1105
				存货	1405	库存商品	801,600.00		1,200.00		1	1107
				对方	1402	在途物资		801,600.00		1,200.00	2	1107
				存货	1405	库存商品	754,000.00		1,300.00		1	1106
				对方	1402	在途物资		754,000.00		1,300.00	2	1106
合计							2,073,600.00	2,073,600.00				

图2-17 “生成凭证”窗口

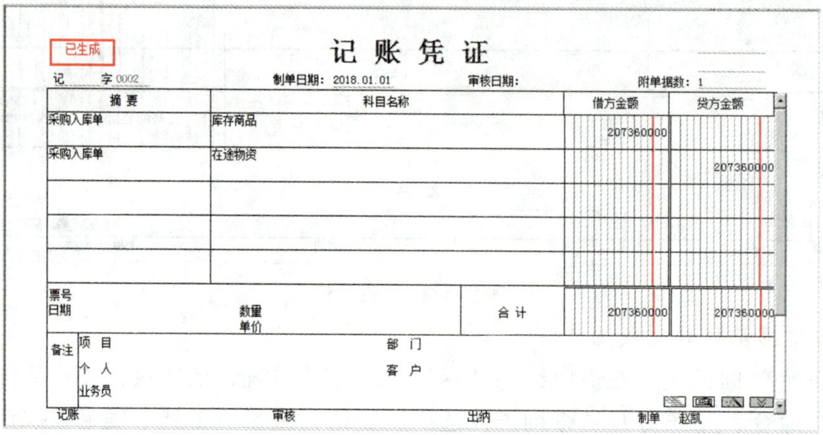

图2-18 记账凭证

【提示】

关于本业务中使用的“现付”和“结算”功能的说明。

1.若收到发票的同时支付货款（除“商业汇票”外），则可以直接单击发票上的“现付”按钮，完成款项支付；若不同时，付款业务到应付款管理系统的“付款单据处理”或“选择付款”中处理。通过“商业汇票”付款的，到应付款管理系统或应收款管理系统中的“票据管理”去处理。该功能支持全额现付和部分现付。“现付”自动生成未审核、未核销的付款单，现付的发票审核后自动核销。

2.结算即采购结算，也称采购报账，是指采购核算人员根据采购发票、采购入库单核算采购入库成本的过程。如采购发票是参照“入库单”生成的，且发票数量等于入库单数量，同时没有费用单据，则可以直接单击采购发票上的“结算”按钮，完成“采购结算”。否则到采购管理系统采购结算下进行手工结算或自动结算。采购结算的结果是生成采购结算单。

3.普通采购业务中“现付”与“采购结算”之间没有先后顺序。但是，在受托代销业务中必须先“受托代销结算”才可以“现付”。普通销售业务中必须先“现结”后“复核”。

业务2 有代垫运费的采购业务

2018年1月1日，采购部徐辉与大连博伦表业有限公司（简称大连博伦）签订购销合同。

2018年1月2日，收到大连博伦发来货物及增值税专用发票，全部验收合格并办理入库。（按数量分摊，不合并制单）

2018年1月3日，支付大连博伦货款及代垫运费。（付款单）

相关凭证如图2-19至图2-23所示。

购 销 合 同

合同编号：CG01002

卖方：大连博伦表业有限公司

买方：辽宁恒通商贸有限公司

　　为保护买卖双方的合法权益，根据《中华人民共和国合同法》的有关规定，买卖双方经友好协商，一致同意签订本合同，并共同遵守合同约定。

　　一、货物的名称、数量及金额：

货物名称	规格型号	计量单位	数量	单价（不含税）	金额（不含税）	税率	税额
博伦男表		只	500	2 850.00	1 425 000.00	17%	242 250.00
博伦情侣表		对	450	6 688.00	3 009 600.00	17%	511 632.00
合　计					¥4 434 600.00		¥753 882.00

　　二、合同总金额：人民币伍佰壹拾捌万捌仟肆佰捌拾贰元整（¥5 188 482.00）。

　　三、卖方于1月2日交付货物并开具增值税专用发票，买方于1月3日以转账支票方式支付全部货款。

　　四、交货地点：大连博伦表业有限公司。

　　五、发货方式与运输费用承担方式：由卖方发货，运输费用由买方承担，卖方先行垫付。

　　卖　　　方：大连博伦表业有限公司　　　　　　买　　　方：辽宁恒通商贸有限公司

　　授权代表：李昌达　　　　　　　　　　　　　　授权代表：徐辉

　　日　　　期：2018年1月1日　　　　　　　　　　日　　　期：2018年1月1日

图 2-19　购销合同

2100172140　　　　　**大连增值税专用发票**　　　№ 62163891

发票联

开票日期：2018年1月2日

购买方	名　称：辽宁恒通商贸有限公司
	纳税人识别号：91210105206917583A
	地址、电话：辽宁省沈阳市皇姑区人民路369号　024-82681359
	开户行及账号：中国工商银行沈阳皇姑支行　2107024015890035666

密码区：+-8502*44105>7+0-8>23+394>84*4727+735658+8<+40*9<56+<22>07987//<*-3-4-2*>83+>075-1+>

加密版本:01
2100172140
62163891

货物或应税劳务、服务名称	规格型号	单位	数量	单价	金　额	税率	税　额
博伦男表		只	500	2 850.00	1 425 000.00	17%	242 250.00
博伦情侣表		对	450	6 688.00	3 009 600.00	17%	511 632.00
合　　计					¥4 434 600.00		¥753 882.00

价税合计（大写）　　⊗伍佰壹拾捌万捌仟肆佰捌拾贰元整　　（小写）¥ 5 188 482.00

销售方	名　称：大连博伦表业有限公司
	纳税人识别号：91210203821392076A
	地址、电话：大连市西岗区古塔路1029号　0411-87691203
	开户行及账号：交通银行大连西岗支行　3041309299285602525

备注

收款人：刘信瑜　　复核：苗惠　　开票人：巴春鹏　　销售方：（章）

税总函〔2017〕335号北京印钞厂

第三联：发票联　购买方记账凭证

图 2-20　增值税专用发票

辽宁增值税专用发票

2100172140　　　发票联　　№ 17208220

开票日期：2018年1月2日

购买方	名称：辽宁恒通商贸有限公司　纳税人识别号：91210105206917583A　地址、电话：辽宁省沈阳市皇姑区人民路369号 024-82681359　开户行及账号：中国工商银行沈阳皇姑支行 2107024015890035666

密码区：
31+6*962<9->-<5653*1>4
>++32-*-8-*+1+33+<079
9841>59>32-7/2+>9*706
99/894+7+>0605<-53169

加密版本：01
2100172140
17208220

货物或应税劳务、服务名称	规格型号	单位	数量	单价	金额	税率	税额
运输费		千米	500	2.00	1 000.00	11%	110.00
合　计					¥1 000.00		¥110.00

价税合计（大写）　⊗壹仟壹佰壹拾元整　　　（小写）¥1 110.00

销售方	名称：沈阳通达物流有限公司　纳税人识别号：91210105357948262A　地址、电话：辽宁省沈阳市皇姑区振兴路968号 024-82961537　开户行及账号：中国银行沈阳皇姑支行 820114163108091001

收款人：张译文　复核：朱梓嘉　开票人：解冰　销售方：（章）

图2-21　运费增值税专用发票

入库单

供应商：大连博伦　　　2018年1月2日　　　单号：RK01002

验收仓库	存货编码	存货名称	单位	应收	实收	单价	金额
手表仓	1202	博伦男表	只	500	500		
手表仓	1203	博伦情侣表	对	450	450		
合　计							

部门经理：略　　会计：略　　仓库：略　　经办人：略

图2-22　入库单

中国工商银行
转账支票存根
21003365
21562381
附加信息
出票日期 2018年1月3日
收款人：大连博伦表业有限公司
金额：¥5 189 592.00
用途：货款及代垫运费
单位主管 李成喜　会计 赵凯

图2-23　转账支票存根

【操作过程概览】

本业务的操作过程概览见表2-2。

表2-2   操作过程概览

序号	操作日期	操作员	系统	操作内容
1	2018-01-01	G01张宏亮	采购管理	填制采购订单
2	2018-01-02	G01张宏亮	采购管理	参照采购订单生成到货单
3	2018-01-02	C01李泽华	库存管理	参照到货单生成采购入库单
4	2018-01-02	G01张宏亮	采购管理	参照采购入库单生成采购专用发票
5	2018-01-02	G01张宏亮	采购管理	手工填制运费专用发票
6	2018-01-02	G01张宏亮	采购管理	手工采购结算
7	2018-01-02	W02赵凯	应付款管理	审核发票并制单处理（不合并制单）
8	2018-01-02	W02赵凯	存货核算	正常单据记账并生成凭证
9	2018-01-03	W03贺青	应付款管理	填制付款单
10	2018-01-03	W02赵凯	应付款管理	审核付款单、核销，合并制单

【具体操作过程】

1.填制采购订单

2018年1月1日，由张宏亮（G01）登录企业应用平台。

（1）依次双击"业务工作"页签中的"供应链→采购管理→采购订货→采购订单"菜单，打开"采购订单"窗口。单击工具栏的"增加"按钮，根据图2-19填制采购订单。

①填制表头信息。修改表头的"订单编号"为CG01002，"供应商"为"大连博伦"，"业务员"为"徐辉"，"采购类型"为"正常采购"，其他项默认。

②填制表体信息。在第1行，选择"存货编码"为1202（博伦男表）、输入"数量"为500，"原币单价"为2 850，"计划到货日期"为2018-01-02；按此方法录入第2行的货物信息。

（2）单击工具栏的"保存"按钮，保存该单据。单击工具栏的"审核"按钮，审核该订单，结果如图2-24所示。关闭并退出该窗口。

图2-24 采购订单

2.参照采购订单生成到货单

2018年1月2日，由张宏亮（G01）登录企业应用平台。在"采购管理"子系统，双击"采购到货→到货单"菜单，打开"到货单"窗口。单击工具栏的"增加"按钮，再点击工具栏的"生单"|"采购订单"命令，打开"查询条件选择-采购订单列表过滤"对话框，单击"确定"按钮，系统弹出"拷贝并执行"窗口。双击"到货单拷贝订单表头列

表"中订单号"CG01002"最左侧的"选择"单元格，选中该订单，单击"确定"按钮。系统返回"到货单"窗口，生成一张到货单。单击工具栏的"保存"按钮，保存该单据。单击工具栏的"审核"按钮，审核该单据，结果如图2-25所示。关闭并退出该窗口。

图2-25 到货单

3.参照到货单生成采购入库单

2018年1月2日，由李泽华（C01）登录企业应用平台。

（1）依次双击"业务工作"页签中的"供应链→库存管理→入库业务→采购入库单"菜单，系统打开"采购入库单"窗口。在"采购入库单"窗口中，执行"生单"｜"采购到货单（蓝字）"命令，打开"查询条件选择-采购到货单列表"对话框，单击"确定"按钮，系统打开"到货单生单列表"窗口。在"到货单生单列表"窗口中，双击要选择的到货单所对应的"选择"栏（即上一步骤完成的到货单），如图2-26所示，再单击工具栏的"确定"按钮，系统返回"采购入库单"窗口。根据图2-22修改采购入库单表头中的"入库单号"为"RK01002"，"仓库"选择为"手表仓"，其他项默认，结果如图2-27所示。

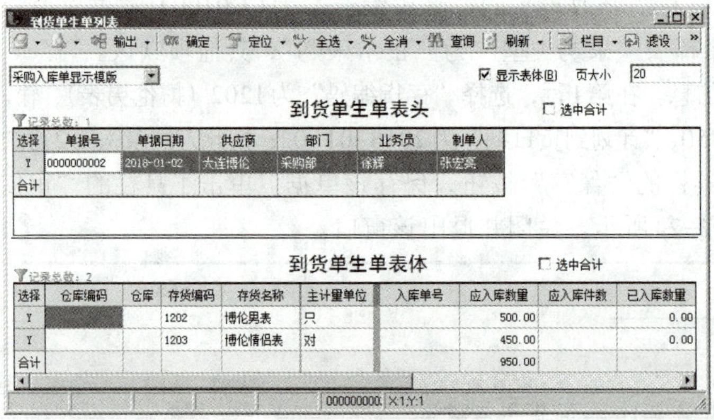

图2-26 "到货单生单列表"窗口

图2-27 采购入库单

（2）单击工具栏的"保存"按钮，保存该单据。再单击工具栏的"审核"按钮，系统提示"该单据审核成功！"，单击"确定"按钮，该单据审核通过。关闭并退出该窗口。

4.参照采购入库单生成采购专用发票

2018年1月2日，由张宏亮（G01）登录企业应用平台。依次双击"业务工作"页签中的"供应链→采购管理→采购发票→采购专用发票"菜单，打开"专用发票"窗口。单击工具栏的"增加"按钮，再点击工具栏"生单" | "入库单"命令，打开"查询条件选择－采购入库单列表过滤"对话框，单击"确定"按钮。在"拷贝并执行"窗口中，双击选择RK01002号入库单对应的"选择"栏，如图2-28所示，然后单击工具栏的"确定"按钮，返回"采购专用发票"窗口。根据图2-20，修改表头项目"发票号"为62163891，其他项默认。单击工具栏的"保存"按钮，如图2-29所示。

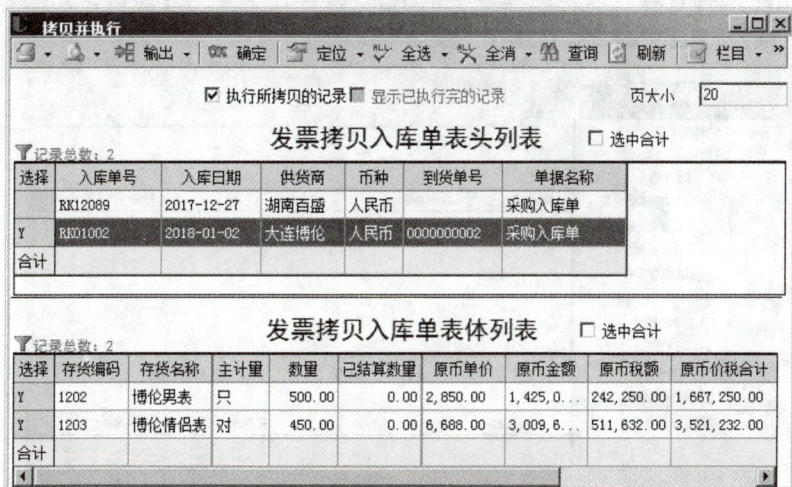

图2-28 "拷贝并执行"窗口

图2-29 采购专用发票

5.手工填制运费专用发票

依次双击"业务工作"页签中的"供应链→采购管理→采购发票→采购专用发票"菜单，打开"专用发票"窗口。单击工具栏的"增加"按钮，根据图2-21输入发票号17208220，供应商"沈阳通达"，代垫单位"大连博伦"，采购类型"正常采购"，部门"采购部"，业务员"徐辉"，税率"11%"。表体的存货名称"运输费"，数量"500"，单价"2"，原币金额"1000"。单击"保存"，结果如图2-30所示。

图 2-30　采购专用发票

6.手工采购结算

（1）双击"采购管理→采购结算→手工结算"，打开手工结算窗口，如图 2-31 所示。

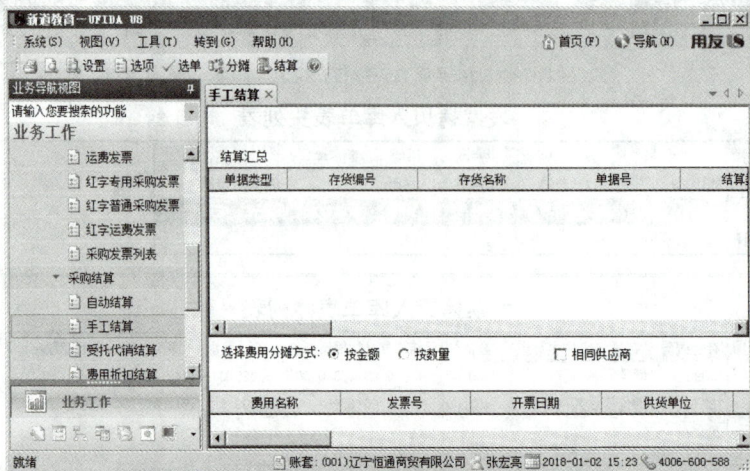

图 2-31　"手工结算"窗口

（2）单击工具栏的"选单"按钮，打开"结算选单"窗口。单击"查询"按钮，打开"查询条件选择—采购手工结算"对话框，点击"确定"，选择相应的"采购发票"和"入库单"，如图 2-32 所示，单击"确定"按钮。

图 2-32　"结算选单"窗口

（3）系统回到"手工结算"窗口，如图2-33所示，费用分摊方式选择"按数量"，单击"分摊"按钮，再单击"结算"按钮，系统显示"完成结算！"，如图2-34所示。

结算汇总

单据类型	存货编号	存货名称	单据号	结算数量	发票数量
采购发票		博伦男表	62163891		500.00
采购入库单	1202		RK01002	500.00	
		合计		500.00	500.00
采购发票		博伦情侣表	62163891		450.00
采购入库单	1203		RK01002	450.00	
		合计		450.00	450.00

选择费用分摊方式：○按金额　●按数量　　　□相同供应商

费用名称	发票号	开票日期	供货单位	代垫单位	规格型
运输费	17208220	2018-01-02	沈阳通达	大连博伦	
合计	---	---	---	---	---

图2-33　"手工结算"窗口

图2-34　完成结算

7.审核发票并制单处理（不合并制单）

2018年1月2日，由赵凯（W02）登录企业应用平台。

（1）依次双击"业务工作"页签中"财务会计→应付款管理→应付单据处理→应付单据审核"菜单，系统打开"应付单查询条件"窗口，单击"确定"按钮，打开"单据处理"窗口，如图2-35所示。

应付单据列表

选择	审核人	单据日期	单据类型	单据号	供应商名称	部门	业务员	制单人	币种	原币金额	本币金额
		2018-01-02	采购专用发票	17208220	大连博伦表业有限公司	采购部	徐辉	张宏亮	人民币	1,110.00	1,110.00
		2018-01-02	采购专用发票	62163891	大连博伦表业有限公司	采购部	徐辉	张宏亮	人民币	5,188,482.00	5,188,482.00
合计										5,189,592.00	5,189,592.00

图2-35　应付单据列表

（2）双击"选择"栏，或单击"全选"按钮，再单击"审核"按钮，系统完成审核并给出审核报告，单击"确定"按钮后退出。

（3）执行"制单处理"命令，打开"制单查询"对话框，选择"发票制单"，如图2-36所示。

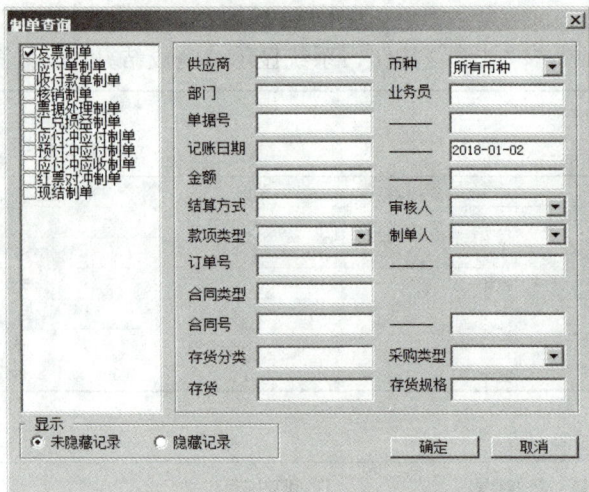

图2-36 "制单查询"窗口

（4）单击"确定"按钮，打开"采购发票制单"窗口。单击"全选"按钮，选中要制单的采购专用发票，如图2-37所示。

采购发票制单

凭证类别　记账凭证　　　制单日期 2018-01-02

选择标志	凭证类别	单据类型	单据号	日期	供应商编码	供应商名称	部门	业务员	金额
1	记账凭证	采购专用发票	17208220	2018-01-02	202	大连博伦…	采购部	徐辉	1,110.00
2	记账凭证	采购专用发票	62163891	2018-01-02	202	大连博伦…	采购部	徐辉	5,188,4…

图2-37 采购发票制单

（5）单击"制单"，生成两张记账凭证，单击"保存"按钮，如图2-38、图2-39所示。

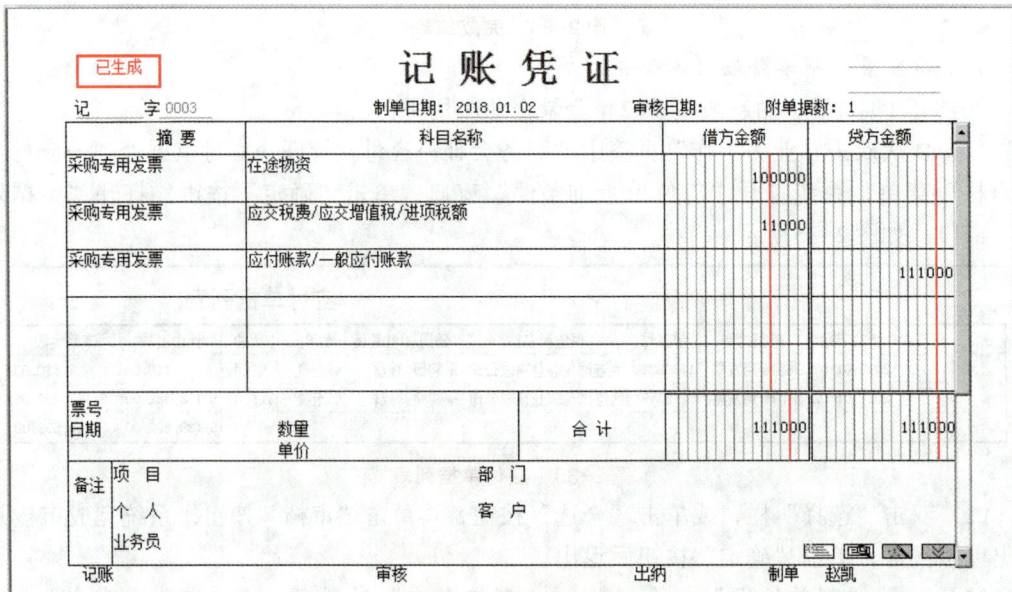

记 账 凭 证

已生成

记　字 0003　　制单日期：2018.01.02　　审核日期：　　附单据数：1

摘　要	科目名称	借方金额	贷方金额
采购专用发票	在途物资	100000	
采购专用发票	应交税费/应交增值税/进项税额	11000	
采购专用发票	应付账款/一般应付账款		111000

| 票号日期 | 数量单价 | 合　计 | 111000 | 111000 |

备注　项目　　　部门
　　　个人　　　客户
　　　业务员

记账　　　审核　　　出纳　　　制单 赵凯

图2-38 记账凭证

图2-39　记账凭证

8.正常单据记账并生成凭证

（1）正常单据记账。在供应链的"存货核算"子系统，依次执行"业务核算→正常单据记账"命令，系统打开"查询条件选择"窗口，直接单击其"确定"按钮，系统打开"未记账单据一览表"窗口，双击入库单RK01002的"选择"栏，或单击工具栏的"全选"按钮，使其显示"Y"字样，如图2-40所示。单击工具栏的"记账"按钮，系统弹出信息框提示记账成功，单击其"确定"按钮，完成记账工作，退出该窗口。

图2-40　正常单据记账列表

（2）生成凭证。依次执行"存货核算"子系统的"财务核算→生成凭证"命令，系统打开"生成凭证"窗口。单击工具栏的"选择"按钮，系统弹出"查询条件"对话框，单击"确定"按钮，系统打开"选择单据"窗口。单击工具栏的"全选"按钮，选中已记账的采购入库单，再单击工具栏的"确定"按钮，系统自动退出"选择单据"窗口进入"生成凭证"窗口，如图2-41所示。单击工具栏的"生成"按钮，系统打开"填制凭证"窗口并自动生成凭证。单击工具栏的"保存"按钮，保存此凭证，如图2-42所示。关闭并退出窗口。

图2-41　"生成凭证"窗口

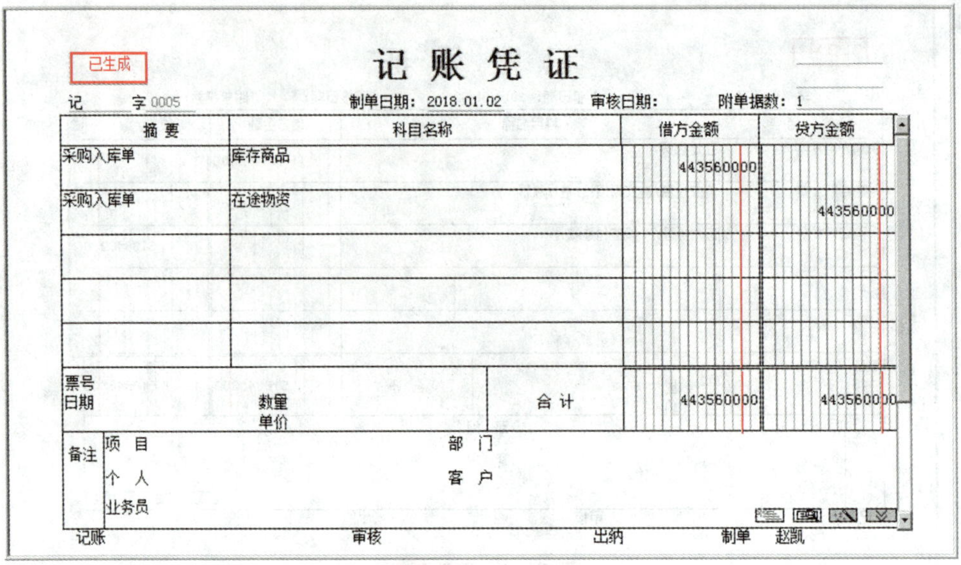

图2-42　记账凭证

9.填制付款单

2018年1月3日，由贺青（W03）登录企业应用平台。依次双击"业务工作"页签中"财务会计→应付款管理→付款单据处理→付款单据录入"菜单，根据资料录入相应信息，单击"保存"按钮，如图2-43所示。

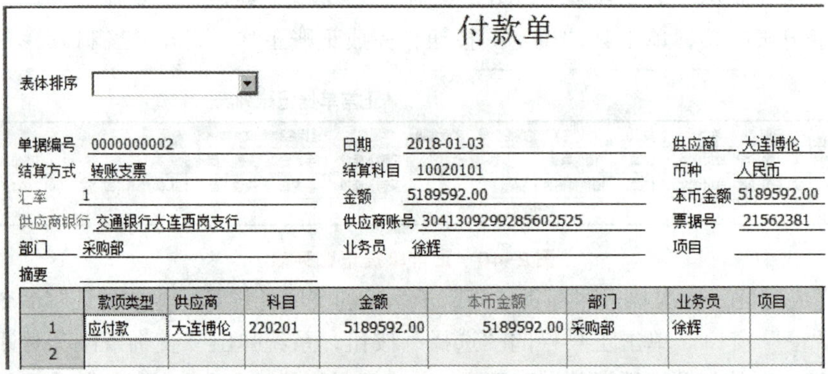

图2-43　付款单

10.审核付款单、核销，合并制单

2018年1月3日，由赵凯（W02）登录企业应用平台。

（1）审核付款单。依次双击"业务工作"页签中"财务会计→应付款管理→付款单据处理→付款单据审核"菜单，打开"付款单查询条件"窗口，单击"确定"，选中需审核的付款单，单击"审核"，退出，如图2-44所示。关闭该窗口。

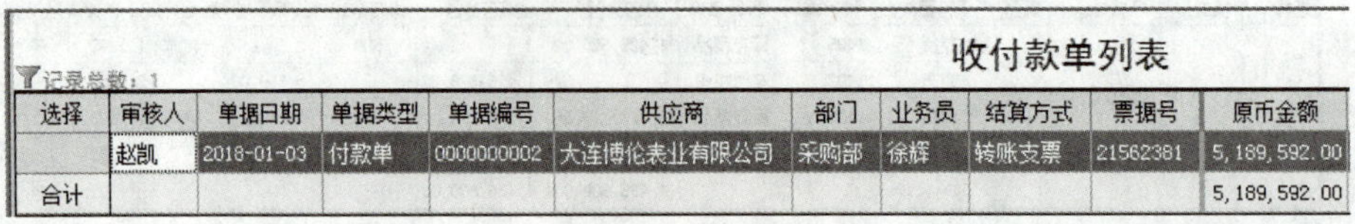

图2-44　收付款单列表

（2）手工核销。单击"核销处理→手工核销"，打开"核销条件窗口"，选择供应商"大连博伦表业有限公司"，如图2-45所示。单击"确定"，进入"单据核销"窗口，采购专用发票的本次结算金额分别输入"1110""5188482"，如图2-46所示，单击"保存"，退出。

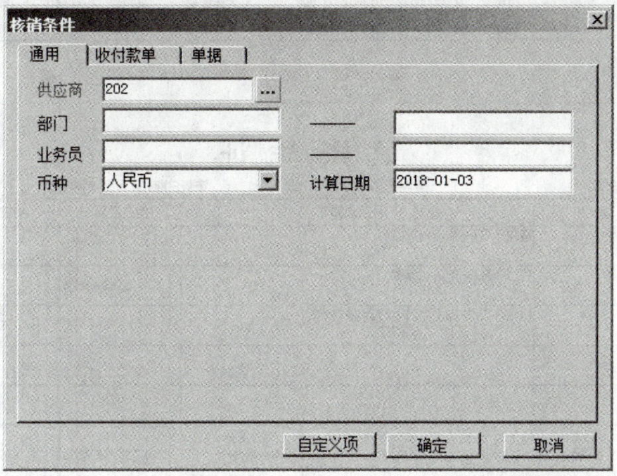

图2-45　"核销条件"窗口

单据日期	单据类型	单据编号	供应商	款项类型	结算方式	币种	原币金额	原币余额	本次结算	订单号
2018-01-03	付款单	0000000002	大连博伦	应付款	转账支票	人民币	5,189,592.00	5,189,592.00	5,189,592.00	
合计							5,189,592.00	5,189,592.00	5,189,592.00	

单据日期	单据类型	单据编号	到期日	供应商	币种	原币金额	原币余额	可享受折扣	本次折扣	本次结算	订单号	凭证号
2018-01-02	采购专用发票	17208220	2018-01-02	大连博伦	人民币	1,110.00	1,110.00	0.00	0.00	1,110.00		记-0003
2018-01-02	采购专用发票	62163891	2018-01-02	大连博伦	人民币	5,188,482.00	5,188,482.00	0.00	0.00	5,188,482.00	CG01002	记-0004
合计						5,189,592.00	5,189,592.00	0.00		5,189,592.00		

图2-46　"单据核销"窗口

（3）合并制单。单击"制单处理"，打开单据查询窗口，选中"收付款单制单""核销制单"，如图2-47所示，单击"确定"，进入"应付制单"窗口，如图2-48所示。单击"全选""合并""制单"，生成一张记账凭证，单击"保存"，如图2-49所示。

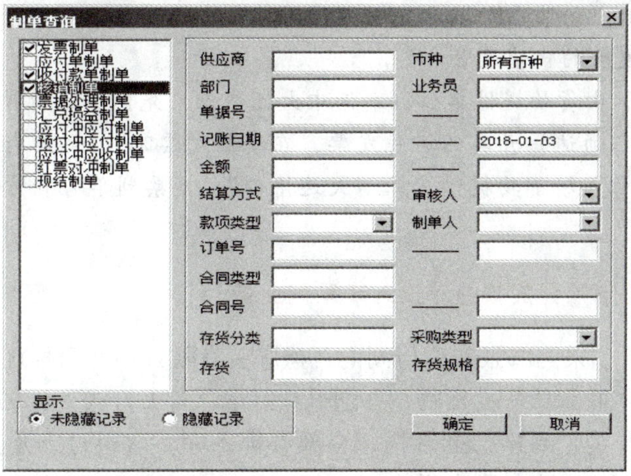

图2-47　"制单查询"窗口

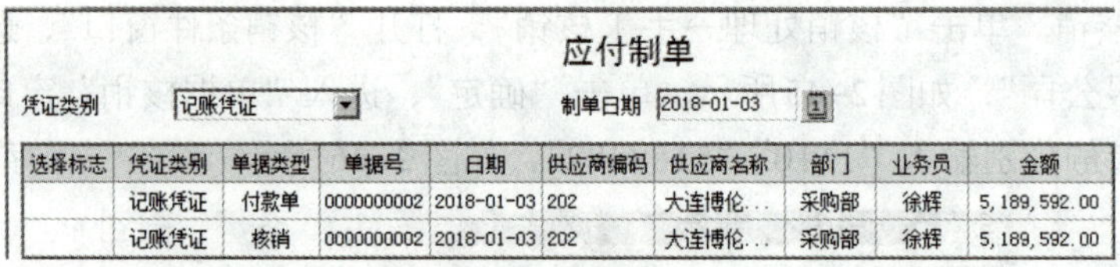

应付制单

凭证类别 记账凭证　制单日期 2018-01-03

选择标志	凭证类别	单据类型	单据号	日期	供应商编码	供应商名称	部门	业务员	金额
	记账凭证	付款单	0000000002	2018-01-03	202	大连博伦...	采购部	徐辉	5,189,592.00
	记账凭证	核销	0000000002	2018-01-03	202	大连博伦...	采购部	徐辉	5,189,592.00

图2-48　应付制单

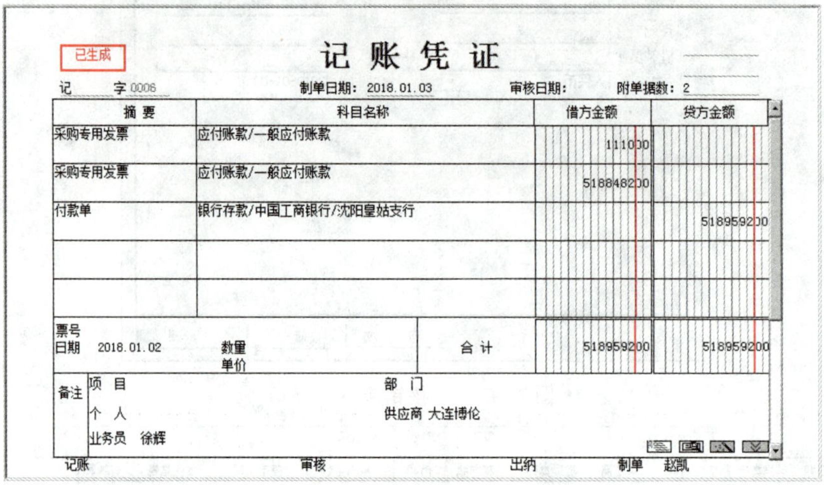

已生成

记账凭证

记　字 0006　制单日期：2018.01.03　审核日期：　附单据数：2

摘要	科目名称	借方金额	贷方金额
采购专用发票	应付账款/一般应付账款	111000	
采购专用发票	应付账款/一般应付账款	518848200	
付款单	银行存款/中国工商银行/沈阳皇姑支行		518959200
票号 日期 2018.01.02	数量 单价	合计 518959200	518959200

备注　项目　部门

个人　供应商 大连博伦

业务员 徐辉

记账　审核　出纳　制单 赵凯

图2-49　记账凭证

【提示】

1. 关于采购结算的进一步说明。

通过删除采购结算单能够实现取消采购结算的操作，但是以下两种情况不允许取消结算：①结算的采购入库单已被存货核算系统记账；②先暂估再结算的入库单，已在存货核算系统做暂估处理。

采购如果没有期初记账，则不能进行采购结算。只有进行期初记账后，才能进行采购结算。本月已做月末结账后，不能再做本月的采购结算，只能在下个月做。如果采购结算确实应核算在已结账的会计月内，那么可以先取消该月的月末结账后再做采购结算。

采购结算不限制业务发生的日期，可以跨月结算。

2. 购货过程中发生的代垫运费。

对于运费发票，由货物提供单位（本例中大连博伦）先代垫运输费用，然后再收到运输单位（本例中沈阳通达）开具的运费发票，在填制发票时，"供应商"填运输单位"沈阳通达"，"代垫单位"填货物提供单位"大连博伦"。发票制单时贷方应付账款的辅助明细就是代垫单位。

业务3 通过承兑背书预付货款的分批入库采购业务

2018年1月1日，采购部张宏亮与湖南百盛服装有限公司（简称湖南百盛）签订购销合同。当日，我公司收到第一批货物，并通过银行承兑背书方式支付97 000元。

2018年1月2日，收到第二批货物，全部办理入库，取得对方开具的增值税专用发票。我公司通过电汇方式支付剩余货款。

相关凭证如图2-50至图2-56所示。

购 销 合 同

合同编号：CG01003

卖方：湖南百盛服装有限公司

买方：辽宁恒通商贸有限公司

为保护买卖双方的合法权益，根据《中华人民共和国合同法》的有关规定，买卖双方经友好协商，一致同意签订本合同，并共同遵守合同约定。

一、货物的名称、数量及金额：

货物名称	规格型号	计量单位	数量	单价（不含税）	金额（不含税）	税率	税额
百盛牛仔裤		条	500	138.00	69 000.00	17%	11 730.00
百盛休闲裤		条	500	218.00	109 000.00	17%	18 530.00
合　计					¥178 000.00		¥30 260.00

二、合同总金额：人民币贰拾万零捌仟贰佰陆拾元整（¥208 260.00）。

三、签订合同当日，卖方发出两种商品的50%，买方以银行承兑汇票支付97 000元。1月2日，卖方发出剩余商品，买方以电汇方式支付全部尾款。

四、交货地点：湖南百盛服装有限公司

五、发运方式与运输费用承担方式：由卖方发货，运输费用由买方承担。

卖　方：湖南百盛服装有限公司　　　　买　方：辽宁恒通商贸有限公司

授权代表：王志广　　　　　　　　　　授权代表：张宏亮

日　　期：2018年1月1日　　　　　　　日　　期：2018年1月1日

图2-50　购销合同

入 库 单

供应商：湖南百盛　　　　　　　　2018年1月1日　　　　　　　　单号：RK01003

验收仓库	存货编码	存货名称	单位	数量		单价	金额
				应收	实收		
服装仓	1103	百盛牛仔裤	条	250	250		
服装仓	1102	百盛休闲裤	条	250	250		
合　计							

部门经理：略　　　　会计：略　　　　仓库：略　　　　经办人：略

图2-51　入库单

银行承兑汇票（存根）　91003695

2　35978808

出票日期　贰零壹柒年壹拾贰月零贰拾日（大写）

出票人全称	上海乐淘贸易有限公司	收款人	全称	辽宁恒通商贸有限公司
出票人账号	8059209375023168063		账号	2107024015890035666
付款行全称	交通银行闵行区北京路支行		开户银行	中国工商银行沈阳皇姑支行

| 出票金额 | 人民币（大写）玖万柒仟元整 | 亿千百十万千百十元角分 ￥9700000 |

| 汇票到期日（大写） | 贰零壹捌年零陆月零贰拾日 | 付款行 | 行号 |
| | | | 地址 |

承兑协议编号　9233880428131**

本汇票请你行承兑，请您无条件付款

本汇票已承兑，到期日由本行付款　密押

承兑日期　2017年12月20日

出票人签章　　备注　　复核　记账

此联收款人开户行随托收凭证寄付款行作借方凭证附件

图2-52　银行承兑汇票正面

被背书人　湖南百盛服装有限公司	被背书人
背书人签章　2018年1月1日	背书人签章　年 月 日

（粘贴单处）

西安西钞证券印制有限公司·2017年印制

图2-53　银行承兑汇票背面

入 库 单

供应商：湖南百盛　　　　　2018年1月2日　　　　　单号：RK01004

验收仓库	存货编码	存货名称	单位	数量		单价	金额
				应收	实收		
服装仓	1103	百盛牛仔裤	条	250	250		
服装仓	1102	百盛休闲裤	条	250	250		
合　计							

部门经理：略　　　　会计：略　　　　仓库：略　　　　经办人：略

图2-54　入库单

湖南增值税专用发票

4300172140

№ 83051433

发票联

开票日期: 2018年1月2日

购买方	名　　称:	辽宁恒通商贸有限公司						密码区	5-9+>+>8*0992-->05*0+ >43480-*58+>787*6+*64 +/91-+584455432+<+136 /2<94>6><3984-390<733		加密版本:01 4300172140 83051433
	纳税人识别号:	91210105206917583A									
	地址、电话:	辽宁省沈阳市皇姑区人民路369号 024-82681359									
	开户行及账号:	中国工商银行沈阳皇姑支行 2107024015890035666									
货物或应税劳务、服务名称		规格型号	单位	数量	单价	金　额	税率		税　额		
百盛牛仔裤			条	500	138.00	69 000.00	17%		11 730.00		
百盛休闲裤			条	500	218.00	109 000.00	17%		18 530.00		
合　　计						¥178 000.00			¥30 260.00		
价税合计(大写)		⊗贰拾万零捌仟贰佰陆拾元整					(小写) ¥ 208 260.00				
销售方	名　　称:	湖南百盛服装有限公司					备注				
	纳税人识别号:	91430105276531895A									
	地址、电话:	湖南省长沙区开福区林夕路100号 0731-8266319									
	开户行及账号:	中国农业银行长沙开福支行 1012093710651047815									

收款人: 段丹雪　　复核: 孙绍雪　　开票人: 温艳　　销售方: (章)

图2-55　增值税专用发票

中国工商银行　电汇凭证 (回单)　1　36257059

☑普通　□加急　　委托日期　2018年1月2日

汇款人	全　称	辽宁恒通商贸有限公司		收款人	全　称	湖南百盛服装有限公司												
	账　号	2107024015890035666			账　号	1012093710651047815												
	汇出地点	辽宁省 沈阳市/县			汇入地点	湖南省 长沙市/县												
	汇出行名称	中国工商银行沈阳皇姑支行			汇入行名称	中国农业银行长沙开福支行	亿	千	百	十	万	千	百	十	元	角	分
金额	人民币 (大写)	壹拾壹万壹仟贰佰陆拾元整							¥	1	1	1	2	6	0	0	0
		支付密码			附加信息及用途: 货款												
					复核　　记账												

图2-56　电汇付款凭证

【操作过程概览】

本业务的操作过程概览见表2-3。

表 2-3   操作过程概览

序号	操作日期	操作员	系统	操作内容
1	2018-01-01	G01 张宏亮	采购管理	填制采购订单
2	2018-01-01	G01 张宏亮	采购管理	参照采购订单生成第一批货物的到货单
3	2018-01-01	C01 李泽华	库存管理	参照到货单生成第一批货物的采购入库单
4	2018-01-01	W03 贺青	应付款管理	银行承兑汇票背书作预付款
5	2018-01-01	W02 赵凯	应付款管理	制单处理
6	2018-01-02	G01 张宏亮	采购管理	参照采购订单生成第二批货物的到货单
7	2018-01-02	C01 李泽华	库存管理	参照到货单生成第二批货物的采购入库单
8	2018-01-02	G01 张宏亮	采购管理	参照入库单生成采购专用发票（现付）
9	2018-01-02	W02 赵凯	应付款管理	审核发票并制单处理
10	2018-01-02	W02 赵凯	应付款管理	预付冲应付
11	2018-01-02	W02 赵凯	存货核算	正常单据记账并生成凭证

【具体操作过程】

1. 填制采购订单

2018 年 1 月 1 日，由张宏亮（G01）登录企业应用平台。

（1）依次双击"业务工作"页签中的"供应链→采购管理→采购订货→采购订单"菜单，打开"采购订单"窗口。单击工具栏的"增加"按钮，根据图 2-50 填制采购订单。

①填制表头信息。修改表头的"订单编号"（即合同编号）为 CG01003、"供应商"为"湖南百盛"，"业务员"为"张宏亮"，"采购类型"为"正常采购"，其他项默认。

②填制表体信息。在第 1 行，选择"存货编码"为 1103（百盛牛仔裤），输入"数量"为 250，"原币单价"为 138，"计划到货日期"为当日；按此方法录入第 2 行、第 3 行、第 4 行的货物信息。

（2）单击工具栏的"保存"按钮，保存该单据。单击工具栏的"审核"按钮，审核该订单，结果如图 2-57 所示。关闭并退出该窗口。

通过承兑背书预付货款的分批入库采购业务

图 2-57　采购订单

2. 参照采购订单生成第一批货物的到货单

在"采购管理"子系统，双击"采购到货→到货单"菜单，打开"到货单"窗口。单击工具栏的"增加"按钮，再点击工具栏的"生单"|"采购订单"命令，打开"查询条

件选择-采购订单列表过滤"对话框，单击"确定"按钮，系统弹出"拷贝并执行"窗口。双击"到货单拷贝订单表头列表"中订单号"CG01003"最左侧的"选择"单元格，然后选中"到货单拷贝订单表体列表"中的前两行，如图2-58所示。单击"确定"按钮，系统返回"到货单"窗口，生成一张到货单。单击工具栏的"保存"按钮，保存该单据。单击工具栏的"审核"按钮，审核该单据，结果如图2-59所示，关闭并退出该窗口。

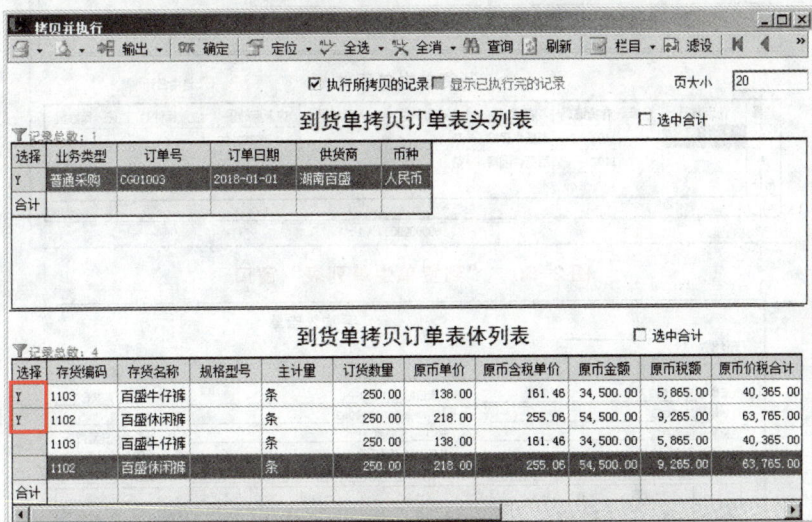

图2-58 "拷贝并执行"窗口

图2-59 到货单

3. 参照到货单生成第一批货物的采购入库单

由李泽华（C01）登录企业应用平台，操作日期为2018年1月1日。依次双击"业务工作"页签中的"供应链→库存管理→入库业务→采购入库单"菜单，系统打开"采购入库单"窗口。在"采购入库单"窗口中，执行"生单"|"采购到货单（蓝字）"命令，打开"查询条件选择-采购到货单列表"对话框，单击"确定"按钮，系统打开"到货单生单列表"窗口。在"到货单生单列表"窗口中，双击要选择的到货单所对应的"选择"栏（即上一步骤完成的到货单），如图2-60所示，再单击工具栏的"确定"按钮，系统返回"采购入库单"窗口。根据资料修改采购入库单表头中的"入库单号"为"RK01003"，"仓库"选择为"服装仓"，其他项默认。单击工具栏的"保存"按钮，保存该单据。再单击工具栏的"审核"按钮，系统提示"该单据审核成功！"，单击"确定"按钮，该单据审核通过，结果如图2-61所示。关闭并退出该窗口。

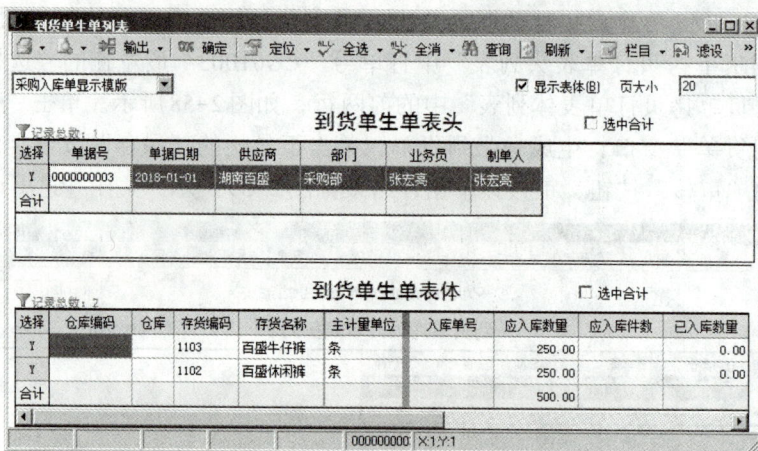

图2-60　"到货单生单列表"窗口

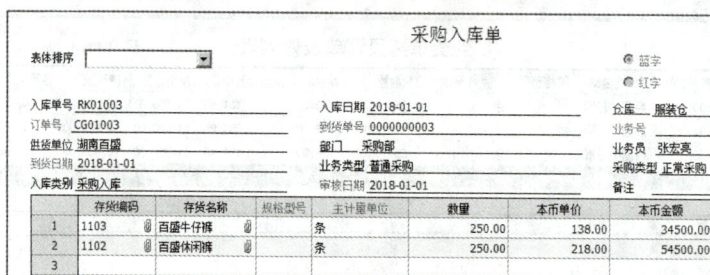

图2-61　采购入库单

4.银行承兑汇票背书作预付款

2018年1月1日，由贺青（W03）登录企业应用平台。依次双击"业务工作"页签中的"财务会计→应收款管理→票据管理"菜单，进入票据管理窗口，选中票据编号是"35978808"的单据，如图2-62所示。单击工具栏的"背书"按钮，打开票据背书窗口，被背书人选择"101湖南百盛服装有限公司"，如图2-63所示，单击"确定"，提示"是否将背书金额作为预付款处理"，单击"是"，提示"是否立即制单"，单击"否"，退出。

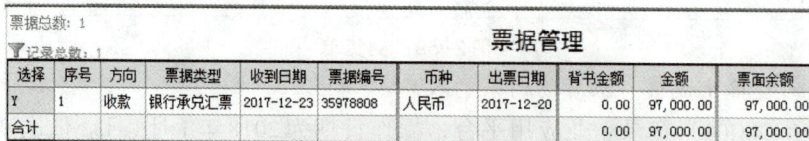

图2-62　票据管理

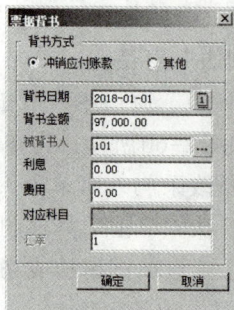

图2-63　票据背书

5.制单处理

2018年1月1日，由赵凯（W02）登录企业应用平台。依次双击"业务工作"页签中的"财务会计→应收款管理→制单处理"菜单，进入"制单查询窗口"，选择"票据处理制单"，如图2-64所示，单击"确定"，进入"制单"窗口，如图2-65所示，单击"全选"，单击"制单"，生成一张记账凭证，单击"保存"，如图2-66所示。

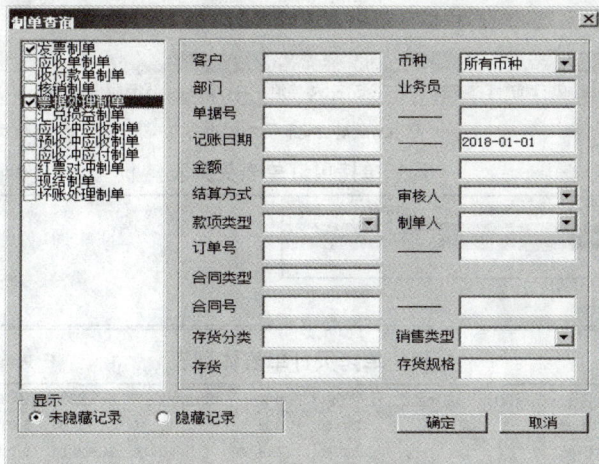

图2-64 "制单查询"窗口

图2-65 应收制单

图2-66 记账凭证

6.参照采购订单生成第二批货物的到货单

2018年1月2日，由采购部张宏亮（G01）登录企业应用平台。在"采购管理"子系统，双击"采购到货→到货单"菜单，打开"到货单"窗口。单击工具栏的"增加"按

钮，再点击工具栏的"生单"|"采购订单"命令，打开"查询条件选择-采购订单列表过滤"对话框，单击"确定"按钮，系统弹出"拷贝并执行"窗口。双击"到货单拷贝订单表头列表"中订单号"CG01003"最左侧的"选择"单元格，选中该订单，如图2-67所示，单击"确定"按钮，系统返回"到货单"窗口，生成一张到货单。单击"保存"按钮，保存该单据。单击"审核"按钮，审核该单据，结果如图2-68所示，关闭并退出该窗口。

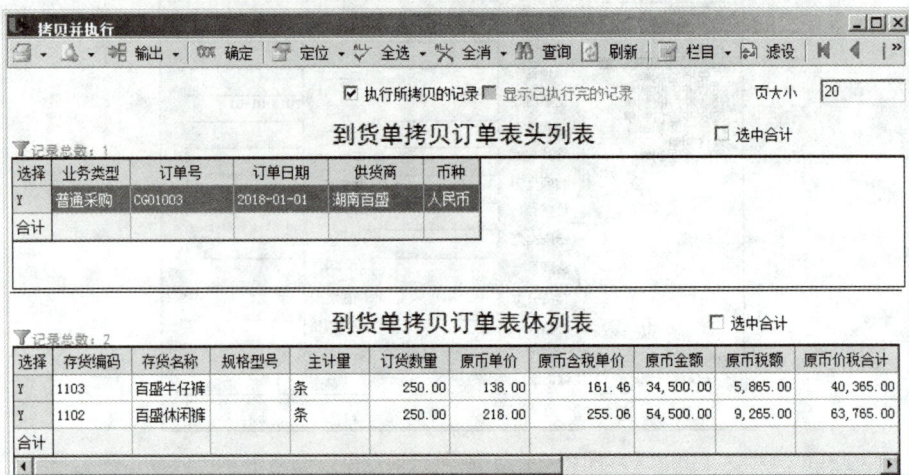

图2-67 "拷贝并执行"窗口

图2-68 到货单

7.参照到货单生成第二批货物的采购入库单

2018年1月2日，由李泽华（C01）登录企业应用平台。依次双击"业务工作"页签中的"供应链→库存管理→入库业务→采购入库单"菜单，系统打开"采购入库单"窗口。在"采购入库单"窗口中，执行"生单"|"采购到货单（蓝字）"命令，打开"查询条件选择-采购到货单列表"对话框，单击"确定"按钮，系统打开"到货单生单列表"窗口。在"到货单生单列表"窗口中，双击要选择的到货单所对应的"选择"栏（即上一步骤完成的到货单），如图2-69所示，再单击工具栏的"确定"按钮，系统返回"采购入库单"窗口。根据资料修改采购入库单表头中的"入库单号"为"RK01004"，"仓库"选择为"服装仓"，其他项默认，结果如图2-70所示。单击工具栏的"保存"按钮，保存该单据。单击工具栏的"审核"按钮，系统提示"该单据审核成功！"，单击"确定"，该单据审核通过。关闭并退出该窗口。

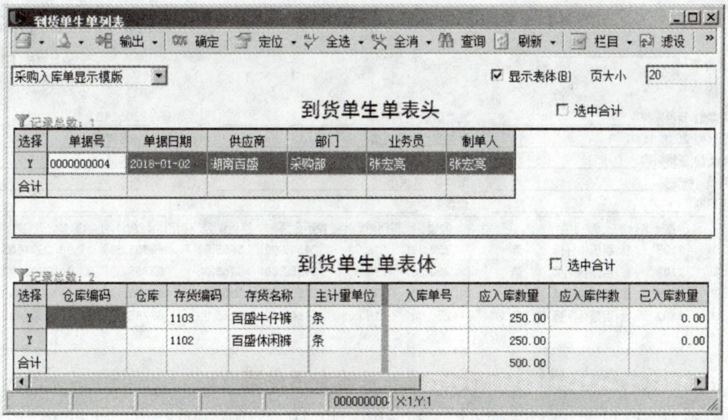

到货单生单列表

采购入库单显示模版 ☑显示表体(B) 页大小 20

到货单生单表头 □选中合计

记录总数：1

选择	单据号	单据日期	供应商	部门	业务员	制单人
Y	0000000004	2018-01-02	湖南百盛	采购部	张宏亮	张宏亮
合计						

到货单生单表体 □选中合计

记录总数：2

选择	仓库编码	仓库	存货编码	存货名称	主计量单位	入库单号	应入库数量	应入库件数	已入库数量
Y			1103	百盛牛仔裤	条		250.00		0.00
Y			1102	百盛休闲裤	条		250.00		0.00
合计							500.00		

图2-69 “到货单生单列表”窗口

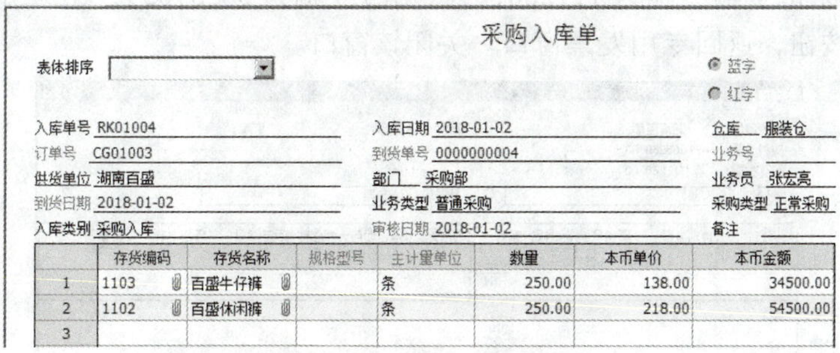

采购入库单

表体排序 ◉蓝字 ○红字

入库单号 RK01004　入库日期 2018-01-02　仓库 服装仓

订单号 CG01003　到货单号 0000000004　业务号

供货单位 湖南百盛　部门 采购部　业务员 张宏亮

到货日期 2018-01-02　业务类型 普通采购　采购类型 正常采购

入库类别 采购入库　审核日期 2018-01-02　备注

	存货编码	存货名称	规格型号	主计量单位	数量	本币单价	本币金额
1	1103	百盛牛仔裤		条	250.00	138.00	34500.00
2	1102	百盛休闲裤		条	250.00	218.00	54500.00
3							

图2-70 采购入库单

8.参照入库单生成采购专用发票（现付）

（1）2018年1月2日，由张宏亮（G01）登录企业应用平台。依次双击“业务工作”页签中的“供应链→采购管理→采购发票→采购专用发票”菜单，打开“专用发票”窗口。单击工具栏的“增加”按钮，再点击工具栏“生单”|“入库单”命令，打开“查询条件选择-采购入库单列表过滤”对话框，单击“确定”按钮。在“拷贝并执行”窗口中，双击选择RK01003、RK01004号入库单对应的“选择”栏，如图2-71所示，再单击工具栏的“确定”按钮，返回“采购专用发票”窗口，修改表头项目“发票号”为83051433，其他项默认。单击工具栏的“保存”“结算”，结果如图2-72所示。

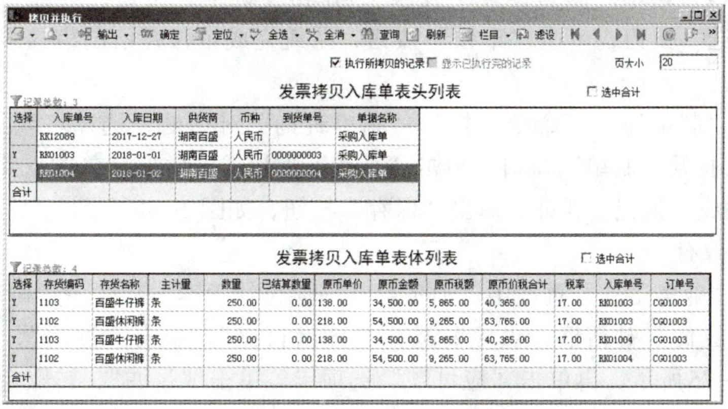

拷贝并执行

☑执行所拷贝的记录 ▢显示已执行完的记录 页大小 20

发票拷贝入库单表头列表 □选中合计

记录总数：3

选择	入库单号	入库日期	供货商	币种	到货单号	单据名称
	RK12089	2017-12-27	湖南百盛	人民币		采购入库单
Y	RK01003	2018-01-01	湖南百盛	人民币	0000000003	采购入库单
Y	RK01004	2018-01-02	湖南百盛	人民币	0000000004	采购入库单
合计						

发票拷贝入库单表体列表 □选中合计

记录总数：4

选择	存货编码	存货名称	主计量	数量	已结算数量	原币单价	原币金额	原币税额	原币价税合计	税率	入库单号	订单号
Y	1103	百盛牛仔裤	条	250.00	0.00	138.00	34,500.00	5,865.00	40,365.00	17.00	RK01003	CG01003
Y	1102	百盛休闲裤	条	250.00	0.00	218.00	54,500.00	9,265.00	63,765.00	17.00	RK01003	CG01003
Y	1103	百盛牛仔裤	条	250.00	0.00	138.00	34,500.00	5,865.00	40,365.00	17.00	RK01004	CG01003
Y	1102	百盛休闲裤	条	250.00	0.00	218.00	54,500.00	9,265.00	63,765.00	17.00	RK01004	CG01003
合计												

图2-71 “拷贝并执行”窗口

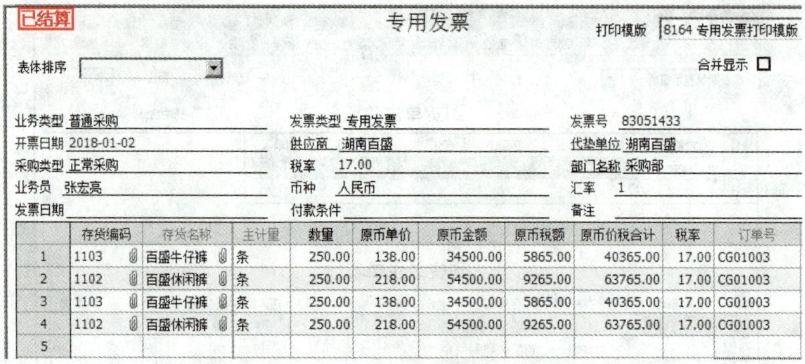

图2-72　采购专用发票

（2）现结。单击工具栏的"现付"按钮，打开"采购现付"对话框，"结算方式"选择"电汇"，"原币金额"输入111260，"票据号"输入36257059，结果如图2-73所示。单击"确定"按钮，返回专用发票窗口。关闭该窗口。

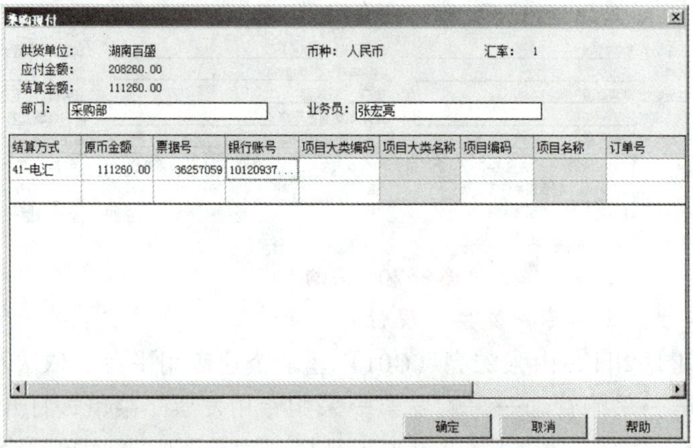

图2-73　"采购现付"窗口

9.审核发票并制单处理

（1）2018年1月2日，由赵凯（W02）登录企业应用平台。依次双击"业务工作"页签中"财务会计→应付款管理→应付单据处理→应付单据审核"菜单，系统打开"应付单查询条件"窗口，选中"包含已现结发票"，单击"确定"按钮，打开"单据处理"窗口，单击"全选"按钮，单击"审核"按钮，系统完成审核并给出审核报告，单击"确定"按钮后退出。

（2）执行"制单处理"命令，打开"制单查询"对话框，选择"现结制单"，单击"确定"按钮，打开"制单"窗口。单击"全选"按钮，选中要制单的采购专用发票，单击"制单"，生成一张记账凭证，单击"保存"按钮，如图2-74所示。

10.预付冲应付

依次双击"业务工作"页签中"财务会计→应付款管理→转账→预付冲应付"菜单，打开"预付冲应付"对话框，供应商选择"湖南百盛"，单击"过滤"，转账金额输入97000，如图2-75所示。再单击"应付款"选项卡，单击"过滤"，转账金额输入97000，如图2-76所示，单击"确定"提示"是否立即制单？"，单击"是"，生成一张记账凭证，单击"保存"，如图2-77所示。

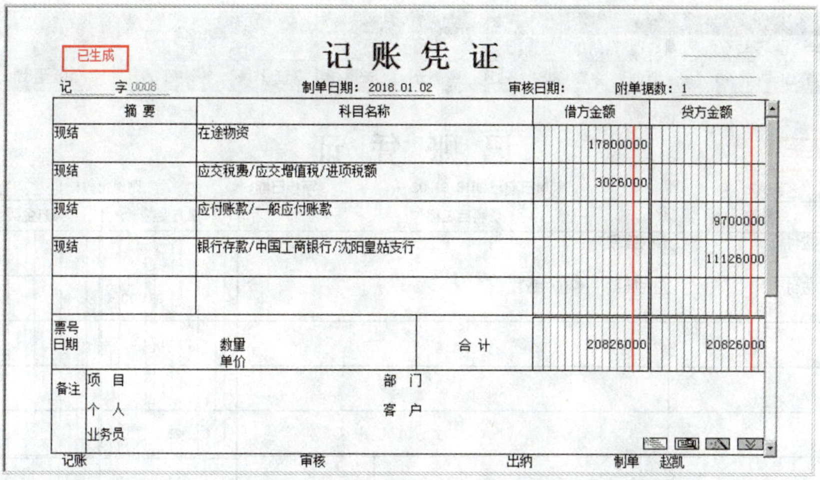

图 2-74 记账凭证

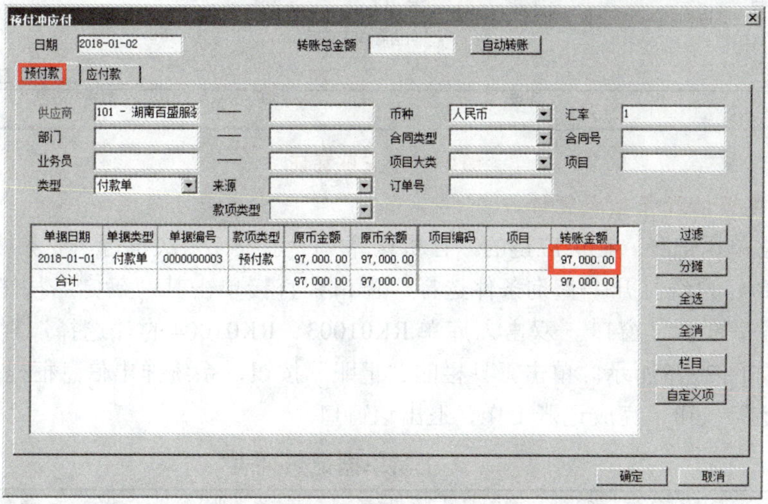

图 2-75 预付冲应付——预付款

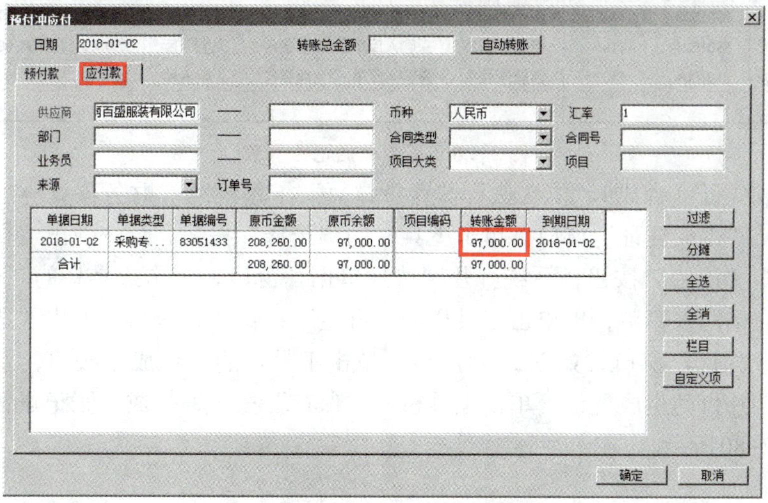

图 2-76 预付冲应付——应付款

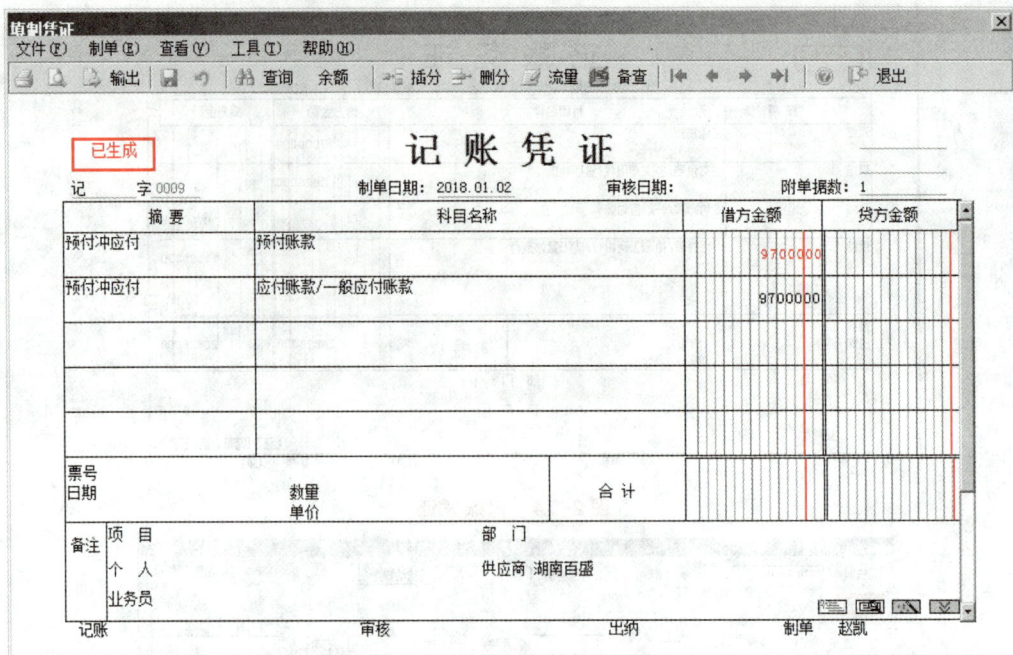

图2-77　记账凭证

11.正常单据记账并生成凭证

（1）正常单据记账。在供应链的"存货核算"子系统，依次执行"业务核算→正常单据记账"命令，系统打开"查询条件选择"窗口，直接单击其"确定"按钮，系统打开"未记账单据一览表"窗口。双击入库单RK01003、RK01004的"选择"栏，使其显示"Y"字样，如图2-78所示。单击工具栏的"记账"按钮，系统弹出信息框提示记账成功，单击其"确定"按钮，完成记账工作，退出该窗口。

正常单据记账列表

记录总数：4

选择	日期	单据号	存货编码	存货名称	单据类型	仓库名称	收发类别	数量	单价	金额
	2018-01-01	RK01003	1103	百盛牛仔裤	采购入库单	服装仓	采购入库	250.00	138.00	34,500.00
	2018-01-01	RK01003	1102	百盛休闲裤	采购入库单	服装仓	采购入库	250.00	218.00	54,500.00
	2018-01-02	RK01004	1103	百盛牛仔裤	采购入库单	服装仓	采购入库	250.00	138.00	34,500.00
	2018-01-02	RK01004	1102	百盛休闲裤	采购入库单	服装仓	采购入库	250.00	218.00	54,500.00
小计								1,000.00		178,000.00

图2-78　正常单据记账列表

（2）生成凭证（合成）。依次执行"存货核算"子系统的"财务核算→生成凭证"命令，系统打开"生成凭证"窗口。单击工具栏的"选择"按钮，系统弹出"查询条件"对话框中，单击"确定"按钮，系统打开"选择单据"窗口，单击工具栏的"全选"按钮，选中已记账的采购入库单，再单击工具栏的"确定"按钮，系统自动退出"选择单据"窗口返回"生成凭证"窗口，如图2-79所示。单击工具栏的"合成"按钮，系统打开"填制凭证"窗口并自动生成凭证。单击工具栏的"保存"按钮，生成一张记账凭证，保存此凭证，如图2-80所示。

凭证类别 记 记账凭证

选择	单据类型	单据号	摘要	科目类型	科目编码	科目名称	借方金额	贷方金额	借方数量	贷方数量	科目方向	存货编码
				存货	1405	库存商品	34,500.00		250.00		1	1103
		RKO1003		对方	1402	在途物资		34,500.00		250.00	2	1103
				存货	1405	库存商品	54,500.00		250.00		1	1102
				对方	1402	在途物资		54,500.00		250.00	2	1102
1	采购入库单		采购入库单	存货	1405	库存商品	34,500.00		250.00		1	1103
		RKO1004		对方	1402	在途物资		34,500.00		250.00	2	1103
				存货	1405	库存商品	54,500.00		250.00		1	1102
				对方	1402	在途物资		54,500.00		250.00	2	1102
合计							178,000.00	178,000.00				

图2-79 "生成凭证"窗口

图2-80 记账凭证

【提示】

关于票据背书操作的说明。系统提供"冲销应付账款"和"其他"两种背书方式，默认值为前者。当背书方式为"冲销应付账款"时，如果背书金额大于应付账款，则将剩余金额记为供应商的预付款，并结清该张票据。本例就是这种情况，背书时辽宁恒通没有湖南百盛的应付账款。当背书方式为"其他"时，对应科目为应付系统不受控的相关科目。票据背书后，将不能再对其进行其他处理。

业务4 分仓库入库的现金折扣业务

2018年1月2日，采购部徐辉与天津惠阳商贸有限公司（简称天津惠阳）签订购销合同。当日，收到对方发来的全部商品及增值税专用发票，货物均已办理入库。

2018年1月3日，支付天津惠阳货款。

相关凭证如图2-81至图2-85所示。

购 销 合 同

合同编号：CG01004

卖方：天津惠阳商贸有限公司

买方：辽宁恒通商贸有限公司

为保护买卖双方的合法权益，根据《中华人民共和国合同法》的有关规定，买卖双方经友好协商，一致同意签订本合同，并共同遵守合同约定。

一、货物的名称、数量及金额：

货物名称	规格型号	计量单位	数量	单价（不含税）	金额（不含税）	税率	税额
嘉伟羽绒服		件	200	600.00	120 000.00	17%	20 400.00
恒久情侣表		对	100	8 000.00	800 000.00	17%	136 000.00
合　计					¥920 000.00		¥156 400.00

二、合同总金额：人民币壹佰零柒万陆仟肆佰元整（¥1 076 400.00）。

三、签订合同当日，卖方发出全部商品并开具增值税专用发票。信用条件：3/10，1.5/20，n/30（按不含税价款计算）。结算方式：电汇。

四、交货地点：辽宁恒通商贸有限公司

五、发运方式与运输费用承担方式：由卖方发货并承担运输费用

卖　　方：天津惠阳商贸有限公司　　　　　买　　方：辽宁恒通商贸有限公司

授权代表：张　进　　　　　　　　　　　　授权代表：徐　辉

日　　期：2018 年 1 月 2 日　　　　　　　日　　期：2018 年 1 月 2 日

图 2-81　购销合同

天津增值税专用发票

1200172140

№ 32307931

发票联

开票日期：2018年1月2日

购买方	名　　称：辽宁恒通商贸有限公司 纳税人识别号：912101052069175 83A 地　址、电话：辽宁省沈阳市皇姑区人民路369号 024-82681359 开户行及账号：中国工商银行沈阳皇姑支行 2107024015890035666	密码区	91+820628569*8++14736 -539+29<<795>-10/<6+2 >4-4*65+5<437849*-*4> 53*/>027-+7-8+24>0>+>	加密版本:01 1200172140 32307931

货物或应税劳务、服务名称	规格型号	单位	数量	单价	金　额	税率	税　额
嘉伟羽绒服		件	200	600.00	120 000.00	17%	20 400.00
恒久情侣表		对	100	8 000.00	800 000.00	17%	136 000.00
合　　计					¥920 000.00		¥156 400.00

价税合计（大写）	⊗壹佰零柒万陆仟肆佰元整	（小写）¥1 076 400.00

销售方	名　　称：天津惠阳商贸有限公司 纳税人识别号：91120104572036908A 地　址、电话：天津市南开区中华路三段88号 022-81329367 开户行及账号：中国农业银行天津南开支行 2806725046208670931	备注	

收款人：许嘉麒　　　复核：胡婉莹　　　开票人：李丹　　　销售方：（章）

图 2-82　增值税专用发票

入 库 单

供应商：天津惠阳　　　　　　　　2018年1月2日　　　　　　　　单号：RK01005

验收仓库	存货编码	存货名称	单位	数量		单价	金额
				应收	实收		
服装仓	1107	嘉伟羽绒服	件	200	200		
合　计							

部门经理：略　　　　　　会计：略　　　　　　仓库：略　　　　　　经办人：略

图2-83　入库单

入 库 单

供应商：天津惠阳　　　　　　　　2018年1月2日　　　　　　　　单号：RK01006

验收仓库	存货编码	存货名称	单位	数量		单价	金额
				应收	实收		
手表仓	1206	恒久情侣表	对	100	100		
合　计							

部门经理：略　　　　　　会计：略　　　　　　仓库：略　　　　　　经办人：略

图2-84　入库单

中国工商银行　电汇凭证（回单）　1　36257060

☑普通　□加急　　　　委托日期　2018年1月3日

汇款人	全　称	辽宁恒通商贸有限公司	收款人	全　称	天津惠阳商贸有限公司
	账　号	2107024015890035666		账　号	2806725046208670931
	汇出地点	辽宁省　沈阳市/县		汇入地点	天津市/县
汇出行名称		中国工商银行沈阳皇姑支行	汇入行名称		中国农业银行天津南开支行

金额　人民币（大写）　壹佰零肆万捌仟捌佰元整　　　　亿千百十万千百十元角分　¥ 1 0 4 8 8 0 0 0 0

支付密码

附加信息及用途：货款

复核　　　记账

此联为汇出行给汇款人的回单

中国工商银行
沈阳皇姑支行
2018.01.03
转讫
(3)

图2-85　电汇付款凭证

【操作过程概览】

本业务的操作过程概览见表2-4。

表2-4 操作过程概览

序号	操作日期	操作员	系统	操作内容
1	2018-01-02	G01张宏亮	采购管理	填制采购订单
2	2018-01-02	G01张宏亮	采购管理	参照采购订单生成到货单
3	2018-01-02	C01李泽华	库存管理	参照到货单批量生成采购入库单
4	2018-01-02	G01张宏亮	采购管理	参照采购入库单生成采购专用发票
5	2018-01-02	W02赵凯	应付款管理	审核发票并制单处理
6	2018-01-02	W02赵凯	存货核算	正常单据记账并生成凭证
7	2018-01-03	W03贺青	应付款管理	填制付款单
8	2018-01-03	W02赵凯	应付款管理	审核付款单、核销，合并制单

【具体操作过程】

1.填制采购订单

2018年1月2日，由张宏亮（G01）登录企业应用平台。

（1）依次双击"业务工作"页签中的"供应链→采购管理→采购订货→采购订单"菜单，打开"采购订单"窗口。单击工具栏的"增加"按钮，根据图2-81填制采购订单。

①填制表头信息。修改表头的"订单编号"（即合同编号）为CG01004，"供应商"为"天津惠阳"，"业务员"为"徐辉"，付款条件为"3/10，1.5/20，n/30"，"采购类型"为"正常采购"，其他项默认。

②填制表体信息。在第1行，选择"存货编码"为1107（嘉伟羽绒服），输入"数量"为200，"原币单价"为600，"计划到货日期"为当日；按此方法录入第2行的货物信息。

（2）单击工具栏的"保存"按钮，保存该单据。单击工具栏的"审核"按钮，审核该订单，结果如图2-86所示。关闭并退出该窗口。

图2-86 采购订单

2.参照采购订单生成到货单

在"采购管理"子系统，双击"采购到货→到货单"菜单，打开"到货单"窗口。单击工具栏的"增加"按钮，再点击工具栏的"生单"|"采购订单"命令，打开"查询条件选择-采购订单列表过滤"对话框，单击"确定"按钮，系统弹出"拷贝并执行"窗口。双击"到货单拷贝订单表头列表"中订单号"CG01004"最左侧的"选择"单元格，选中该订单，单击"确定"按钮，系统返回"到货单"窗口，生成一张到货单。单击工具栏的"保存"按钮，保存该单据。单击工具栏的"审核"按钮，审核该单据，结果如图2-87所示，关闭并退出该窗口。

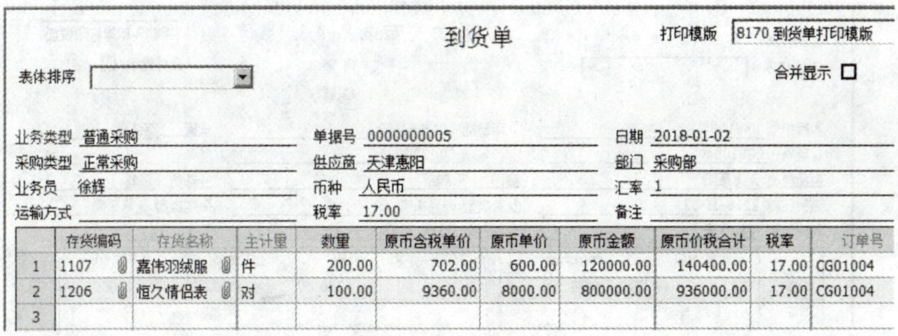

图2-87 到货单

3.参照到货单批量生成采购入库单

2018年1月2日，由李泽华（C01）登录企业应用平台。依次双击"业务工作"页签中的"供应链→库存管理→入库业务→采购入库单"菜单，系统打开"采购入库单"窗口。在"采购入库单"窗口中，执行"生单"I"采购到货单（批量）"命令，打开"查询条件选择-采购到货单列表"对话框，单击"确定"按钮，系统打开"到货单生单列表"窗口。在"到货单生单列表"窗口中，双击要选择的到货单所对应的"选择"栏（即上一步骤完成的到货单）。在窗口下方嘉伟羽绒服那一行的仓库选择"服装仓"，恒久情侣表那一行的仓库选择"手表仓"，如图2-88所示。再单击工具栏的"确定"按钮，系统返回"采购入库单"窗口，单击"修改"，将手表仓采购入库单表头中的"入库单号"改为"RK01006"，保存并审核该入库单，结果如图2-89所示。单击工具栏的"◄"，再单击"修改"，将服装仓采购入库单表头中的"入库单号"改为"RK01005"，保存并审核该入库单，结果如图2-90所示。关闭并退出该窗口。

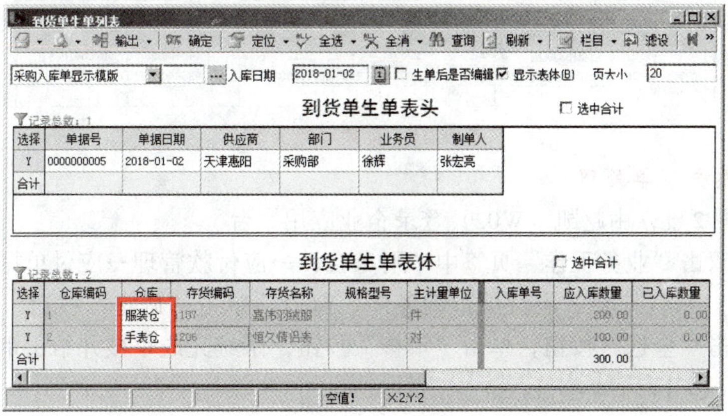

图2-88 "到货单生单列表"窗口

图2-89 采购入库单

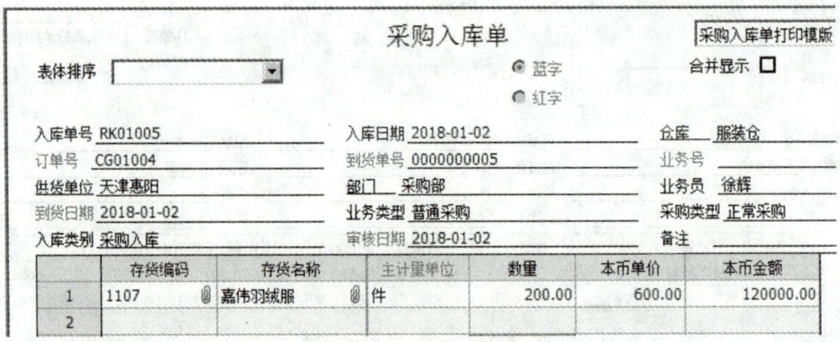

采购入库单　　采购入库单打印模版

表体排序　　◉ 蓝字　○ 红字　　合并显示 □

入库单号 RK01005	入库日期 2018-01-02	仓库 服装仓
订单号 CG01004	到货单号 0000000005	业务号
供货单位 天津惠阳	部门 采购部	业务员 徐辉
到货日期 2018-01-02	业务类型 普通采购	采购类型 正常采购
入库类别 采购入库	审核日期 2018-01-02	备注

	存货编码	存货名称	主计量单位	数量	本币单价	本币金额
1	1107	嘉伟羽绒服	件	200.00	600.00	120000.00
2						

图2-90　采购入库单

4.参照采购入库单生成采购专用发票

2018年1月2日，由张宏亮（G01）登录企业应用平台。依次双击“业务工作”页签中的“供应链→采购管理→采购发票→采购专用发票”菜单，打开“专用发票”窗口。单击工具栏的“增加”按钮，再点击工具栏“生单”|“入库单”命令，打开“查询条件选择-采购入库单列表过滤”对话框，单击“确定”按钮。在“拷贝并执行”窗口中，双击选择RK01005号、RK01006号入库单对应的“选择”栏，再单击工具栏的“确定”按钮，返回“采购专用发票”窗口，修改表头项目“发票号”为32307931，其他项默认。单击工具栏的“保存”按钮，再单击“结算”，如图2-91所示。

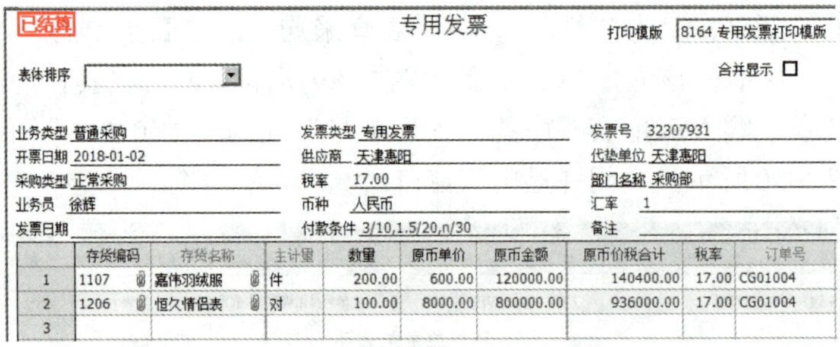

已结算　　专用发票　　打印模版 8164 专用发票打印模版

表体排序　　合并显示 □

业务类型 普通采购	发票类型 专用发票	发票号 32307931
开票日期 2018-01-02	供应商 天津惠阳	代垫单位 天津惠阳
采购类型 正常采购	税率 17.00	部门名称 采购部
业务员 徐辉	币种 人民币	汇率 1
发票日期	付款条件 3/10,1.5/20,n/30	备注

	存货编码	存货名称	主计量	数量	原币单价	原币金额	原币价税合计	税率	订单号
1	1107	嘉伟羽绒服	件	200.00	600.00	120000.00	140400.00	17.00	CG01004
2	1206	恒久情侣表	对	100.00	8000.00	800000.00	936000.00	17.00	CG01004
3									

图2-91　采购专用发票

5.审核发票并制单处理

2018年1月2日，由赵凯（W02）登录企业应用平台。

（1）依次双击“业务工作”页签中“财务会计→应付款管理→应付单据处理→应付单据审核”菜单，系统打开“应付单查询条件”窗口，单击“确定”按钮，打开“单据处理”窗口，单击“全选”按钮，单击“审核”按钮，系统完成审核并给出审核报告，单击“确定”按钮后退出。

（2）执行“制单处理”命令，打开“制单查询”对话框，选择“发票制单”，单击“确定”按钮，打开“采购发票制单”窗口。单击“全选”按钮，选中要制单的采购专用发票，单击“制单”，生成一张记账凭证，单击“保存”按钮，如图2-92所示。

6.正常单据记账并生成凭证

（1）正常单据记账。在供应链的“存货核算”子系统，依次执行“业务核算→正常单据记账”命令，系统打开“查询条件选择”窗口，直接单击其“确定”按钮，系统打开“未记账单据一览表”窗口，双击入库单RK01005、RK01006的“选择”栏，使其显示“Y”字样，此时单击工具栏的“记账”按钮，系统弹出信息框提示记账成功，单击其“确定”按钮，完成记账工作，退出该窗口。

图2-92 记账凭证

（2）生成凭证。依次执行"存货核算"子系统的"财务核算→生成凭证"命令，系统打开"生成凭证"窗口。单击工具栏的"选择"按钮，系统弹出"查询条件"对话框中，单击"确定"按钮，系统打开"选择单据"窗口，单击工具栏的"全选"按钮，选中已记账的采购入库单，再单击工具栏的"确定"按钮，系统自动退出"选择单据"窗口返回"生成凭证"窗口，如图2-93所示。单击工具栏的"合成"按钮，系统打开"填制凭证"窗口并自动生成凭证。单击工具栏的"保存"按钮，生成一张记账凭证，保存此凭证，如图2-94所示，关闭并退出窗口。

图2-93 "生成凭证"窗口

图2-94 记账凭证

7.填制付款单

2018年1月3日，由贺青（W03）登录企业应用平台。依次双击"业务工作"页签中"财务会计→应付款管理→付款单据处理→付款单据录入"菜单，打开"收付款单录入"窗口，根据图2-85填制一张付款单，填制完毕单击"保存"按钮，结果如图2-95所示。

	款项类型	供应商	科目	金额	本币金额	部门	业务员	项目
1	应付款	天津惠阳	220201	1048800.00	1048800.00	采购部	徐辉	
2								

图2-95 付款单

8.审核付款单、核销，合并制单

2018年1月3日，由赵凯（W02）登录企业应用平台。

（1）付款单审核。依次双击"业务工作"页签中"财务会计→应付款管理→付款单据处理→付款单据审核"菜单，打开"付款单查询条件"窗口，单击"确定"，进入"收付款单列表"窗口。选中需审核的付款单，单击"审核"，如图2-96所示。

收付款单列表

记录总数：1

选择	审核人	单据日期	单据类型	单据编号	供应商	部门	业务员	结算方式	票据号	原币金额
	赵凯	2018-01-03	付款单	0000000005	天津惠阳商贸有限公司	采购部	徐辉	电汇	36257060	1,048,800.00
合计										1,048,800.00

图2-96 收付款单列表

（2）核销。单击"核销处理→手工核销"，打开"核销条件"窗口，选择供应商"天津惠阳"，单击"确定"，进入"单据核销"窗口，采购专用发票的本次结算金额输入1048800，如图2-97所示，单击"保存"，退出。

单据日期	单据类型	单据编号	供应商	款项类型	结算方式	币种	原币金额	原币余额	本次结算	订单号
2018-01-03	付款单	0000000005	天津惠阳	应付款	电汇	人民币	1,048,800.00	1,048,800.00	1,048,800.00	
合计							1,048,800.00	1,048,800.00	1,048,800.00	

单据日期	单据类型	单据编号	到期日	供应商	币种	原币金额	原币余额	可享受折扣	本次折扣	本次结算	订单号	凭证号
2017-12-15	采购专用发票	14035890	2017-12-15	天津惠阳	人民币	68,620,50…	68,620,50…	0.00				
2018-01-02	采购专用发票	32307931	2018-02-01	天津惠阳	人民币	1,076,400.00	1,076,400.00	32,292.00	27,600.00	1,048,800.00	CG01004	记-0011
合计						69,696,90…	69,696,90…	32,292.00	27,600.00	1,048,800.00		

图2-97 "单据核销"窗口

（3）合并制单。单击"制单处理"，打开单据查询窗口，选中"收付款单制单""核销制单"，单击"确定"，进入制单窗口，单击"全选""合并""制单"，生成一张记账凭证，将"财务费用/现金折扣"的金额改成借方红字，单击"保存"，如图2-98所示。

记 账 凭 证

记 字 0013　　　制单日期：2018.01.03　　　审核日期：　　　附单据数：2

已生成

摘要	科目名称	借方金额	贷方金额
核销	应付账款/一般应付账款	1076400000	
付款单	银行存款/中国工商银行/沈阳皇姑支行		104880000
现金折扣	财务费用/现金折扣	21760000	
票号 日期	数量 单价	合计　1048800000	1048800000

备注　项目　　　　部门
　　　个人　　　　客户
　　　业务员

记账　　　　审核　　　　出纳　　　　制单 赵凯

图2-98　记账凭证

业务5　先开票的采购业务

2018年1月2日，采购部张宏亮与上海恒久表业有限公司（简称上海恒久）签订购销合同。当日取得对方开具的增值税专用发票。

2018年1月3日，收到上海恒久发来的货物，均已办理入库，我公司支付全部货款。（选择付款）

相关凭证如图2-99至图2-102所示。

购销合同

合同编号：CG01005

卖方：上海恒久表业有限公司
买方：辽宁恒通商贸有限公司

为保护买卖双方的合法权益，根据《中华人民共和国合同法》的有关规定，买卖双方经友好协商，一致同意签订本合同，并共同遵守合同约定。

一、货物的名称、数量及金额：

货物名称	规格型号	计量单位	数量	单价（不含税）	金额（不含税）	税率	税额
恒久男表		只	100	5 188.00	518 800.00	17%	88 196.00
恒久女表		只	150	2 880.00	432 000.00	17%	73 440.00
合 计					￥950 800.00		￥161 636.00

二、合同总金额：人民币壹佰壹拾壹万贰仟肆佰叁拾陆元整（￥1 112 436.00）。
三、签订合同当日，卖方开具增值税专用发票。1月3日，卖方发出全部商品，买方支付货款。
四、交货地点：辽宁恒通商贸有限公司。
五、发运方式与运输费用承担方式：由卖方发货并承担运输费用。

卖　　方：上海恒久表业有限公司　　　买　　方：辽宁恒通商贸有限公司
授权代表：张运久　　　　　　　　　　授权代表：张宏亮
日　　期：2018年1月2日　　　　　　日　　期：2018年1月2日

图2-99　购销合同

上海增值税专用发票　　　№ 23108941

3100172140

发票联

开票日期：2018年1月2日

购买方	名　称：辽宁恒通商贸有限公司 纳税人识别号：91210105206917583A 地　址、电话：辽宁省沈阳市皇姑区人民路369号 024-82681359 开户行及账号：中国工商银行沈阳皇姑支行 2107024015890035666	密码区	*<23753+<84-+98*6++3+ /5-7-407628-3<++84>67 >41735**>+84605>5>53- 7-841>385*9/780<5>91+	加密版本：01 3100172140 23108941

货物或应税劳务、服务名称	规格型号	单位	数量	单价	金　额	税率	税　额
恒久男表		只	100	5 188.00	518 800.00	17%	88 196.00
恒久女表		只	150	2 880.00	432 000.00	17%	73 440.00
合　　计					¥950 800.00		¥161 636.00

价税合计（大写）	⊗壹佰壹拾壹万贰仟肆佰叁拾陆元整		（小写）¥ 1 112 436.00

销售方	名　称：上海恒久表业有限公司 纳税人识别号：91310106896543287A 地　址、电话：上海市静安区花园路甲7号 021-28386699 开户行及账号：中国银行上海静安支行 9517205720902010400	备注	

收款人：周宏伟　　复核：陈雅婧　　开票人：张茜钰　　销售方：（章）

图2-100　增值税专用发票

入 库 单

供应商：上海恒久　　　　　2018年1月3日　　　　　单号：RK01007

验收仓库	存货编码	存货名称	单位	数量		单价	金额
				应收	实收		
手表仓	1205	恒久男表	只	100			
手表仓	1204	恒久女表	只	150			
合　计							

部门经理：略　　　　会计：略　　　　仓库：略　　　　经办人：略

图2-101　入库单

中国工商银行　电汇凭证（回单）　1　36257061

☑普通　　□加急　　委托日期　2018年1月3日

汇款人	全　称	辽宁恒通商贸有限公司	收款人	全　称	上海恒久表业有限公司
	账　号	2107024015890035666		账　号	9517205720902010400
	汇出地点	辽宁省　沈阳市/县		汇入地点	上海市/县

汇出行名称	中国工商银行沈阳皇姑支行	汇入行名称	中国银行上海静安支行

金额	人民币（大写）	壹佰壹拾壹万贰仟肆佰叁拾陆元整	亿	千	百	十	万	千	百	十	元	角	分
				¥	1	1	1	2	4	3	6	0	0

支付密码

附加信息及用途：货款

复核　　　　记账

此联为汇出行给汇款人的回单

图2-102　电汇付款凭证

【操作过程概览】

本业务的操作过程概览见表2-5。

表2-5 操作过程概览

序号	操作日期	操作员	系统	操作内容
1	2018-01-02	G01张宏亮	采购管理	填制采购订单
2	2018-01-02	G01张宏亮	采购管理	参照采购订单生成采购专用发票
3	2018-01-02	W02赵凯	应付款管理	审核发票并制单处理
4	2018-01-03	G01张宏亮	采购管理	参照采购订单生成到货单
5	2018-01-03	C01李泽华	库存管理	参照到货单生成采购入库单
6	2018-01-03	G01张宏亮	采购管理	手工采购结算
7	2018-01-03	W03贺青	应付款管理	选择付款
8	2018-01-03	W02赵凯	应付款管理	合并制单
9	2018-01-03	W02赵凯	存货核算	正常单据记账并生成凭证

【具体操作过程】

1.填制采购订单

2018年1月2日，由张宏亮（G01）登录企业应用平台。依次双击"业务工作"页签中的"供应链→采购管理→采购订货→采购订单"菜单，打开"采购订单"窗口。填制采购订单。在"采购订单"窗口，单击工具栏的"增加"按钮，根据图2-99填制采购订单，结果如图2-103所示。单击工具栏的"保存"按钮，单击"审核"按钮。关闭并退出该窗口。

先开票的采购业务

图2-103 采购订单

2.参照采购订单生成采购专用发票

依次双击"业务工作"页签中的"供应链→采购管理→采购发票→采购专用发票"菜单，打开"专用发票"窗口。单击工具栏的"增加"按钮，再点击工具栏"生单"|"采购订单"命令，打开"查询条件选择-采购入库单列表过滤"对话框，单击"确定"按钮。在"拷贝并执行"窗口中，双击选择CG01005号采购订单对应的"选择"栏，再单击工具栏的"确定"按钮，返回"采购专用发票"窗口，修改表头项目"发票号"为23108941，其他项默认。单击工具栏的"保存"按钮，如图2-104所示。

图2-104 采购专用发票

3.审核发票并制单处理

2018年1月2日，由赵凯（W02）登录企业应用平台。

（1）依次双击"业务工作"页签中"财务会计→应付款管理→应付单据处理→应付单据审核"菜单，系统打开"应付单查询条件"窗口，勾选"未完全报销"，单击"确定"按钮，打开"单据处理"窗口，单击"全选"按钮，单击"审核"按钮，系统完成审核并给出审核报告，单击"确定"按钮后退出。

（2）执行"制单处理"命令，打开"制单查询"对话框，选择"发票制单"，单击"确定"按钮，打开"制单"窗口。单击"全选"按钮，选中要制单的采购专用发票，单击"制单"，生成一张记账凭证，单击"保存"按钮，如图2-105所示。

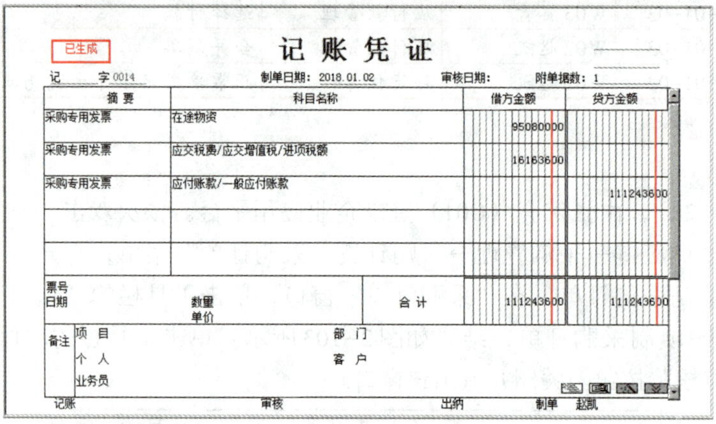

图2-105　记账凭证

4.参照采购订单生成到货单

2018年1月3日，由张宏亮（G01）登录企业应用平台。在"采购管理"子系统，双击"采购到货→到货单"菜单，打开"到货单"窗口。单击工具栏的"增加"按钮，再点击工具栏的"生单"|"采购订单"命令，打开"查询条件选择-采购订单列表过滤"对话框，单击"确定"按钮，系统弹出"拷贝并执行"窗口。双击"到货单拷贝订单表头列表"中订单号"CG01005"最左侧的"选择"单元格，选中该订单，单击"确定"按钮，系统返回"到货单"窗口，生成一张到货单。单击工具栏的"保存"按钮，保存该单据。单击工具栏的"审核"按钮，审核该单据，结果如图2-106所示，关闭并退出该窗口。

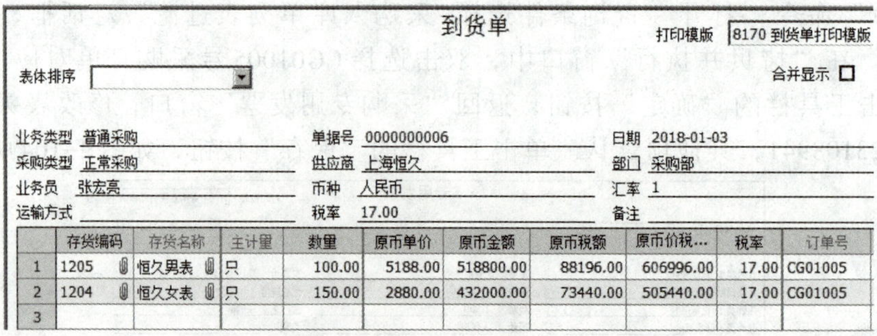

图2-106　到货单

5.参照到货单生成采购入库单

2018年1月3日，由李泽华（C01）登录企业应用平台。

（1）依次双击"业务工作"页签中的"供应链→库存管理→入库业务→采购入库单"菜单，系统打开"采购入库单"窗口。在"采购入库单"窗口中，执行"生单"|"采购到货单（蓝字）"命令，打开"查询条件选择−采购到货单列表"对话框，单击"确定"按钮，系统打开"到货单生单列表"窗口。在"到货单生单列表"窗口中，双击要选择的到货单所对应的"选择"栏（即上一步骤完成的到货单），再单击工具栏的"确定"按钮，系统返回"采购入库单"窗口。修改采购入库单表头中的"入库单号"为"RK01007"，"仓库"选择为"手表仓"，其他项默认。

（2）单击工具栏的"保存"按钮，保存该单据。单击工具栏的"审核"按钮，系统提示"该单据审核成功！"，单击"确定"按钮，该单据审核通过，结果如图2-107所示。关闭并退出该窗口。

采购入库单

	存货编码	存货名称	主计量单位	数量	本币单价	本币金额
1	1205	恒久男表	只	100.00	5188.00	518800.00
2	1204	恒久女表	只	150.00	2880.00	432000.00
3						

表体排序

入库单号 RK01007　　入库日期 2018-01-03　　仓库 手表仓　　蓝字　红字
订单号 CG01005　　到货单号 0000000006　　业务号
供货单位 上海恒久　　部门 采购部　　业务员 张宏亮
到货日期 2018-01-03　　业务类型 普通采购　　采购类型 正常采购
入库类别 采购入库　　审核日期 2018-01-03　　备注

图2-107　采购入库单

6.手工采购结算

2018年1月3日，由张宏亮（G01）登录企业应用平台。

（1）双击"采购管理"→采购结算→手工结算，打开"手工结算"窗口。单击"选单"按钮，打开"结算选单"窗口。

（2）单击"查询"按钮，打开"查询条件选择−采购手工结算"对话框，点击"确定"，选择相应的"采购发票"和"入库单"，如图2-108所示，单击"确定"按钮。

结算选单

定位　查询　设置　全选　全消　OK确定　匹配　栏目　滤设　刷新

结算选发票列表 ☑扣税类别不同时给出提示

记录总数：2

选择	供应商简称	存货名称	制单人	发票号	供应商编号	供应商名称	开票日期
Y	上海恒久	恒久男表	张宏亮	23108941	201	上海恒久表业…	2018-01-02
Y	上海恒久	恒久女表	张宏亮	23108941	201	上海恒久表业…	2018-01-02
合计							

结算选入库单列表

记录总数：5

选择	供应商简称	存货名称	仓库名称	入库单号	供货商编号	供应商名称	入库日期
	湖南百盛	百盛男夹克	服装仓	RK12089	101	湖南百盛服装…	2017-12-27
	湖南百盛	百盛休闲裤	服装仓	RK12089	101	湖南百盛服装…	2017-12-27
	湖南百盛	百盛男套装	服装仓	RK12089	101	湖南百盛服装…	2017-12-27
Y	上海恒久	恒久男表	手表仓	RK01007	201	上海恒久表业…	2018-01-03
Y	上海恒久	恒久女表	手表仓	RK01007	201	上海恒久表业…	2018-01-03
合计							

图2-108　"结算选单"窗口

（3）系统回到"手工结算"窗口，如图2-109所示，单击"结算"按钮，系统显示"完成结算！"，关闭该窗口。

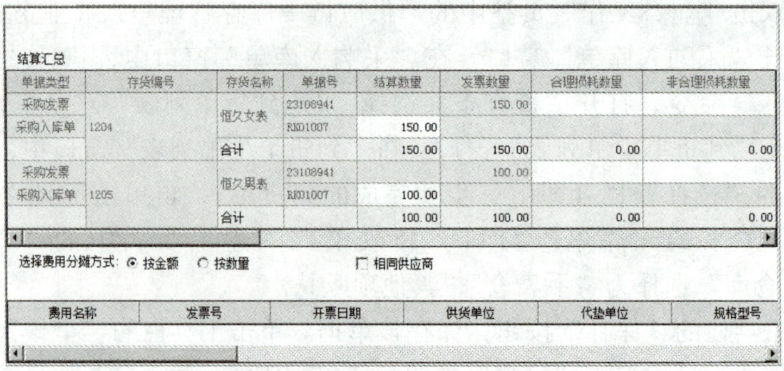

图2-109 "手工结算"窗口

7.选择付款

2018年1月3日，由贺青（W03）登录企业应用平台。依次打开"财务会计→应付款管理→选择付款"，打开"选择付款-条件"窗口，供应商选择"上海恒久"，如图2-110所示，单击"确定"，进入"选择付款-单据"窗口，如图2-111所示。单击"全选"，单击"确认"，进入"选择付款-付款单"窗口，结算方式选择"电汇"，"票据号"输入36257061，如图2-112所示，单击"确定"，退出。选择付款后系统自动生成已审核、已核销的付款单。

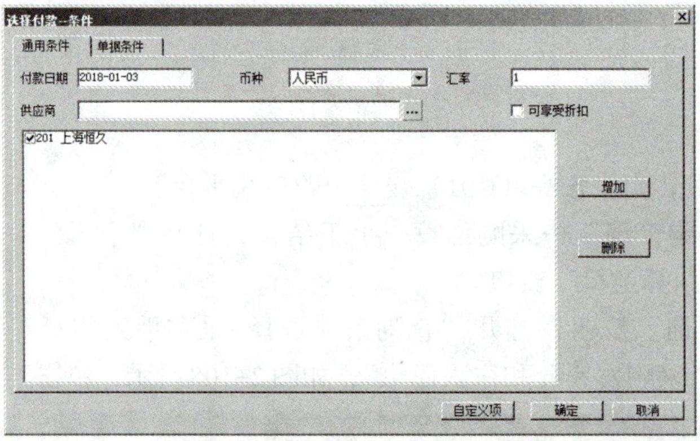

图2-110 "选择付款-条件"窗口

图2-111 选择付款列表

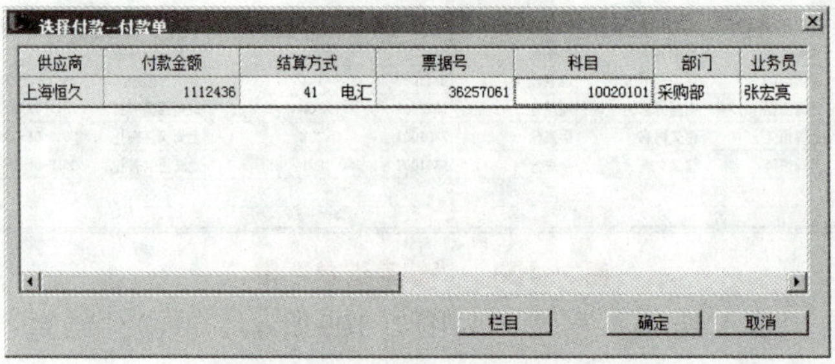

图2-112 "选择付款-付款单"窗口

8.合并制单

2018年1月3日，由赵凯（W02）登录企业应用平台。依次打开"财务会计→应付款管理→制单处理"窗口，依次勾选"收付款单制单""核销制单"，单击"确定"，进入"制单"窗口，如图2-113所示。单击"合并""制单"，生成一张记账凭证，单击"保存"，如图2-114所示。

应付制单

凭证类别	记账凭证 ▼		制单日期 2018-01-03						共 2 条
选择…	凭证类别	单据类型	单据号	日期	供应商编码	供应商名称	部门	业务员	金额
	记账凭证	付款单	0000000006	2018-01-03	201	上海恒久…	采购部	张宏亮	1,112,436.00
	记账凭证	核销	0000000006	2018-01-03	201	上海恒久…	采购部	张宏亮	1,112,436.00

图2-113 应付制单

记 账 凭 证

记 字 0015	制单日期：2018.01.03	审核日期：	附单据数：2
摘 要	科目名称	借方金额	贷方金额
采购专用发票	应付账款/一般应付账款	111243600	
采购专用发票	银行存款/中国工商银行/沈阳皇姑支行		111243600
票号 CG01005 日期 2018.01.02	数量 单价	合 计 111243600	111243600
备注 项 目 个 人 业务员 张宏亮	部 门 供应商 上海恒久		
记账	审核	出纳	制单 赵凯

已生成

图2-114 记账凭证

9.正常单据记账并生成凭证

（1）正常单据记账。在供应链的"存货核算"子系统，依次执行"业务核算→正常单据记账"命令，系统打开"查询条件选择"窗口，直接单击其"确定"按钮，系统打开"未记账单据一览表"窗口。双击入库单RK01007的"选择"栏，使其显示"Y"字样，此时单击工具栏的"记账"按钮，系统弹出信息框提示记账成功，如图2-115所示，单击"确定"按钮，完成记账工作，退出该窗口。

（2）生成凭证。依次执行"存货核算"子系统的"财务核算→生成凭证"命令，系统打开"生成凭证"窗口。单击工具栏的"选择"按钮，系统弹出"查询条件"对话框，单击"确定"按钮，系统打开"选择单据"窗口，单击工具栏的"全选"按钮，选中已记账的采购入库单，再单击工具栏的"确定"按钮，系统自动退出"选择单据"窗口返回"生成凭证"窗口，单击工具栏的"生成"按钮，系统打开"填制凭证"窗口并自动生成凭证。单击工具栏的"保存"按钮，保存此凭证，如图2-116所示。关闭并退出窗口。

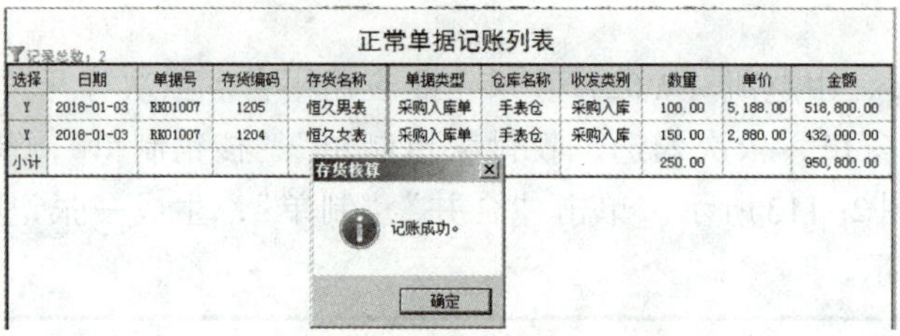

正常单据记账列表

记录总数：2

选择	日期	单据号	存货编码	存货名称	单据类型	仓库名称	收发类别	数量	单价	金额
Y	2018-01-03	RK01007	1205	恒久男表	采购入库单	手表仓	采购入库	100.00	5,188.00	518,800.00
Y	2018-01-03	RK01007	1204	恒久女表	采购入库单	手表仓	采购入库	150.00	2,880.00	432,000.00
小计								250.00		950,800.00

图2-115 正常单据记账列表

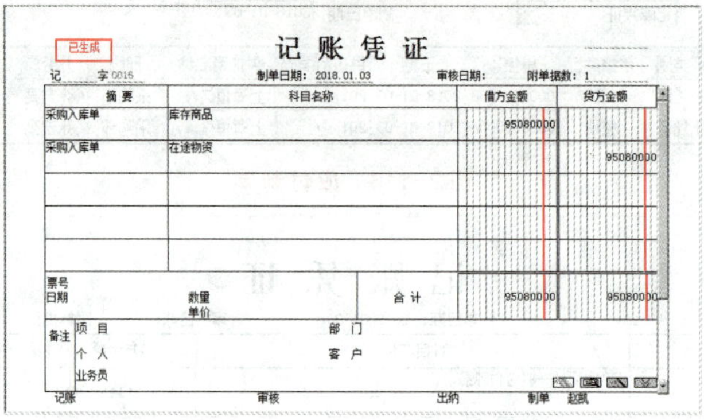

图2-116 记账凭证

业务6 外币采购业务

2018年1月3日，采购部张宏亮与润家贸易（中国）有限公司（简称润家贸易）签订购销合同。当日收到对方发来的货物及发票，均已办理入库，我公司支付全部货款。当日美元汇率1∶6.5。暂不考虑关税。

相关凭证如图2-117至图2-120所示。

购销合同

合同编号：CG01006

卖方：润家贸易（中国）有限公司

买方：辽宁恒通商贸有限公司

为保护买卖双方的合法权益，根据《中华人民共和国合同法》的有关规定，买卖双方经友好协商，一致同意签订本合同，并共同遵守合同约定。

一、货物的名称、数量及金额：

货物名称	规格型号	计量单位	数量	单价（不含税）	金额（不含税）	税率	税额
百盛男套装		套	100	\$50.00	\$5 000.00	17%	\$850.00
嘉伟羽绒服		件	140	\$90.00	\$12 600.00	17%	\$2 142.00
合计					\$17 600.00		\$2 992.00

二、合同总金额：美元贰万零伍佰玖拾贰元整（\$20 592.00）。

三、签订合同当日，卖方发出全部货物并开具增值税专用发票，买方以电汇支付全部货款。

四、交货地点：辽宁恒通商贸有限公司。

五、发运方式与运输费用承担方式：由卖方发货并承担运输费用。

卖方：润家贸易（中国）有限公司　　买方：辽宁恒通商贸有限公司

授权代表：孙润　　授权代表：张宏亮

日期：2018年1月3日　　日期：2018年1月3日

图2-117 购销合同

入库单

供应商：润家贸易　　　　　　　　2018年1月3日　　　　　　　　单号：RK01008

验收仓库	存货编码	存货名称	单位	数量		单价	金额
				应收	实收		
服装仓	1104	百盛男套装	套	100			
服装仓	1107	嘉伟羽绒服	件	140			
合　计							

部门经理：略　　　　　会计：略　　　　　仓库：略　　　　　经办人：略

图2-118　入库单

图2-119　增值税专用发票

图2-120　电汇付款凭证

【操作过程概览】

本业务的操作过程概览见表2-6。

表2-6　　　　　　　　　　　　　**操作过程概览**

序号	操作日期	操作员	系统	操作内容
1	2018-01-03	G01张宏亮	采购管理	填制采购订单
2	2018-01-03	G01张宏亮	采购管理	参照采购订单生成到货单
3	2018-01-03	C01李泽华	库存管理	参照到货单生成采购入库单
4	2018-01-03	G01张宏亮	采购管理	参照采购入库单生成采购专用发票（现付）
5	2018-01-03	W02赵凯	应付款管理	审核发票并制单处理
6	2018-01-01	W02赵凯	存货核算	正常单据记账并生成凭证

【具体操作过程】

1.填制采购订单

2018年1月3日，由张宏亮（G01）登录企业应用平台。依次双击"业务工作"页签中的"供应链→采购管理→采购订货→采购订单"菜单，打开"采购订单"窗口。单击工具栏的"增加"按钮，根据图2-117填制采购订单。填制完毕单击工具栏的"保存"按钮，再单击"审核"按钮，结果如图2-121所示。关闭并退出该窗口。

外币采购业务

图 2-121　采购订单

2.参照采购订单生成到货单

在"采购管理"子系统，双击"采购到货→到货单"菜单，打开"到货单"窗口。单击工具栏的"增加"按钮，再点击工具栏的"生单"|"采购订单"命令，打开"查询条件选择-采购订单列表过滤"对话框，单击"确定"按钮，系统弹出"拷贝并执行"窗口。双击"到货单拷贝订单表头列表"中订单号"CG01006"最左侧的"选择"单元格，选中该订单，单击"确定"按钮，系统返回"到货单"窗口，生成一张到货单。单击工具栏的"保存"按钮，保存该单据。单击工具栏的"审核"按钮，审核该单据，结果如图2-122所示，关闭并退出该窗口。

图 2-122　到货单

3.参照到货单生成采购入库单

2018年1月3日，由李泽华（C01）登录企业应用平台。依次双击“业务工作”页签中的“供应链→库存管理→入库业务→采购入库单”菜单，系统打开“采购入库单”窗口。在“采购入库单”窗口中，执行“生单”|“采购到货单（蓝字）”命令，打开“查询条件选择-采购到货单列表”对话框，单击“确定”按钮，系统打开“到货单生单列表”窗口。在“到货单生单列表”窗口中，双击要选择的到货单所对应的“选择”栏（即上一步骤完成的到货单），再单击工具栏的“确定”按钮，系统返回“采购入库单”窗口。修改采购入库单表头中的“入库单号”为“RK01008”，“仓库”选择为“服装仓”，其他项默认。保存并审核该采购入库单，结果如图2-123所示。关闭并退出该窗口。

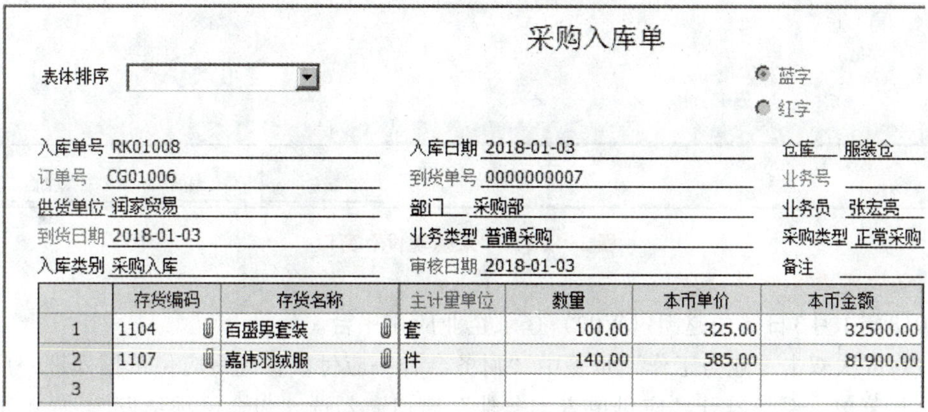

采购入库单

表体排序　　蓝字　红字

入库单号 RK01008　入库日期 2018-01-03　仓库 服装仓
订单号 CG01006　到货单号 0000000007　业务号
供货单位 润家贸易　部门 采购部　业务员 张宏亮
到货日期 2018-01-03　业务类型 普通采购　采购类型 正常采购
入库类别 采购入库　审核日期 2018-01-03　备注

	存货编码	存货名称	主计量单位	数量	本币单价	本币金额
1	1104	百盛男套装	套	100.00	325.00	32500.00
2	1107	嘉伟羽绒服	件	140.00	585.00	81900.00
3						

图2-123　采购入库单

4.参照采购入库单生成采购专用发票（现付）

2018年1月3日，由张宏亮（G01）登录企业应用平台。

（1）依次双击“业务工作”页签中的“供应链→采购管理→采购发票→采购专用发票”菜单，打开“专用发票”窗口。单击工具栏的“增加”按钮，再点击工具栏“生单”|“入库单”命令，打开“查询条件选择-采购入库单列表过滤”对话框，单击“确定”按钮。在“拷贝并执行”窗口中，双击选择RK01008号入库单对应的“选择”栏，然后单击工具栏的“确定”按钮，返回“专用发票”窗口。修改表头项目“发票号”为38208395，汇率为6.5，其他项默认。单击工具栏的“保存”按钮，再单击“结算”，如图2-124所示。

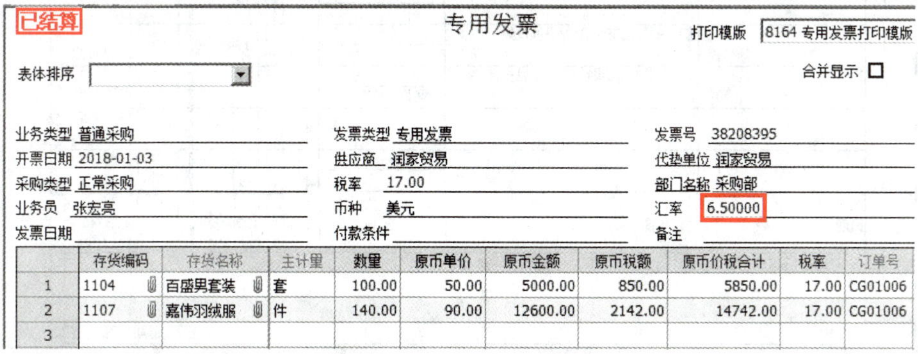

已结算　专用发票　打印模版 8164 专用发票打印模版

表体排序　　合并显示

业务类型 普通采购　发票类型 专用发票　发票号 38208395
开票日期 2018-01-03　供应商 润家贸易　代垫单位 润家贸易
采购类型 正常采购　税率 17.00　部门名称 采购部
业务员 张宏亮　币种 美元　汇率 6.50000
发票日期　付款条件　备注

	存货编码	存货名称	主计量	数量	原币单价	原币金额	原币税额	原币价税合计	税率	订单号
1	1104	百盛男套装	套	100.00	50.00	5000.00	850.00	5850.00	17.00	CG01006
2	1107	嘉伟羽绒服	件	140.00	90.00	12600.00	2142.00	14742.00	17.00	CG01006
3										

图2-124　采购专用发票

（2）现付。单击工具栏的“现付”按钮，打开“采购现付”对话框，“结算方式”选择"电汇","原币金额"输入20592,"票据号"输入56320782,结果如图2-125所示。单击"确定"按钮,返回"专用发票"窗口。关闭该窗口。

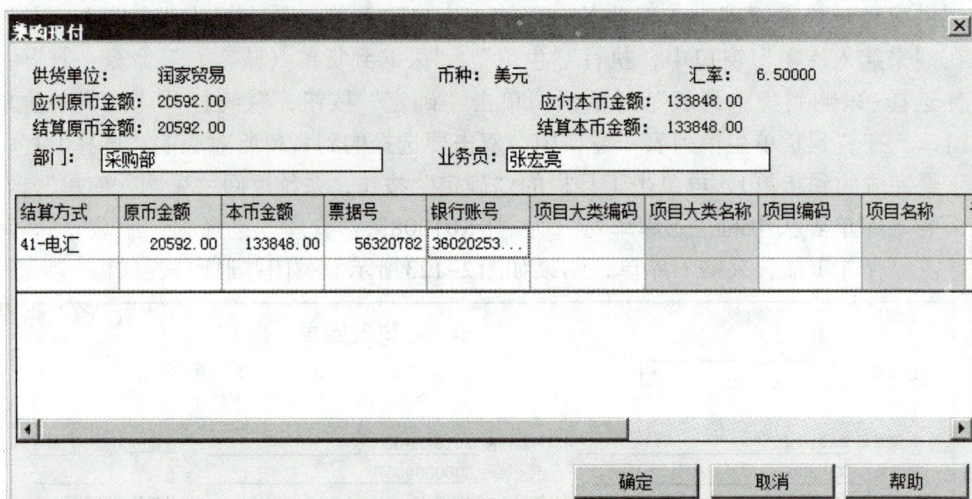

图2-125 "采购现付"窗口

5.审核发票并制单处理

2018年1月3日,由赵凯(W02)登录企业应用平台。

(1)依次双击"业务工作"页签中"财务会计→应付款管理→应付单据处理→应付单据审核"菜单,系统打开"应付单查询条件"窗口,勾选"包含已现结发票",单击"确定"按钮,打开"单据处理"窗口。单击"全选"按钮,单击"审核"按钮,系统完成审核并给出审核报告,单击"确定"按钮。

(2)执行"制单处理"命令,打开"制单查询"对话框,选择"现结制单",单击"确定"按钮,打开"制单"窗口。依次单击"全选""制单"按钮,生成一张记账凭证,单击"保存"按钮,如图2-126所示。

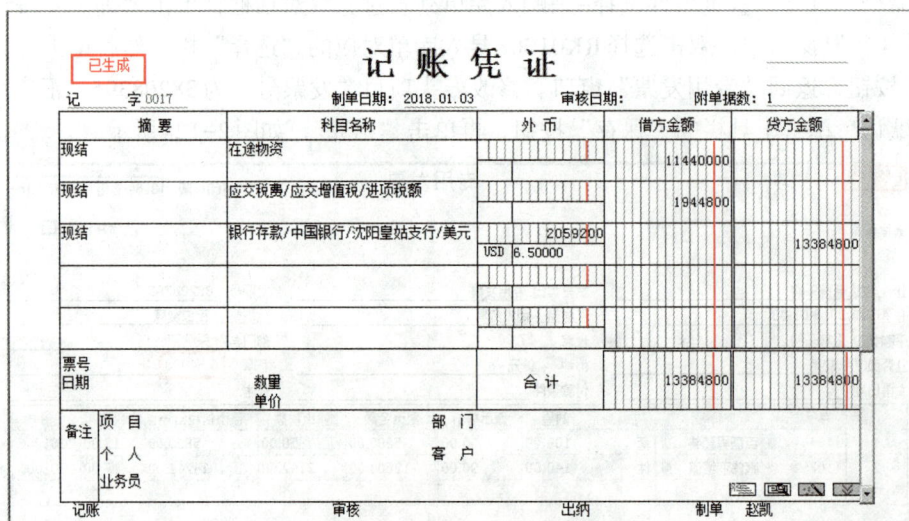

图2-126 记账凭证

6.正常单据记账并生成凭证

（1）正常单据记账。在供应链的“存货核算”子系统，依次执行“业务核算→正常单据记账”命令，系统打开“查询条件选择”窗口，单击“确定”按钮，系统打开“未记账单据一览表”窗口。双击入库单RK01008的“选择”栏，使其显示“Y”字样，单击工具栏的“记账”按钮，系统弹出信息框提示记账成功，单击“确定”，完成记账工作，退出该窗口。

（2）生成凭证。依次执行“存货核算”子系统的“财务核算→生成凭证”命令，系统打开“生成凭证”窗口。单击工具栏的“选择”按钮，系统弹出“查询条件”对话框，单击“确定”按钮，系统打开“选择单据”窗口，单击工具栏的“全选”按钮，选中已记账的采购入库单，再单击工具栏的“确定”按钮，系统自动退出“选择单据”窗口返回“生成凭证”窗口，单击工具栏的“生成”按钮，系统打开“填制凭证”窗口并自动生成凭证。单击工具栏的“保存”按钮，如图2-127所示。关闭并退出窗口。

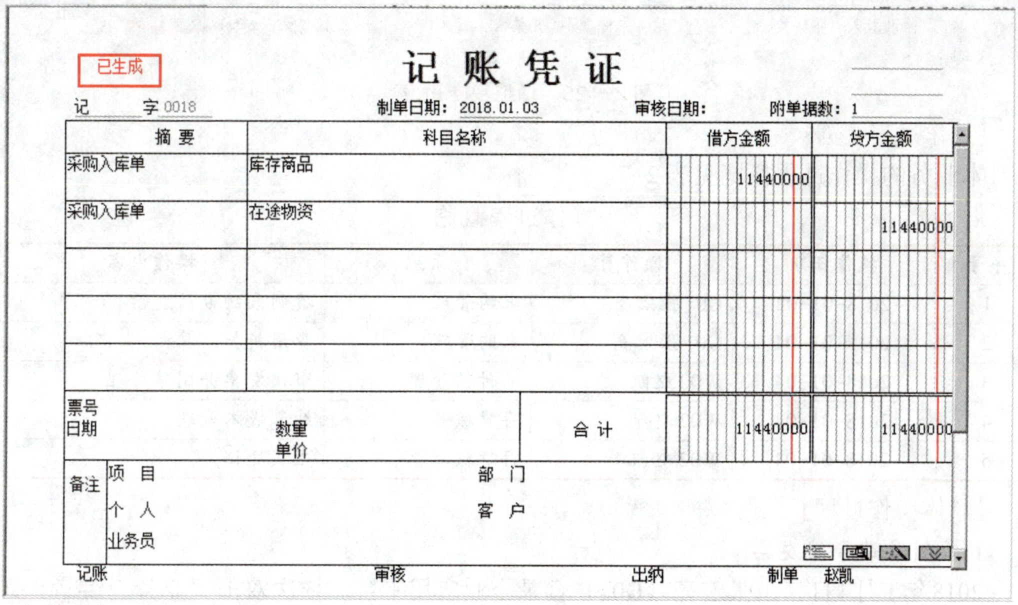
已生成

记账凭证

记 字 0018 制单日期：2018.01.03 审核日期： 附单据数：1

摘要	科目名称	借方金额	贷方金额
采购入库单	库存商品	11440000	
采购入库单	在途物资		11440000
票号 日期	数量 单价 合计	11440000	11440000

备注 项 目 部 门

个 人 客 户

业务员

记账 审核 出纳 制单 赵凯

图2-127 记账凭证

【提示】

外币采购业务的处理，在订单、发货单、发票、收款单的表头项目“外币”栏选相应外币，汇率根据业务资料输入当日汇率。其他处理与本币业务相同。原币指的是外币，本币指的是记账本位币。

业务7 已结算业务费用分摊

2018年1月4日，收到CG01003号合同的运输费发票。（按数量分摊，不合并制单）

相关凭证如图2-128所示。

2100172140 辽宁增值税专用发票 № 17208223

发票联

开票日期：2018年1月4日

购买方	名称：辽宁恒通商贸有限公司 纳税人识别号：91210105206917583A 地址、电话：辽宁省沈阳市皇姑区人民路369号 024-82681359 开户行及账号：中国工商银行沈阳皇姑支行 2107024015890035666	密码区	15>3/9+15>-2+>506998> 加密版本:01 07-965-7>81*18*+1-9+1 2100172140 >430<3>+72550/-+<9693 +1<<1+5+134*19-17*2*7 17208223

货物或应税劳务、服务名称	规格型号	单位	数量	单价	金额	税率	税额
运输费		千米	600	2.00	1 200.00	11%	132.00
合计					¥1 200.00		¥132.00
价税合计（大写）	⊗壹仟叁佰叁拾贰元整				（小写）¥1 332.00		

销售方	名称：沈阳通达物流有限公司 纳税人识别号：91210105357948262A 地址、电话：辽宁省沈阳市皇姑区振兴路968号 024-82961537 开户行及账号：中国银行沈阳皇姑支行 820114163108091001	备注	沈阳通达物流有限公司 91210105357948262A 发票专用章

收款人：张泽文 复核：朱梓嘉 开票人：解冰 销售方：（章）

税总函〔2017〕335号北京印钞厂

第三联：发票联 购买方记账凭证

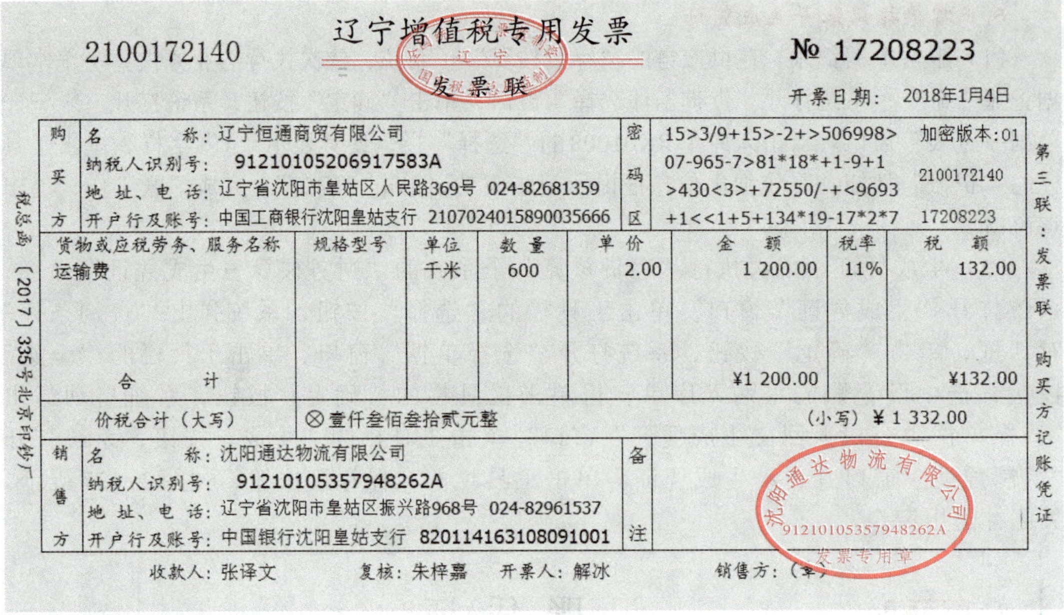

图2-128 增值税专用发票

【操作过程概览】

本业务的操作过程概览见表2-7。

表2-7 操作过程概览

序号	操作日期	操作员	系统	操作内容
1	2018-01-04	G01 张宏亮	采购管理	填制采购专用发票
2	2018-01-04	G01 张宏亮	采购管理	费用折扣结算
3	2018-01-04	W02 赵凯	应付款管理	审核发票并制单处理
4	2018-01-04	W02 赵凯	存货核算	结算成本处理
5	2018-01-04	W02 赵凯	存货核算	生成凭证

【具体操作过程】

1.填制采购专用发票

2018年1月4日，由张宏亮（G01）登录企业应用平台。依次双击“业务工作”页签中的“供应链→采购管理→采购发票→采购专用发票”菜单，打开“专用发票”窗口。单击工具栏的“增加”按钮，根据图2-128填制采购专用发票。填制完毕单击工具栏的“保存”按钮，如图2-129所示。

已结算业务费用分摊

专用发票

表体排序

业务类型 普通采购 发票类型 专用发票 发票号 17208223

开票日期 2018-01-04 供应商 沈阳通达 代垫单位 沈阳通达

采购类型 正常采购 税率 11.00 部门名称 采购部

业务员 张宏亮 币种 人民币 汇率 1

发票日期 付款条件 备注

	存货编码	存货名称	主计量	数量	原币单价	原币金额	原币税额	原币价税合计	税率
1	2001	运输费	千米	600.00	2.00	1200.00	132.00	1332.00	11.00
2									

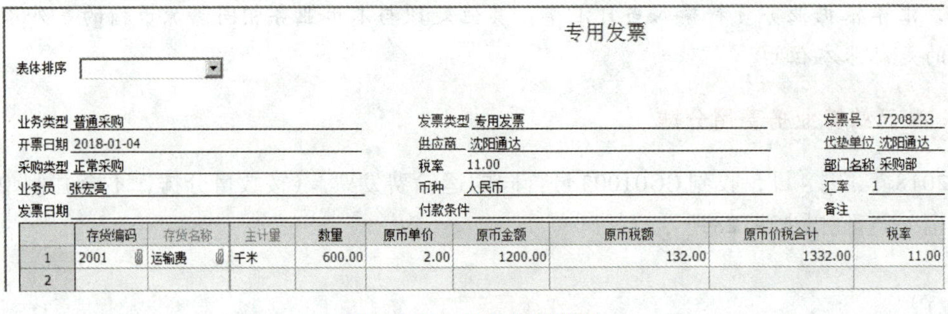

图2-129 采购专用发票

2.费用折扣结算

（1）在采购管理系统，单击"采购结算→费用折扣结算"，进入"费用折扣结算"窗口。单击工具栏上的"查询"按钮，再单击"确定"，如图2-130所示。

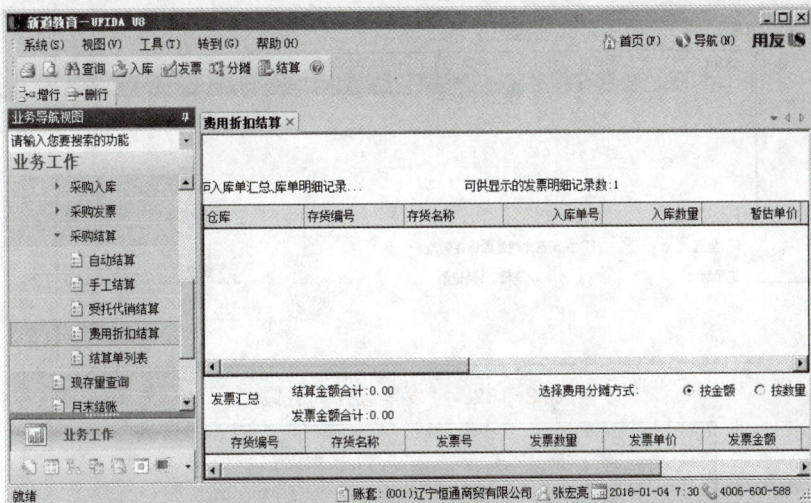

图2-130 "费用折扣结算"窗口

（2）单击工具栏的"入库"按钮，打开"入库单选择"窗口。选中入库单RK01003、RK01004，如图2-131所示。单击"确定"按钮，再单击工具栏的"发票"按钮，打开"发票选择窗"口，选中17208223号发票，如图2-132所示。

图2-131 "入库单选择"窗口

（3）单击"确定"，返回"费用折扣结算"窗口。费用分摊方式选择"按数量"，如图2-133所示。单击"分摊"，再单击"结算"，结算成功。关闭该窗口。

3.审核发票并制单处理

2018年1月4日，由赵凯（W02）登录企业应用平台。

（1）依次双击"业务工作"页签中"财务会计→应付款管理→应付单据处理→应付单据审核"菜单，系统打开"应付单查询条件"窗口，单击"确定"按钮，打开"单据处理"窗口，单击"全选"按钮，单击"审核"按钮，系统完成审核并给出审核报告，单击"确定"按钮。

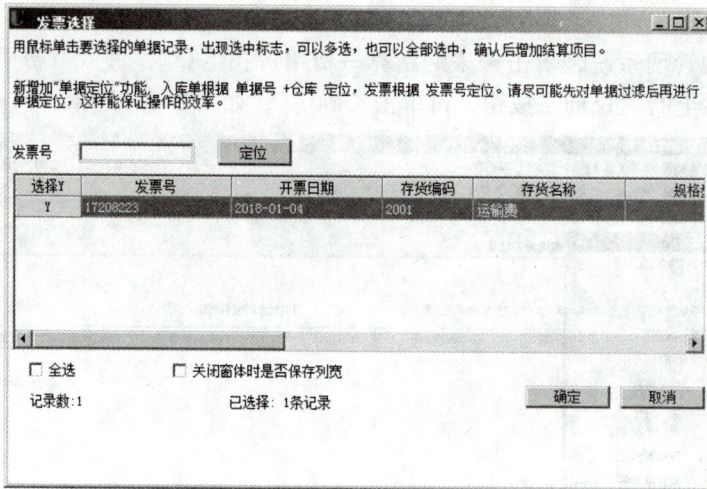

图2-132 "发票选择"窗口

图2-133 "费用折扣结算"窗口

（2）执行"制单处理"命令，打开"制单查询"对话框，选择"发票制单"，单击"确定"按钮，打开"制单"窗口。依次单击"全选""制单"按钮，生成一张记账凭证，单击"保存"按钮，如图2-134所示。关闭该窗口。

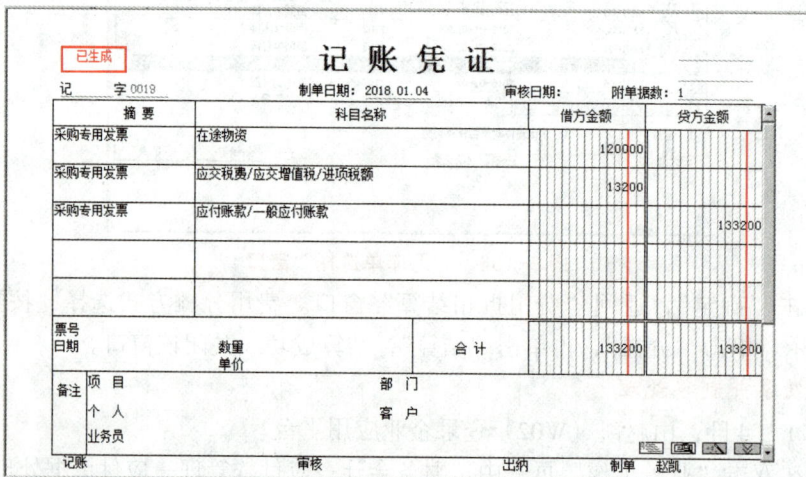

图2-134 记账凭证

4.结算成本处理

依次点击"存货核算→业务核算→结算成本处理"命令，打开"暂估处理查询"窗口。仓库选择"服装仓",单击"确定",进入"结算成本处理"窗口,如图2-135所示。单击"全选",再单击"暂估",系统提示"暂估处理完成"。单击"确定"。关闭该窗口。结算成本处理结束后,自动生成4张入库调整单。

结算成本处理 ○ 按数量分摊　○ 按金额分摊

选择	结算单号	仓库名称	存货编码	存货名称	计量单位	数量	暂估单价	结算数量	结算单价	结算金额
	000000000...	服装仓	1102	百盛休闲裤	条	0.00	0.00	0.00	0.00	300.00
	000000000...	服装仓	1102	百盛休闲裤	条	0.00	0.00	0.00	0.00	300.00
	000000000...	服装仓	1103	百盛牛仔裤	条	0.00	0.00	0.00	0.00	300.00
	000000000...	服装仓	1103	百盛牛仔裤	条	0.00	0.00	0.00	0.00	300.00
合计										1,200.00

图2-135 结算成本处理

5. 生成凭证

依次执行"存货核算"子系统的"财务核算→生成凭证"命令,系统打开"生成凭证"窗口。单击工具栏的"选择"按钮,系统弹出"查询条件"对话框中,单击"确定"按钮,系统打开"选择单据"窗口,单击工具栏的"全选"按钮,选中4张入库调整单,再单击工具栏的"确定"按钮,系统自动退出"选择单据"窗口返回"生成凭证"窗口,单击工具栏的"合成"按钮,系统打开"填制凭证"窗口并自动生成凭证。单击工具栏的"保存"按钮,如图2-136所示。关闭并退出窗口。

图2-136 记账凭证

任务2　采购溢缺业务

业务1 有合理损耗的采购业务

2018年1月2日,采购部徐辉与北京嘉伟签订购销合同。

2018年1月4日,收到北京嘉伟发来的货物及增值税专用发票,验收过程中发现有2件嘉伟羽绒服毁损,属于合理损耗。

2018年1月5日,支付北京嘉伟货款和沈阳通达运费款。(一次性选择付款)

相关凭证如图2-137至图2-142所示。

购 销 合 同

合同编号：CG01008

卖方：北京嘉伟服装有限公司

买方：辽宁恒通商贸有限公司

为保护买卖双方的合法权益，根据《中华人民共和国合同法》的有关规定，买卖双方经友好协商，一致同意签订本合同，并共同遵守合同约定。

一、货物的名称、数量及金额：

货物名称	规格型号	计量单位	数量	单价（不含税）	金额（不含税）	税率	税额
嘉伟女风衣		件	250	518.00	129 500.00	17%	22 015.00
嘉伟羽绒服		件	150	550.00	82 500.00	17%	14 025.00
合 计					￥212 000.00		￥36 040.00

二、合同总金额：人民币贰拾肆万捌仟零肆拾元整（￥248 040.00）。

三、卖方于1月4日发出全部货物并开具增值税专用发票，买方于1月5日以电汇支付全部货款。

四、交货地点：辽宁恒通商贸有限公司。

五、发运方式与运输费用承担方式：由卖方发货并承担运输费用。

卖　　方：北京嘉伟服装有限公司　　　　　买　　方：辽宁恒通商贸有限公司

授权代表：赵　芳　　　　　　　　　　　　授权代表：徐　辉

日　　期：2018年1月2日　　　　　　　　　日　　期：2018年1月2日

图2-137　购销合同

北京增值税专用发票

1100172140　　　　　№ 69861157

开票日期：　2018年1月4日

购买方	名　　称：辽宁恒通商贸有限公司 纳税人识别号：91210105206917583A 地址、电话：辽宁省沈阳市皇姑区人民路369号　024-82681359 开户行及账号：中国工商银行沈阳皇姑支行　2107024015890035666	密码区	-5++3>>+->03>463<36-5 50-7<*+0760-*>0>4953+ 16/999*430>608++5119+ 0184>1110<*9<22/408+-	加密版本：01 1100172140 69861157

货物或应税劳务、服务名称	规格型号	单位	数量	单价	金额	税率	税额
嘉伟女风衣		件	250	518.00	129 500.00	17%	22 015.00
嘉伟羽绒服		件	150	550.00	82 500.00	17%	14 025.00
合　　计					￥212 000.00		￥36 040.00

价税合计（大写）　⊗贰拾肆万捌仟零肆拾元整　　　　　（小写）￥ 248 040.00

销售方	名　　称：北京嘉伟服装有限公司 纳税人识别号：91110104759695583A 地址、电话：北京市宣武区长丰路六段360号　010-30453221 开户行及账号：招商银行北京宣武分行　2590739805061504276	备注	

收款人：米思颖　　　复核：齐琴　　　开票人：岂俏　　　销售方：（章）

图2-138　增值税专用发票

入库单

供应商：北京嘉伟　　2018年1月4日　　单号：RK01009

验收仓库	存货编码	存货名称	单位	数量		单价	金额
				应收	实收		
服装仓	1105	嘉伟女风衣	件	250	250		
合计							

部门经理：略　　会计：略　　仓库：略　　经办人：略

图 2-139　入库单

入库单

供应商：北京嘉伟　　2018年1月4日　　单号：RK01010

验收仓库	存货编码	存货名称	单位	数量		单价	金额
				应收	实收		
服装仓	1107	嘉伟羽绒服	件	150	148		
合计							

部门经理：略　　会计：略　　仓库：略　　经办人：略

图 2-140　入库单

中国工商银行　电汇凭证（回单）　1　36257063

☑普通　☐加急　　委托日期　2018年1月5日

汇款人	全称	辽宁恒通商贸有限公司	收款人	全称	北京嘉伟服装有限公司
	账号	21070240158900035666		账号	25907398050615042 76
	汇出地点	辽宁省　沈阳市/县		汇入地点	北京市/县
汇出行名称		中国工商银行	汇入行名称		招商银行北京宣武分行
金额	人民币（大写）	贰拾肆万捌仟零肆拾元整		亿千百十万千百十元角分	¥24804000
			支付密码		
			附加信息及用途：货款		
				复核	记账

此联为汇出行给汇款人的回单

中国工商银行沈阳皇姑支行
2018.01.05
转讫
(5)

图 2-141　电汇付款凭证

中国工商银行
转账支票存根

21003365
21562387

附加信息

出票日期 2018年1月5日

收款人：沈阳通达物流有限公司

金　额：¥1 332.00

用　途：运费

单位主管 李成喜　会计 赵凯

西安西钞证券印制有限公司 · 2017年印制

辽宁恒通商贸有限公司 财务

图 2-142　转账支票存根

【操作过程概览】

本业务的操作过程概览见表2-8。

表2-8　　　　　　　　　　　操作过程概览

序号	操作日期	操作员	系统	操作内容
1	2018-01-02	G01张宏亮	采购管理	填制采购订单
2	2018-01-04	G01张宏亮	采购管理	参照采购订单生成到货单
3	2018-01-04	C01李泽华	库存管理	参照到货单生成采购入库单
4	2018-01-04	G01张宏亮	采购管理	参照采购订单生成采购专用发票
5	2018-01-04	G01张宏亮	采购管理	手工采购结算
6	2018-01-04	W02赵凯	应付款管理	审核发票并制单处理
7	2018-01-04	W02赵凯	存货核算	正常单据记账并生成凭证
8	2018-01-05	W03贺青	应付款管理	选择付款
9	2018-01-05	W02赵凯	应付款管理	制单处理（生成两张凭证）

【具体操作过程】

1.填制采购订单

2018年1月2日，由张宏亮（G01）登录企业应用平台。依次双击"业务工作"页签中的"供应链→采购管理→采购订货→采购订单"菜单，打开"采购订单"窗口。在"采购订单"窗口，单击工具栏的"增加"按钮，根据图2-137填制采购订单。填制完毕保存并审核该采购订单，结果如图2-143所示。

有合理损耗的采购业务

图2-143　采购订单

2.参照采购订单生成到货单

2018年1月4日，由张宏亮（G01）登录企业应用平台。在"采购管理"子系统，双击"采购到货→到货单"菜单，打开"到货单"窗口。单击工具栏的"增加"按钮，再点击工具栏的"生单"|"采购订单"命令，打开"查询条件选择-采购订单列表过滤"对话框，单击"确定"按钮，系统弹出"拷贝并执行"窗口。双击"到货单拷贝订单表头列表"中订单号"CG01008"最左侧的"选择"单元格，选中该订单，单击"确定"按钮，系统返回"到货单"窗口，生成一张到货单。保存并审核该到货单，结果如图2-144所示。

图2-144　到货单

3.参照到货单生成采购入库单

2018年1月4日，由李泽华（C01）登录企业应用平台。

（1）依次双击“业务工作”页签中的“供应链→库存管理→入库业务→采购入库单”菜单，系统打开“采购入库单”窗口。在“采购入库单”窗口中，执行“生单”|“采购到货单（蓝字）”命令，打开“查询条件选择-采购到货单列表”对话框，单击“确定”按钮，系统打开“到货单生单列表”窗口。在“到货单生单列表”窗口中，双击要选择的到货单所对应的“选择”栏（即上一步骤完成的到货单），窗口下方“到货单生单表体”中只选中“嘉伟女风衣”那一行，再单击工具栏的“确定”按钮，系统返回“采购入库单”窗口。

（2）修改采购入库单表头中的“入库单号”为“RK01009”，“仓库”为“服装仓”。保存并审核该入库单，结果如图2-145所示。

采购入库单

表体排序　　　　◉ 蓝字　○ 红字

入库单号 RK01009　　入库日期 2018-01-04　　仓库 服装仓
订单号 CG01008　　到货单号 0000000008　　业务号
供货单位 北京嘉伟　　部门 采购部　　业务员 徐辉
到货日期 2018-01-04　　业务类型 普通采购　　采购类型 正常采购
入库类别 采购入库　　审核日期 2018-01-04　　备注

	存货编码	存货名称	规格型号	主计量单位	数量	本币单价	本币金额
1	1105	嘉伟女风衣		件	250.00	518.00	129500.00
2							

图2-145　采购入库单

（3）按照上述方法生成“嘉伟羽绒服”的采购入库单，修改采购入库单表头中的“入库单号”为“RK01010”，“仓库”为“服装仓”，修改表体中嘉伟羽绒服的数量为148，其他项默认。保存并审核该入库单，结果如图2-146所示。

采购入库单

表体排序　　　　◉ 蓝字　○ 红字

入库单号 RK01010　　入库日期 2018-01-04　　仓库 服装仓
订单号 CG01008　　到货单号 0000000008　　业务号
供货单位 北京嘉伟　　部门 采购部　　业务员 徐辉
到货日期 2018-01-04　　业务类型 普通采购　　采购类型 正常采购
入库类别 采购入库　　审核日期 2018-01-04　　备注

	存货编码	存货名称	规格型号	主计量单位	数量	本币单价	本币金额
1	1107	嘉伟羽绒服		件	148.00	550.00	81400.00
2							

图2-146　采购入库单

4.参照采购订单生成采购专用发票

2018年1月4日，由张宏亮（G01）登录企业应用平台。依次双击“业务工作”页签中的“供应链→采购管理→采购发票→采购专用发票”菜单，打开“专用发票”窗口。单击工具栏的“增加”按钮，再点击工具栏“生单”|“采购订单”命令，打开“查询条件选择-采购订单列表过滤”对话框，单击“确定”按钮。在“拷贝并执行”窗口中，双击选择CG01008号采购订单对应的“选择”栏，然后单击工具栏的“确定”按钮，返回“采购专用发票”窗口。修改表头项目“发票号”为69861157，其他项默认。保存该发票，如图2-147所示。

专用发票

显示模版 8163 专用发票显示模版

表体排序 合并显示

业务类型 普通采购	发票类型 专用发票	发票号 69861157
开票日期 2018-01-04	供应商 北京嘉伟	代垫单位 北京嘉伟
采购类型 正常采购	税率 17.00	部门名称 采购部
业务员 徐辉	币种 人民币	汇率 1
发票日期	付款条件	备注

	存货编码	存货名称	主计量	数量	原币单价	原币金额	原币税额	原币价税合计	税率	订单号
1	1105	嘉伟女风衣	件	250.00	518.00	129500.00	22015.00	151515.00	17.00	CG01008
2	1107	嘉伟羽绒服	件	150.00	550.00	82500.00	14025.00	96525.00	17.00	CG01008
3										

图2-147 采购专用发票

5.手工采购结算

（1）双击“采购管理→采购结算→手工结算”菜单，打开“手工结算”窗口。单击“选单”按钮，打开“结算选单”窗口。

（2）在“结算选单”窗口，单击“查询”按钮，打开“查询条件选择-采购手工结算”对话框，点击“确定”，选择相应的“采购发票”和“入库单”，如图2-148所示。

结算选单

定位 查询 设置 全选 全消 确定 匹配 栏目 滤设 刷新

结算选发票列表 ☑ 扣税类别不同时给出提示

记录总数：2

选择	供应商简称	存货名称	制单人	发票号	供应商编号	供应商名称	开票日期
Y	北京嘉伟	嘉伟女风衣	张宏亮	69861157	102	北京嘉伟服装有限公司	2018-01-04
Y	北京嘉伟	嘉伟羽绒服	张宏亮	69861157	102	北京嘉伟服装有限公司	2018-01-04
合计							

结算选入库单列表

记录总数：5

选择	供应商简称	存货名称	仓库名称	入库单号	供货商编码	供应商名称	入库日期
	湖南百盛	百盛男夹克	服装仓	RK12089	101	湖南百盛服装有限公司	2017-12-27
	湖南百盛	百盛休闲裤	服装仓	RK12089	101	湖南百盛服装有限公司	2017-12-27
	湖南百盛	百盛男套装	服装仓	RK12089	101	湖南百盛服装有限公司	2017-12-27
Y	北京嘉伟	嘉伟女风衣	服装仓	RK01009	102	北京嘉伟服装有限公司	2018-01-04
Y	北京嘉伟	嘉伟羽绒服	服装仓	RK01010	102	北京嘉伟服装有限公司	2018-01-04
合计							

图2-148 “结算选单”窗口

（3）单击“确定”按钮，系统回到“手工结算”窗口，输入嘉伟羽绒服的合理损耗数量为2，如图2-149所示，单击“结算”按钮，系统显示“完成结算”。

结算汇总

单据类型	存货编号	存货名称	单据号	结算数量	发票数量	合理损耗数量	非合理损耗数量	非合理损耗金额
采购发票		嘉伟女风衣	69861157		250.00			
采购入库单	1105		RK01009	250.00				
		合计		250.00	250.00	0.00	0.00	0.00
采购发票		嘉伟羽绒服	69861157		150.00	2.00		
采购入库单	1107		RK01010	148.00				
		合计		148.00	150.00	2.00	0.00	0.00

图2-149 “手工结算”窗口

6.审核发票并制单处理

2018年1月4日，由赵凯（W02）登录企业应用平台。

（1）依次双击“业务工作”页签中“财务会计→应付款管理→应付单据处理→应付单

据审核”菜单，系统打开“应付单查询条件”窗口，单击“确定”按钮，打开“单据处理”窗口。选中69861157号发票并审核。

（2）执行“制单处理”命令，打开“制单查询”对话框，选择“发票制单”，单击“确定”按钮，打开“采购发票制单”窗口。对69861157号发票制单并保存，如图2-150所示。

已生成

记 账 凭 证

记　字 0021　　制单日期：2018.01.04　　审核日期：　　附单据数：1

摘要	科目名称		借方金额	贷方金额
采购专用发票	在途物资		21200000	
采购专用发票	应交税费/应交增值税/进项税额		3604000	
采购专用发票	应付账款/一般应付账款			24804000
票号 日期	数量 单价	合计	24804000	24804000
备注	项目 个人 业务员	部门 客户		

记账　　审核　　出纳　　制单　赵凯

图2-150　记账凭证

7.正常单据记账并生成凭证

（1）正常单据记账。在供应链的“存货核算”子系统，依次执行“业务核算→正常单据记账”命令，系统打开“查询条件选择”窗口，直接单击其“确定”按钮，系统打开“未记账单据一览表”窗口。选中入库单RK01009、RK01010两行记录并记账。记账完毕退出该窗口。

（2）生成凭证。依次执行“存货核算”子系统的“财务核算→生成凭证”命令，系统打开“生成凭证”窗口。单击工具栏的“选择”按钮，系统弹出“查询条件”对话框，单击“确定”按钮，系统打开“选择单据”窗口，单击工具栏的“全选”按钮，以选中已记账的采购入库单，再单击工具栏的“确定”按钮，系统自动退出“选择单据”窗口进入“生成凭证”窗口，单击工具栏的“合成”按钮，系统打开“填制凭证”窗口并自动生成凭证。单击工具栏的“保存”按钮，保存此凭证，如图2-151所示，关闭并退出窗口。

已生成

记 账 凭 证

记　字 0022　　制单日期：2018.01.04　　审核日期：　　附单据数：1

摘要	科目名称		借方金额	贷方金额
采购入库单	库存商品		21200000	
采购入库单	在途物资			21200000
票号 日期	数量 单价	合计	21200000	21200000
备注	项目 个人 业务员	部门 客户		

记账　　审核　　出纳　　制单　赵凯

图2-151　记账凭证

8.选择付款

2018年1月5日,由贺青(W03)登录企业应用平台。

(1)执行"业务工作→财务会计→应付款管理→选择付款"命令,打开"选择付款-条件"窗口,供应商选择"北京嘉伟、沈阳通达",如图2-152所示。

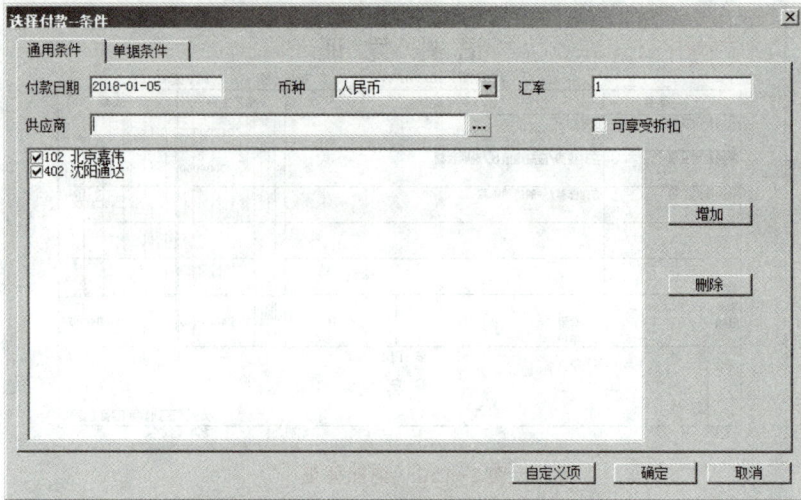

图2-152 "选择付款-条件"窗口

(2)单击"确认",进入"选择付款-单据"窗口,如图2-153所示。单击"全选",再单击"确认",系统弹出"选择付款-付款单"窗口,根据图2-141、图2-142输入结算方式和票据号,结果如图2-154所示。单击"确定",完成选择付款并退出该窗口。

选择付款列表

付款总计 [　　　　　　]

供应商	供应商编号	单据类型	单据编号	部门	业务员	摘要	单据日期	到期日	原币金额	原币余额	付款金额
沈阳通达	402	采购专用发票	17208223	采购部	张宏亮	采购专用发票	2018-01-04	2018-01-04	1,332.00	1,332.00	
北京嘉伟	102	采购专用发票	69861157	采购部	徐辉	采购专用发票	2018-01-04	2018-01-04	248,040.00	248,040.00	
合计									249,372.00	249,372.00	

图2-153 选择付款列表

供应商	付款金额	结算方式		票据号	科目	部门	业务员
沈阳通达	1332	22	转账支票	21562382	10020101	采购部	张宏亮
北京嘉伟	248040	41	电汇	36257063	10020101	采购部	徐辉

图2-154 "选择付款-付款单"窗口

9.制单处理(生成两张凭证)

2018年1月5日,由赵凯(W02)登录企业应用平台。

(1)执行"业务工作→财务会计→应付款管理→制单处理"命令,勾选"收付款单制单""核销制单",单击"确定",打开"制单"窗口。在"制单"窗口,沈阳通达的选择标志输入1,北京嘉伟的选择标志输入2,结果如图2-155所示。

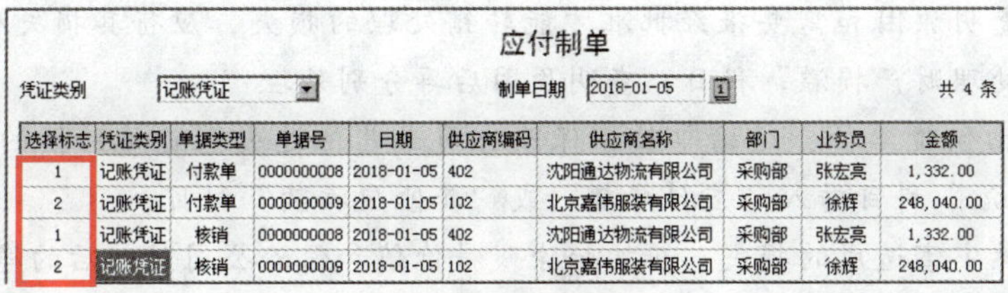

应付制单

凭证类别 记账凭证　制单日期 2018-01-05　共 4 条

选择标志	凭证类别	单据类型	单据号	日期	供应商编码	供应商名称	部门	业务员	金额
1	记账凭证	付款单	0000000008	2018-01-05	402	沈阳通达物流有限公司	采购部	张宏亮	1,332.00
2	记账凭证	付款单	0000000009	2018-01-05	102	北京嘉伟服装有限公司	采购部	徐辉	248,040.00
1	记账凭证	核销	0000000008	2018-01-05	402	沈阳通达物流有限公司	采购部	张宏亮	1,332.00
2	记账凭证	核销	0000000009	2018-01-05	102	北京嘉伟服装有限公司	采购部	徐辉	248,040.00

图2-155　应付制单

（2）单击“制单”，再单击“保存”，如图2-156所示。单击工具栏的“➡”，再单击“保存”，结果如图2-157所示。

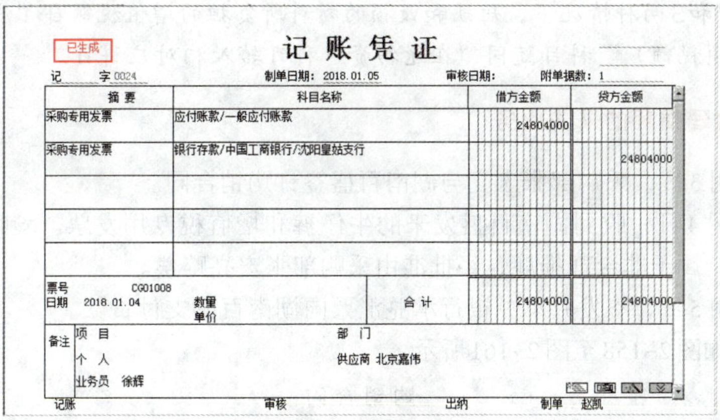

图2-156　记账凭证

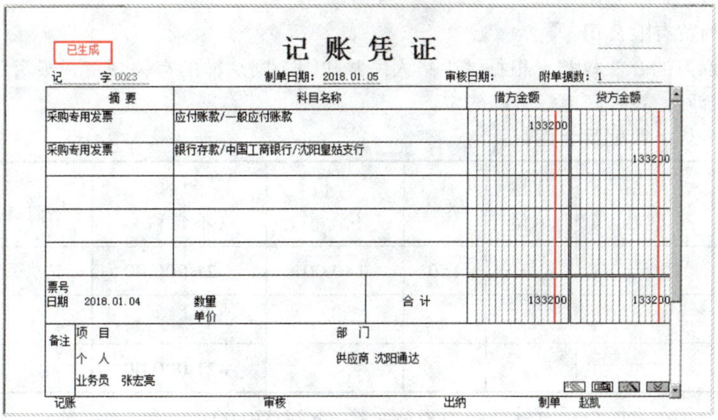

图2-157　记账凭证

【提示】

企业购进货物在运输途中发生的短缺或溢余，也要分别情况进行处理。发生的溢余按不含税的价款记入“待处理财产损溢”科目的贷方，查明原因后进行转销，待处理财产溢余的处理一般不考虑增值税的问题。采购材料在途中发生短缺和毁损，应根据造成短缺或毁损的原因分别处理，不能全部计入外购材料的采购成本。

1.定额内合理的途中损耗，计入材料的采购成本。

2.能确定由供应单位、运输单位、保险公司或其他过失人赔偿的，应向有关单位或责任人索赔，自“在途物资”科目转入“应付账款”或“其他应收款”科目。

3.凡尚待查明原因和需要报经批准才能转销处理的损失，应将其损失从"在途物资"科目转入"待处理财产损溢"科目，查明原因后再分别处理：

①属于应由供货单位、运输单位、保险公司或其他过失人负债赔偿的，将其损失从"待处理财产损溢"科目转入"应付账款"或"其他应收款"科目；

②属于自然灾害造成的损失，应按扣除残料价值和保险公司赔偿后的净损失，从"待处理财产损溢"科目转入"营业外支出——非常损失"科目；

③属于无法收回的其他损失，报经批准后，将其从"待处理财产损溢"科目转入"管理费用"科目。

4.在上述2和3两种情况下，短缺和毁损的材料所负担的增值税额自"应交税费——应交增值税（进项税额）"科目随同"在途物资"科目转入相对应科目。

业务2 有非合理损耗的采购业务

2018年1月3日，采购部张宏亮与湖南百盛签订购销合同。

2018年1月4日，收到湖南百盛发来的牛仔裤和增值税专用发票。验收过程中发现5条牛仔裤毁损，属于非合理损耗，经批准由采购部张宏亮赔偿。

2018年1月5日，签发并承兑银行承兑汇票向湖南百盛支付货款。

相关凭证如图2-158至图2-161所示。

购销合同

合同编号：CG01009

卖方：湖南百盛服装有限公司

买方：辽宁恒通商贸有限公司

为保护买卖双方的合法权益，根据《中华人民共和国合同法》的有关规定，买卖双方经友好协商，一致同意签订本合同，并共同遵守合同约定。

一、货物的名称、数量及金额：

货物名称	规格型号	计量单位	数量	单价（不含税）	金额（不含税）	税率	税额
百盛牛仔裤		条	150	140.00	21 000.00	17%	3 570.00
合　计					¥21 000.00		¥3 570.00

二、合同总金额：人民币贰万肆仟伍佰柒拾元整（¥24 570.00）。

三、卖方于1月4日交付全部商品并开具增值税专用发票。买方于1月5日以银行承兑汇票支付全部货款。

四、交货地点：辽宁恒通商贸有限公司。

五、发运方式与运输费用承担方式：由卖方发货并承担运输费用。

卖　　方：湖南百盛服装有限公司　　　买　　方：辽宁恒通商贸有限公司

授权代表：王卡广　　　　　　　　　　授权代表：张宏亮

日　　期：2018年1月3日　　　　　　日　　期：2018年1月5日

图2-158　购销合同

湖南增值税专用发票

4300172140

No 83051437

发票联

开票日期：2018年1月4日

购买方	名　称：辽宁恒通商贸有限公司
	纳税人识别号：91210105206917583A
	地址、电话：辽宁省沈阳市皇姑区人民路369号 024-82681359
	开户行及账号：中国工商银行沈阳皇姑支行 2107024015890035666

密码区：
22113*>7601623+++>3*0
-2></>*360<-3698235-+
-544</*6705099599+19<
868->>93+6966+5>++*8-

加密版本：01
4300172140
83051437

货物或应税劳务、服务名称	规格型号	单位	数量	单价	金　额	税率	税　额
百盛牛仔裤		条	150	140.00	21 000.00	17%	3 570.00
合　计					¥21 000.00		¥3 570.00

价税合计（大写）　⊗贰万肆仟伍佰柒拾元整　　　（小写）¥ 24 570.00

销售方	名　称：湖南百盛服装有限公司
	纳税人识别号：91430105276531895A
	地址、电话：湖南省长沙市开福区林夕路100号 0731-8266319
	开户行及账号：中国农业银行长沙开福支行 1012093710651047815

备注

收款人：段丹雪　　复核：孙绍雪　　开票人：温艳　　销售方：（章）

图2-159　增值税专用发票

入 库 单

供应商：湖南百盛　　　　　　　　2018年1月4日　　　　　　　　单号：RK01011

验收仓库	存货编码	存货名称	单位	数量		单价	金额
				应收	实收		
服装仓	1103	百盛牛仔裤	条	150	145		
合　计							

部门经理：略　　　　会计：略　　　　仓库：略　　　　经办人：略

图2-160　入库单

银行承兑汇票（存根）

21003695
3
16489025

出票日期　贰零壹捌年零壹月零伍日
（大写）

出票人全称	辽宁恒通商贸有限公司	收款人	全　称	湖南百盛服装有限公司
出票人账号	2107024015890035666		账　号	1012093710651047815
付款行全称	中国工商银行沈阳皇姑支行		开户银行	中国农业银行长沙开福支行

出票金额	人民币（大写）贰万肆仟伍佰柒拾元整	亿	千	百	十	万	千	百	十	元	角	分
					¥	2	4	5	7	0	0	0

汇票到期日（大写）	贰零壹捌年零柒月零肆日	付款行	行号	
承兑协议编号	9128092706			

本汇票请你行承兑，到期无条件付款。

出票人签章

本汇票已经承兑，到期日由本行付款

承兑行签章
承兑日期　2018年1月5日

密押

备注

复核　　记账

图2-161　银行承兑汇票

【操作过程概览】

本业务的操作过程概览见表2-9。

表2-9　　　　　　　　　　　　操作过程概览

序号	操作日期	操作员	系统	操作内容
1	2018-01-03	G01张宏亮	采购管理	填制采购订单
2	2018-01-04	G01张宏亮	采购管理	参照采购订单生成到货单
3	2018-01-04	C01李泽华	库存管理	参照到货单生成采购入库单
4	2018-01-04	G01张宏亮	采购管理	参照采购订单生成采购专用发票
5	2018-01-04	G01张宏亮	采购管理	手工采购结算
6	2018-01-04	W02赵凯	应付款管理	审核采购专用发票
7	2018-01-04	W02赵凯	存货核算	正常单据记账并生成凭证（采购结算单制单）
8	2018-01-04	W02赵凯	总账	填制记账凭证
9	2018-01-05	W03贺青	应付款管理	填制银行承兑汇票
10	2018-01-05	W02赵凯	应付款管理	审核付款单
11	2018-01-05	W02赵凯	应付款管理	核销操作并制单处理

【具体操作过程】

1.填制采购订单

2018年1月3日，由张宏亮（G01）登录企业应用平台。依次双击"业务工作"页签中的"供应链→采购管理→采购订货→采购订单"菜单，打开"采购订单"窗口。填制采购订单。在"采购订单"窗口，单击工具栏的"增加"按钮，根据图2-158填制采购订单。填制完毕保存并审核该采购订单，结果如图2-162所示。

有非合理损耗的
采购业务

采购订单　　　　　打印模版　8174 采购订单打印模版

| 表体排序 | | | | | | | | 合并显示 □ |

业务类型　普通采购　　　　订单日期　2018-01-03　　　订单编号　CG01009
采购类型　正常采购　　　　供应商　湖南百盛　　　　　部门　采购部
业务员　张宏亮　　　　　　税率　17.00　　　　　　　付款条件
币种　人民币　　　　　　　汇率　1　　　　　　　　　备注

	存货编码	存货名称	主计量	数量	原币单价	原币金额	原币税额	原币价税合计	税率	计划到货日期
1	1103	百盛牛仔裤	条	150.00	140.00	21000.00	3570.00	24570.00	17.00	2018-01-04
2										

图2-162　采购订单

2.参照采购订单生成到货单

2018年1月4日，由张宏亮（G01）登录企业应用平台。在"采购管理"子系统，双击"采购到货→到货单"菜单，打开"到货单"窗口。单击工具栏的"增加"按钮，再点击工具栏的"生单"|"采购订单"命令，参照订单"CG01009"生成一张到货单。保存并审核该到货单，结果如图2-163所示。

3.参照到货单生成采购入库单

2018年1月4日，由李泽华（C01）登录企业应用平台。

（1）依次双击"业务工作"页签中的"供应链→库存管理→入库业务→采购入库单"菜单，系统打开"采购入库单"窗口。在"采购入库单"窗口中，执行"生单"|"采购

图2-163 到货单

到货单（蓝字）"命令，打开"查询条件选择-采购到货单列表"对话框，单击"确定"按钮，系统打开"到货单生单列表"窗口。在"到货单生单列表"窗口中，双击湖南百盛的到货单所对应的"选择"栏（即上一步骤完成的到货单），再单击工具栏的"确定"按钮，系统返回"采购入库单"窗口。

（2）修改采购入库单表头中的"入库单号"为"RK01011"，"仓库"选择"服装仓"。修改表体中百盛牛仔裤的数量为145，其他项默认，保存并审核该入库单，结果如图2-164所示。

图2-164 采购入库单

4.参照采购订单生成采购专用发票

2018年1月4日，由张宏亮（G01）登录企业应用平台。依次双击"业务工作"页签中的"供应链→采购管理→采购发票→采购专用发票"菜单，打开"专用发票"窗口。单击工具栏的"增加"按钮，再点击工具栏"生单"|"采购订单"命令，打开"查询条件选择-采购订单列表过滤"对话框，单击"确定"按钮。在"拷贝并执行"窗口中，双击选择CG01009号采购订单对应的"选择"栏，然后单击工具栏的"确定"按钮，返回"采购专用发票"窗口。修改表头项目"发票号"为83051437，其他项默认。单击工具栏的"保存"按钮。如图2-165所示。

图2-165 采购专用发票

5.手工采购结算

（1）双击“采购管理→采购结算→手工结算”，打开“手工结算”窗口。单击“选单”，打开“结算选单”窗口。

（2）在“结算选单”窗口，单击“查询”按钮，打开“查询条件选择-采购手工结算”对话框，点击“确定”，选择4日湖南百盛的“采购发票”和“入库单”，如图2-166所示。

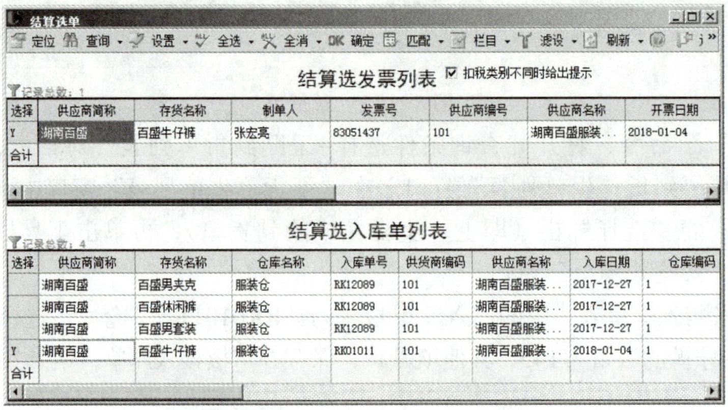

选择	供应商简称	存货名称	制单人	发票号	供应商编号	供应商名称	开票日期
Y	湖南百盛	百盛牛仔裤	张宏亮	83051437	101	湖南百盛服装...	2018-01-04
合计							

选择	供应商简称	存货名称	仓库名称	入库单号	供货商编码	供应商名称	入库日期	仓库编码
	湖南百盛	百盛男夹克	服装仓	RK12089	101	湖南百盛服装...	2017-12-27	1
	湖南百盛	百盛休闲裤	服装仓	RK12089	101	湖南百盛服装...	2017-12-27	1
	湖南百盛	百盛男套装	服装仓	RK12089	101	湖南百盛服装...	2017-12-27	1
Y	湖南百盛	百盛牛仔裤	服装仓	RK01011	101	湖南百盛服装...	2018-01-04	1
合计								

图2-166　“结算选单”窗口

（3）单击“确定”按钮，系统回到“手工结算”窗口，输入百盛牛仔裤的非合理损耗数量5、非合理损耗金额700，非合理损耗类型选择3（即员工个人责任），如图2-167所示，单击“结算”按钮，系统显示“完成结算”。

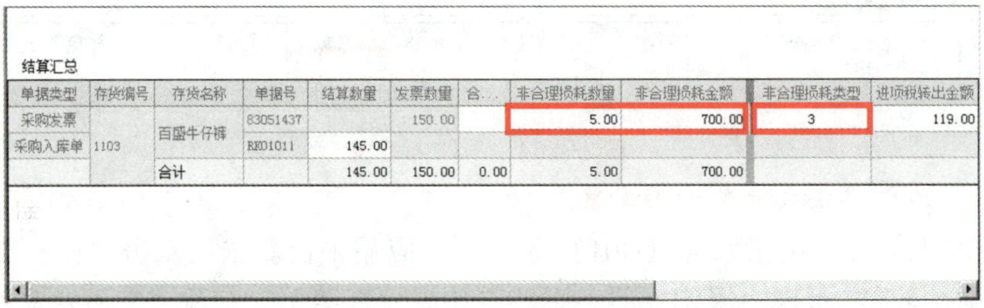

单据类型	存货编号	存货名称	单据号	结算数量	发票数量	合...	非合理损耗数量	非合理损耗金额	非合理损耗类型	进项税转出金额
采购发票		百盛牛仔裤	83051437		150.00		5.00	700.00	3	119.00
采购入库单	1103		RK01011	145.00						
		合计		145.00	150.00	0.00	5.00	700.00		

图2-167　“手工结算”窗口

6.审核采购专用发票

2018年1月4日，由赵凯（W02）登录企业应用平台。依次双击“业务工作”页签中“财务会计→应付款管理→应付单据处理→应付单据审核”菜单，系统打开“应付单查询条件”窗口，单击“确定”按钮，打开“单据处理”窗口，审核83051437号发票。

7.正常单据记账并生成凭证（采购结算单制单）

（1）正常单据记账。在供应链的“存货核算”子系统，依次执行“业务核算→正常单据记账”命令，系统打开“查询条件选择”窗口，直接单击其“确定”按钮，系统打开“未记账单据一览表”窗口。选中RK01011号入库单并记账。记账完毕退出该窗口。

（2）生成凭证。依次执行“存货核算”子系统的“财务核算→生成凭证”命令，系统打开“生成凭证”窗口。单击工具栏的“选择”按钮，系统弹出“查询条件”对话框，单击“确定”按钮，系统打开“选择单据”窗口。单击工具栏的“全选”按钮，勾选“已结算采购入库单自动选择全部结算单上单据（包括入库单、发票、付款单），非本月采购入库单按蓝字报销单制单”，如图2-168所示。

选择单据

输出　单据　全选　全消　确定　取消

☑ 已结算采购入库单自动选择全部结算单上单据(包括入库单、发票、付款单)，非本月采购入库单按蓝字报销单制单

未生成凭证单据一览表

选择	记账日期	单据日期	单据类型	单据号	仓库	收发类别	记账人	部门	业务类型	计价方式	摘要	供应商
1	2018-01-04	2018-01-04	采购入库单	RK01011	服装仓	采购入库	赵凯	采购部	普通采购	先进先出法	采购入库单	湖南百盛服

图2-168　“选择单据”窗口

(3) 单击“确定”按钮，系统自动退出“选择单据”窗口返回“生成凭证”窗口，在第4行科目编码输入190101，如图2-169所示。单击工具栏的“生成”按钮，系统打开“填制凭证”窗口并自动生成凭证。保存该凭证，如图2-170所示。

凭证类别　记 记账凭证

选择	单据类型	单据号	摘要	科目类型	科目编码	科目名称	借方金额	贷方金额	借方数量	贷方数量
1	采购结算单	0000000000000009	采购结算单	存货	1405	库存商品	20,300.00		145.00	
				进项...	22210108	进项税额转出	-119.00		5.00	
				税金	22210101	进项税额	3,570.00		150.00	
				损耗	190101	待处理流动资产损溢	819.00		5.00	
				应付	220201	一般应付账款		24,570.00		150.00
合计							24,570.00	24,570.00		

图2-169　“生成凭证”窗口

已生成

记账凭证

记　字 0025　　制单日期：2018.01.04　　审核日期：　　附单据数：1

摘要	科目名称	借方金额	贷方金额
采购结算单	库存商品	2030000	
采购结算单	待处理财产损溢/待处理流动资产损溢	81900	
采购结算单	应交税费/应交增值税/进项税额	357000	
采购结算单	应交税费/应交增值税/进项税额转出	11900	
采购结算单	应付账款/一般应付账款		2457000
票号 日期　数量 单价	合计	2457000	2457000

备注　项目　部门　个人　客户　业务员

记账　审核　出纳　制单　赵凯

图2-170　记账凭证

8.填制记账凭证

依次双击“业务工作”页签中“财务会计→总账→凭证→填制凭证”菜单，填制一张记账凭证，如图2-171所示。

已生成

记 账 凭 证

记 字 0026　　制单日期：2018.01.04　　审核日期：　　附单据数：

摘 要	科目名称	借方金额	贷方金额
非合理损耗处理	其他应收款/职工个人往来	81900	
非合理损耗处理	待处理财产损溢/待处理流动资产损溢		81900
票号 日期 2018.01.04	数量 单价　　合 计	81900	81900

备注　项 目　　部 门 采购部
　　　个 人 张宏亮　　客 户
　　　业务员

记账　　审核　　出纳　　制单 赵凯

图2-171　记账凭证

9.填制银行承兑汇票

2018年1月5日，由贺青（W03）登录企业应用平台。依次双击“业务工作”页签中“财务会计→应付款管理→票据管理”菜单，打开“查询条件选择”窗口，单击“确定”，进入“票据管理”窗口。单击“增加”，打开“应付票据”窗口，根据图2-161填制银行承兑汇票并保存，结果如图2-172所示。商业汇票保存后，系统自动生成未审核的付款单。

打印模版组 30657 商业汇票打印模版

商业汇票

银行名称		票据类型 银行承兑汇票
方向 付款	票据编号 16489025	结算方式 银行承兑汇票
收到日期 2018-01-05	出票日期 2018-01-05	到期日 2018-07-04
出票人 辽宁恒通商贸有限公司	出票人账号 2107024015890035666	付款人银行 中国工商银行沈阳皇姑支行
收款人 湖南百盛服装有限公司	收款人账号 1012093710651047815	收款人开户银行 中国农业银行长沙开福支行
币种 人民币	金额 24570.00	票面利率 0.00000000
汇率 1.000000	付款行行号	付款行地址
背书人	背书金额	备注
业务员 张宏亮	部门 采购部	票据摘要
交易合同号码	制单人 贺青	

图2-172　商业汇票

10.审核付款单

2018年1月5日，由赵凯（W02）登录企业应用平台。依次双击“业务工作”页签中“财务会计→应付款管理→付款单据处理→付款单据审核”菜单，打开“付款单查询条件”窗口，单击“确定”按钮，系统打开“收付款单列表”窗口，如图2-173所示。选中该单据并审核，然后关闭该窗口。

收付款单列表

记录总数：1

选择	审核人	单据日期	单据类型	单据编号	供应商	部门	业务员	结算方式	票据号	原币金额	本币金额
		2018-01-05	付款单	0000000010	湖南百盛服装有限公司	采购部	张宏亮	银行承兑...	16489025	24,570.00	24,570.00
合计										24,570.00	24,570.00

图2-173　收付款单列表

11.核销操作并制单处理

（1）核销操作。依次双击“业务工作”页签中“财务会计→应付款管理→核销处理→手工核销”命令，打开“核销条件”窗口，供应商选择“湖南百盛”，单击“确定”按钮，进入“单据核销”窗口，采购专用发票的结算金额输入24570，如图2-174所示，单击“保存”按钮。

单据日期	单据类型	单据编号	供应商	款项类型	结算方式	币种	原币金额	原币余额	本次结算	订单号
2018-01-05	付款单	0000000010	湖南百盛	应付款	银行承...	人民币	24,570.00	24,570.00	24,570.00	
合计							24,570.00	24,570.00	24,570.00	

单据日期	单据类型	单据编号	到期日	供应商	币种	原币金额	原币余额	可享受折扣	本次折扣	本次结算	订单号	凭证号
2018-01-04	采购专用发票	83051437	2018-01-04	湖南百盛	人民币	24,570.00	24,570.00	0.00	0.00	24,570.00	CG01009	记-0025
合计						24,570.00	24,570.00	0.00		24,570.00		

图2-174　“单据核销”窗口

（2）制单处理。单击“制单处理”，进入“制单查询”窗口，选择“收付款单制单”“核销制单”，单击“确定”，进入“制单”窗口，如图2-175所示，依次单击“全选”“合并”“制单”，生成一张记账凭证，单击“保存”，结果如图2-176所示。

应付制单

凭证类别 记账凭证　　制单日期 2018-01-05　　共 2 条

选择标志	凭证类别	单据类型	单据号	日期	供应商编码	供应商名称	部门	业务员	金额
	记账凭证	付款单	0000000010	2018-01-05	101	湖南百盛服装有限公司	采购部	张宏亮	24,570.00
	记账凭证	核销	0000000010	2018-01-05	101	湖南百盛服装有限公司	采购部	张宏亮	24,570.00

图2-175　应付制单

已生成

记 账 凭 证

记 字 0027　　制单日期：2018.01.05　　审核日期：　　附单据数：2

摘要	科目名称	借方金额	贷方金额
核销	应付账款/一般应付账款	2457000	
付款单	应付票据		2457000
票号 CG01009 日期 2018.01.04	数量 单价 合计	2457000	2457000
备注 项目	部门		
个人	供应商 湖南百盛		
业务员 张宏亮			

记账　　审核　　出纳　　制单 赵凯

图2-176　记账凭证

业务3　卖方少发货的采购业务

2018年1月3日，采购部张宏亮与天津惠阳签订购销合同。

2018年1月4日，收到天津惠阳发来的货物和增值税专用发票，同时支付了货款。货物在验收入库时发现恒久女表短缺2只，原因系对方少发，经协商对方承诺下月补发货物。

相关凭证如图2-177至图2-181所示。

购 销 合 同

合同编号：CG01010

卖方：天津惠阳商贸有限公司

买方：辽宁恒通商贸有限公司

　　为保护买卖双方的合法权益，根据《中华人民共和国合同法》的有关规定，买卖双方经友好协商，一致同意签订本合同，并共同遵守合同约定。

　　一、货物的名称、数量及金额：

货物名称	规格型号	计量单位	数量	单价（不含税）	金额（不含税）	税率	税额
百盛牛仔裤		条	100	120.00	12 000.00	17%	2 040.00
恒久女表		只	100	2 800.00	280 000.00	17%	47 600.00
合　计					¥292 000.00		¥49 640.00

　　二、合同总金额：人民币叁拾肆万壹仟陆佰肆拾元整（¥341 640.00）。

　　三、卖方于1月4日交付全部商品并开具增值税专用发票，买方于当日以电汇支付全部货款。

　　四、交货地点：辽宁恒通商贸有限公司。

　　五、发运方式与运输费用承担方式：由卖方发货并承担运输费用。

　　卖　方：天津惠阳商贸有限公司　　　　　　买　方：辽宁恒通商贸有限公司

　　授权代表：张进　　　　　　　　　　　　　授权代表：张宏亮

　　日　期：2018年1月3日　　　　　　　　　日　期：2018年1月3日

图2-177　购销合同

天津增值税专用发票

1200172140　　　　发票联　　　　№ 32307938

开票日期：2018年1月4日

购买方	名称：辽宁恒通商贸有限公司 纳税人识别号：91210105206917583A 地址、电话：辽宁省沈阳市皇姑区人民路369号 024-82681359 开户行及账号：中国工商银行沈阳皇姑支行 2107024015890035666

密码区：4>43764<>5753+>/08++0　加密版本：01
*+>53-2+-4<6+67/*2609
36<>41+-0*111-++09523
-66*63<521283*>>5-846

1200172140
32307938

货物或应税劳务、服务名称	规格型号	单位	数量	单价	金额	税率	税额
百盛牛仔裤		条	100	120.00	12 000.00	17%	2 040.00
恒久女表		只	100	2 800.00	280 000.00	17%	47 600.00
合　计					¥292 000.00		¥49 640.00

价税合计（大写）　⊗叁拾肆万壹仟陆佰肆拾元整　　（小写）¥341 640.00

销售方	名称：天津惠阳商贸有限公司 纳税人识别号：91120104572036908A 地址、电话：天津市南开区中华路三段88号 022-81329367 开户行及账号：中国农业银行天津南开支行 2806725046208670931

收款人：许嘉麒　复核：胡婉萱　开票人：李丹　销售方：（章）

图2-178　增值税专用发票

入 库 单

供应商：天津惠阳　　　　　　2018年1月4日　　　　　　单号：RK01012

验收仓库	存货编码	存货名称	单位	数量		单价	金额
				应收	实收		
服装仓	1103	百盛牛仔裤	条	100	100		
合　计							

部门经理：略　　　　会计：略　　　　仓库：略　　　　经办人：略

图2-179　入库单

入库单

供应商：天津惠阳　　　　　　　2018 年 1 月 4 日　　　　　　　单号：RK01013

验收仓库	存货编码	存货名称	单位	数量		单价	金额
				应收	实收		
手表仓	1204	恒久女表	只	100	98		
合　计							

部门经理：略　　　　会计：略　　　　仓库：略　　　　经办人：略

图 2-180　入库单

图 2-181　电汇付款凭证

【操作过程概览】

本业务的操作过程概览见表 2-10。

表 2-10　　　　　　　　　操作过程概览

序号	操作日期	操作员	系统	操作内容
1	2018-01-03	G01 张宏亮	采购管理	填制采购订单
2	2018-01-04	G01 张宏亮	采购管理	参照采购订单生成到货单
3	2018-01-04	G01 张宏亮	采购管理	参照到货单生成到货拒收单
4	2018-01-04	C01 李泽华	库存管理	参照到货单批量生成采购入库单
5	2018-01-04	G01 张宏亮	采购管理	参照采购订单生成采购专用发票（现付）
6	2018-01-04	G01 张宏亮	采购管理	手工采购结算（只结算百盛牛仔裤）
7	2018-01-04	W02 赵凯	应付款管理	审核发票并制单处理
8	2018-01-04	W02 赵凯	存货核算	正常单据记账（只记百盛牛仔裤）并生成凭证

【具体操作过程】

1. 填制采购订单

2018年1月3日，由张宏亮（G01）登录企业应用平台。依次双击"业务工作"页签中的"供应链→采购管理→采购订货→采购订单"菜单，打开"采购订单"窗口。单击工具栏的"增加"按钮，根据图2-177填制采购订单。填制完毕，保存并审核采购订单，结果如图2-182所示。关闭并退出该窗口。

采购订单　　　　　　　　　　打印模版　8174 采购订单打印模版

| 表体排序 | | | | | | | | 合并显示 □ | |

业务类型　普通采购　　　　订单日期 2018-01-03　　　　订单编号 CG01010
采购类型　正常采购　　　　供应商　天津惠阳　　　　　部门　采购部
业务员　张宏亮　　　　　　税率　17.00　　　　　　　付款条件
币种　　人民币　　　　　　汇率　1　　　　　　　　　备注

	存货编码	存货名称	主计量	数量	原币单价	原币金额	原币税额	原币价税合计	税率	计划到货日期
1	1103	百盛牛仔裤	条	100.00	120.00	12000.00	2040.00	14040.00	17.00	2018-01-04
2	1204	恒久女表	只	100.00	2800.00	280000.00	47600.00	327600.00	17.00	2018-01-04
3										

图2-182　采购订单

2. 参照采购订单生成到货单

2018年1月4日，由张宏亮（G01）登录企业应用平台。在"采购管理"子系统，双击"采购到货→到货单"菜单，打开"到货单"窗口。单击工具栏的"增加"按钮，再单击工具栏的"生单"|"采购订单"命令，打开"查询条件选择-采购订单列表过滤"对话框，单击"确定"按钮，系统弹出"拷贝并执行"窗口。双击"到货单拷贝订单表头列表"中订单号"CG01010"最左侧的"选择"单元格，选中该订单，单击"确定"按钮，系统返回"到货单"窗口，在到货单表体第2行的拒收数量中输入2，其他项默认。保存并审核该到货单，结果如图2-183所示。

到货单　　　　　　　　　　　打印模版　8170 到货单打印模版

| 表体排序 | | | | | | | | 合并显示 □ | |

业务类型　普通采购　　　　单据号 0000000010　　　　日期 2018-01-04
采购类型　正常采购　　　　供应商　天津惠阳　　　　　部门　采购部
业务员　张宏亮　　　　　　币种　人民币　　　　　　　汇率 1
运输方式　　　　　　　　　税率　17.00　　　　　　　备注

	存货编码	存货名称	主计量	数量	原币单价	原币金额	原币税额	原币价税合计	税率	拒收数量	订单号
1	1103	百盛牛仔裤	条	100.00	120.00	12000.00	2040.00	14040.00	17.00		CG01010
2	1204	恒久女表	只	100.00	2800.00	280000.00	47600.00	327600.00	17.00	2.00	CG01010
3											

图2-183　到货单

3. 参照到货单生成到货拒收单

在"采购管理"子系统，双击"采购到货→到货拒收单"菜单，打开"到货拒收单"窗口。单击"增加"，执行"生单"|"到货单"命令，打开"查询条件选择-采购退货单列表过滤"窗口，单击"确定"，进入"拷贝并执行"窗口。

在窗口上方选中"天津惠阳"的到货单，下方只选中"恒久女表"那一行，如图2-184所示，单击"确定"，生成到货拒收单，保存并审核该单据，如图2-185所示。

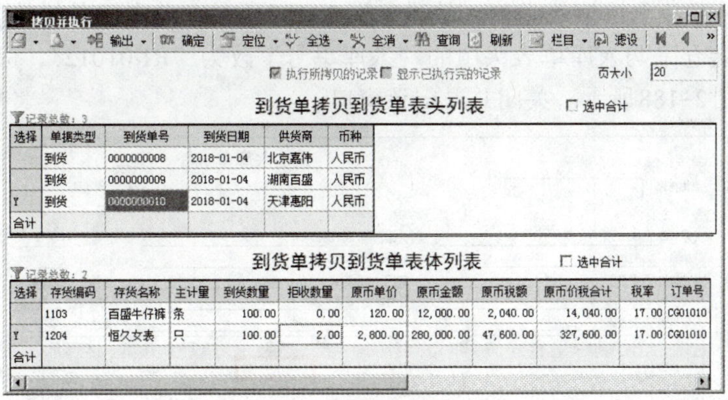

图2-184　"拷贝并执行"窗口

图2-185　到货拒收单

4.参照到货单批量生成采购入库单

2018年1月4日，由李泽华（C01）登录企业应用平台。依次双击"业务工作"页签中的"供应链→库存管理→入库业务→采购入库单"菜单，系统打开"采购入库单"窗口。在"采购入库单"窗口中，执行"生单"|"采购到货单（批量）"命令，打开"查询条件选择-采购到货单列表"对话框，单击"确定"按钮，系统打开"到货单生单列表"窗口。在"到货单生单列表"窗口中，双击天津惠阳的到货单所对应的"选择"栏（即上一步骤完成的到货单）。在窗口下方百盛牛仔裤那一行的仓库选择"服装仓"，恒久女表那一行的仓库选择"手表仓"，如图2-186所示。再单击工具栏的"确定"按钮，系统返回"采购入库单"窗口。

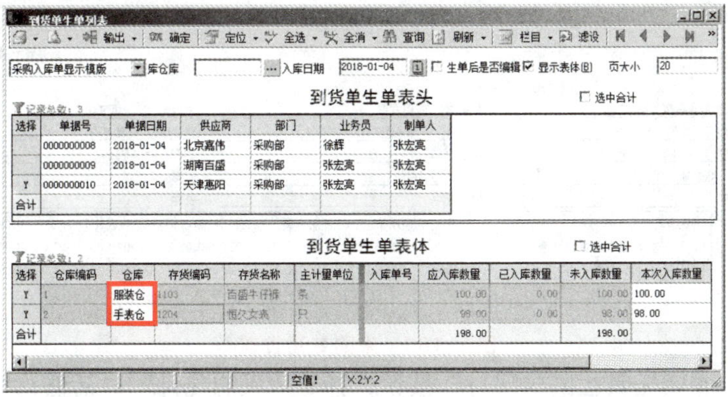

图2-186　"到货单生单列表"窗口

单击工具栏的"修改"按钮，将手表仓采购入库单表头中的"入库单号"改为

“RK01013”，保存并审核该入库单，结果如图2-187所示。单击工具栏的“ ”，再单击“修改”，将服装仓采购入库单表头中的“入库单号”改为“RK01012”，保存并审核该入库单，结果如图2-188所示。关闭并退出该窗口。

采购入库单

表体排序　　◉ 蓝字　○ 红字

入库单号 RK01013　入库日期 2018-01-04　仓库 手表仓
订单号 CG01010　到货单号 0000000010　业务号
供货单位 天津惠阳　部门 采购部　业务员 张宏亮
到货日期 2018-01-04　业务类型 普通采购　采购类型 正常采购
入库类别 采购入库　审核日期 2018-01-04　备注

	存货编码	存货名称	主计量单位	数量	本币单价	本币金额
1	1204	恒久女表	只	98.00	2800.00	274400.00
2						

图2-187　采购入库单

采购入库单

表体排序　　◉ 蓝字　○ 红字

入库单号 RK01012　入库日期 2018-01-04　仓库 服装仓
订单号 CG01010　到货单号 0000000010　业务号
供货单位 天津惠阳　部门 采购部　业务员 张宏亮
到货日期 2018-01-04　业务类型 普通采购　采购类型 正常采购
入库类别 采购入库　审核日期 2018-01-04　备注

	存货编码	存货名称	主计量单位	数量	本币单价	本币金额
1	1103	百盛牛仔裤	条	100.00	120.00	12000.00
2						

图2-188　采购入库单

5.参照采购订单生成采购专用发票（现付）

2018年1月4日，由张宏亮（G01）登录企业应用平台。

（1）依次双击“业务工作”页签中的“供应链→采购管理→采购发票→采购专用发票”菜单，打开“专用发票”窗口。单击工具栏的“增加”按钮，再点击工具栏“生单”|“采购订单”命令，打开“查询条件选择-采购订单列表过滤”对话框，单击“确定”按钮。在“拷贝并执行”窗口，双击选中CG01010号采购订单对应的“选择”栏，然后单击“确定”按钮，返回“专用发票”窗口。修改表头项目“发票号”为32307938，其他项默认。单击“保存”按钮，结果如图2-189所示。

专用发票　　打印模版 8164 专用发票打印模版

表体排序　　合并显示 □

业务类型 普通采购　发票类型 专用发票　发票号 32307938
开票日期 2018-01-04　供应商 天津惠阳　代垫单位 天津惠阳
采购类型 正常采购　税率 17.00　部门名称 采购部
业务员 张宏亮　币种 人民币　汇率 1
发票日期　付款条件　备注

	存货编码	存货名称	主计量	数量	原币单价	原币金额	原币税额	原币价税合计	税率	订单号
1	1103	百盛牛仔裤	条	100.00	120.00	12000.00	2040.00	14040.00	17.00	CG01010
2	1204	恒久女表	只	100.00	2800.00	280000.00	47600.00	327600.00	17.00	CG01010
3										

图2-189　采购专用发票

（2）现付。单击工具栏的“现付”按钮，打开“采购现付”对话框，根据图2-181电汇凭证，“结算方式”选择“电汇”，“原币金额”输入341640，“票据号”输入36257064，结果如图2-190所示。单击“确定”按钮。

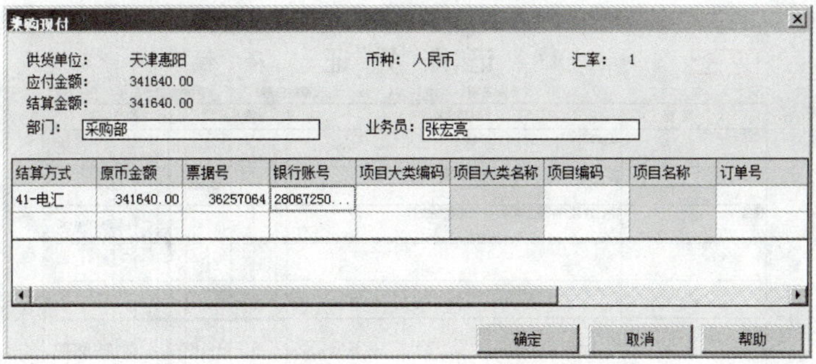

图 2-190　　"采购现付"窗口

6.手工采购结算（只结算百盛牛仔裤）

双击"采购管理→采购结算→手工结算"，打开"手工结算"窗口，单击"选单"按钮，打开"结算选单"窗口。单击"查询"按钮，打开"查询条件选择-采购手工结算"对话框，点击"确定"。选择相应的"采购发票"和"入库单"，如图 2-191 所示，单击"确定"按钮，系统回到"手工结算"窗口，如图 2-192 所示，单击"结算"按钮，系统显示"完成结算"。

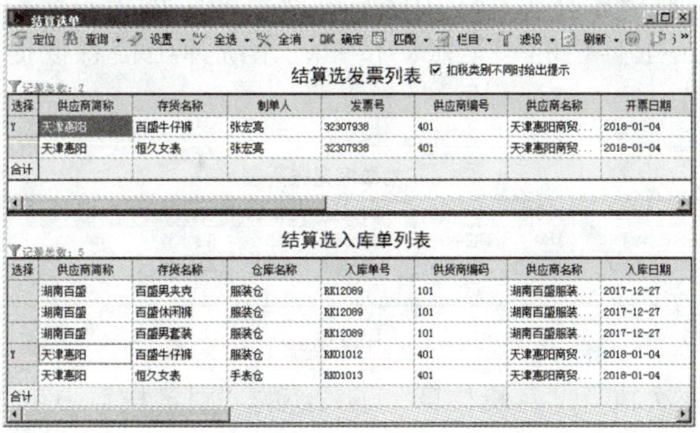

图 2-191　　"结算选单"窗口

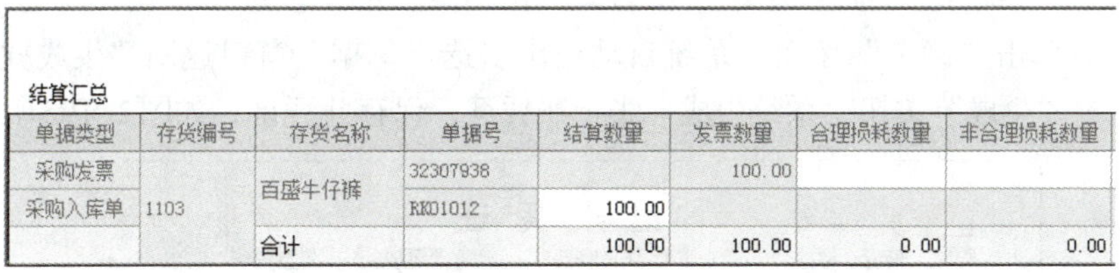

图 2-192　　"手工结算"窗口

7.审核发票并制单处理

2018 年 1 月 4 日，由赵凯（W02）登录企业应用平台。

（1）依次双击"业务工作"页签中"财务会计→应付款管理→应付单据处理→应付单据审核"菜单，系统打开"应付单查询条件"窗口，勾选"已包含现结发票"，单击"确定"按钮，打开"单据处理"窗口。选中 32307938 号发票并对其进行审核。

（2）执行"制单处理"命令，打开"制单查询"对话框，勾选"现结制单"，单击"确定"按钮，打开"制单"窗口。依次单击"全选""制单"按钮，生成一张记账凭证，单击"保存"按钮，如图 2-193 所示。

已生成

记账凭证

记 字 0028　　制单日期：2018.01.04　　审核日期：　　附单据数：1

摘要	科目名称	借方金额	贷方金额
现结	在途物资	29200000	
现结	应交税费/应交增值税/进项税额	4964000	
现结	银行存款/中国工商银行/沈阳皇姑支行		34164000
票号 日期	数量 单价　　合计	34164000	34164000

备注　项目　　部门
　　　个人　　客户
　　　业务员

记账　　审核　　出纳　　制单　赵凯

图2-193　记账凭证

8.正常单据记账（只记百盛牛仔裤）并生成凭证

（1）正常单据记账。在供应链的“存货核算”子系统，依次执行“业务核算→正常单据记账”命令，系统打开“查询条件选择”窗口，直接单击其“确定”按钮，系统打开“未记账单据一览表”窗口。双击RK01012号入库单的“选择”栏，使其显示“Y”字样，如图2-194所示，单击工具栏的“记账”按钮，系统弹出信息框提示记账成功，单击其“确定”，完成记账工作。

正常单据记账列表

记录总数：2

选择	日期	单据号	存货编码	存货名称	单据类型	仓库名称	收发类别	数量	单价
Y	2018-01-04	RK01012	1103	百盛牛仔裤	采购入库单	服装仓	采购入库	100.00	120.00
	2018-01-04	RK01013	1204	恒久女表	采购入库单	手表仓	采购入库	98.00	2,800.00
小计								198.00	

图2-194　正常单据记账列表

（2）生成凭证。依次执行“存货核算”子系统的“财务核算→生成凭证”命令，系统打开“生成凭证”窗口。单击工具栏的“选择”按钮，系统弹出“查询条件”对话框，单击“确定”按钮，系统打开“选择单据”窗口，单击工具栏的“全选”按钮，以选中RK01012号入库单，再单击“确定”按钮，系统自动退出“选择单据”窗口返回“生成凭证”窗口，单击工具栏的“生成”按钮，系统生成一张记账凭证，保存此凭证，如图2-195所示。

已生成

记账凭证

记 字 0029　　制单日期：2018.01.04　　审核日期：　　附单据数：1

摘要	科目名称	借方金额	贷方金额
采购入库单	库存商品	1200000	
采购入库单	在途物资		1200000
票号 日期	数量 单价　　合计	1200000	1200000

备注　项目　　部门
　　　个人　　客户
　　　业务员

记账　　审核　　出纳　　制单　赵凯

图2-195　记账凭证

【提示】

98只恒久女表需在月末进行暂估入库处理，具体方法参见本项目任务4的业务1。下月收到供应商补发的2只恒久女表应该如何处理呢？

采购到货拒收单只能参照到货单生成。到货拒收单保存时，向到货单填写"已拒收数量"。一张到货单，允许多次进行拒收。在到货时如果能够直接确定是否拒收，则将拒收数量填到到货单的"拒收数量"中，参照到货单的拒收数量生成到货拒收单；如果不能够确定是否拒收，则不录入拒收数量，参照到货单（到货数量-已入库数量）生成到货拒收单。

任务3　　采购退货业务

业务1　入库前退货业务

2018年1月4日，采购部徐辉与上海恒久签订购销合同。收到对方开具的增值税专用发票，我公司支付了全部货款。

2018年1月5日，收到上海恒久发来的货物，经检验有部分产品质量存在问题，上海恒久已按合同承担损失。

相关凭证如图2-196至图2-202所示。

购销合同

合同编号：CG01011

卖方：上海恒久表业有限公司

买方：辽宁恒通商贸有限公司

为保护买卖双方的合法权益，根据《中华人民共和国合同法》的有关规定，买卖双方经友好协商，一致同意签订本合同，并共同遵守合同约定。

一、货物的名称、数量及金额：

货物名称	规格型号	计量单位	数量	单价（不含税）	金额（不含税）	税率	税额
恒久情侣表		对	50	9 000.00	450 000.00	17%	76 500.00
合　计					¥450 000.00		¥76 500.00

二、合同总金额：人民币伍拾贰万陆仟伍佰元整（¥526 500.00）。

三、签订合同当日，卖方开具增值税专用发票，买方以电汇方式支付全部货款。卖方于1月5日发出全部货物。若货物出现质量问题，卖方应承担损失。

四、交货地点：辽宁恒通商贸有限公司。

五、发运方式与运输费用承担方式：由卖方发货并承担运输费用。

卖　　方：上海恒久表业有限公司　　　　买　　方：辽宁恒通商贸有限公司

授权代表：张运久　　　　　　　　　　　授权代表：徐　辉

日　　期：2018年1月4日　　　　　　　日　　期：2018年1月4日

图2-196　购销合同

上海增值税专用发票

3100172140

№ 23108959

发 票 联

开票日期：2018年1月4日

购买方	名　称：辽宁恒通商贸有限公司 纳税人识别号：91210105206917583A 地址、电话：辽宁省沈阳市皇姑区人民路369号 024-82681359 开户行及账号：中国工商银行沈阳皇姑支行 2107024015890035666	密码区	/516869<58<<*--165>49 968022/+68<813292*1*9 354863-*6+17++**5>-6+ 10947>>->40->7+1>15++	加密版本：01 3100172140 23108959

货物或应税劳务、服务名称	规格型号	单位	数量	单价	金额	税率	税额
恒久情侣表		对	50	9 000.00	450 000.00	17%	76 500.00
合　　计					¥450 000.00		¥76 500.00

价税合计（大写）	⊗伍拾贰万陆仟伍佰元整	（小写）￥526 500.00

销售方	名　称：上海恒久表业有限公司 纳税人识别号：91310106896543287A 地址、电话：上海市静安区花园路甲7号 021-28386699 开户行及账号：中国银行上海静安支行 9517205720902010400	备注	

收款人：周宏伟　　复核：陈雅婧　　开票人：张茜钰　　销售方：（章）

图 2-197　增值税专用发票

中国工商银行　电汇凭证（回单）　1　36257065

☑普通　□加急　　委托日期　2018年1月4日

汇款人	全　称	辽宁恒通商贸有限公司	收款人	全　称	上海恒久表业有限公司
	账　号	2107024015890035666		账　号	9517205720902010400
	汇出地点	辽宁省　沈阳市/县		汇入地点	上海市/县
	汇出行名称	中国工商银行沈阳皇姑支行		支付密码	国银行上海静安支行

金额	人民币（大写）	伍拾贰万陆仟伍佰元整	亿 千 百 十 万 千 百 十 元 角 分 ￥5 2 6 5 0 0 0 0

附加信息及用途：货款

复核　　　记账

图 2-198　电汇付款凭证

商品（入库）验收报告单

供货单位：上海恒久表业有限公司

发票或送货号：23108959　　　　制单日期：2018年1月5日　　　　第 1 号

收货单位：辽宁恒通商贸有限公司	仓库：原材料库	运输工具：汽车	车（船）号：辽A35790
原发数量：50 对		实收数量：48 对	
溢余数量：		短缺数量：	
质检情况：手表质量存在问题	负责人：李成喜		经办人：徐辉
公司：辽宁恒通商贸有限公司	处理意见：退货并收回退货款	负责人：李成喜	经办人：徐辉
验收：略	审核：略	制单：略	

图 2-199　商品（入库）验收报告单

入 库 单

供应商：上海恒久　　　　　　2018年1月5日　　　　　　单号：RK01014

验收仓库	存货编码	存货名称	单位	数量		单价	金额
				应收	实收		
手表仓	1206	恒久情侣表	对	50	48		
合　计							

部门经理：略　　　会计：略　　　仓库：略　　　经办人：略

图2-200　入库单

图2-201　负数增值税专用发票

图2-202　电汇收款凭证

【操作过程概览】

本业务的操作过程概览见表2-11。

表2-11　　　　　　　　　　　操作过程概览

序号	操作日期	操作员	系统	操作内容
1	2018-01-04	G01张宏亮	采购管理	填制采购订单
2	2018-01-04	G01张宏亮	采购管理	参照采购订单生成采购专用发票（现付）
3	2018-01-04	W02赵凯	应付款管理	审核发票并制单处理
4	2018-01-05	G01张宏亮	采购管理	参照采购订单生成到货单
5	2018-01-05	G01张宏亮	采购管理	参照到货单生成到货拒收单
6	2018-01-05	C01李泽华	库存管理	参照到货单生成采购入库单
7	2018-01-05	G01张宏亮	采购管理	参照采购订单生成红字采购专用发票（现付）
8	2018-01-05	G01张宏亮	采购管理	手工采购结算
9	2018-01-05	W02赵凯	应付款管理	审核发票并制单处理
10	2018-01-05	W02赵凯	存货核算	正常单据记账并生成凭证

【具体操作过程】

1.填制采购订单

2018年1月4日，由张宏亮（G01）登录企业应用平台。依次双击"业务工作"页签中的"供应链→采购管理→采购订货→采购订单"菜单，打开"采购订单"窗口。在"采购订单"窗口，单击工具栏的"增加"按钮，根据图2-196填制采购订单。填制完毕保存并审核该采购订单，结果如图2-203所示。

采购订单

打印模版　8174 采购订单打印模版

表体排序　　　　　　　　　　　　　　　　　　合并显示 □

业务类型　普通采购	订单日期　2018-01-04	订单编号　CG01011
采购类型　正常采购	供应商　上海恒久	部门　采购部
业务员　徐辉	税率　17.00	付款条件
币种　人民币	汇率　1	备注

	存货编码	存货名称	主计量	数量	原币单价	原币金额	原币税额	原币价税合计	税率	计划到货日期
1	1206	恒久情侣表	对	50.00	9000.00	450000.00	76500.00	526500.00	17.00	2018-01-05
2										

图2-203　采购订单

2.参照采购订单生成采购专用发票（现付）

（1）依次双击"业务工作"页签中的"供应链→采购管理→采购发票→采购专用发票"菜单，打开"专用发票"窗口。单击工具栏的"增加"按钮，再点击工具栏"生单"|"采购订单"命令，打开"查询条件选择-采购订单列表过滤"对话框，单击"确定"按钮。在"拷贝并执行"窗口中，双击选择CG01011号采购订单对应的"选择"栏，然后单击"确定"按钮，返回"采购专用发票"窗口。修改表头项目"发票号"为23108959，其他项默认。保存该发票，结果如图2-204所示。

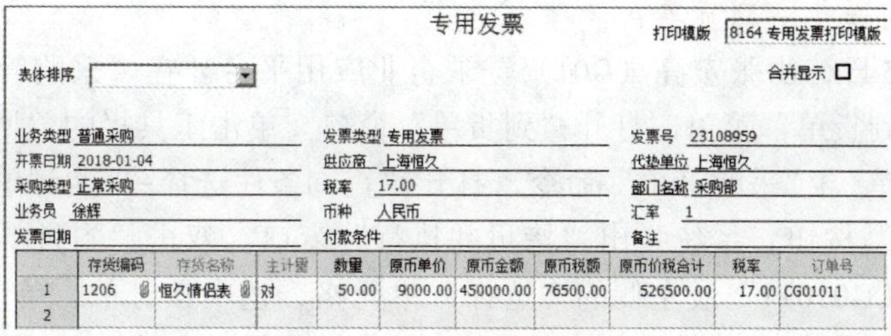

图2-204　采购专用发票

（2）现付。单击工具栏的"现付"按钮，打开"采购现付"对话框，根据图2-198电汇付款凭证，"结算方式"选择"电汇"，"原币金额"输入526500，"票据号"输入36257065，结果如图2-205所示。单击"确定"按钮。

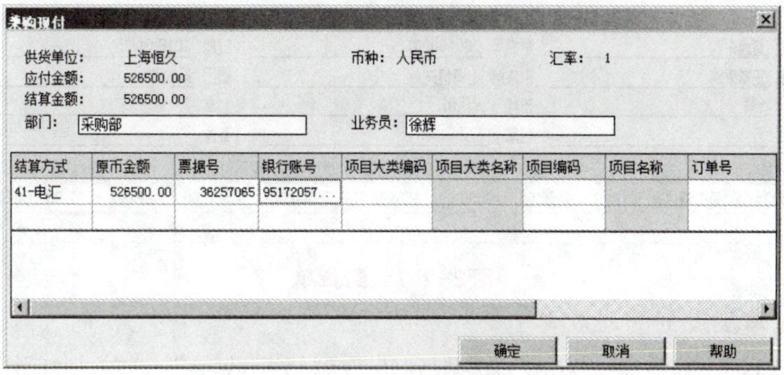

图2-205　"采购现付"窗口

3.审核发票并制单处理

2018年1月4日，由赵凯（W02）登录企业应用平台。

（1）依次双击"业务工作"页签中"财务会计→应付款管理→应付单据处理→应付单据审核"菜单，系统打开"应付单查询条件"窗口，勾选"已包含现结发票""未完全报销"，单击"确定"按钮，打开"单据处理"窗口。选中并审核23108959号发票。

（2）执行"制单处理"命令，打开"制单查询"对话框，勾选"现结制单"，单击"确定"按钮，打开"制单"窗口。依次单击"全选""制单"按钮，生成一张记账凭证，单击"保存"，如图2-206所示。

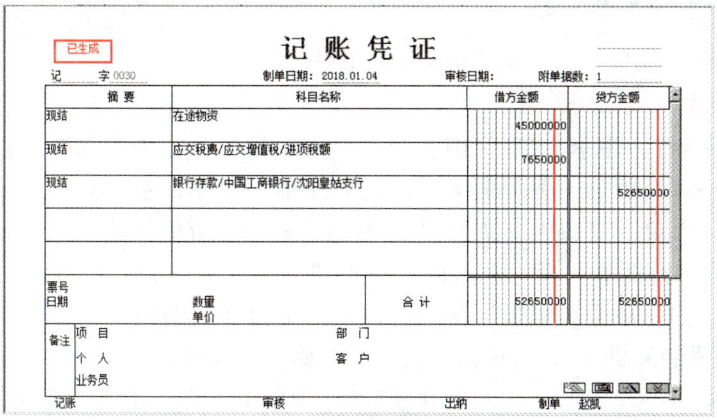

图2-206　记账凭证

4.参照采购订单生成到货单

2018年1月5日，由张宏亮（G01）登录企业应用平台。在"采购管理"子系统，双击"采购到货→到货单"菜单，打开"到货单"窗口。单击工具栏的"增加"按钮，再单击工具栏的"生单"|"采购订单"命令，打开"查询条件选择-采购订单列表过滤"对话框，单击"确定"按钮，系统弹出"拷贝并执行"窗口。双击"到货单拷贝订单表头列表"中订单号"CG01011"最左侧的"选择"单元格，选中该订单，单击"确定"按钮，系统返回"到货单"窗口，在到货单表体第2行的拒收数量中输入2，其他项默认。保存并审核该到货单，结果如图2-207所示。

图2-207　到货单

5.参照到货单生成到货拒收单

在"采购管理"子系统，双击"采购到货→到货拒收单"菜单，打开"到货拒收单"窗口。单击"增加"，执行"生单"|"到货单"命令，打开"查询条件选择-采购退货单列表过滤"窗口，单击"确定"，进入"拷贝并执行"窗口。选中"上海恒久"的到货单，单击"确定"，生成到货拒收单，保存并审核该单据，如图2-208所示。

图2-208　到货拒收单

6.参照到货单生成采购入库单

2018年1月5日，由李泽华（C01）登录企业应用平台。依次双击"业务工作"页签中的"供应链→库存管理→入库业务→采购入库单"菜单，系统打开"采购入库单"窗口。在"采购入库单"窗口中，执行"生单"|"采购到货单（蓝字）"命令，打开"查询条件选择-采购到货单列表"对话框，单击"确定"按钮，系统打开"到货单生单列表"窗口。在"到货单生单列表"窗口中，双击上海恒久的到货单所对应的"选择"栏（即上一步骤完成的到货单），再单击工具栏的"确定"按钮，系统返回"采购入库单"窗口。修改采购入库单表头中的"入库单号"为"RK01014"，"仓库"选择"手表仓"，其他项默认。保存并审核该单据，结果如图2-209所示。

采购入库单

表体排序

◉ 蓝字
○ 红字

入库单号 RK01014　入库日期 2018-01-05　仓库 手表仓
订单号 CG01011　到货单号 0000000012　业务号
供货单位 上海恒久　部门 采购部　业务员 徐辉
到货日期 2018-01-05　业务类型 普通采购　采购类型 正常采购
入库类别 采购入库　审核日期 2018-01-05　备注

	存货编码	存货名称	主计量单位	数量	本币单价	本币金额
1	1206	恒久情侣表	对	48.00	9000.00	432000.00
2						

图2-209　采购入库单

7.参照采购订单生成红字采购专用发票（现付）

2018年1月5日，由张宏亮（G01）登录企业应用平台。

（1）依次双击“业务工作”页签中的“供应链→采购管理→采购发票→红字专用采购发票”菜单，打开“专用发票”窗口。单击工具栏的“增加”按钮，再点击工具栏“生单”|“采购订单”命令，打开“查询条件选择-采购订单列表过滤”对话框，单击“确定”按钮。在“拷贝并执行”窗口中，双击选择CG01011号采购订单对应的“选择”栏，然后单击工具栏的“确定”按钮，返回“专用发票”窗口。修改表头项目“发票号”为23108962，将表体的数量改为-2，其他项默认。单击工具栏的“保存”按钮。

（2）现付。单击工具栏的“现付”按钮，打开“采购现付”对话框，根据电汇回单，“结算方式”选择“电汇”，“原币金额”输入-21060，“票据号”输入11672832，单击“确定”按钮，结果如图2-210所示。

已现付　专用发票　打印模版 8164 专用发票打印模版

表体排序 　合并显示 □

业务类型 普通采购　发票类型 专用发票　发票号 23108962
开票日期 2018-01-05　供应商 上海恒久　代垫单位 上海恒久
采购类型 正常采购　税率 17.00　部门名称 采购部
业务员 徐辉　币种 人民币　汇率 1
发票日期 　付款条件 　备注

	存货编码	存货名称	主计量	数量	原币单价	原币金额	原币税额	原币价税合计	税率	订单号
1	1206	恒久情侣表	对	-2.00	9000.00	-18000.00	-3060.00	-21060.00	17.00	CG01011
2										

图2-210　红字采购专用发票

8.手工采购结算

双击“采购管理→采购结算→手工结算”，打开“手工结算”窗口，单击“选单”按钮，打开“结算选单”窗口。单击“查询”按钮，打开“查询条件选择-采购手工结算”对话框，点击“确定”。选择相应的“采购发票”和“入库单”，如图2-211所示。单击“确定”按钮，系统回到“手工结算”窗口，如图2-21所示，单击“结算”，系统显示“完成结算”。

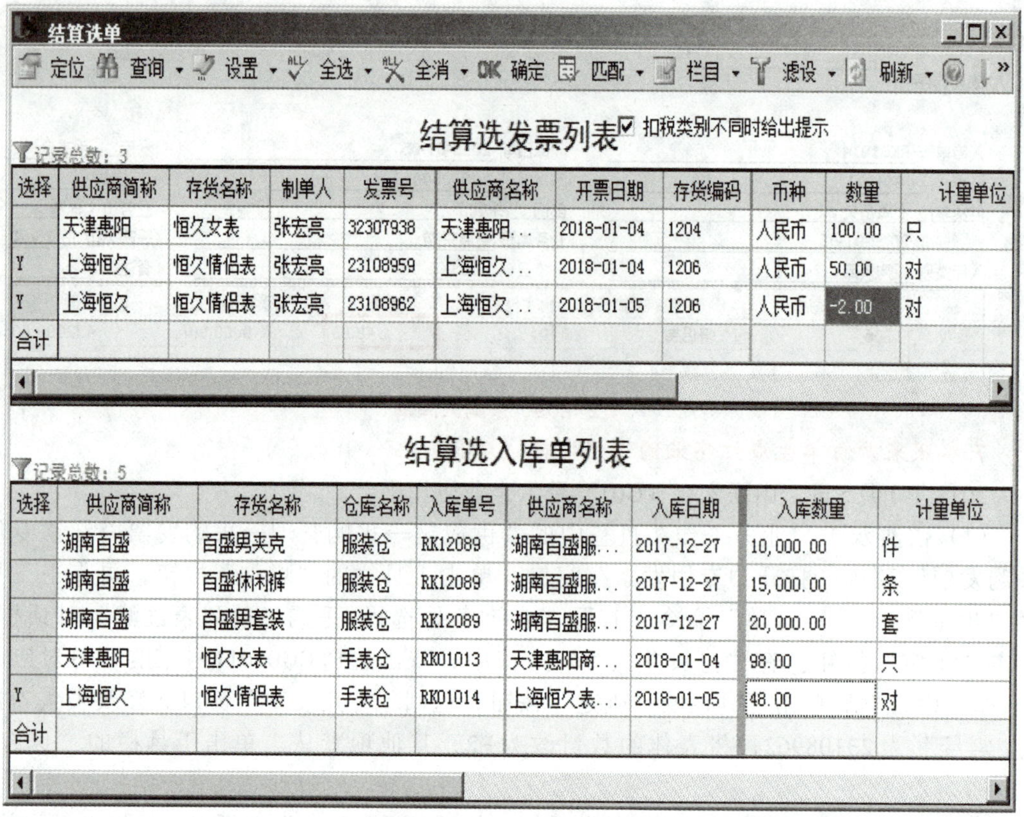

结算选单

定位 查询 设置 全选 全消 确定 匹配 栏目 滤设 刷新

结算选发票列表 ☑ 扣税类别不同时给出提示

记录总数：3

选择	供应商简称	存货名称	制单人	发票号	供应商名称	开票日期	存货编码	币种	数量	计量单位
	天津惠阳	恒久女表	张宏亮	32307938	天津惠阳...	2018-01-04	1204	人民币	100.00	只
Y	上海恒久	恒久情侣表	张宏亮	23108959	上海恒久...	2018-01-04	1206	人民币	50.00	对
Y	上海恒久	恒久情侣表	张宏亮	23108962	上海恒久...	2018-01-05	1206	人民币	-2.00	对
合计										

结算选入库单列表

记录总数：5

选择	供应商简称	存货名称	仓库名称	入库单号	供应商名称	入库日期	入库数量	计量单位
	湖南百盛	百盛男夹克	服装仓	RK12089	湖南百盛服...	2017-12-27	10,000.00	件
	湖南百盛	百盛休闲裤	服装仓	RK12089	湖南百盛服...	2017-12-27	15,000.00	条
	湖南百盛	百盛男套装	服装仓	RK12089	湖南百盛服...	2017-12-27	20,000.00	套
	天津惠阳	恒久女表	手表仓	RK01013	天津惠阳商...	2018-01-04	98.00	只
Y	上海恒久	恒久情侣表	手表仓	RK01014	上海恒久表...	2018-01-05	48.00	对
合计								

图2-211 “结算选单”窗口

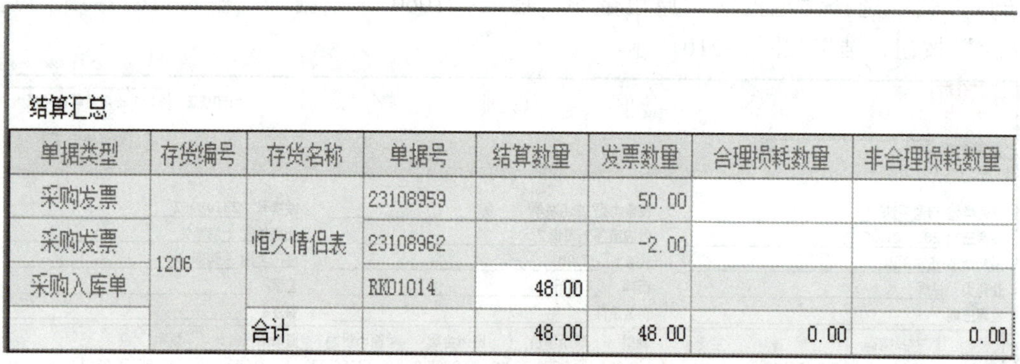

结算汇总

单据类型	存货编号	存货名称	单据号	结算数量	发票数量	合理损耗数量	非合理损耗数量
采购发票	1206	恒久情侣表	23108959		50.00		
采购发票			23108962		-2.00		
采购入库单			RK01014	48.00			
		合计		48.00	48.00	0.00	0.00

图2-212 “手工结算”窗口

9.审核发票并制单处理

（1）2018年1月5日，由赵凯（W02）登录企业应用平台。依次双击“业务工作”页签中“财务会计→应付款管理→应付单据处理→应付单据审核”菜单，系统打开“应付单查询条件”窗口，选择“已包含现结发票”，单击“确定”按钮，打开“单据处理”窗口。选中并审核23108962号发票。关闭该窗口。

（2）执行“制单处理”命令，打开“制单查询”对话框，选择“现结制单”，单击“确定”按钮，打开“制单”窗口。依次单击“全选”“制单”按钮，自动生成一张记账凭证，单击“保存”按钮，如图2-213所示。

已生成

记 账 凭 证

记 字 0031 制单日期：2018.01.05 审核日期： 附单据数：1

摘要	科目名称	借方金额	贷方金额
现结	在途物资	1800000	
现结	应交税费/应交增值税/进项税额	306000	
现结	银行存款/中国工商银行/沈阳皇姑支行		2106000
票号 日期	数量 单价 合计	2106000	2106000

备注 项 目 部 门

个 人 客 户

业务员

记账 审核 出纳 制单 赵凯

图2-213 记账凭证

10. 正常单据记账并生成凭证

（1）正常单据记账。在供应链的“存货核算”子系统，依次执行“业务核算→正常单据记账”命令，系统打开“查询条件选择”窗口，直接单击其“确定”按钮，系统打开“未记账单据一览表”窗口。选中RK01014号入库单并记账。

（2）生成凭证。依次执行“存货核算”子系统的“财务核算→生成凭证”命令，系统打开“生成凭证”窗口。单击工具栏的“选择”按钮，系统弹出“查询条件”对话框中，单击“确定”按钮，系统打开“选择单据”窗口，单击工具栏的“全选”按钮，以选中已记账的RK01014号采购入库单，再单击工具栏的“确定”按钮，系统自动退出“选择单据”窗口返回“生成凭证”窗口。单击工具栏的“生成”按钮，系统打开“填制凭证”窗口并自动生成凭证。保存该凭证，如图2-214所示。

已生成

记 账 凭 证

记 字 0032 制单日期：2018.01.05 审核日期： 附单据数：1

摘要	科目名称	借方金额	贷方金额
采购入库单	库存商品	43200000	
采购入库单	在途物资		43200000
票号 日期	数量 单价 合计	43200000	43200000

备注 项 目 部 门

个 人 客 户

业务员

记账 审核 出纳 制单 赵凯

图2-214 记账凭证

业务2 入库后退货业务

2018年1月5日，采购部张宏亮与大连博伦签订购销合同。签订合同当日，收到大连博伦发来的商品，全部办理入库。

2018年1月6日，对CG01012号合同的货物进行复检，发现有5只博伦男表存在隐蔽瑕疵，经与对方协商当日办理退货。当日支付剩余货款。

相关凭证如图2-215至图2-219所示。

购 销 合 同

合同编号：CG01012

卖方：大连博伦表业有限公司

买方：辽宁恒通商贸有限公司

为保护买卖双方的合法权益，根据《中华人民共和国合同法》的有关规定，买卖双方经友好协商，一致同意签订本合同，并共同遵守合同约定。

一、货物的名称、数量及金额：

货物名称	规格型号	计量单位	数量	单价（不含税）	金额（不含税）	税率	税额
博伦男表		只	100	2 880.00	288 000.00	17%	48 960.00
合　计					¥288 000.00		¥48 960.00

二、合同总金额：人民币叁拾叁万陆仟玖佰陆拾元整（¥336 960.00）。

三、签订合同当日卖方发出全部货物，买方验收合格后以电汇方式支付货款。

四、交货地点：辽宁恒通商贸有限公司。

五、发运方式与运输费用承担方式：由卖方发货并承担运输费用。

卖　　方：大连博伦表业有限公司

授权代表：李昌达

日　　期：2018年1月5日

买　　方：辽宁恒通商贸有限公司

授权代表：张宏亮

日　　期：2018年1月5日

图2-215　购销合同

入 库 单

供应商：大连博伦　　　　　　　　　　2018年1月5日　　　　　　　　　　单号：RK01015

验收仓库	存货编码	存货名称	单位	数量		单价	金额
				应收	实收		
手表仓	1202	博伦男表	只	100	100		
合　计							

部门经理：略　　　　　会计：略　　　　　仓库：略　　　　　经办人：略

图2-216　入库单

入库单

供应商：大连博伦　　2018年1月6日　　单号：RK01016

验收仓库	存货编码	存货名称	单位	数量		单价	金额
				应收	实收		
手表仓	1202	博伦男表	只	−5	−5		
合　计							

部门经理：略　　会计：略　　仓库：略　　经办人：略

图2-217　入库单

北京增值税专用发票

2100172140　　发票联　　№ 62163899

开票日期：2018年1月6日

购买方	名　　称：辽宁恒通商贸有限公司 纳税人识别号：91210105206917583A 地 址、电 话：辽宁省沈阳市皇姑区人民路369号 024-82681359 开户行及账号：中国工商银行沈阳皇姑支行 2107024015890035666	密码区	>*4>>0630+<62/6523>93 加密版本：01 *5+5>90-8*2-648-+7632 2100172140 3589+<5<5>44+<84*-303 -6*0+7++804>-772+52/9 62163899

货物或应税劳务、服务名称	规格型号	单位	数量	单价	金额	税率	税额
博伦男表		只	95	2 880.00	273 600.00	17%	46 512.00
合　计					¥273 600.00		¥46 512.00
价税合计（大写）	⊗叁拾贰万零壹佰壹拾贰元整				（小写）¥ 320 112.00		

销售方	名　　称：大连博伦表业有限公司 纳税人识别号：91210203821392076A 地 址、电 话：大连市西岗区古塔路1029号 0411-87691203 开户行及账号：交通银行大连西岗支行 3041309299285602525	备注	大连博伦表业有限公司 91210203821392076A 发票专用章

收款人：刘信瑜　　复核：苗惠　　开票人：巴春鹏　　销售方：（章）

税总函〔2017〕335号北京印钞厂

第三联：发票联　购买方记账凭证

图2-218　增值税专用发票

中国工商银行　电汇凭证（回单）　1　　36257066

☑普通　☐加急　　委托日期　2018年1月6日

汇款人	全　称	辽宁恒通商贸有限公司	收款人	全　称	大连博伦表业有限公司
	账　号	2107024015890035666		账　号	3041309299285602525
	汇出地点	辽宁省　沈阳市/县		汇入地点	辽宁省　大连市/县
汇出行名称		中国工商银行沈阳皇姑支行	汇入行名称		交通银行大连西岗支行
金额	人民币（大写）	叁拾贰万零壹佰壹拾贰元整		亿千百十万千百十元角分	¥32011200
			支付密码		
			附加信息及用途：货款		
				复核	记账

中国工商银行 沈阳皇姑支行 2018.01.06 转讫 (03)

此联为汇出行给汇款人的回单

图2-219　电汇付款凭证

【操作过程概览】

本业务的操作过程概览见表2-12。

表2-12　　　　　　　　　　　　操作过程概览

序号	操作日期	操作员	系统	操作内容
1	2018-01-05	G01张宏亮	采购管理	填制采购订单
2	2018-01-05	G01张宏亮	采购管理	参照采购订单生成到货单
3	2018-01-05	C01李泽华	库存管理	参照到货单生成采购入库单
4	2018-01-06	G01张宏亮	采购管理	参照采购订单生成采购退货单
5	2018-01-06	C01李泽华	库存管理	参照采购退货单生成负数采购入库单
6	2018-01-06	G01张宏亮	采购管理	参照采购入库单生成采购专用发票（现付）
7	2018-01-06	G01张宏亮	采购管理	手工采购结算
8	2018-01-06	W02赵凯	应付款管理	审核发票并制单处理
9	2018-01-06	W02赵凯	存货核算	正常单据记账并生成凭证

【具体操作过程】

1.填制采购订单

2018年1月5日，由张宏亮（G01）登录企业应用平台。依次双击"业务工作"页签中的"供应链→采购管理→采购订货→采购订单"菜单，打开"采购订单"窗口。单击工具栏的"增加"按钮，根据图2-215购销合同填制采购订单。填制完毕保存并审核该订单，结果如图2-220所示。

图2-220　采购订单

2.参照采购订单生成到货单

在"采购管理"子系统，双击"采购到货→到货单"菜单，打开"到货单"窗口。单击工具栏的"增加"按钮，再点击"生单"|"采购订单"命令，打开"查询条件选择-采购订单列表过滤"对话框，单击"确定"按钮，系统弹出"拷贝并执行"窗口。双击CG01012号订单最左侧的"选择"单元格，单击"确定"按钮，系统返回"到货单"窗口，生成一张到货单。保存并审核该到货单，结果如图2-221所示。

图2-221　到货单

3.参照到货单生成采购入库单

2018年1月5日，由李泽华（C01）登录企业应用平台。依次双击“业务工作”页签中的“供应链→库存管理→入库业务→采购入库单”菜单，系统打开“采购入库单”窗口。在“采购入库单”窗口中，执行“生单”|“采购到货单（蓝字）”命令，打开“查询条件选择-采购到货单列表”对话框，单击“确定”按钮，系统打开“到货单生单列表”窗口。在“到货单生单列表”窗口中，双击大连博伦的到货单所对应的“选择”栏（即上一步骤完成的到货单），再单击工具栏的“确定”按钮，系统返回“采购入库单”窗口。修改采购入库单表头中的“入库单号”为“RK01015”，“仓库”选择为“手表仓”，其他项默认。保存并审核该入库单，结果如图2-222所示。

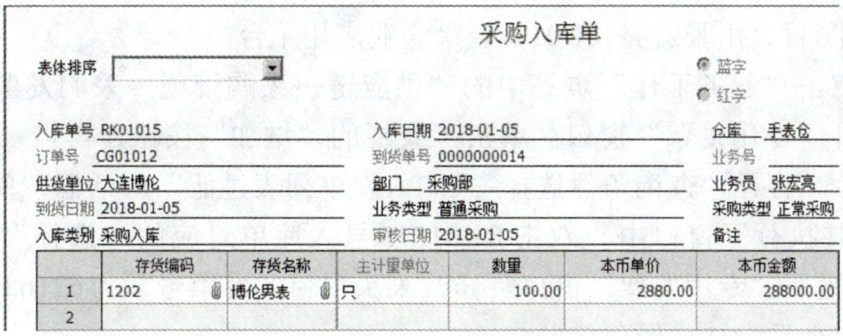
采购入库单

表体排序

蓝字
红字

入库单号 RK01015　入库日期 2018-01-05　仓库 手表仓
订单号 CG01012　到货单号 0000000014　业务号
供货单位 大连博伦　部门 采购部　业务员 张宏亮
到货日期 2018-01-05　业务类型 普通采购　采购类型 正常采购
入库类别 采购入库　审核日期 2018-01-05　备注

	存货编码	存货名称	主计量单位	数量	本币单价	本币金额
1	1202	博伦男表	只	100.00	2880.00	288000.00
2						

图2-222 采购入库单

4.参照采购订单生成采购退货单

2018年1月6日，由张宏亮（G01）登录企业应用平台。在“采购管理”子系统，双击“采购到货→采购退货单”菜单，打开“采购退货单”窗口。单击工具栏的“增加”按钮，再点击工具栏的“生单”|“采购订单”命令，打开“查询条件选择-采购订单列表过滤”对话框，单击“确定”按钮，系统弹出“拷贝并执行”窗口。双击CG01012号订单最左侧的“选择”单元格，单击“确定”按钮，系统返回“采购退货单”窗口，修改数量为-5，其他项默认。保存并审核该单据，结果如图2-223所示。

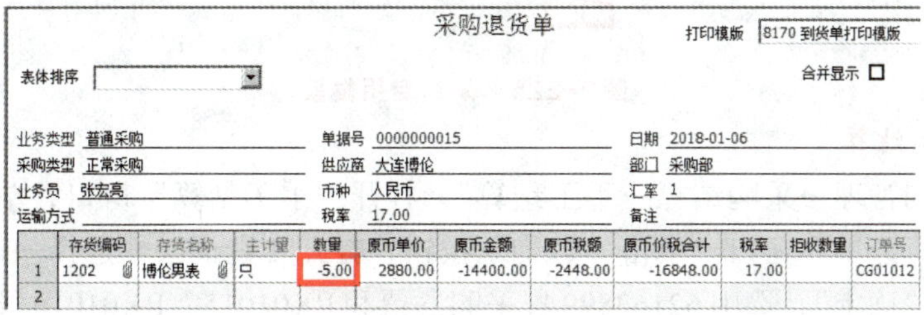
采购退货单　打印模版 8170 到货单打印模版

表体排序　合并显示

业务类型 普通采购　单据号 0000000015　日期 2018-01-06
采购类型 正常采购　供应商 大连博伦　部门 采购部
业务员 张宏亮　币种 人民币　汇率 1
运输方式　税率 17.00　备注

	存货编码	存货名称	主计量	数量	原币单价	原币金额	原币税额	原币价税合计	税率	拒收数量	订单号
1	1202	博伦男表	只	-5.00	2880.00	-14400.00	-2448.00	-16848.00	17.00		CG01012
2											

图2-223 采购退货单

5.参照采购退货单生成负数采购入库单

2018年1月6日，由李泽华（C01）登录企业应用平台。依次双击“业务工作”页签中的“供应链→库存管理→入库业务→采购入库单”菜单，打开“采购入库单”窗口。在“采购入库单”窗口中，执行“生单”|“采购到货单（红字）”命令，打开“查询条件选择-采购到货单列表”对话框，单击“确定”按钮，系统打开“到货单生单列表”窗口。在“到货单生单列表”窗口中，双击大连博伦的退货单所对应的“选择”栏（即上一步骤完成的到货单），再单击工具栏的“确定”按钮，系统返回“采购入库单”窗口。

修改采购入库单表头中的“入库单号”为“RK01016”，“仓库”选择为“手表仓”，其他项默认，保存并审核该入库单，结果如图2-224所示。

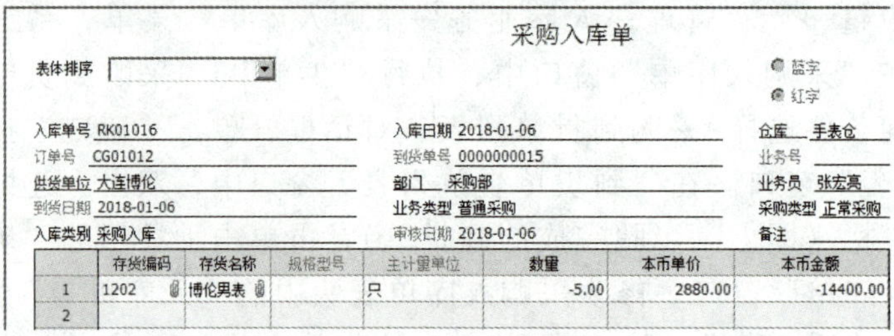
采购入库单
表体排序
蓝字
红字
入库单号 RK01016　入库日期 2018-01-06　仓库 手表仓
订单号 CG01012　到货单号 0000000015　业务号
供货单位 大连博伦　部门 采购部　业务员 张宏亮
到货日期 2018-01-06　业务类型 普通采购　采购类型 正常采购
入库类别 采购入库　审核日期 2018-01-06　备注

	存货编码	存货名称	规格型号	主计量单位	数量	本币单价	本币金额
1	1202	博伦男表		只	-5.00	2880.00	-14400.00
2							

图2-224 （负数）采购入库单

6.参照采购入库单生成采购专用发票（现付）

2018年1月6日，由张宏亮（G01）登录企业应用平台。

（1）依次双击“业务工作”页签中的“供应链→采购管理→采购发票→专用采购发票”菜单，打开“专用发票”窗口。单击工具栏的“增加”按钮，再点击“生单”|“采购入库单”命令，打开“查询条件选择-采购入库单列表过滤”对话框，单击“确定”按钮。在“拷贝并执行”窗口中，双击RK01015号入库单对应的“选择”栏，然后单击“确定”按钮，返回“专用发票”窗口。修改表头项目“发票号”为62163899，将表体的数量改为95，其他项默认。保存该发票。

（2）现付。单击工具栏的“现付”按钮，打开“采购现付”对话框，根据图2-219电汇付款凭证，“结算方式”选择“电汇”，“原币金额”输入320112，“票据号”输入36257066，单击“确定”按钮，返回“专用发票”窗口，结果如图2-225所示。

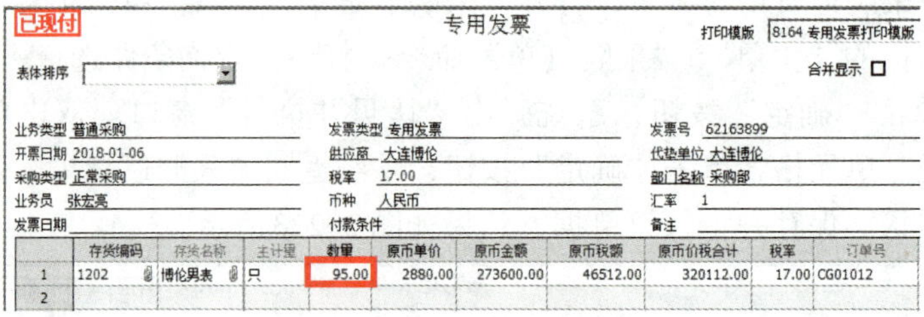
已现付
专用发票
打印模版 8164 专用发票打印模版
表体排序
合并显示
业务类型 普通采购　发票类型 专用发票　发票号 62163899
开票日期 2018-01-06　供应商 大连博伦　代垫单位 大连博伦
采购类型 正常采购　税率 17.00　部门名称 采购部
业务员 张宏亮　币种 人民币　汇率 1
发票日期　付款条件　备注

	存货编码	存货名称	主计量	数量	原币单价	原币金额	原币税额	原币价税合计	税率	订单号
1	1202	博伦男表	只	95.00	2880.00	273600.00	46512.00	320112.00	17.00	CG01012
2										

图2-225 采购专用发票

7.手工采购结算

双击“采购管理→采购结算→手工结算”，打开“手工结算”窗口，单击“选单”按钮，打开“结算选单”窗口。单击“查询”按钮，打开“查询条件选择—采购手工结算”对话框，点击“确定”，选中62163899号采购发票和RK01015、RK01016号入库单，单击“确定”按钮。系统回到“手工结算”窗口，如图2-226所示，单击“结算”，系统显示“完成结算”。

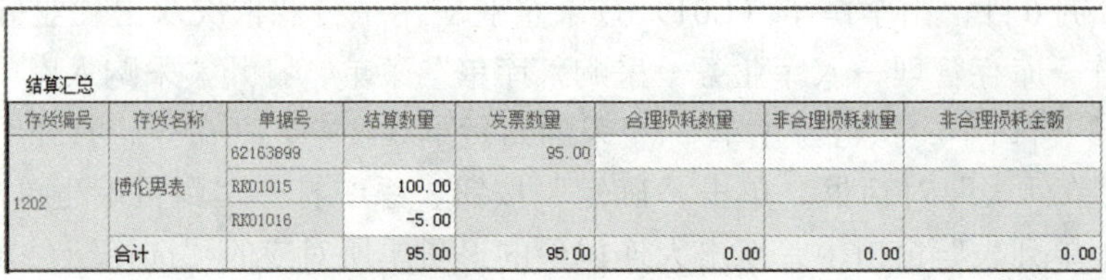
结算汇总

存货编码	存货名称	单据号	结算数量	发票数量	合理损耗数量	非合理损耗数量	非合理损耗金额
1202	博伦男表	62163899		95.00			
		RK01015	100.00				
		RK01016	-5.00				
	合计		95.00	95.00	0.00	0.00	0.00

图2-226 “手工结算”窗口

8. 审核发票并制单处理

2018年1月6日，由赵凯（W02）登录企业应用平台。

（1）依次双击“业务工作”页签中“财务会计→应付款管理→应付单据处理→应付单据审核”菜单，系统打开“应付单查询条件”窗口，勾选“已包含现结发票”，单击“确定”按钮，打开“单据处理”窗口。选中62163899号采购发票并对其进行审核。审核完毕退出该窗口。

（2）执行“制单处理”命令，打开“制单查询”对话框，选择“现结制单”，单击“确定”按钮，打开“制单”窗口。依次单击“全选”“制单”按钮，生成一张记账凭证，单击“保存”按钮，如图2-227所示。

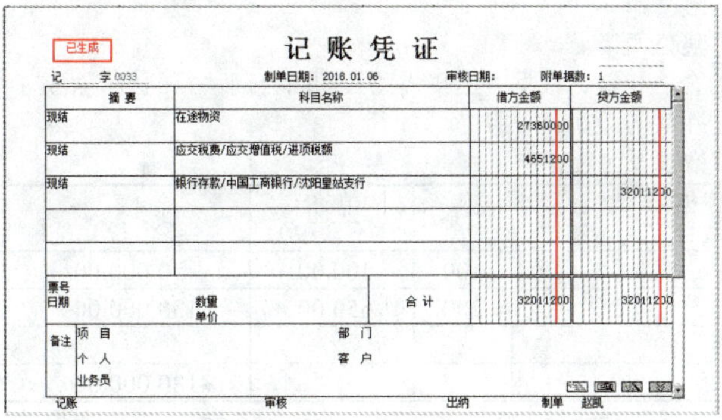

已生成

记账凭证

记 字 0033 制单日期：2018.01.06 审核日期： 附单据数：1

摘要	科目名称	借方金额	贷方金额
现结	在途物资	27360000	
现结	应交税费/应交增值税/进项税额	4651200	
现结	银行存款/中国工商银行/沈阳皇姑支行		32011200
票号 日期	数量 单价 合计	32011200	32011200

备注 项目 部门 个人 客户 业务员

记账 审核 出纳 制单 赵凯

图2-227 记账凭证

9. 正常单据记账并生成凭证

（1）正常单据记账。在供应链的“存货核算”子系统，依次执行“业务核算→正常单据记账”命令，系统打开“查询条件选择”窗口，单击“确定”按钮，系统打开“未记账单据一览表”窗口。双击选中RK01015、RK01016号入库单并对其进行记账。记账完毕退出该窗口。

（2）生成凭证。依次执行“存货核算”子系统的“财务核算→生成凭证”命令，系统打开“生成凭证”窗口。单击工具栏的“选择”按钮，系统弹出“查询条件”对话框，单击“确定”按钮，系统打开“选择单据”窗口，单击工具栏的“全选”按钮，以选中已记账的RK01015、RK01016号采购入库单，再单击工具栏的“确定”按钮，系统自动退出“选择单据”窗口进入“生成凭证”窗口，单击工具栏的“合成”按钮，系统打开“填制凭证”窗口并自动生成凭证。保存该凭证，结果如图2-228所示。

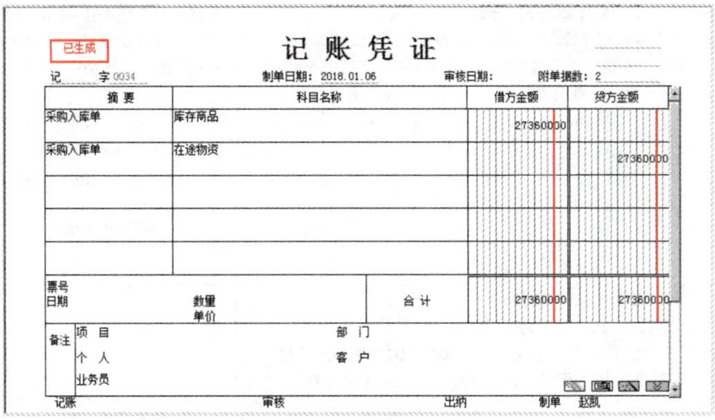

已生成

记账凭证

记 字 0034 制单日期：2018.01.06 审核日期： 附单据数：2

摘要	科目名称	借方金额	贷方金额
采购入库单	库存商品	27360000	
采购入库单	在途物资		27360000
票号 日期	数量 单价 合计	27360000	27360000

备注 项目 部门 个人 客户 业务员

记账 审核 出纳 制单 赵凯

图2-228 记账凭证

2018年1月5日，采购部张宏亮与北京嘉伟签订购销合同，当日收到卖方开具的增值税专用发票。

2018年1月6日，收到北京嘉伟发来的货物，质检时发现该批货物质量存在瑕疵，经协商对方给予我方销售折让。

相关凭证如图2-229至图2-234所示。

购 销 合 同

合同编号：CG01013

卖方：北京嘉伟服装有限公司

买方：辽宁恒通商贸有限公司

为保护买卖双方的合法权益，根据《中华人民共和国合同法》的有关规定，买卖双方经友好协商，一致同意签订本合同，并共同遵守合同约定。

一、货物的名称、数量及金额：

货物名称	规格型号	计量单位	数量	单价（不含税）	金额（不含税）	税率	税额
嘉伟女风衣		件	100	500.00	50 000.00	17%	8 500.00
嘉伟男风衣		件	200	650.00	130 000.00	17%	22 100.00
合 计					¥180 000.00		¥30 600.00

二、合同总金额：人民币贰拾壹万零陆佰元整（¥210 600.00）。

三、签订合同当日卖方开具增值税专用发票，并于1月6日发出全部货物，买方验收合格后以电汇方式支付货款。

四、交货地点：辽宁恒通商贸有限公司。

五、发运方式及运输费用承担方式：由卖方发货并承担运输费用。

卖　方：北京嘉伟服装有限公司　　　　买　方：辽宁恒通商贸有限公司

授权代表：李昌达　　　　　　　　　　授权代表：张宏亮

日　　期：2018年1月5日　　　　　　日　　期：2018年1月5日

图2-229　购销合同

北京增值税专用发票

1100172140　　　　　　　　　　　　　No 69861162

开票日期：2018年1月5日

购买方	名　称：辽宁恒通商贸有限公司 纳税人识别号：91210105206917583A 地址、电话：辽宁省沈阳市皇姑区人民路369号 024-82681359 开户行及账号：中国工商银行沈阳皇姑支行 2107024015890035666	密码区	4<5+972/7>3<8*+820*6-882>3*52+4-4>+-79>3+2-+15>>+967186+0681/004<7282-*-7>66<7+60*87

加密版本：01
1100172140
69861162

货物或应税劳务、服务名称	规格型号	单位	数量	单价	金　额	税率	税　额
嘉伟女风衣		件	100	500.00	50 000.00	17%	8 500.00
嘉伟男风衣		件	200	650.00	130 000.00	17%	22 100.00
合　计					¥180 000.00		¥30 600.00

价税合计（大写）　⊗贰拾壹万零陆佰元整　　　（小写）¥210 600.00

销售方	名　称：北京嘉伟服装有限公司 纳税人识别号：91110104759695583A 地址、电话：北京市宣武区长丰路六段360号 010-30453221 开户行及账号：招商银行北京宣武分行 2590739805061504276	备注	

收款人：米思颖　　复核：齐琴　　开票人：邕俏　　销售方：（章）

图2-230　增值税专用发票

入 库 单

供应商：北京嘉伟　　　　　　　2018年1月6日　　　　　　　单号：RK01017

验收仓库	存货编码	存货名称	单位	数量 应收	数量 实收	单价	金额
服装仓	1105	嘉伟女风衣	件	100	100		
服装仓	1106	嘉伟男风衣	件	200	200		
合　计							

部门经理：略　　　会计：略　　　仓库：略　　　经办人：略

图2-231　入库单

产品质量问题处理协议书

甲方：北京嘉伟服装有限公司

乙方：辽宁恒通商贸有限公司

甲方于2018年1月5日销售产品（嘉伟女风衣、嘉伟男风衣）至乙方，乙方于2018年1月6日收到全部货物后进行质检，认为该批货物质量存在瑕疵。经协商，双方达成如下协议：

1.乙方质检部经检验认为该批服装存在包装破损问题，影响销售。

2.甲方给予乙方总货款10%的销售折让。

3.乙方向当地税务机关申请开具红字增值税专用发票通知单，经税务机关审核后，甲方填开红字增值税专用发票。

甲　方：北京嘉伟服装有限公司　　　乙　方：辽宁恒通商贸有限公司

授权代表：赵　芳　　　　　　　　　授权代表：张宏亮

日　　期：2018年1月6日　　　　　　日　　期：2018年1月6日

图2-232　产品质量协议书

图2-233　增值税专用发票

图2-234 电汇付款凭证

【操作过程概览】

本业务的操作过程概览见表2-13。

表2-13 操作过程概览

序号	操作日期	操作员	系统	操作内容
1	2018-01-05	G01张宏亮	采购管理	填制采购订单
2	2018-01-05	G01张宏亮	采购管理	参照采购订单生成采购专用发票
3	2018-01-05	W02赵凯	应付款管理	审核发票并制单处理
4	2018-01-06	G01张宏亮	采购管理	参照采购订单生成到货单
5	2018-01-06	C01李泽华	库存管理	参照到货单生成采购入库单
6	2018-01-06	G01张宏亮	采购管理	手工填制销售折让的红字专用发票
7	2018-01-06	G01张宏亮	采购管理	手工采购结算
8	2018-01-06	W02赵凯	应付款管理	审核发票并制单处理
9	2018-01-06	W02赵凯	应付款管理	红票对冲
10	2018-01-06	W02赵凯	存货核算	正常单据记账并生成凭证
11	2018-01-06	W03贺青	应付款管理	填制付款单
12	2018-01-06	W02赵凯	应付款管理	审核付款单、核销、合并制单

【具体操作过程】

1. 填制采购订单

2018年1月5日，由张宏亮（G01）登录企业应用平台。依次双击"业务工作"页签中的"供应链→采购管理→采购订货→采购订单"菜单，打开"采购订单"窗口。单击工具栏的"增加"按钮，根据图2-229填制采购订单。填制完毕保存并审核该采购订单，结果如图2-235所示。

结算前折让业务

图2-235 采购订单

2.参照采购订单生成采购专用发票

依次双击"业务工作"页签中的"供应链→采购管理→采购发票→专用采购发票"菜单，打开"专用发票"窗口。单击工具栏的"增加"按钮，再点击工具栏"生单" | "采购订单"命令，打开"查询条件选择-采购订单列表过滤"对话框，单击"确定"按钮。在"拷贝并执行"窗口中，双击选择CG01013号采购订单对应的"选择"栏，然后单击工具栏的"确定"按钮，返回"专用发票"窗口。修改表头项目"发票号"为69861162，其他项默认。单击工具栏的"保存"按钮，如图2-236所示。

						专用发票		打印模版	8164 专用发票打印模版

表体排序 [　　　　　　▼]　　　　　　　　　　　　　　　　合并显示 □

业务类型 普通采购　　发票类型 专用发票　　发票号 69861162
开票日期 2018-01-05　　供应商 北京嘉伟　　代垫单位 北京嘉伟
采购类型 正常采购　　税率 17.00　　部门名称 采购部
业务员 张宏亮　　币种 人民币　　汇率 1
发票日期　　付款条件　　备注

	存货编码	存货名称	主计量	数量	原币单价	原币金额	原币税额	原币价税合计	税率	订单号
1	1105	嘉伟女风衣	件	100.00	500.00	50000.00	8500.00	58500.00	17.00	CG01013
2	1106	嘉伟男风衣	件	200.00	650.00	130000.00	22100.00	152100.00	17.00	CG01013
3										

图2-236 采购专用发票

3.审核发票并制单处理

（1）2018年1月5日，由赵凯（W02）登录企业应用平台。依次双击"业务工作"页签中"财务会计→应付款管理→应付单据处理→应付单据审核"菜单，系统打开"应付单查询条件"窗口，勾选"未完全报销"，单击"确定"按钮，打开"单据处理"窗口。选中69861162号采购发票并对其进行审核，审核完毕关闭该窗口。

（2）执行"制单处理"命令，打开"制单查询"对话框，选择"发票制单"，单击"确定"按钮，打开"制单"窗口。依次单击"全选""制单"按钮，生成一张记账凭证，单击"保存"按钮，结果如图2-237所示。

已生成		记 账 凭 证		

记 字 0003S　　制单日期：2018.01.05　　审核日期：　　附单据数：1

摘 要	科目名称	借方金额	贷方金额
采购专用发票	在途物资	18000000	
采购专用发票	应交税费/应交增值税/进项税额	3060000	
采购专用发票	应付账款/一般应付账款		21060000
票号 日期	数量 单价	合计	21060000	21060000

备注　项 目　　部 门
　　个 人　　客 户
　　业务员

记账　　　审核　　　出纳　　　制单 赵凯

图2-237 记账凭证

4.参照采购订单生成到货单

2018年1月6日，由张宏亮（G01）登录企业应用平台。在"采购管理"子系统，双

击"采购到货→到货单"菜单，打开"到货单"窗口。单击"增加"按钮，再点击工具栏的"生单"|"采购订单"命令，打开"查询条件选择-采购订单列表过滤"对话框，单击"确定"按钮，系统弹出"拷贝并执行"窗口。

双击CG01013号采购订单最左侧的"选择"单元格，单击"确定"按钮，系统返回"到货单"窗口，生成一张到货单，保存并审核到货单，结果如图2-238所示。

到货单

打印模版 8170 到货单打印模版

表体排序 [　　　　　　▼]　　　　　　　　　　　　　　合并显示 □

业务类型 普通采购　　　　　单据号 0000000016　　　　日期 2018-01-06
采购类型 正常采购　　　　　供应商 北京嘉伟　　　　　　部门 采购部
业务员 张宏亮　　　　　　　币种 人民币　　　　　　　汇率 1
运输方式 　　　　　　　　　税率 17.00　　　　　　　备注

	存货编码	存货名称	主计量	数量	原币单价	原币金额	原币税额	原币价税合计	税率	拒收数量	订单号
1	1105	嘉伟女风衣	件	100.00	500.00	50000.00	8500.00	58500.00	17.00		CG01013
2	1106	嘉伟男风衣	件	200.00	650.00	130000.00	22100.00	152100.00	17.00		CG01013
3											

图2-238　到货单

5.参照到货单生成采购入库单

2018年1月6日，由李泽华（C01）登录企业应用平台。依次双击"业务工作"页签中的"供应链→库存管理→入库业务→采购入库单"菜单，系统打开"采购入库单"窗口。在"采购入库单"窗口中，执行"生单"|"采购到货单（蓝字）"命令，打开"查询条件选择-采购到货单列表"对话框，单击"确定"按钮，系统打开"到货单生单列表"窗口。

在"到货单生单列表"窗口中，双击6日北京嘉伟的到货单所对应的"选择"栏（即上一步骤完成的到货单），再单击"确定"按钮，系统返回"采购入库单"窗口。

修改采购入库单表头中的"入库单号"为"RK01017"，"仓库"选择"服装仓"，其他项默认。保存并审核该入库单，结果如图2-239所示。

采购入库单

　　　　　　　　　　　　　　　　　　　　　　　　　　　◉ 蓝字
表体排序 [　　　　　　▼]　　　　　　　　　　　　　　◉ 红字

入库单号 RK01017　　　　　　入库日期 2018-01-06　　　　仓库 服装仓
订单号 CG01013　　　　　　　到货单号 0000000016　　　　业务号
供货单位 北京嘉伟　　　　　　部门 采购部　　　　　　　　业务员 张宏亮
到货日期 2018-01-06　　　　　业务类型 普通采购　　　　　采购类型 正常采购
入库类别 采购入库　　　　　　审核日期 2018-01-06　　　　备注

	存货编码	存货名称	主计量单位	数量	本币单价	本币金额
1	1105	嘉伟女风衣	件	100.00	500.00	50000.00
2	1106	嘉伟男风衣	件	200.00	650.00	130000.00
3						

图2-239　采购入库单

6.手工填制销售折让的红字专用发票

2018年1月6日，由张宏亮（G01）登录企业应用平台。依次双击"业务工作"页签中的"供应链→采购管理→采购发票→红字专用采购发票"菜单，打开"专用发票"窗口。单击"增加"按钮，根据图2-233填制红字采购发票并保存，结果如图2-240所示。

		专用发票				打印模版	8164 专用发票打印模版		

表体排序

业务类型 普通采购　　发票类型 专用发票　　发票号 69861167
开票日期 2018-01-06　　供应商 北京嘉伟　　代垫单位 北京嘉伟
采购类型 正常采购　　税率 17.00　　部门名称 采购部
业务员 张宏亮　　币种 人民币　　汇率 1
发票日期　　付款条件　　备注

	存货编码	存货名称	主计量	数量	原币单价	原币金额	原币税额	原币价税合计	税率	订单号
1	1105	嘉伟女风衣	件			-5000.00	-850.00	-5850.00	17.00	
2	1106	嘉伟男风衣	件			-13000.00	-2210.00	-15210.00	17.00	
3										

图2-240　红字采购专用发票

7.手工采购结算

双击"采购管理→采购结算→手工结算",打开"手工结算"窗口,单击"选单"按钮,打开"结算选单"窗口。单击"查询"按钮,打开"查询条件选择-采购手工结算"对话框,点击"确定"。

选中69861162、69861167号采购发票和RK01017号入库单,单击"确定"按钮,系统回到"手工结算"窗口,如图2-241所示,单击"结算"按钮,系统显示"完成结算"。

结算汇总

单据类型	存货编号	存货名称	单据号	结算数量	发票数量	合理损耗数量	非合理损耗数量	发票金额
采购发票			69861162		100.00			50000.00
采购发票	1105	嘉伟女风衣	69861167					-5000.00
采购入库单			RK01017	100.00				
			合计	100.00	100.00	0.00	0.00	45000.00
采购发票			69861162		200.00			130000.00
采购发票	1106	嘉伟男风衣	69861167					-13000.00
采购入库单			RK01017	200.00				
			合计	200.00	200.00	0.00	0.00	117000.00

图2-241　"手工结算"窗口

8.审核发票并制单处理

(1)2018年1月6日,由赵凯(W02)登录企业应用平台。依次双击"业务工作"页签中"财务会计→应付款管理→应付单据处理→应付单据审核"菜单,系统打开"应付单查询条件"窗口,单击"确定"按钮,打开"单据处理"窗口。选中69861167号采购发票并对其进行审核,审核完毕关闭该窗口。

(2)执行"制单处理"命令,打开"制单查询"对话框,选择"发票制单",单击"确定"按钮,打开"制单"窗口。依次单击"全选""制单"按钮,生成一张记账凭证,单击"保存"按钮,结果如图2-242所示。

9.红票对冲

依次双击"业务工作"页签中"财务会计→应付款管理→转账→红票对冲→手工对冲"菜单,系统打开"红票对冲条件"窗口,供应商选择"北京嘉伟",单击"确定",进入"红票对冲"窗口。

采购专用发票的对冲金额输入21060,如图2-243所示,单击"保存",系统提示"是否立即制单?"单击"是",系统自动生成一张记账凭证,单击"保存",如图2-244所示。

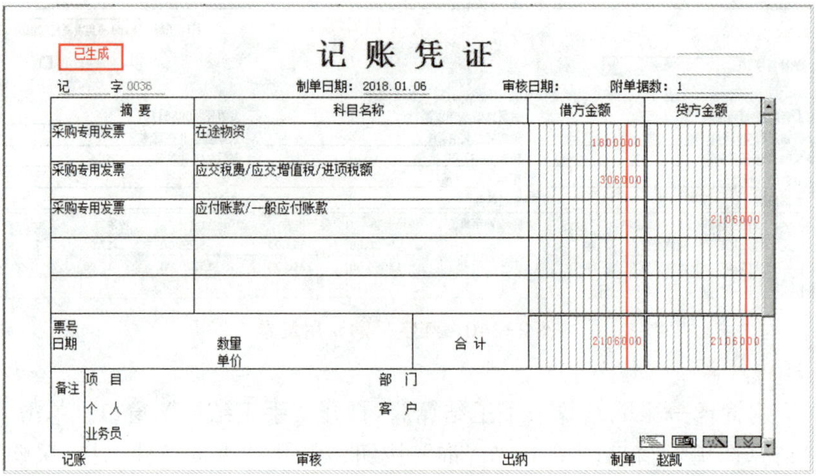

图2-242　记账凭证

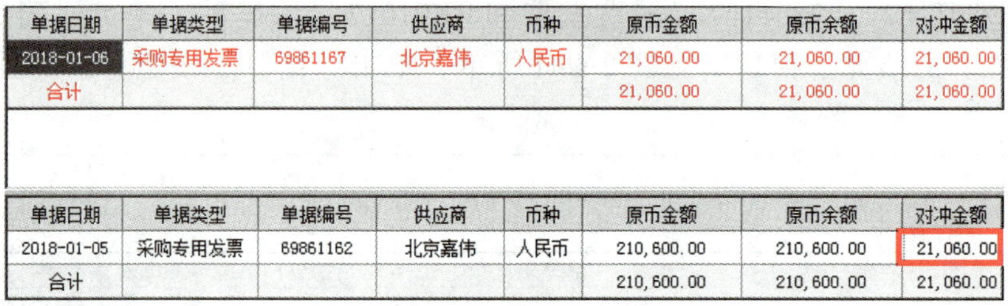

单据日期	单据类型	单据编号	供应商	币种	原币金额	原币余额	对冲金额
2018-01-06	采购专用发票	69861167	北京嘉伟	人民币	21,060.00	21,060.00	21,060.00
合计					21,060.00	21,060.00	21,060.00

单据日期	单据类型	单据编号	供应商	币种	原币金额	原币余额	对冲金额
2018-01-05	采购专用发票	69861162	北京嘉伟	人民币	210,600.00	210,600.00	21,060.00
合计					210,600.00	210,600.00	21,060.00

图2-243　"红票对冲"窗口

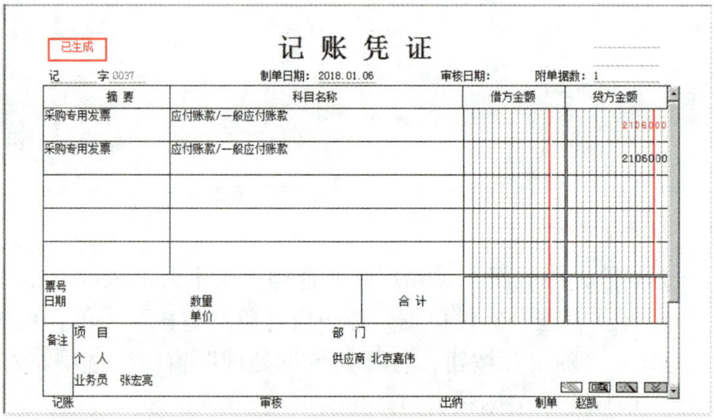

图2-244　记账凭证

10.正常单据记账并生成凭证

（1）正常单据记账。在供应链的"存货核算"子系统，依次执行"业务核算→正常单据记账"命令，系统打开"查询条件选择"窗口，单击"确定"按钮，系统打开"未记账单据一览表"窗口。选中RK01017号入库单并对其进行记账。记账完毕关闭该窗口。

（2）生成凭证。依次执行"存货核算"子系统的"财务核算→生成凭证"命令，系统打开"生成凭证"窗口。单击"选择"，系统弹出"查询条件"对话框中，单击"确定"，系统打开"选择单据"窗口，选中已记账的RK01017号采购入库单，再单击"确定"，系统自动退出"选择单据"窗口返回"生成凭证"窗口，单击"生成"，系统打开"填制凭证"窗口并自动生成凭证。保存该凭证，结果如图 2-245 所示。

图 2-245　记账凭证

11. 填制付款单

2018 年 1 月 6 日，由贺青（W03）登录企业应用平台。依次双击"业务工作"页签中"财务会计→应付款管理→付款单据处理→付款单据录入"菜单，打开"收付款单录入"窗口。单击"增加"，根据图 2-234 填制并保存一张付款单，结果如图 2-246 所示。

图 2-246　付款单

12. 审核付款单、核销，合并制单

2018 年 1 月 6 日，由赵凯（W02）登录企业应用平台。

（1）审核付款单。在应付款管理系统，执行"付款单据处理→付款单据审核"菜单，打开"付款单查询条件"窗口，单击"确定"，系统弹出"收付款单列表"窗口。选中 6日支付北京嘉伟货款的付款单并审核，审核完毕关闭该窗口。

（2）核销处理。执行"核销处理→手工核销"命令，打开"核销条件"窗口，供应商选择"北京嘉伟"，单击"确定"按钮，进入"单据核销"窗口。采购专用发票的结算金额输入 189540，如图 2-247 所示，单击"保存"。退出该窗口。

单据日期	单据类型	单据编号	供应商	款项类型	结算方式	币种	原币金额	原币余额	本次结算	订单号
2018-01-06	付款单	0000000014	北京嘉伟	应付款	电汇	人民币	189,540.00	189,540.00	189,540.00	
合计							189,540.00	189,540.00	189,540.00	

单据日期	单据类型	单据编号	到期日	供应商	币种	原币金额	原币余额	可享受折扣	本次折扣	本次结算	订单号	凭证号
2018-01-05	采购专用发票	69861162	2018-01-05	北京嘉伟	人民币	210,600.00	189,540.00	0.00	0.00	189,540.00	CG01013	记-0035
合计						210,600.00	189,540.00	0.00		189,540.00		

图 2-247　"单据核销"窗口

(3) 单击“制单处理”，进入“制单查询”窗口，勾选“收付款单制单”“核销制单”，单击“确定”，进入“制单”窗口。依次单击“全选”“合并”“制单”，生成一张记账凭证，单击“保存”，如图2-248所示。

已生成

记 账 凭 证

记 字 0039　　制单日期：2018.01.06　　审核日期：　　附单据数：2

摘要	科目名称	借方金额	贷方金额
采购专用发票	应付账款/一般应付账款	18954000	
付款单	银行存款/中国工商银行/沈阳皇姑支行		18954000
票号 CG01013 日期 2018.01.05　数量 单价	合 计	18954000	18954000

备注　项目　　部门

个人　　供应商 北京嘉伟

业务员 张宏亮

记账　审核　出纳　制单 赵凯

图2-248　记账凭证

业务4 结算后退货业务

2018年1月6日，对合同编号为CG01001的货物进行抽检，发现有15件嘉伟羽绒服存在隐蔽瑕疵。经与对方协商后即日办理退货，当日收到北京嘉伟开具的负数增值税专用发票及货款。

相关凭证如图2-249至图2-251所示。

1100172140　　**北京增值税专用发票**　　№ 69861173

销项负数　　发票联　　开票日期：2018年1月6日

购买方	名称：辽宁恒通商贸有限公司 纳税人识别号：91210105206917583A 地址、电话：辽宁省沈阳市皇姑区人民路369号 024-82681359 开户行及账号：中国工商银行沈阳皇姑支行 2107024015890035666	密码区	*7>421130*-++1-+543-2 945228>3+8133*52*>39/ *7<>-+4>841/>546<5957 2<80210+19+>-49<+8-+4	加密版本：01 1100172140 69861173

货物或应税劳务、服务名称	规格型号	单位	数量	单价	金额	税率	税额
嘉伟羽绒服		件	-15	668.00	-10 020.00	17%	-1 703.40
合计					¥-10 020.00		¥-1 703.40
价税合计（大写）	⊗(负数)壹万壹仟柒佰贰拾叁元肆角整				（小写）¥ -11 723.40		

销售方	名称：北京嘉伟服装有限公司 纳税人识别号：91110104759695583A 地址、电话：北京市宣武区长丰路六段360号 010-30453221 开户行及账号：招商银行北京宣武分行 2590739805061504276	备注	北京嘉伟服装有限公司 91110104759695583A 发票专用章

收款人：米思颖　　复核：齐琴　　开票人：岂俏　　销售方：（章）

税总函［2017］335号北京印钞厂

第三联：发票联　购买方记账凭证

图2-249　增值税专用发票

入库单

供应商：北京嘉伟				2018年1月6日			单号：RK01018	

验收仓库	存货编码	存货名称	单位	数量		单价	金额
				应收	实收		
服装仓	1107	嘉伟羽绒服	件	-15	-15		
合　计							

部门经理：略　　　　　会计：略　　　　　仓库：略　　　　　经办人：略

图 2-250　入库单

图 2-251　电汇收款凭证

【操作过程概览】

本业务的操作过程概览见表2-14。

表2-14　　　　　　　　　　操作过程概览

序号	操作日期	操作员	系统	操作内容
1	2018-01-06	G01张宏亮	采购管理	参照采购订单生成采购退货单
2	2018-01-06	C01李泽华	库存管理	参照采购退货单生成负数采购入库单
3	2018-01-06	G01张宏亮	采购管理	参照负数采购入库单生成红字采购专用发票（现付）
4	2018-01-06	W02赵凯	应付款管理	审核发票并制单处理
5	2018-01-06	W02赵凯	应付款管理	正常单据记账并生成凭证

【具体操作过程】

1. 参照采购订单生成采购退货单

2018年1月6日，由张宏亮（G01）登录企业应用平台。在"采购管理"子系统，双击"采购到货→采购退货单"菜单，打开"采购退货单"窗口。单击"增加"，再点击工具栏的"生单"|"采购订单"命令，打开"查询条件选择-采购订单列表过滤"对话框，单击"确定"按钮，系统弹出"拷贝并执行"窗口。窗口上方选中CG01001号采购订单最左侧的"选择"单元格，选中该订单，窗口下方只选中嘉伟羽绒服，如图2-252所示，单击"确定"按钮，系统返回"采购退货单"窗口，生成一张退货单。将嘉伟羽绒服的数量改为-15，保存并审核该退货单，结果如图2-253所示。

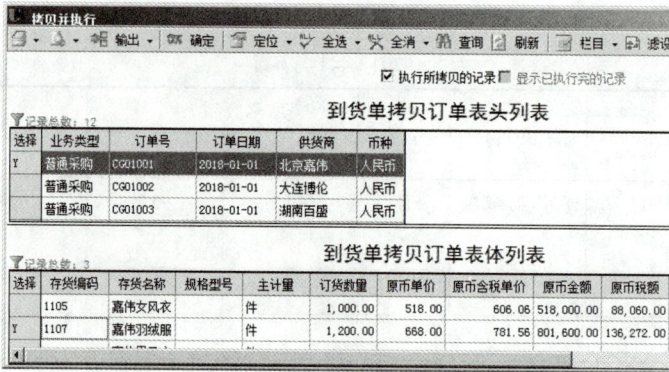

图2-252　"拷贝并执行"窗口

图2-253　采购退货单

2.参照采购退货单生成负数采购入库单

2018年1月6日，由李泽华（C01）登录企业应用平台。依次双击"业务工作"页签中的"供应链→库存管理→入库业务→采购入库单"菜单，系统打开"采购入库单"窗口。在"采购入库单"窗口中，执行"生单" I "采购到货单（红字）"命令，打开"查询条件选择-采购到货单列表"对话框，单击"确定"按钮，系统打开"到货单生单列表"窗口。在"到货单生单列表"窗口中，选中6日北京嘉伟的退货单，再单击"确定"按钮，系统返回"采购入库单"窗口。修改采购入库单表头中的"入库单号"为"RK01018"，"仓库"选择"服装仓"，其他项默认。保存并审核该入库单，结果如图2-254所示。

图2-254　（负数）采购入库单

3.参照负数采购入库单生成红字采购专用发票（现付）

（1）2018年1月6日，由张宏亮（G01）登录企业应用平台。依次双击"业务工作"页签中的"供应链→采购管理→采购发票→红字专用采购发票"菜单，打开"专用发票"窗口。单击"增加"按钮，再点击工具栏"生单" I "入库单"命令，打开"查询条件选择-采购入库单列表过滤"对话框，单击"确定"按钮。在"拷贝并执行"窗口中，选中RK01018号入库单，然后单击"确定"按钮，返回"红字专用采购发票"窗口。修改表头项目"发票号"为69861173，其他项默认。依次单击工具栏的"保存""结算"按钮。

（2）单击工具栏的"现付"按钮，打开"采购现付"对话框。根据图2-251电汇收款凭证，"结算方式"选择"电汇"，"原币金额"输入-11723.4，"票据号"输入64601125，单击"确定"按钮，返回"专用发票"窗口，结果如图2-255所示。

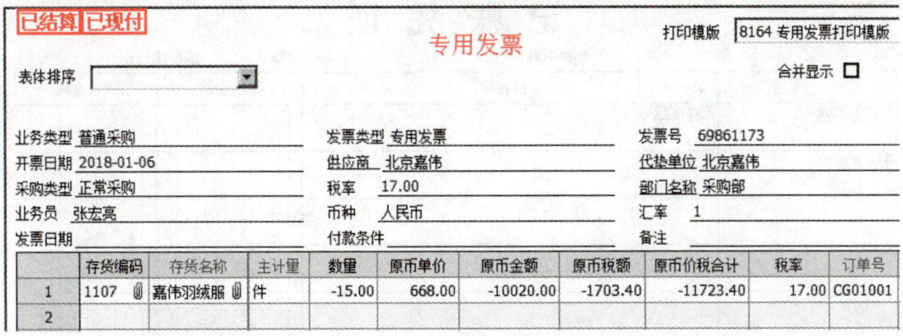

图 2-255　红字采购专用发票

4.审核发票并制单处理

（1）2018年1月6日，由赵凯（W02）登录企业应用平台。依次双击"业务工作"页签中"财务会计→应付款管理→应付单据处理→应付单据审核"菜单，系统打开"应付单查询条件"窗口，勾选"包含已现结发票"，单击"确定"按钮，打开"单据处理"窗口。选中69861173号采购发票并对其进行审核。审核完毕退出该窗口。

（2）执行"制单处理"命令，打开"制单查询"对话框，勾选"现结制单"，单击"确定"按钮，打开"制单"窗口。依次单击"全选""制单"，生成一张记账凭证，单击"保存"按钮，如图2-256所示。

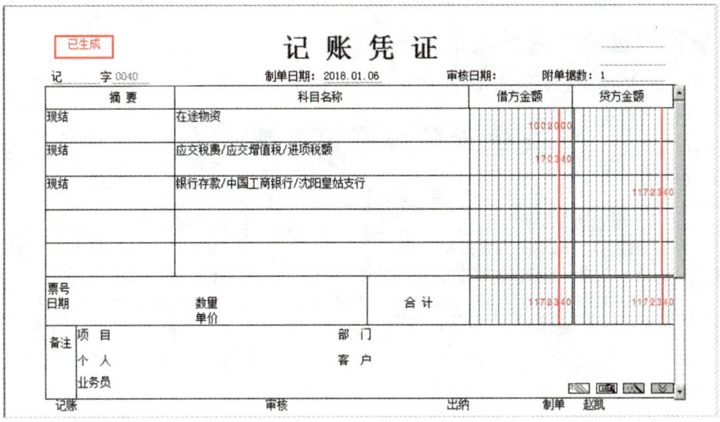

图 2-256　记账凭证

5.正常单据记账并生成凭证

（1）正常单据记账。在供应链的"存货核算"子系统，依次执行"业务核算→正常单据记账"命令，系统打开"查询条件选择"窗口，单击"确定"按钮，系统打开"未记账单据一览表"窗口。选中RK01018号入库单并对其进行记账。记账完毕退出该窗口。

（2）生成凭证。依次执行"存货核算"子系统的"财务核算→生成凭证"命令，系统打开"生成凭证"窗口。单击"选择"按钮，系统弹出"查询条件"对话框，单击"确定"按钮，系统打开"选择单据"窗口，单击工具栏的"全选"按钮，以选中已记账的

RK01018号采购入库单，再单击“确定”按钮，系统自动退出“选择单据”窗口返回“生成凭证”窗口，单击工具栏的“生成”按钮，系统打开“填制凭证”窗口并自动生成凭证。保存该凭证，结果如图2-257所示。

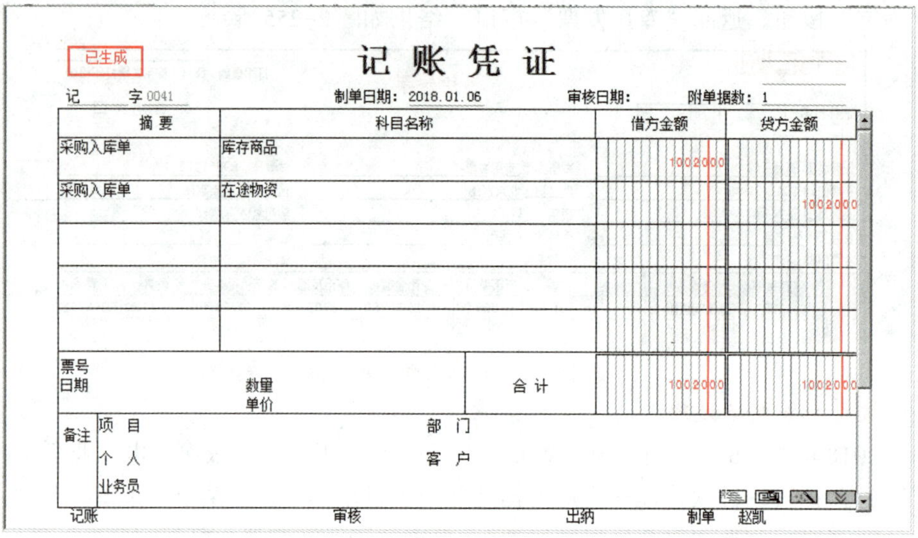

已生成

记账凭证

记 字 0041 制单日期：2018.01.06 审核日期： 附单据数：1

摘要	科目名称	借方金额	贷方金额
采购入库单	库存商品	1002000	
采购入库单	在途物资		1002000
票号 日期	数量 单价 合计	1002000	1002000

备注 项目 部门
个人 客户
业务员

记账 审核 出纳 制单 赵凯

图2-257 记账凭证

业务5 带信用条件的退货业务

2018年1月7日，对合同编号为CG01004的货物进行复检，发现有20件嘉伟羽绒服存在隐蔽瑕疵。经与对方协商后即日办理退货，当日收到天津惠阳开具的负数增值税专用发票及货款。（退货款通过负向的付款单完成）

相关凭证如图2-258至图2-260所示。

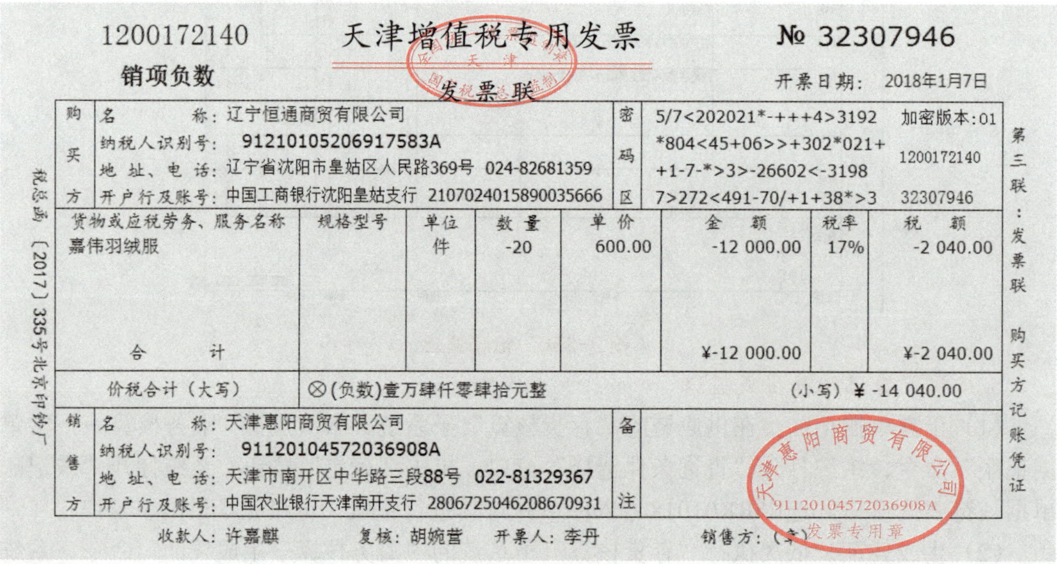

1200172140 天津增值税专用发票 № 32307946

销项负数 发票联 开票日期：2018年1月7日

购买方	名称：辽宁恒通商贸有限公司 纳税人识别号：91210105206917583A 地址、电话：辽宁省沈阳市皇姑区人民路369号 024-82681359 开户行及账号：中国工商银行沈阳皇姑支行 2107024015890035666	密码区	5/7<202021*-+++4>3192 *804<45+06>>+302*021+ +1-7-*>3>-26602<-3198 7>272<491-70/+1+38*>3	加密版本：01 1200172140 32307946

货物或应税劳务、服务名称	规格型号	单位	数量	单价	金额	税率	税额
嘉伟羽绒服		件	-20	600.00	-12 000.00	17%	-2 040.00
合计					¥-12 000.00		¥-2 040.00
价税合计（大写）	⊗(负数)壹万肆仟零肆拾元整				（小写）¥ -14 040.00		

销售方	名称：天津惠阳商贸有限公司 纳税人识别号：91120104572036908A 地址、电话：天津市南开区中华路三段88号 022-81329367 开户行及账号：中国农业银行天津南开支行 2806725046208670931	备注	天津惠阳商贸有限公司 91120104572036908A 发票专用章

收款人：许嘉麒 复核：胡婉营 开票人：李丹 销售方：（章）

税总函〔2017〕335号北京印钞厂

第三联：发票联 购买方记账凭证

图2-258 增值税专用发票

入库单

| 供应商：天津惠阳 | | | | 2018 年 1 月 7 日 | | | 单号：RK01019 |

验收仓库	存货编码	存货名称	单位	数量		单价	金额
				应收	实收		
服装仓	1107	嘉伟羽绒服	件	−20	−20		
合 计							

部门经理：略　　　　会计：略　　　　仓库：略　　　　经办人：略

图 2-259 入库单

图 2-260 电汇收款凭证

【操作过程概览】

本业务的操作过程概览见表 2-15。

表 2-15　　　　　　　　　　　　　操作过程概览

序号	操作日期	操作员	系统	操作内容
1	2018-01-07	G01 张宏亮	采购管理	参照采购订单生成采购退货单
2	2018-01-07	C01 李泽华	库存管理	参照采购退货单生成负数采购入库单
3	2018-01-07	G01 张宏亮	采购管理	参照负数采购入库单生成红字采购专用发票
4	2018-01-07	W02 赵凯	应付款管理	审核发票并制单处理
5	2018-01-07	W02 赵凯	存货核算	正常单据记账并生成凭证
6	2018-01-07	W03 贺青	应付款管理	填制负向的付款单
7	2018-01-07	W02 赵凯	应付款管理	审核付款单、核销，合并制单

【具体操作过程】

1.参照采购订单生成采购退货单

2018 年 1 月 7 日，由张宏亮（G01）登录企业应用平台。在"采购管理"子系统，双击"采购到货→采购退货单"菜单，打开"采购退货单"窗口。单击"增加"，再点击工具栏的"生单" | "采购订单"命令，打开"查询条件选择-采购订单列表过滤"对话框，单击"确定"按钮，系统弹出"拷贝并执行"窗

口。窗口上方选中CG01004号采购订单最左侧的“选择”单元格，选中该订单，窗口下方只选中嘉伟羽绒服，单击“确定”按钮，系统返回“退货单”窗口，生成一张退货单。将嘉伟羽绒服的数量改为-20，保存并审核该退货单，结果如图2-261所示。

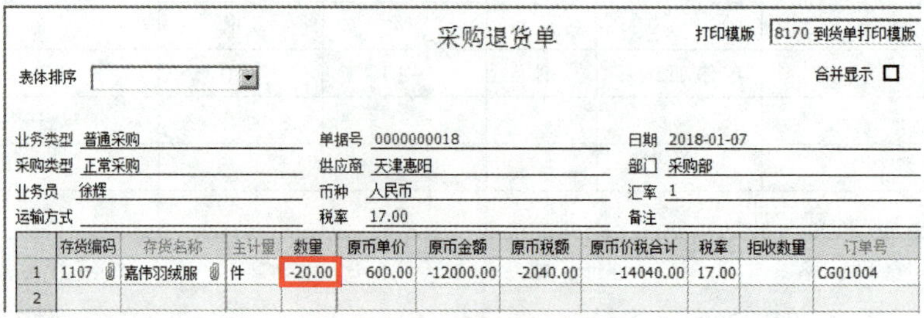
采购退货单

打印模版 8170 到货单打印模版

表体排序

合并显示

业务类型 普通采购　单据号 0000000018　日期 2018-01-07
采购类型 正常采购　供应商 天津惠阳　部门 采购部
业务员 徐辉　币种 人民币　汇率 1
运输方式　税率 17.00　备注

	存货编码	存货名称	主计量	数量	原币单价	原币金额	原币税额	原币价税合计	税率	拒收数量	订单号
1	1107	嘉伟羽绒服	件	-20.00	600.00	-12000.00	-2040.00	-14040.00	17.00		CG01004
2											

图2-261　采购退货单

2.参照采购退货单生成负数采购入库单

2018年1月7日，由李泽华（C01）登录企业应用平台。依次双击“业务工作”页签中的“供应链→库存管理→入库业务→采购入库单”菜单，系统打开“采购入库单”窗口。在“采购入库单”窗口中，执行“生单”|“采购到货单（红字）”命令，打开“查询条件选择-采购到货单列表”对话框，单击“确定”按钮，系统打开“到货单生单列表”窗口。在“到货单生单列表”窗口中，选中7日天津惠阳的退货单，再单击“确定”按钮，系统返回“采购入库单”窗口。修改采购入库单表头中的“入库单号”为“RK01019”，“仓库”选择“服装仓”，其他项默认。保存并审核该入库单，结果如图2-262所示。

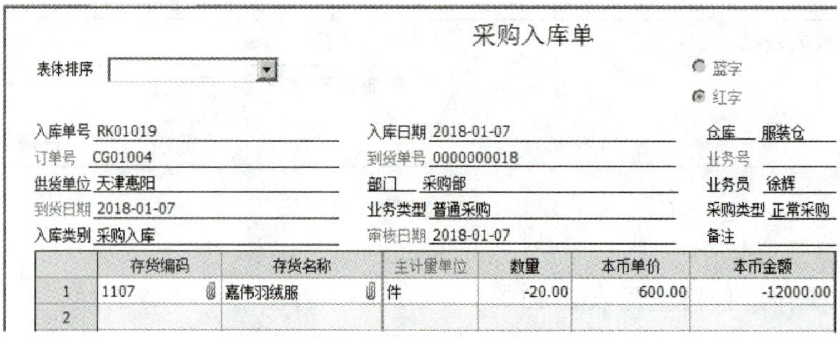
采购入库单

表体排序

蓝字
红字

入库单号 RK01019　入库日期 2018-01-07　仓库 服装仓
订单号 CG01004　到货单号 0000000018　业务号
供货单位 天津惠阳　部门 采购部　业务员 徐辉
到货日期 2018-01-07　业务类型 普通采购　采购类型 正常采购
入库类别 采购入库　审核日期 2018-01-07　备注

	存货编码	存货名称	主计量单位	数量	本币单价	本币金额
1	1107	嘉伟羽绒服	件	-20.00	600.00	-12000.00
2						

图2-262　（负数）采购入库单

3.参照负数采购入库单生成红字采购专用发票

2018年1月7日，由张宏亮（G01）登录企业应用平台。依次双击“业务工作”页签中的“供应链→采购管理→采购发票→红字专用采购发票”菜单，打开“专用发票”窗口。单击“增加”按钮，再点击工具栏“生单”|“入库单”命令，打开“查询条件选择-采购入库单列表过滤”对话框，单击“确定”按钮。在“拷贝并执行”窗口中，选中RK01019号入库单，然后单击“确定”按钮，返回“红字专用采购发票”窗口。修改表头项目“发票号”为32307946，其他项默认。依次单击工具栏的“保存”“结算”按钮，结果如图2-263所示。

4.审核发票并制单处理

（1）2018年1月7日，由赵凯（W02）登录企业应用平台。依次双击“业务工作”页签中“财务会计→应付款管理→应付单据处理→应付单据审核”菜单，系统打开“应付单查询条件”窗口，单击“确定”按钮，打开“单据处理”窗口。选中32307946号采购发票并对其进行审核。审核完毕退出该窗口。

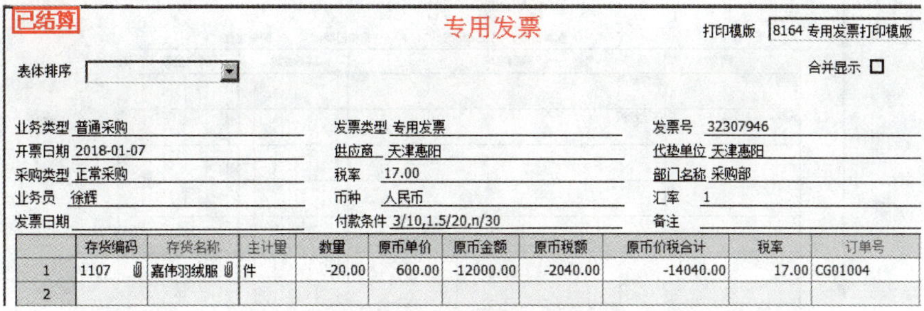

图2-263 红字采购专用发票

（2）执行"制单处理"命令，打开"制单查询"对话框，单击"确定"按钮，打开"制单"窗口。依次单击"全选""制单"，生成一张记账凭证，单击"保存"，如图2-264所示。

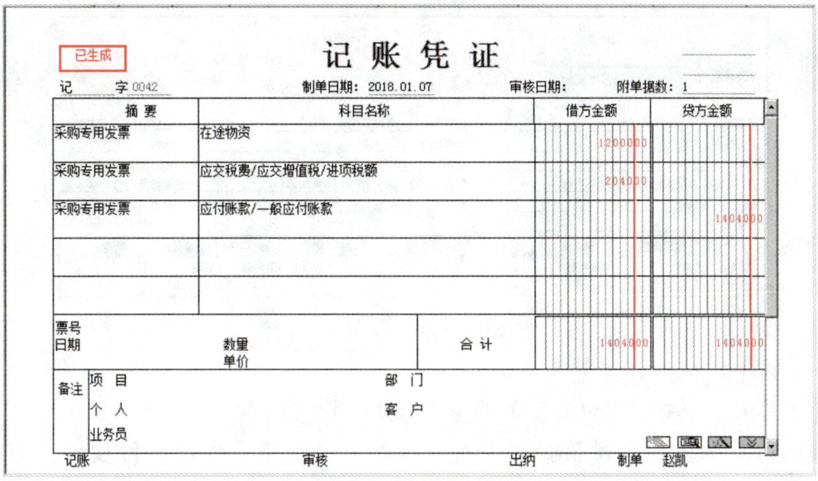

图2-264 记账凭证

5.正常单据记账并生成凭证

（1）正常单据记账。在供应链的"存货核算"子系统，依次执行"业务核算→正常单据记账"命令，系统打开"查询条件选择"窗口，单击"确定"按钮，系统打开"未记账单据一览表"窗口。选中RK01019号入库单并对其进行记账。记账完毕退出该窗口。

（2）生成凭证。依次执行"存货核算"子系统的"财务核算→生成凭证"命令，系统打开"生成凭证"窗口。单击"选择"按钮，系统弹出"查询条件"对话框，单击"确定"按钮，系统打开"选择单据"窗口，单击工具栏的"全选"按钮，以选中已记账的RK01019号采购入库单，再单击"确定"按钮，系统自动退出"选择单据"窗口返回"生成凭证"窗口，单击工具栏的"生成"按钮，系统打开"填制凭证"窗口并自动生成凭证。保存该凭证，结果如图2-265所示。

6.填制负向的付款单

2018年1月7日，由贺青（W03）登录企业应用平台。依次双击"业务工作"页签中"财务会计→应付款管理→付款单据处理→付款单据录入"菜单，打开"收付款单录入"窗口，单击"切换"，再单击"增加"，根据图2-260填制一张收款单并保存，结果如图2-266所示。关闭该窗口。

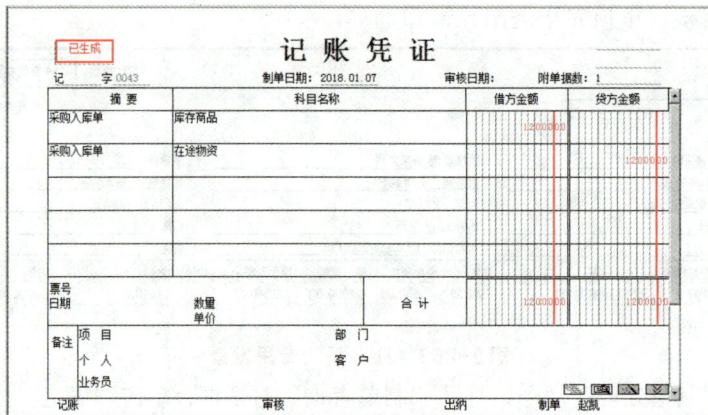

图 2-265　记账凭证

图 2-266　收款单

7. 审核付款单、核销，合并制单

2018 年 1 月 7 日，由赵凯（W02）登录企业应用平台。

（1）审核付款单。在应付款管理系统，执行"付款单据处理→付款单据审核"菜单，打开"付款单查询条件"窗口，单击"确定"，系统弹出"收付款单列表"窗口。选中 7 日收取天津惠阳退货款的收款单并审核，审核完毕关闭该窗口。

（2）核销处理。执行"核销处理→手工核销"命令，打开"核销条件"窗口，供应商选择"天津惠阳"，单击"收付款单"选项卡，单据类型选择"收款单"，单击"确定"按钮，进入"单据核销"窗口。采购专用发票的结算金额输入 13680，如图 2-267 所示，单击"保存"。退出该窗口。

单据日期	单据类型	单据编号	供应商	款项类型	结算方式	币种	原币金额	原币余额	本次结算	订单号
2018-01-07	收款单	0000000003	天津惠阳	应付款	电汇	人民币	13,680.00	13,680.00	13,680.00	
合计							13,680.00	13,680.00	13,680.00	

单据日期	单据类型	单据编号	到期日	供应商	币种	原币金额	原币余额	可享受折扣	本次折扣	本次结算	订单号	凭证号
2018-01-07	采购专用发票	32307946	2018-02-06	天津惠阳	人民币	14,040.00	14,040.00	421.20	360.00	13,680.00	CG01004	记-0042
合计						14,040.00	14,040.00	421.20	360.00	13,680.00		

图 2-267　"单据核销"窗口

（3）单击"制单处理"，进入"制单查询"窗口，勾选"收付款单制单""核销制单"，单击"确定"，进入"制单"窗口，依次单击"全选""合并""制单"，生成一张记账凭证，将"财务费用/现金折扣"科目的方向改为借方蓝字，单击"保存"，结果如图 2-268 所示。

图 2-268 记账凭证

任务4 暂估业务

业务1 暂估入库

2018年1月7日，采购部张宏亮与上海恒久签订购销合同，预付40%定金。

2018年1月8日，收到上海恒久发来的货物，全部验收合格并入库。

2018年1月8日（视同月末），处理本月暂估入库业务。

相关凭证如图2-269至图2-271所示。

购销合同

合同编号：CG01014

卖方：上海恒久表业有限公司

买方：辽宁恒通商贸有限公司

为保护买卖双方的合法权益，根据《中华人民共和国合同法》的有关规定，买卖双方经友好协商，一致同意签订本合同，并共同遵守合同约定。

一、货物的名称、数量及金额：

货物名称	规格型号	计量单位	数量	单价（不含税）	金额（不含税）	税率	税额
恒久情侣表		对	100	9 000.00	900 000.00	17%	153 000.00
合 计					¥900 000.00		¥153 000.00

二、合同总金额：人民币壹佰零伍万叁仟元整（¥1 053 000.00）。

三、签订合同当日买方预付40%定金。卖方于1月8日发出全部货物。2月8日卖方开具增值税专用发票，买方以银行承兑汇票方式支付剩余款项。

四、交货地点：辽宁恒通商贸有限公司。

五、发运方式与运输费用承担方式：由卖方发货并承担运输费用。

卖 方：上海恒久表业有限公司　　　　　买 方：辽宁恒通商贸有限公司

授权代表：张运久　　　　　　　　　　　授权代表：张宏亮

日 期：2018年1月7日　　　　　　　　　日 期：2018年1月7日

图 2-269 购销合同

图2-270　电汇付款凭证

入　库　单

供应商：上海恒久　　　　　　2018年1月8日　　　　　　单号：RK01020

验收仓库	存货编码	存货名称	单位	数量		单价	金额
				应收	实收		
手表仓	1206	恒久情侣表	对	100	100		
合　计							

部门经理：略　　　　会计：略　　　　仓库：略　　　　经办人：略

图2-271　入库单

【操作过程概览】

本业务的操作过程概览见表2-16。

表2-16　　　　　　　　　　　操作过程概览

序号	操作日期	操作员	系统	操作内容
1	2018-01-07	G01张宏亮	采购管理	填制采购订单
2	2018-01-07	W03贺青	应付款管理	填制预付款单
3	2018-01-07	W02赵凯	应付款管理	审核付款单并制单处理
4	2018-01-08	G01张宏亮	采购管理	参照采购订单生成到货单
5	2018-01-08	C01李泽华	库存管理	参照到货单生成采购入库单
6	2018-01-08	W02赵凯	存货核算	正常单据记账并生成凭证

【具体操作过程】

1.填制采购订单

2018年1月7日，由张宏亮（G01）登录企业应用平台。依次双击"业务工作"页签中的"供应链→采购管理→采购订货→采购订单"菜单，打开"采购订单"窗口。单击工具栏的"增加"按钮，根据图2-269填制采购订单。填制完毕保存并审核该采购订单，结果如图2-272所示。

2.填制预付款单

2018年1月7日，由贺青（W03）登录企业应用平台。依次双击"业务工作"页签中

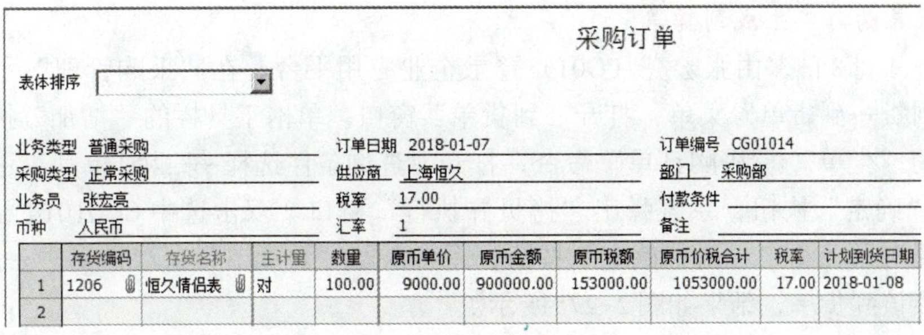

图 2-272   采购订单

"财务会计→应付款管理→付款单据处理→付款单据录入"菜单，打开"收付款单录入"窗口。单击"增加"，根据图 2-270 填制付款单表头信息。将表体第 1 行单元格的款项类型改为"预付款"。单击"保存"，结果如图 2-273 所示。

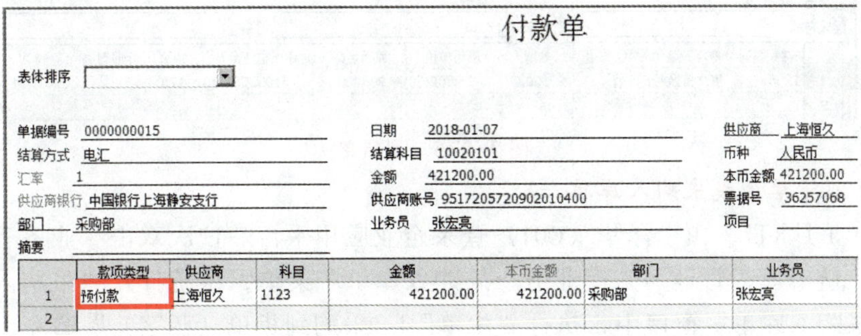

图 2-273   付款单

3. 审核付款单并制单处理

2018 年 1 月 7 日，由赵凯（W02）登录企业应用平台。依次双击"业务工作"页签中"财务会计→应付款管理→付款单据处理→付款单据审核"菜单，打开"付款单查询条件"窗口，单击"确定"按钮，系统弹出"收付款单列表"窗口。双击上海恒久那一行"选择"栏右侧任意单元格，打开"收付款单录入"窗口，单击工具栏的"审核"按钮，系统提示"是否立即制单?"，单击"是"，生成一张记账凭证，单击"保存"，如图 2-274 所示。

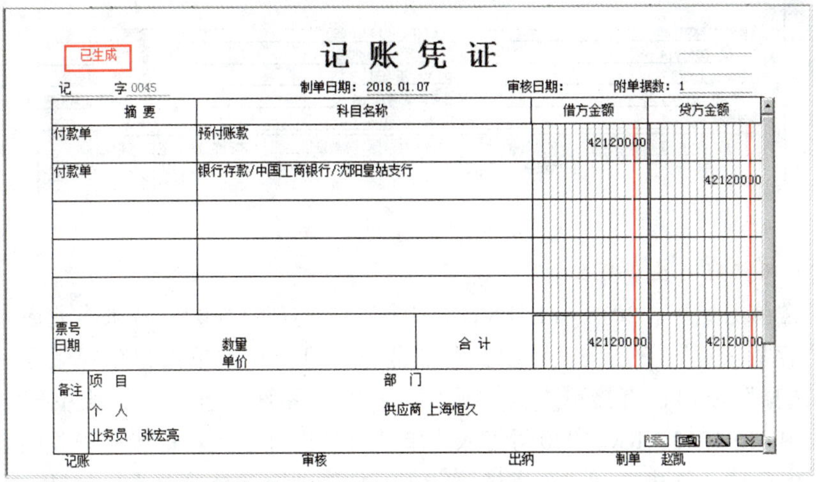

图 2-274   记账凭证

4.参照采购订单生成到货单

2018年1月8日，由张宏亮（G01）登录企业应用平台。在"采购管理"子系统，双击"采购到货→到货单"菜单，打开"到货单"窗口。单击工具栏的"增加"按钮，再点击工具栏的"生单"|"采购订单"命令，打开"查询条件选择−采购订单列表过滤"对话框，单击"确定"按钮，系统弹出"拷贝并执行"窗口。双击选中CG01014号订单最左侧的"选择"单元格，单击"确定"按钮，系统返回"到货单"窗口，生成一张到货单。保存并审核该到货单，结果如图2-275所示。

到货单

表体排序

业务类型 普通采购			单据号 0000000019			日期 2018-01-08		
采购类型 正常采购			供应商 上海恒久			部门 采购部		
业务员 张宏亮			币种 人民币			汇率 1		
运输方式			税率 17.00			备注		

	存货编码	存货名称	主计量	数量	原币单价	原币金额	原币价税合计	税率	拒收数量	订单号
1	1206	恒久情侣表	对	100.00	9000.00	900000.00	1053000.00	17.00		CG01014
2										

图2-275　到货单

5.参照到货单生成采购入库单

2018年1月8日，由李泽华（C01）登录企业应用平台。依次双击"业务工作"页签中的"供应链→库存管理→入库业务→采购入库单"菜单，系统打开"采购入库单"窗口。在"采购入库单"窗口中，执行"生单"|"采购到货单（蓝字）"命令，打开"查询条件选择−采购到货单列表"对话框，单击"确定"按钮，系统打开"到货单生单列表"窗口。在"到货单生单列表"窗口中，双击上海恒久的到货单所对应的"选择"栏（即上一步骤完成的到货单），再单击"确定"按钮，系统返回"采购入库单"窗口。修改采购入库单表头中的"入库单号"为"RK01020"，"仓库"选择为"手表仓"，其他项默认，保存并审核该入库单，结果如图2-276所示。

采购入库单

表体排序　　　　　　　　　　　　　　　　　　　　　　　　　○蓝字
　　　　　　　　　　　　　　　　　　　　　　　　　　　　　　○红字

入库单号 RK01020			入库日期 2018-01-08			仓库 手表仓		
订单号 CG01014			到货单号 0000000019			业务员		
供货单位 上海恒久			部门 采购部			业务员 张宏亮		
到货日期 2018-01-08			业务类型 普通采购			采购类型 正常采购		
入库类别 采购入库			审核日期 2018-01-08			备注		

	存货编码	存货名称	主计量单位	数量	本币单价	本币金额
1	1206	恒久情侣表	对	100.00	9000.00	900000.00
2						

图2-276　采购入库单

6.正常单据记账并生成凭证

（1）正常单据记账。2018年1月8日，由操作员赵凯（W02）登录企业应用平台。在供应链的"存货核算"子系统，依次执行"业务核算→正常单据记账"命令，系统打开"查询条件选择"窗口，直接单击其"确定"按钮，系统打开"未记账单据一览表"窗口，双击选中RK01013、RK01020两张入库单并对其进行记账。记账完毕关闭该窗口。

（2）生成凭证。依次执行"存货核算"子系统的"财务核算→生成凭证"命令，系统打开"生成凭证"窗口。单击"选择"按钮，系统弹出"查询条件"对话框，单击"确定”按钮，系统打开“选择单据”窗口，单击工具栏的“全选”按钮，以选中已记账的RK01013、RK01020两张采购入库单，再单击“确定”按钮，系统自动退出“选择单据”窗口返回“生成凭证”窗口，单击工具栏的“生成”按钮，系统打开“填制凭证”窗口并自动生成两张记账凭证，分别保存这两张凭证，结果如图2-277、图2-278所示。

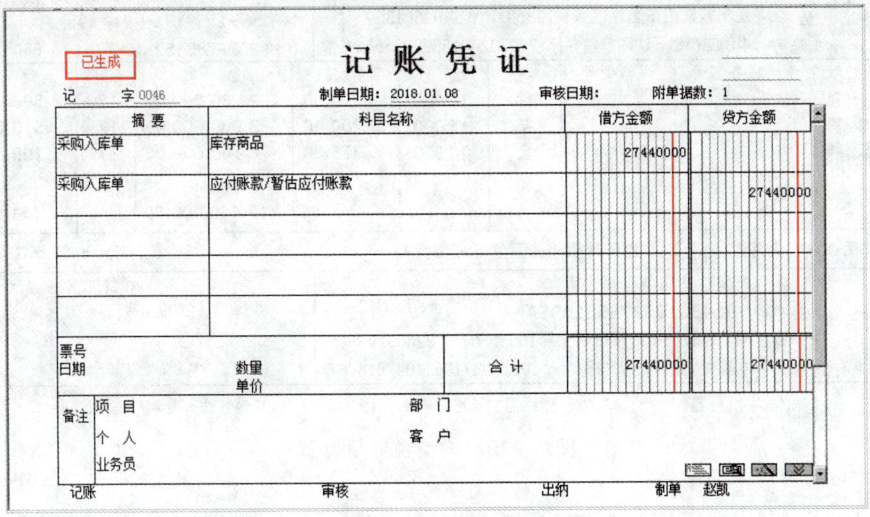

已生成

记账凭证

记　字 0046　　制单日期：2018.01.08　　审核日期：　　附单据数：1

摘要	科目名称	借方金额	贷方金额
采购入库单	库存商品	27440000	
采购入库单	应付账款/暂估应付账款		27440000
票号 日期	数量 单价 合计	27440000	27440000

备注　项目　部门　个人　客户　业务员

记账　审核　出纳　制单　赵凯

图2-277　记账凭证

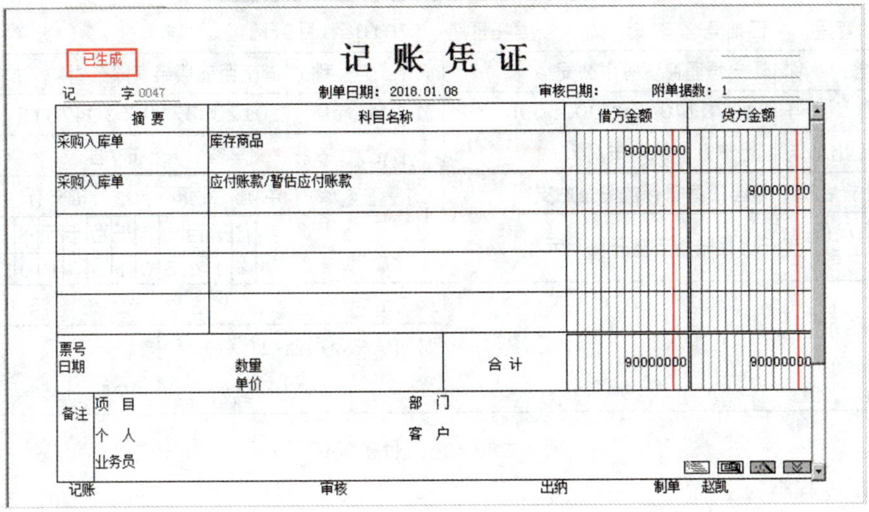

已生成

记账凭证

记　字 0047　　制单日期：2018.01.08　　审核日期：　　附单据数：1

摘要	科目名称	借方金额	贷方金额
采购入库单	库存商品	90000000	
采购入库单	应付账款/暂估应付账款		90000000
票号 日期	数量 单价 合计	90000000	90000000

备注　项目　部门　个人　客户　业务员

记账　审核　出纳　制单　赵凯

图2-278　记账凭证

【提示】

对于没有成本价或成本价与合同价不一致的采购入库单，可以在存货核算系统的“业务核算→暂估成本录入”中或“日常业务→采购入库单”中录入、修改成本价。

业务2　单到回冲

2018年1月9日，收到上月27日从湖南百盛购买商品的增值税专用发票，当日以电汇方式支付全部货款。

相关凭证如图2-279至图2-280所示。

4300172140　　湖南增值税专用发票　　№ 83051459

发票联

开票日期：2018年1月9日

购买方	名　　称：辽宁恒通商贸有限公司 纳税人识别号：91210105206917583A 地 址、电 话：辽宁省沈阳市皇姑区人民路369号 024-82681359 开户行及账号：中国工商银行沈阳皇姑支行 2107024015890035666			密码区	<4>204>713-+0-+77-*62 15/19-0+*7<8>94+*0800 >-<56+1559*91-+91>695 6>+2/6+780*52<7>7701+	加密版本：01 4300172140 83051459	
货物或应税劳务、服务名称	规格型号	单位	数量	单价	金额	税率	税额
百盛男夹克		件	10 000	298.00	2 980 000.00	17%	506 600.00
百盛休闲裤		条	15 000	200.00	3 000 000.00	17%	510 000.00
百盛男套装		套	20 000	325.00	6 500 000.00	17%	1 105 000.00
合　计					¥12 480 000.00		¥2 121 600.00
价税合计（大写）	⊗壹仟肆佰陆拾万壹仟陆佰元整				（小写）¥ 14 601 600.00		
销售方	名　　称：湖南百盛服装有限公司 纳税人识别号：91430105276531895A 地 址、电 话：湖南省长沙市开福区林夕路100号 0731-8266319 开户行及账号：中国农业银行长沙开福支行 1012093710651047815			备注			

收款人：段丹雪　　复核：孙绍雪　　开票人：温艳　　销售方：（章）

税总函〔2017〕335号北京印钞厂

第三联：发票联　购买方记账凭证

湖南百盛服装有限公司　91430105276531895A　发票专用章

图 2-279　增值税专用发票

中国工商银行　电汇凭证（回单）　1　36257069

☑普通　☐加急　　委托日期　2018年1月9日

汇款人	全称	辽宁恒通商贸有限公司	收款人	全称	湖南百盛服装有限公司
	账号	2107024015890035666		账号	1012093710651047815
	汇出地点	辽宁省　沈阳市/县		汇入地点	湖南省　长沙市/县
汇出行名称		中国工商银行沈阳皇姑支行	汇入行名称		中国农业银行长沙开福支行
金额	人民币（大写）	壹仟肆佰陆拾万壹仟陆佰元整	亿千百十万千百十元角分		¥ 1 4 6 0 1 6 0 0 0 0
			支付密码		
			附加信息及用途：货款		
			复核　记账		

中国工商银行沈阳皇姑支行　2018.01.09　转讫（05）

此联为汇出行给汇款人的回单

图 2-280　电汇付款凭证

【操作过程概览】

本业务的操作过程概览见表 2-17。

表 2-17　操作过程概览

序号	操作日期	操作员	系统	操作内容
1	2018-01-09	G01 张宏亮	采购管理	参照期初入库单生成采购专用发票（现付）
2	2018-01-09	W02 赵凯	应付款管理	审核发票并制单处理
3	2018-01-09	W02 赵凯	存货核算	结算成本处理
4	2018-01-09	W02 赵凯	存货核算	生成凭证

【具体操作过程】

1.参照期初入库单生成采购专用发票（现付）

（1）2018年1月9日，由张宏亮（G01）登录企业应用平台。依次双击"业务工作"页签中的"供应链→采购管理→采购发票→采购专用发票"菜单，打开"专用发票"窗口。单击工具栏的"增加"按钮，再点击工具栏"生单"｜"入库单"命令，打开"查询条件选择-采购入库单列表过滤"对话框，单击"确定"按钮。在"拷贝并执行"窗口中，双击选择RK12089号入库单对应的"选择"栏，再单击"确定"按钮，返回"专用发票"窗口。根据图2-279修改表头项目"发票号"为83051459，将百盛休闲裤的单价改为200，将百盛男套装的单价改为325，其他项默认。依次单击工具栏的"保存""结算"按钮。

（2）单击工具栏的"现付"按钮，打开"现付"对话框，"结算方式"选择"电汇"，"原币金额"输入14601600，"票据号"输入36257069，单击"确定"，结果如图2-281所示。

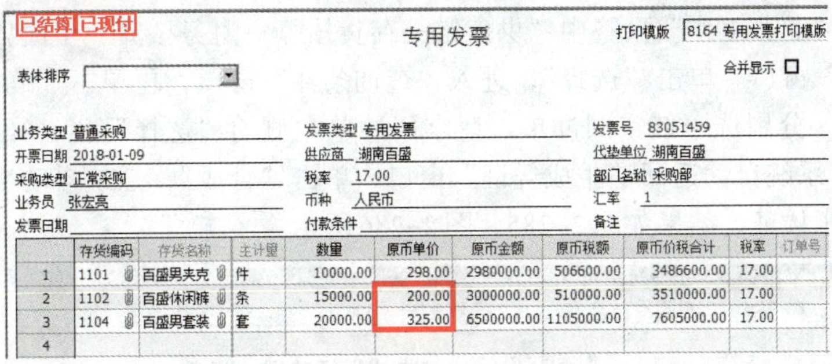

图2-281 采购专用发票

2.审核发票并制单处理

2018年1月9日，由赵凯（W02）登录企业应用平台。依次双击"业务工作"页签中"财务会计→应付款管理→应付单据处理→应付单据审核"菜单，打开"应付单查询条件"窗口，勾选"包含已现结发票"，单击"确定"按钮，系统打开"单据处理"窗口。双击湖南百盛那一行"选择"栏右侧任意单元格，打开"采购发票"窗口，单击工具栏的"审核"按钮，系统提示"是否立即制单？"，单击"是"，生成一张记账凭证，单击"保存"，如图2-282所示。

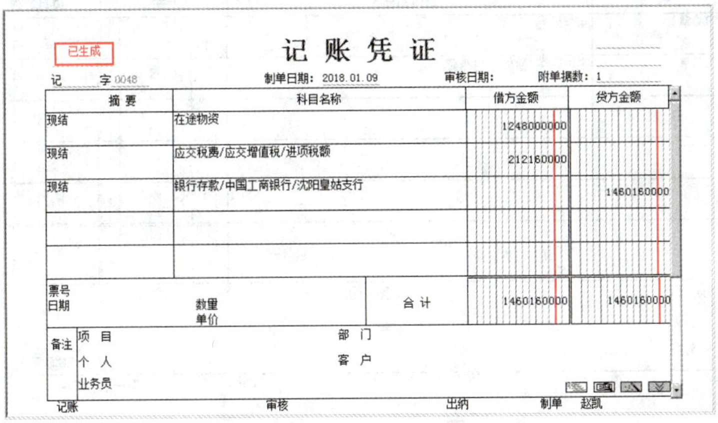

图2-282 记账凭证

3.结算成本处理

依次双击"业务工作"页签中"供应链→存货核算→业务核算→结算成本处理"菜单，系统打开"暂估处理查询"界面，仓库勾选"服装仓"，单击"确定"，进入"结算成本处理"窗口，如图2-283所示。单击"全选"，再单击"暂估"，完成暂估处理。

结算成本处理

选择	结算单号	仓库名称	入库单号	入库日期	存货名称	计量单位	数量	暂估单价	暂估金额	结算单价	结算金额
	000000000000016	服装仓	RK12089	2017-12-27	百盛男夹克	件	10,000.00	298.00	2,980,000.00	298.00	2,980,000.00
	000000000000016	服装仓	RK12089	2017-12-27	百盛休闲裤	条	15,000.00	199.00	2,985,000.00	200.00	3,000,000.00
	000000000000016	服装仓	RK12089	2017-12-27	百盛男套装	套	20,000.00	328.00	6,560,000.00	325.00	6,500,000.00
							45,000.00		12,525,000.00		12,480,000.00

○ 按数量分摊
○ 按金额分摊

图2-283 结算成本处理

4.生成凭证

依次双击"业务工作"页签中"供应链→存货核算→财务核算→生成凭证"菜单，打开"生成凭证"窗口。单击"选择"，进入"查询条件"窗口，再单击"确定"，进入"选择单据"窗口。分别选中红字回冲单、蓝字回冲单左侧的"选择"栏，如图2-284所示，单击"确定"，系统自动返回"生成凭证"窗口，单击"合成"，系统自动生成两张记账凭证，保存这两张凭证，结果如图2-285、图2-286所示。

选择单据 🔲 输出 单据 全选 全消 确定 取消

□ 已结算采购入库单自动选择全部结算单上单据(包括入库单、发票、付款单)，非本月采购入库单按蓝字据销制单

未生成凭证单据一览表

选择	记账日期	单据日期	单据类型	单据号	仓库	收发类别	记账人	业务类型	计价方式	摘要	供应商
1	2018-01-09	2017-12-27	红字回冲单	RK12089	服装仓	采购入库	赵凯	普通采购	先进先出法	红字回冲单	湖南百盛
1	2018-01-09	2017-12-27	红字回冲单	RK12089	服装仓	采购入库	赵凯	普通采购	先进先出法	红字回冲单	湖南百盛
1	2018-01-09	2017-12-27	红字回冲单	RK12089	服装仓	采购入库	赵凯	普通采购	先进先出法	红字回冲单	湖南百盛
2	2018-01-09	2017-12-27	蓝字回冲单	RK12089	服装仓	采购入库	赵凯	普通采购	先进先出法	蓝字回冲单	湖南百盛
2	2018-01-09	2017-12-27	蓝字回冲单	RK12089	服装仓	采购入库	赵凯	普通采购	先进先出法	蓝字回冲单	湖南百盛

图2-284 未生成凭证单据一览表

记 账 凭 证

已生成

记 字 0049　　　制单日期：2018.01.09　　　审核日期：　　　附单据数：1

摘 要	科目名称	借方金额	贷方金额
红字回冲单	库存商品	1252500000	
红字回冲单	应付账款/暂估应付账款		1252500000
			1252500000
票号 日期	数量 单价	合 计	1252500000	1252500000
备注	项 目　　　　部 门 个 人　　　　客 户 业务员		

记账　　　审核　　　出纳　　　制单 赵凯

图2-285 记账凭证

图2-286 记账凭证

月初回冲

2018年1月1日，将上月暂估入账的采购业务红冲。

2018年1月9日，收到上月27日从湖南百盛购买商品的增值税专用发票，当日以电汇方式支付全部货款。相关原始凭证与业务2相同。

注：使用本教材配套的"2-4-3月初回冲初始账套"完成本业务。

【操作过程概览】

本业务的操作过程概览见表2-18。

表2-18　　　　　　　　　　　　操作过程概览

序号	操作日期	操作员	系统	操作内容
1	2018-01-01	W02赵凯	存货核算	月初红字回冲单生成凭证
2	2018-01-09	G01张宏亮	采购管理	参照期初采购入库单生成采购专用发票（现付）
3	2018-01-09	W02赵凯	应付款管理	审核发票并制单处理
4	2018-01-09	W02赵凯	应付款管理	结算成本处理
5	2018-01-09	W02赵凯	应付款管理	蓝字回冲单生成凭证

【具体操作过程】

1.月初红字回冲单生成凭证

2018年1月1日，由赵凯（W02）登录企业应用平台。依次执行"存货核算"子系统的"财务核算→生成凭证"命令，系统打开"生成凭证"窗口。单击工具栏的"选择"按钮，系统弹出"查询条件"对话框中，单击"确定"按钮，系统打开"选择单据"窗口，如图2-287所示。单击工具栏的"全选"按钮，再单击"确定"按钮，系统自动退出"选择单据"窗口返回"生成凭证"窗口。单击工具栏的"合成"按钮，系统打开"填制凭证"窗口并自动生成凭证。保存该凭证，如图2-288所示。

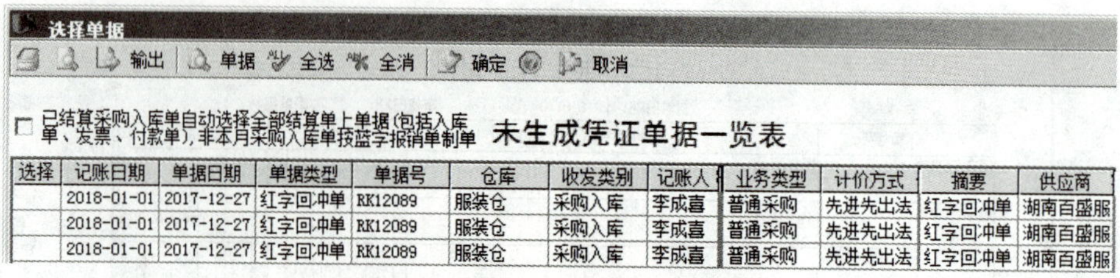

图2-287 未生成凭证单据一览表

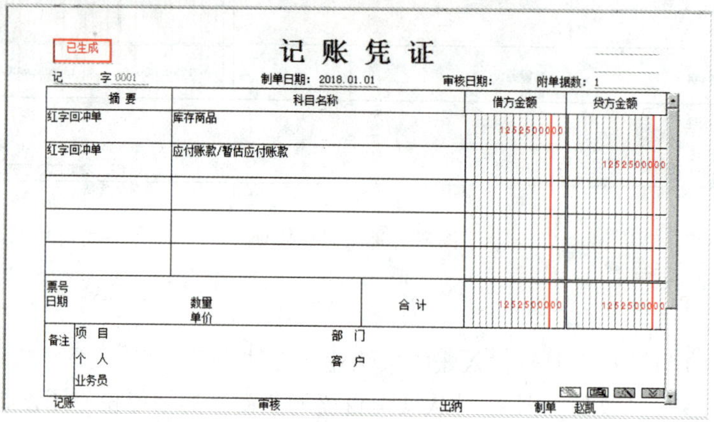

图2-288 记账凭证

2.参照期初采购入库单生成采购专用发票（现付）

（1）2018年1月9日，由张宏亮（G01）登录企业应用平台。依次双击"业务工作"页签中的"供应链→采购管理→采购发票→采购专用发票"菜单，打开"专用发票"窗口。单击工具栏的"增加"按钮，再点击工具栏"生单"|"入库单"命令，打开"查询条件选择-采购入库单列表过滤"对话框，单击"确定"按钮。在"拷贝并执行"窗口中，双击选择RK12089号入库单对应的"选择"栏，再单击工具栏的"确定"按钮，返回"采购专用发票"窗口。根据图2-279修改表头项目"发票号"为83051459，将百盛休闲裤的单价改为200，将百盛男套装的单价改为325，其他项默认。依次单击工具栏的"保存""结算"按钮。

（2）单击工具栏的"现付"按钮，打开"现付"对话框，"结算方式"选择"电汇"，"原币金额"输入14601600，"票据号"输入"36257069"，单击"确定"，结果如图2-289所示。

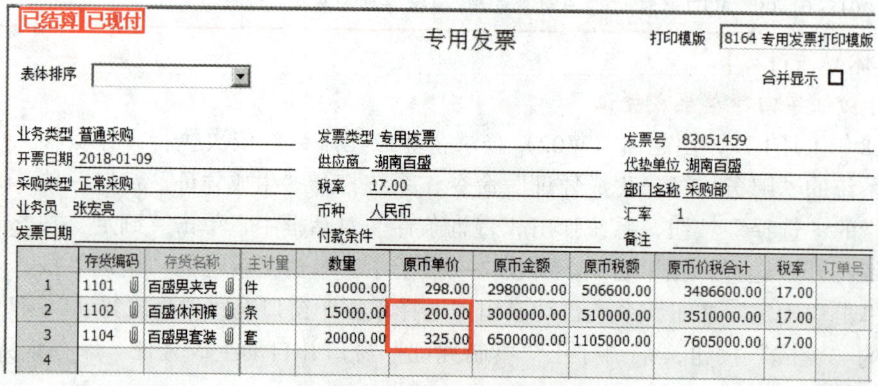

图2-289 采购专用发票

3.审核发票并制单处理

2018年1月9日，由赵凯（W02）登录企业应用平台。依次双击"业务工作"页签中"财务会计→应付款管理→应付单据处理→应付单据审核"菜单，打开"应付单查询条件"窗口，勾选"包含已现结发票"，单击"确定"按钮，系统打开"单据处理"窗口。双击湖南百盛那一行"选择"栏右侧任意单元格，打开"采购发票"窗口，单击工具栏的"审核"按钮，系统提示"是否立即制单？"，单击"是"，生成一张记账凭证，单击"保存"，如图2-290所示。

图2-290 记账凭证

4.结算成本处理

依次双击"业务工作"页签中"供应链→存货核算→业务核算→结算成本处理"菜单，系统打开"暂估处理查询"界面，仓库勾选"服装仓"，单击"确定"，进入"结算成本处理"窗口，如图2-291所示。单击"全选"，再单击"暂估"，完成暂估处理。

结算成本处理

◉ 按数量分摊
○ 按金额分摊

选择	结算单号	仓库名称	入库单号	入库日期	存货名称	计量单位	数量	暂估单价	暂估金额	结算数量	结算单价	结算金额
	000000000000001	服装仓	RK12089	2017-12-27	百盛男夹克	件	10,000.00	298.00	2,980,000.00	10,000.00	298.00	2,980,000.00
	000000000000001	服装仓	RK12089	2017-12-27	百盛休闲裤	条	15,000.00	199.00	2,985,000.00	15,000.00	200.00	3,000,000.00
	000000000000001	服装仓	RK12089	2017-12-27	百盛男套装	套	20,000.00	328.00	6,560,000.00	20,000.00	325.00	6,500,000.00
合计							45,000.00		12,525,000.00	45,000.00		12,480,000.00

图2-291 结算成本处理

5.蓝字回冲单生成凭证

依次执行"存货核算"子系统的"财务核算→生成凭证"命令，系统打开"生成凭证"窗口。单击工具栏的"选择"按钮，系统弹出"查询条件"对话框中，单击"确定"按钮，系统打开"选择单据"窗口，如图2-292所示。单击工具栏的"全选"按钮，再单击"确定"按钮，系统自动退出"选择单据"窗口返回"生成凭证"窗口。单击工具栏的"合成"按钮，系统打开"填制凭证"窗口并自动生成凭证，保存该凭证，如图2-293所示。

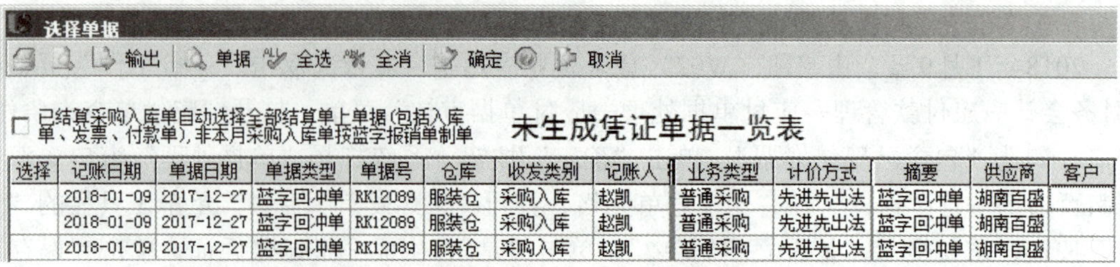

图2-292　未生成凭证单据一览表

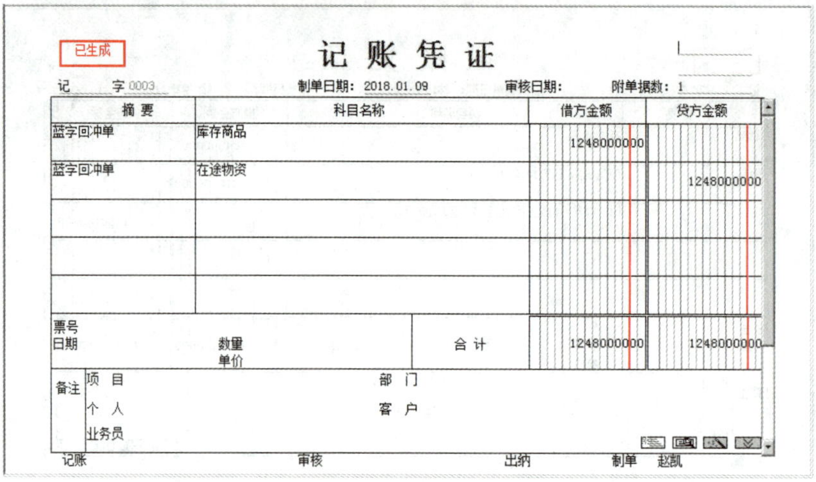

图2-293　记账凭证

业务4 单到补差

2018年1月9日，收到上月27日从湖南百盛购买商品的增值税专用发票，当日以电汇方式支付全部货款。相关原始凭证与业务2相同。

注：使用本教材配套的"2-4-4　单到补差初始账套"完成本业务。

【操作过程概览】

本业务的操作过程概览见表2-19。

表2-19　　　　　　　　　　　　　操作过程概览

序号	操作日期	操作员	系统	操作内容
1	2018-01-09	G01张宏亮	采购管理	参照期初采购入库单生成采购专用发票（现付）
2	2018-01-09	W02赵凯	应付款管理	审核发票并制单处理
3	2018-01-09	W02赵凯	存货核算	结算成本处理
4	2018-01-09	W02赵凯	存货核算	入库调整单生成凭证

【具体操作过程】

1.参照期初采购入库单生成采购专用发票（现付）

（1）2018年1月9日，张宏亮（G01）登录企业应用平台。依次双击"业务工作"页签中的"供应链→采购管理→采购发票→采购专用发票"菜单，打开"专用发票"窗口。单击工具栏的"增加"按钮，再点击工具栏"生单"|"入库单"命令，打开"查询条件选择-采购入库单列表过滤"对话框，单击"确

定"按钮。在"拷贝并执行"窗口中，双击选择 RK12089 号入库单对应的"选择"栏，再单击工具栏的"确定"按钮，返回"采购专用发票"窗口。根据图 2-279 修改表头项目"发票号"为 83051459，将百盛休闲裤的单价改为 200，将百盛男套装的单价改为 325，其他项默认。依次单击工具栏的"保存""结算"按钮。

（2）单击工具栏的"现付"按钮，打开"现付"对话框，"结算方式"选择"电汇"，"原币金额"输入 14601600，"票据号"输入 36257069，单击"确定"，结果如图 2-294 所示。

	存货编码	存货名称	主计量	数量	原币单价	原币金额	原币税额	原币价税合计	税率	订单号
1	1101	百盛男夹克	件	10000.00	298.00	2980000.00	506600.00	3486600.00	17.00	
2	1102	百盛休闲裤	条	15000.00	200.00	3000000.00	510000.00	3510000.00	17.00	
3	1104	百盛男套装	套	20000.00	325.00	6500000.00	1105000.00	7605000.00	17.00	
4										

图 2-294　采购专用发票

2. 审核发票并制单处理

2018 年 1 月 9 日，由赵凯（W02）登录企业应用平台。依次双击"业务工作"页签中"财务会计→应付款管理→应付单据处理→应付单据审核"菜单，打开"应付单查询条件"窗口，勾选"包含已现结发票"，单击"确定"按钮，系统打开"单据处理"窗口。双击湖南百盛那一行"选择"栏右侧任意单元格，打开"采购发票"窗口，单击工具栏的"审核"按钮，系统提示"是否立即制单?"，单击"是"，生成一张记账凭证，将凭证第 1 行的会计科目改为"应付账款/暂估应付账款"，单击"保存"，如图 2-295 所示。

图 2-295　记账凭证

3. 结算成本处理

依次双击"业务工作"页签中"供应链→存货核算→业务核算→结算成本处理"菜单，系统打开"暂估处理查询"界面，仓库勾选"服装仓"，单击"确定"，进入"结算成本处理"窗口，如图 2-296 所示。单击"全选"，再单击"暂估"，完成暂估处理。

结算成本处理

◉ 按数量分摊
○ 按金额分摊

选择	结算单号	仓库名称	入库单号	入库日期	存货名称	计量单位	数量	暂估单价	暂估金额	结算数量	结算单价	结算金额
	000000000000001	服装仓	RK12089	2017-12-27	百盛男夹克	件	10,000.00	298.00	2,980,000.00	10,000.00	298.00	2,980,000.00
	000000000000001	服装仓	RK12089	2017-12-27	百盛休闲裤	条	15,000.00	199.00	2,985,000.00	15,000.00	200.00	3,000,000.00
	000000000000001	服装仓	RK12089	2017-12-27	百盛男套装	套	20,000.00	328.00	6,560,000.00	20,000.00	325.00	6,500,000.00
合计							45,000.00		12,525,000.00	45,000.00		12,480,000.00

图2-296　结算成本处理

在“单到补差”暂估方式下，结算成本处理后系统自动生成入库调整单。

4.入库调整单生成凭证

依次执行“存货核算”子系统的“财务核算→生成凭证”命令，系统打开“生成凭证”窗口。单击工具栏的“选择”按钮，系统弹出“查询条件”对话框中，单击“确定”按钮，系统打开“选择单据”窗口，如图2-297所示。单击工具栏的“全选”按钮，再单击“确定”按钮，系统自动退出“选择单据”窗口返回“生成凭证”窗口。单击工具栏的“合成”按钮，系统打开“填制凭证”窗口并自动生成凭证，将凭证第2行的会计科目改为“应付账款/暂估应付账款”，保存该凭证，如图2-298所示。

选择单据

输出　单据　全选　全消　确定　取消

未生成凭证单据一览表

选择	记账日期	单据日期	单据类型	单据号	仓库	收发类别	记账人	业务类型	计价方式	摘要	供应商
	2018-01-09	2018-01-09	入库调整单	0000000002	服装仓	采购入库	赵凯	暂估报销	先进先出法	000000000000001	湖南百盛服
	2018-01-09	2018-01-09	入库调整单	0000000003	服装仓	采购入库	赵凯	暂估报销	先进先出法	000000000000001	湖南百盛服

图2-297　未生成凭证单据一览表

已生成

记账凭证

记　字 0002　　制单日期：2018.01.09　　审核日期：　　附单据数：2

摘要	科目名称	借方金额	贷方金额
000000000000001	库存商品	4500000	
000000000000001	应付账款/暂估应付账款		4500000
票号 日期	数量 单价 合计	4500000	4500000

备注　项目　　部门
个人　　客户
业务员

记账　　审核　　出纳　　制单　赵凯

图2-298　记账凭证

项目 3　一般销售业务

任务 1　普通销售业务

业务 1　先发货后开票业务

2018 年 1 月 10 日，销售部刘晓明与上海乐淘贸易有限公司（简称上海乐淘）签订购销合同，发出货物。

2018 年 1 月 11 日，收到上海乐淘货款，我公司全额开具发票。

相关凭证如图 3-1 至图 3-4 所示。

购 销 合 同

合同编号：XS01001

卖方：辽宁恒通商贸有限公司
买方：上海乐淘贸易有限公司

为保护买卖双方的合法权益，根据《中华人民共和国合同法》的有关规定，买卖双方经友好协商，一致同意签订本合同，并共同遵守合同约定。

一、货物的名称、数量及金额：

货物名称	规格型号	计量单位	数量	单价（不含税）	金额（不含税）	税率	税额
博伦女表		只	300	3 880.00	1 164 000.00	17%	197 880.00
博伦男表		只	200	2 980.00	596 000.00	17%	101 320.00
合　计					¥1 760 000.00		¥299 200.00

二、合同总金额：人民币贰佰零伍万玖仟贰佰元整（¥2 059 200.00）。

三、签订合同当日卖方发出全部货物。1 月 11 日卖方开具增值税专用发票，买方以电汇方式支付全部货款。

四、交货地点：辽宁恒通商贸有限公司。

五、发运方式与运输费用承担方式：由卖方发货，买方承担运输费用。

卖　　方：辽宁恒通商贸有限公司　　　　买　　方：上海乐淘贸易有限公司
授权代表：刘晓朋　　　　　　　　　　　授权代表：刘乐乐
日　　期：2018 年 1 月 10 日　　　　　日　　期：2018 年 1 月 10 日

图 3-1　购销合同

出 库 单

客户：上海乐淘　　　　　　　　　2018 年 1 月 10 日　　　　　　　　单号：CK01001

发货仓库	存货编码	存货名称	单位	数量		单价	金额
				应发	实发		
手表仓	1201	博伦女表	只	300	300		
手表仓	1202	博伦男表	只	200	200		
合　计							

部门经理：略　　　　　会计：略　　　　　仓库：略　　　　　经办人：略

图 3-2　出库单

2100172140　　辽宁增值税专用发票　　№ 21327501

此联不作报销、扣税凭证使用　　开票日期：2018年1月11日

购买方	名　　称：上海乐淘贸易有限公司 纳税人识别号：91310112203203919A 地 址、电 话：上海市闵行区北京路1号 021-65431789 开户行及账号：交通银行闵行区北京路支行 8059209375023168063				密码区	5+2+*-7-83>+25297-929 05+8>5-6>4<5</678>578 777-53*>1955>31+49++* ++<88->8472307*9*</61		加密版本：01 2100172140 21327501
货物或应税劳务、服务名称	规格型号	单位	数量	单价	金额		税率	税额
博伦女表		只	300	3 880.00	1 164 000.00		17%	197 880.00
博伦男表		只	200	2 980.00	596 000.00		17%	101 320.00
合　　计					¥1 760 000.00			¥299 200.00
价税合计（大写）	⊗贰佰零伍万玖仟贰佰元整						（小写）¥ 2 059 200.00	
销售方	名　　称：辽宁恒通商贸有限公司 纳税人识别号：91210105206917583A 地 址、电 话：辽宁省沈阳市皇姑区人民路369号 024-82681359 开户行及账号：中国工商银行沈阳皇姑支行 2107024015890035666				备注	辽宁恒通商贸有限公司 91210105206917583A 发票专用章		

收款人：贺青　　复核：王钰　　开票人：赵凯　　销售方：（章）

税总函［2017］335号北京印钞厂

第一联：记账联　销售方记账凭证

图 3-3　增值税专用发票

中国工商银行　电汇凭证（收账通知）　4　56136752

☑普通　☐加急　　委托日期　2018年1月11日

汇款人	全　称	上海乐淘贸易有限公司	收款人	全　称	辽宁恒通商贸有限公司
	账　号	8059209375023168063		账　号	2107024015890035666
	汇出地点	上海市/县		汇入地点	辽宁省　沈阳市/县
汇出行名称		交通银行闵行区北京路支行	汇入行名称		中国工商银行沈阳皇姑支行
金额	人民币（大写）	贰佰零伍万玖仟贰佰元整	亿千百十万千百十元角分		¥205920000
此汇款已收入收款人账户。 汇入行签章			支付密码		
			附加信息及用途：货款 复核　　记账		

中国工商银行沈阳皇姑支行 2018.01.11 转讫 (5)

此联为开户行给收款人的收账通知

图 3-4　电汇收款凭证

【操作过程概览】

本业务的操作过程概览见表3-1。

表 3-1　操作过程概览

序号	操作日期	操作员	系统	操作内容
1	2018-01-10	X01 刘晓明	销售管理	填制销售订单
2	2018-01-10	X01 刘晓明	销售管理	参照销售订单生成发货单
3	2018-01-10	C01 李泽华	库存管理	参照发货单生成销售出库单
4	2018-01-11	X01 刘晓明	销售管理	参照发货单生成销售专用发票（现结）
5	2018-01-11	W02 赵凯	应收款管理	审核发票并制单处理
6	2018-01-11	W02 赵凯	存货核算	正常单据记账并生成凭证

【具体操作过程】

1. 填制销售订单

（1）2018年1月10日，由刘晓明（X01）登录企业应用平台。依次双击"业务工作"页签中"供应链→销售管理→销售订货→销售订单"菜单，打开"销售订单"窗口。单击工具栏的"增加"按钮，根据图3-1填制销售订单。

① 填制表头信息。修改表头的"订单编号"（即合同编号）为XS01001、"销售类型"为"正常销售"，"客户"为"上海乐淘贸易有限公司"，"业务员"为"刘晓明"，其他项默认。

② 填制表体信息。在第1行，选择"存货编码"为1201（博伦女表）、输入"数量"为300，"无税单价"为3880，"预发货日期"为当日；在第2行，选择"存货编码"为1202（博伦男表），输入"数量"为200，"原币单价"为2980，"预发货日期"为当日，其他项默认。结果如图3-5所示。

销售订单

表体排序									

订单号　XS01001　　　订单日期　2018-01-10　　　业务类型　普通销售
销售类型　正常销售　　客户简称　上海乐淘　　　付款条件
销售部门　销售部　　　业务员　刘晓明　　　　　税率　17.00
币种　人民币　　　　　汇率　1　　　　　　　　备注
必有定金　否　　　　　定金原币金额　　　　　　定金累计实收原币金额
定金比例(%)　　　　　定金本币金额　　　　　　定金累计实收本币金额

	存货编码	存货名称	主计量	数量	无税单价	无税金额	税额	价税合计	税率（%）	预发货日期
1	1201	博伦女表	只	300.00	3880.00	1164000.00	197880.00	1361880.00	17.00	2018-01-10
2	1202	博伦男表	只	200.00	2980.00	596000.00	101320.00	697320.00	17.00	2018-01-10
3										

图3-5　销售订单

（2）单击工具栏的"保存"按钮，保存该单据。单击工具栏的"审核"按钮，审核该订单。关闭并退出该窗口。

2. 参照销售订单生成发货单

（1）在"销售管理"子系统，依次双击"销售发货→发货单"菜单，打开"发货单"窗口。单击工具栏的"增加"按钮，单击"订单"按钮，打开"查询条件选择-参照订单"窗口，单击"确定"按钮。在"参照生单"窗口中，双击上窗格中"订单号"为XS01001的销售订单所在行的"选择"单元格，如图3-6所示，再单击工具栏的"确定"按钮，系统返回"发货单"窗口。发货单表体第1行、第2行的"仓库名称"选择"手表仓"。

参照生单

选择	业务类型	销售类型	订单号	订单日期	币名	开票单位编码	客户简称	开票单位名称
Y	普通销售	正常销售	XS01001	2018-01-10	人民币	103	上海乐淘	上海乐淘
合计								

发货单参照订单

选择	订单号	订单行号	货物编码	货物名称	预发货日期	主计量单位	可发货数量	无税单价
Y	XS01001	1	1201	博伦女表	2018-01-10	只	300.00	3,680.00
Y	XS01001	2	1202	博伦男表	2018-01-10	只	200.00	2,980.00
合计							500.00	

图3-6　"参照生单"窗口

（2）单击工具栏的"保存"按钮，保存该单据。单击工具栏的"审核"按钮，审核该单据，结果如图3-7所示。关闭并退出该窗口。

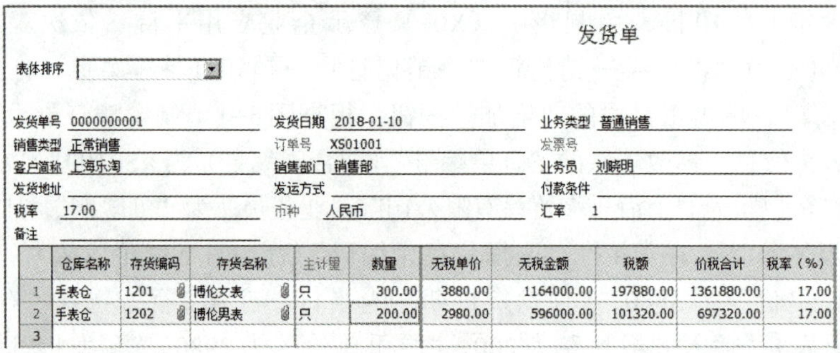

图3-7 发货单

3. 参照发货单生成销售出库单

（1）2018年1月10日，由李泽华（C01）登录企业应用平台。依次双击"业务工作"页签中"供应链→库存管理→出库业务→销售出库单"菜单，系统打开"销售出库单"窗口。在"销售出库单"窗口中，执行"生单"|"销售生单"命令，打开"查询条件选择-销售发货单列表"对话框，单击"确定"按钮，系统打开"销售生单"窗口。双击要选择的发货单所对应的"选择"栏（即上一步骤完成的发货单），如图3-8所示，再单击工具栏的"确定"按钮，系统返回"销售出库单"窗口，根据图3-2，修改出库单号为"CK01001"，其他项默认。单击工具栏的"保存"按钮，保存该单据，结果如图3-9所示。

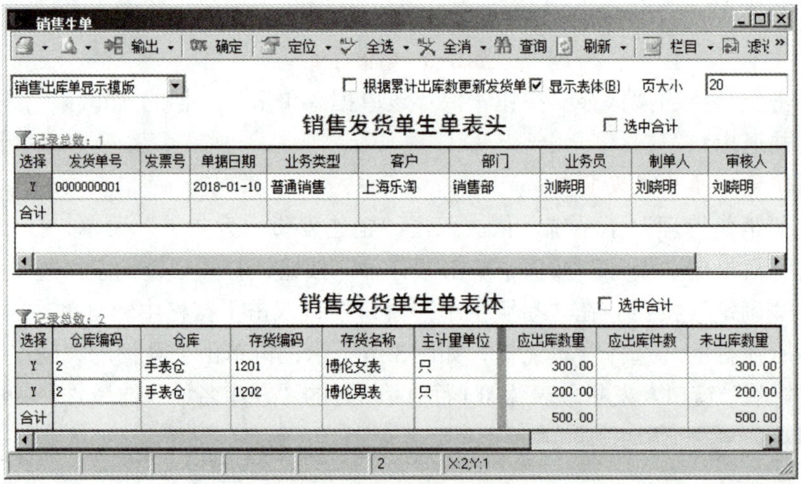

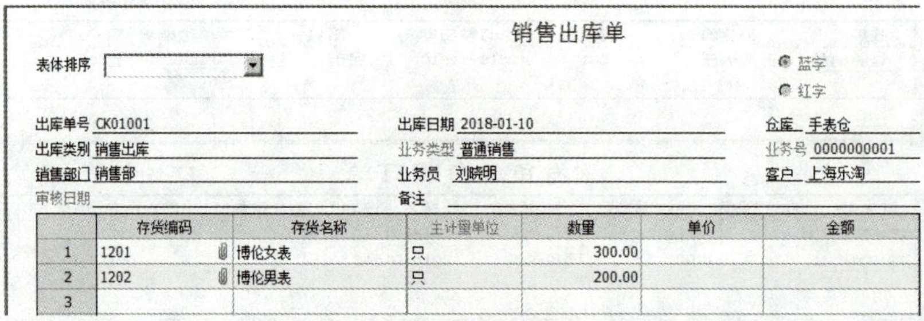

图3-8 "销售生单"窗口

图3-9 销售出库单

（2）单击工具栏的"审核"按钮，审核通过该单据。关闭并退出该窗口。

4.参照发货单生成销售专用发票（现结）

（1）2018年1月11日，由刘晓明（X01）登录企业应用平台。依次双击"业务工作"页签中"供应链→销售管理→销售发票→销售专用发票"菜单，系统打开"销售专用发票"窗口。单击工具栏的"增加"按钮，再点击工具栏"生单" | "参照发货单"命令，打开"查询条件选择–发票参照发货单"对话框，单击"确定"按钮，系统打开"参照生单"窗口。双击要选择的发货单所对应的"选择"栏，结果如图3-10所示，然后单击工具栏的"确定"按钮，返回"销售专用发票"窗口。根据图3-3，修改表头项目"发票号"为21327501，其他项默认。单击工具栏的"保存"按钮，保存该单据。

记录总数：1

选择	税率（%）	业务类型	销售类型	发货单号	发货日期	币名	客户简称	开票单位名称
Y	17.00	普通销售	正常销售	0000000001	2018-01-10	人民币	上海乐淘	上海乐淘
合计								

发票参照发货单

记录总数：2

选择	订单号	订单行号	仓库	货物编号	存货代码	货物名称	规格型号	未开票数量
Y	XS01001	2	手表仓	1202		博伦男表		200.00
Y	XS01001	1	手表仓	1201		博伦女表		300.00
合计								500.00

图3-10　"参照生单"窗口

（2）现结。单击工具栏的"现结"按钮，打开"现结"对话框，根据图3-4，"结算方式"选择"电汇"，"原币金额"输入2059200，"票据号"输入56136752，结果如图3-11所示。单击"确定"按钮。

客户名称：上海乐淘　　　币种：人民币　　　汇率：1
应收金额：2059200.00
结算金额：2059200.00
部门：销售部　　　业务员：刘晓明

结算方式	原币金额	票据号	银行账号	项目大类编码	项目大类名称	项目编码	项目名称	订单号	发
41-电汇	2059200.00	56136752	80592093...						

确定　　取消　　帮助

图3-11　"现结"窗口

（3）单击工具栏的"复核"按钮，完成销售专用发票处理，结果如图3-12所示。关闭并退出该窗口。

现结

销售专用发票

表体排序

发票号	21327501	开票日期	2018-01-11	业务类型	普通销售
销售类型	正常销售	订单号	XS01001	发货单号	0000000001
客户简称	上海乐淘	销售部门	销售部	业务员	刘晓明
付款条件		客户地址	上海市闵行区北京路1号	联系电话	021-65431789
开户银行	交通银行闵行区北京路支行	账号	8059209375023168063	税号	91310112203203919A
币种	人民币	汇率	1	税率	17.00
备注					

	仓库名称	存货编码	存货名称	主计量	数量	无税单价	无税金额	税额	价税合计	税率（%）	退补标志
1	手表仓	1201	博伦女表	只	300.00	3880.00	1164000.00	197880.00	1361880.00	17.00	正常
2	手表仓	1202	博伦男表	只	200.00	2980.00	596000.00	101320.00	697320.00	17.00	正常
3											

图3-12 销售专用发票

5. 审核发票并制单处理

2018年1月11日，由赵凯（W02）登录企业应用平台。依次双击“业务工作”页签中“财务会计→应收款管理→应收单据处理→应收单据审核”菜单，打开“应收单查询条件”窗口，勾选“包含已现结发票”，单击“确定”按钮，系统打开“单据处理”窗口，如图3-13所示。双击上海乐淘那一行“选择”栏右侧任意单元格，打开“销售发票”窗口，单击工具栏的“审核”按钮，系统提示“是否立即制单？”，单击“是”，生成一张记账凭证，单击“保存”，如图3-14所示。

应收单据列表

记录总数：1

选择	审核人	单据日期	单据类型	单据号	客户名称	部门	业务员	制单人	币种	原币金额	本币金额	备注
		2018-01-11	销售专用发票	21327501	上海乐淘贸易有限公司	销售部	刘晓明	刘晓明	人民币	2,059,200.00	2,059,200.00	
合计										2,059,200.00	2,059,200.00	

图3-13 应收单据列表

已生成

记 账 凭 证

记 字 0051　制单日期：2018.01.11　审核日期：　附单据数：1

摘要	科目名称	借方金额	贷方金额
现结	银行存款/中国工商银行/沈阳皇姑支行	205920000	
现结	主营业务收入		176000000
现结	应交税费/应交增值税/销项税额		29920000
票号 41 - 56136752 日期 2018.01.11	数量 单价　　合 计	205920000	205920000

备注　项 目　部 门

个 人　客 户

业务员

记账　审核　出纳　制单 赵凯

图3-14 记账凭证

6. 正常单据记账并生成凭证

（1）正常单据记账。在供应链的“存货核算”子系统，依次执行“业务核算→正常单据记账”命令，系统打开“查询条件选择”窗口，直接单击其“确定”按钮，系统打开“未记账单据一览表”窗口，如图3-15所示。单击工具栏的“全选”按钮，使其显示“Y”字样，再单击工具栏的“记账”按钮，系统弹出信息框提示记账成功，单击其“确定”按钮，完成记账工作。退出该窗口。

正常单据记账列表

选择	日期	单据号	存货编码	存货名称	单据类型	仓库名称	收发类别	数量	单价	金额
	2018-01-11	21327501	1201	博伦女表	专用发票	手表仓	销售出库	300.00		
	2018-01-11	21327501	1202	博伦男表	专用发票	手表仓	销售出库	200.00		
小计								500.00		

图3-15　正常单据记账列表

（2）生成凭证。依次执行"存货核算"子系统的"财务核算→生成凭证"命令，系统打开"生成凭证"窗口。单击工具栏的"选择"按钮，系统弹出"查询条件"对话框，单击"确定"按钮，系统打开"选择单据"窗口，如图3-16所示。单击工具栏的"全选"按钮，再单击工具栏的"确定"按钮，系统自动退出"选择单据"窗口进入"生成凭证"窗口，如图3-17所示。单击工具栏的"生成"按钮，系统打开"填制凭证"窗口并自动生成凭证。单击工具栏的"保存"按钮，保存此凭证，如图3-18所示。关闭并退出窗口。

图3-16　未生成凭证单据一览表

选择	单据类型	单据号	摘要	科目类型	科目编码	科目名称	借方金额	贷方金额	贷方数量	科目方向	存货编码
1	专用发票	21327501	专用发票	对方	6401	主营业务成本	1,035,000.00			1	1201
				存货	1405	库存商品		1,035,000.00	300.00	2	1201
				对方	6401	主营业务成本	567,000.00			1	1202
				存货	1405	库存商品		567,000.00	200.00	2	1202
合计							1,602,000.00	1,602,000.00			

图3-17　"生成凭证"窗口

图3-18　记账凭证

【提示】

在用友U8供应链管理系统的普通销售业务中，并存两种处理流程不同的业务模式，即先发货后开票模式和开票直接发货模式。先发货后开票模式，是根据销售订单或其他销售合同，向客户发出货物，发货之后根据发货单开票并结算。该模式除了适用于普通销售业务，还适用于分期收款业务、委托代销业务。

处理销售发票使用"现结"功能的前提条件：① 开具发票（销售专用发票、销售普通发票、零售日报等）的同时收取款项；② 所收款项为商业汇票以外的其他结算方式。

库存管理系统中销售出库单的审核与存货核算系统中的"正常单据记账"无先后顺序。

发货单参照订单，一张订单可多次发货，多张订单也可一次发货。发票参照发货单，多张发货单可以汇总开票，一张发货单也可拆单生成多张销售发票。一张发票可以多次收款，同时多张发票也可以一次收款。发货单生成出库单，一张发货单可以分仓库生成多张销售出库单。

业务2 开票直接发货业务

2018年1月11日，销售部何丽与北京汇鑫百货有限公司（简称北京汇鑫）签订购销合同。当日，我公司开具发票并发出全部货物，同时收到货款。

相关凭证如图3-19至图3-23所示。

购销合同

合同编号：XS01002

卖方：辽宁恒通商贸有限公司
买方：北京汇鑫百货有限公司

为保护买卖双方的合法权益，根据《中华人民共和国合同法》的有关规定，买卖双方经友好协商，一致同意签订本合同，并共同遵守合同约定。

一、货物的名称、数量及金额：

货物名称	规格型号	计量单位	数量	单价（不含税）	金额（不含税）	税率	税额
百盛休闲裤		条	500	399.00	199 500.00	17%	33 915.00
博伦情侣表		对	300	6 888.00	2 066 400.00	17%	351 288.00
合 计					￥2 265 900.00		￥385 203.00

二、合同总金额：人民币贰佰陆拾伍万壹仟壹佰零叁元整（￥2 651 103.00）。

三、签订合同当日卖方开具增值税专用发票并发出全部货物，买方以电汇方式支付全部货款。

四、交货地点辽宁恒通商贸有限公司。

五、发运方式与运输费用承担方式：由卖方发货，买方承担运输费用。

卖　　方：辽宁恒通商贸有限公司　　　　买　　方：北京汇鑫百货有限公司
授权代表：何丽　　　　　　　　　　　　授权代表：王三
日　　期：2018年1月11日　　　　　　日　　期：2018年1月11日

图3-19　购销合同

2100172140　　**辽宁增值税专用发票**　　№ 21327502

此联不作报销、扣税凭证使用　　开票日期：2018年1月11日

购买方	名　　称：北京汇鑫百货有限公司 纳税人识别号：91110113578732690A 地 址、电 话：北京市顺义区常庄路992号 010-86218025 开户行及账号：中国银行北京顺义常庄支行 2700322598914536398				密码区	5>*75+11976+453681+54 ->170>7718881<2*67259 0*++6421/</0-+-<*3>*9 >81+19+4-6+7>4<9-9>0-	加密版本:01 2100172140 21327502
货物或应税劳务、服务名称	规格型号	单位	数量	单价	金额	税率	税额
百盛休闲裤		条	500	399.00	199 500.00	17%	33 915.00
博伦情侣表		对	300	6 888.00	2 066 400.00	17%	351 288.00
合　计					¥2 265 900.00		¥385 203.00
价税合计（大写）	⊗贰佰陆拾伍万壹仟壹佰零叁元整					（小写）	¥ 2 651 103.00
销售方	名　　称：辽宁恒通商贸有限公司 纳税人识别号：91210105206917583A 地 址、电 话：辽宁省沈阳市皇姑区人民路369号 024-82681359 开户行及账号：中国工商银行沈阳皇姑支行 2107024015890035666				备注	辽宁恒通商贸有限公司 91210105206917583A 发票专用章	

收款人：贺青　　复核：王钰　　开票人：赵凯　　销售方：（章）

税总函〔2017〕335号北京印钞厂

第一联：记账联　销售方记账凭证

图3-20　增值税专用发票

出库单

客户：北京汇鑫　　2018年1月11日　　单号：CK01002

发货仓库	存货编码	存货名称	单位	数量		单价	金额
				应发	实发		
服装仓	1102	百盛休闲裤	条	500	500		
合　计							

部门经理：略　　会计：略　　仓库：略　　经办人：略

图3-21　出库单

出库单

客户：北京汇鑫　　2018年1月11日　　单号：CK01003

发货仓库	存货编码	存货名称	单位	数量		单价	金额
				应发	实发		
手表仓	1203	博伦情侣表	对	300	300		
合　计							

部门经理：略　　会计：略　　仓库：略　　经办人：略

图3-22　出库单

图3-23　电汇收款凭证

【操作过程概览】

本业务的操作过程概览见表3-2。

表3-2　　　　　　　　　　　　　　操作过程概览

序号	操作日期	操作员	系统	操作内容
1	2018-01-11	X01刘晓明	销售管理	填制销售订单
2	2018-01-11	X01刘晓明	销售管理	参照销售订单生成销售专用发票（现结）
3	2018-01-11	X01刘晓明	销售管理	查看系统自动生成的已审核的发货单
4	2018-01-11	C01李泽华	库存管理	参照发货单批量生成销售出库单
5	2018-01-11	W02赵凯	应收款管理	审核发票并制单处理
6	2018-01-11	W02赵凯	存货核算	正常单据记账并生成凭证

【具体操作过程】

1. 填制销售订单

（1）2018年1月11日，由刘晓明（X01）登录企业应用平台。依次双击"业务工作"页签中"供应链→销售管理→销售订货→销售订单"菜单，打开"销售订单"窗口。单击工具栏的"增加"按钮，根据图3-19填制销售订单。

① 填制表头信息。修改表头的"订单编号"（即合同编号）为XS01002，"销售类型"为"正常销售"，"客户"为"北京汇鑫百货有限公司"，"业务员"为"何丽"，其他项默认。

② 填制表体信息。在第1行，选择"存货编码"为1102（百盛休闲裤），输入"数量"为500，"原币单价"为399，"预发货日期"为当日；在第2行，选择"存货编码"为1203，输入"数量"为300，"无税单价"为6888，"预发货日期"为当日，其他项默认。结果如图3-24所示。

（2）单击工具栏的"保存"按钮，保存该单据。单击工具栏的"审核"按钮，审核该订单。关闭并退出该窗口。

销售订单

表体排序										

订单号 XS01002　　　　订单日期 2018-01-11　　　　业务类型 普通销售

销售类型 正常销售　　　　客户简称 北京汇鑫　　　　付款条件

销售部门 销售部　　　　业务员 何丽　　　　税率 17.00

币种 人民币　　　　汇率 1　　　　备注

必有定金 否　　　　定金原币金额　　　　定金累计实收原币金额

定金比例(%)　　　　定金本币金额　　　　定金累计实收本币金额

	存货编码	存货名称	主计量	数量	无税单价	无税金额	税额	价税合计	税率(%)	预发货日期
1	1102	百盛休闲裤	条	500.00	399.00	199500.00	33915.00	233415.00	17.00	2018-01-11
2	1203	博伦情侣表	对	300.00	6888.00	2066400.00	351288.00	2417688.00	17.00	2018-01-11
3										

图3-24　销售订单

2. 参照销售订单生成销售专用发票（现结）

（1）在"销售管理"子系统，依次双击"销售开票→销售专用发票"菜单，打开"销售专用发票"窗口。单击工具栏的"增加"按钮，执行"生单"|"销售订单"命令，打开"查询条件选择−参照订单"窗口，单击"确定"按钮。在"参照生单"窗口中，双击上窗格中"订单号"为XS01002的销售订单所在行的"选择"单元格，如图3-25所示，再单击工具栏的"确定"按钮，修改发票号为21327502，修改表体"仓库名称"第1行为"服装仓"，第2行为"手表仓"，单击"保存"按钮。

参照生单

记录总数：1

选择	订单号	订单日期	币名	客户简称	开票单位名称	销售部门
Y	XS01002	2018-01-11	人民币	北京汇鑫	北京汇鑫	销售部
合计						

发票参照订单

记录总数：2

选择	订单号	订单行号	仓库	货物名称	预发货日期	主计量单位	可开票数量
Y	XS01002	1		百盛休闲裤	2018-01-11	条	500.00
Y	XS01002	2		博伦情侣表	2018-01-11	对	300.00
合计							800.00

图3-25　"参照生单"窗口

（2）单击"现结"按钮，打开"现结"窗口，根据图3-23电汇收款凭证录入"结算方式""原币金额""票据号"等信息，如图3-26所示。

现结

客户名称 北京汇鑫　　　　币种：人民币　　　　汇率：1

应收金额：2851103.00

结算金额：2851103.00

部门：销售部　　　　业务员 何丽

结算方式	原币金额	票据号	银行账号	项目大类编码	项目大类名称	项目编码	项目名称	订单号	发
41-电汇	2851103.00	16381730	27003225...						

确定　　　取消　　　帮助

图3-26　"现结"窗口

（3）单击"确定"按钮，结果如图3-27所示。

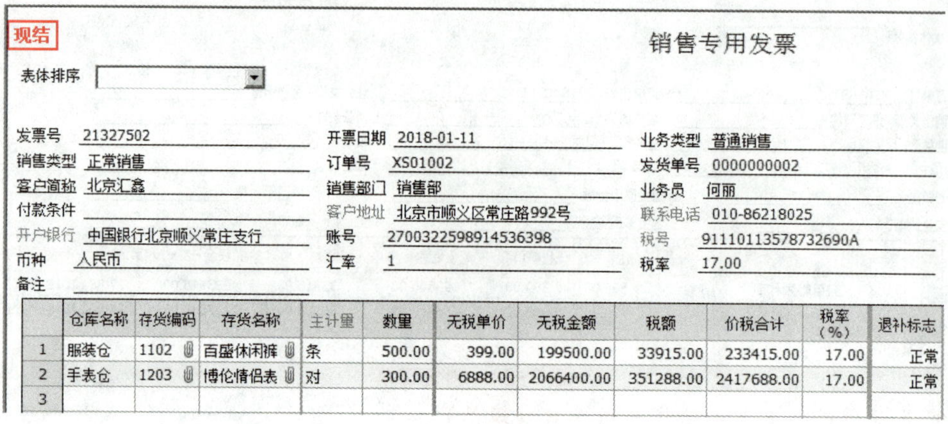

图3-27 销售专用发票

（4）单击"复核"按钮，复核已现结的销售专用发票。在开票直接发货模式下，销售发票复核后系统自动生成已审核的发货单。

3. 查看系统自动生成的已审核的发货单

执行"业务工作→供应链→销售管理→销售发货→发货单"命令，打开"发货单"窗口。单击" ▶| "按钮，可以查看系统根据销售专用发票自动生成已审核的发货单，如图3-28所示。

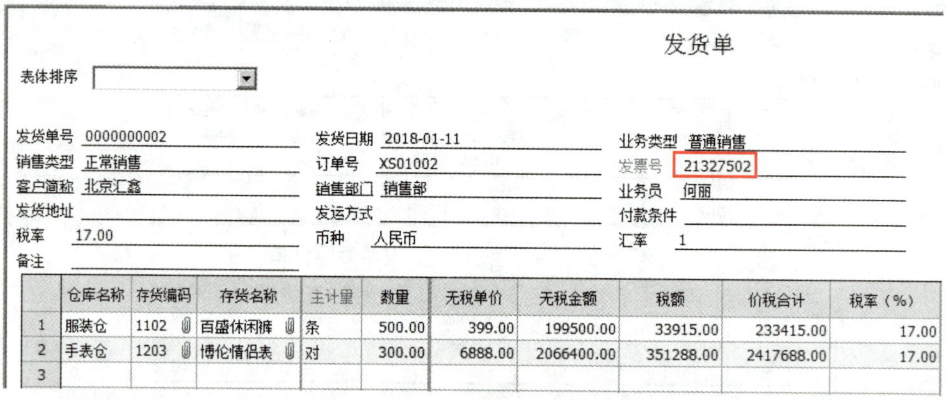

图3-28 发货单

4. 参照发货单批量生成销售出库单

2018年1月11日，由李泽华（C01）登录企业应用平台。依次双击"业务工作"页签中"供应链→库存管理→出库业务→销售出库单"菜单，系统打开"销售出库单"窗口。在"销售出库单"窗口中，执行"生单"|"销售生单（批量）"命令，打开"查询条件选择-销售发货单列表"对话框，单击"确定"按钮，系统打开"销售生单"窗口。双击北京汇鑫的发货单所对应的"选择"栏，再单击工具栏的"确定"按钮，系统提示"生单成功"并返回"销售出库单"窗口。

单击"修改"按钮，根据图3-22修改"手表仓"出库单号为"CK01003"，保存并审核该出库单，结果如图3-29所示。单击" ◀ "按钮，根据图3-21修改"服装仓"出库单号为"CK01002"，保存并审核该出库单，结果如图3-30所示。

销售出库单

表体排序						

出库单号 CK01003　　　　出库日期 2018-01-11　　　　仓库 手表仓
出库类别 销售出库　　　　业务类型 普通销售　　　　业务号 21327502
销售部门 销售部　　　　业务员 何丽　　　　客户 北京汇鑫
审核日期 2018-01-11　　　　备注

	存货编码	存货名称	主计量单位	数量	单价	金额
1	1203	博伦情侣表	对	300.00		
2						

图 3-29　销售出库单

销售出库单

表体排序				◉ 蓝字
				◉ 红字

出库单号 CK01002　　　　出库日期 2018-01-11　　　　仓库 服装仓
出库类别 销售出库　　　　业务类型 普通销售　　　　业务号 21327502
销售部门 销售部　　　　业务员 何丽　　　　客户 北京汇鑫
审核日期 2018-01-11　　　　备注

	存货编码	存货名称	主计量单位	数量	单价	金额
1	1102	百盛休闲裤	条	500.00		
2						

图 3-30　销售出库单

5. 审核发票并制单处理

2018年1月11日，由赵凯（W02）登录企业应用平台。依次双击"业务工作"页签中"财务会计→应收款管理→应收单据处理→应收单据审核"菜单，打开"应收单查询条件"窗口，勾选"包含已现结发票"，单击"确定"按钮，系统打开"单据处理"窗口。双击北京汇鑫那一行"选择"栏右侧任意单元格，打开"销售发票"窗口，单击工具栏的"审核"按钮，系统提示"是否立即制单?"，单击"是"，生成一张记账凭证，单击"保存"，如图3-31所示。

已生成		**记 账 凭 证**			
记　字 0053		制单日期: 2018.01.11		审核日期:	附单据数: 1
	摘 要	科目名称		借方金额	贷方金额
现结		银行存款/中国工商银行/沈阳皇姑支行		265110300	
现结		主营业务收入			226590000
现结		应交税费/应交增值税/销项税额			38520300
票号　41 - 16381730					
日期　2018.01.11	数量 单价		合 计	265110300	265110300
备注	项 目 个 人 业务员	部 门 客 户			
记账	审核	出纳		制单 赵凯	

图 3-31　记账凭证

6. 正常单据记账并生成凭证

（1）正常单据记账。在供应链的"存货核算"子系统，依次执行"业务核算→正常单据记账"命令，系统打开"查询条件选择"窗口，直接单击其"确定"按钮，系统打开"未记账单据一览表"窗口。单击工具栏的"全选"按钮，以选中21327502号发票的两行记录，使其显示"Y"字样，再单击工具栏的"记账"按钮，系统弹出信息框提示记账成功，单击其"确定"按钮，完成记账工作。退出该窗口。

（2）生成凭证。依次执行"存货核算"子系统的"财务核算→生成凭证"命令，系统打开"生成凭证"窗口。单击工具栏的"选择"按钮，系统弹出"查询条件"对话框，单击"确定"按钮，系统打开"选择单据"窗口。单击工具栏的"全选"按钮，以选中21327502号发票的两行记录，再单击工具栏的"确定"按钮，系统自动退出"选择单据"窗口进入"生成凭证"窗口，如图3-32所示。单击工具栏的"合成"按钮，系统打开"填制凭证"窗口并自动生成凭证。单击工具栏的"保存"按钮，保存此凭证，如图3-33所示。关闭并退出窗口。

凭证类别	记 记账凭证									
选择	单据类型	单据号	摘要	科目类型	科目编码	科目名称	借方金额	贷方金额	贷方数量	存货编码	存货名称
1	专用发票	21327502	专用发票	对方	6401	主营业务成本	99,500.00			1102	百盛休闲裤
				存货	1405	库存商品		99,500.00	500.00	1102	百盛休闲裤
				对方	6401	主营业务成本	1,999,800.00			1203	博伦情侣表
				存货	1405	库存商品		1,999,800.00	300.00	1203	博伦情侣表
合计							2,099,300.00	2,099,300.00			

图3-32　"生成凭证"窗口

图3-33　记账凭证

【提示】

开票直接发货模式，是根据销售订单或其他销售合同，向客户开具销售发票，客户根据发票到指定仓库提货。该模式只适用于普通销售业务。虽然销售系统存在开票直接发货模式，但是采购系统并没有"开票直接到货模式"，也就是说参照采购订单生成采购发票，并不能自动生成到货单。

一张订单可多次开票。一张发票生成一张与之对应的发货单。一张发货单可以分仓库生成多张销售出库单。一张发票可以多次收款，同时多张发票可以一次收款。

先发货后开票模式与开票直接发货模式比较见表3-3。

表3-3　　　　先发货后开票模式与开票直接发货模式比较

选项	模式	发货单	发票	出库单
销售生成出库单	先发货后开票	参照生成，未审核	参照（发货单）生成	自动生成，未审核
	开票直接发货	自动生成，已审核	参照（订单）生成	自动生成，未审核
库存生成销售出库单	先发货后开票	参照生成，未审核	参照（发货单）生成	销售生单，未审核
	开票直接发货	自动生成，已审核	参照（订单）生成	销售生单，未审核

总结：先发货后开票模式与开票直接发货模式的关键区别是先生成发货单还是先生成销售发票。销售出库单是自动生成还是参照生成由选项设置决定。

业务3 有代垫运费与销售定金的销售业务

2018年1月10日，销售部刘晓明与广州华丰超市有限公司（简称广州华丰）签订购销合同。当日收取20%销售定金。

2018年1月11日，我公司开具增值税专用发票并发出货物，发生代垫运费一笔。

2018年1月12日，收到广州华丰的货款及代垫运费。（选择收款）

相关凭证如图3-34至图3-39所示。

购销合同

合同编号：XS01003

卖方：辽宁恒通商贸有限公司
买方：广州华丰超市有限公司

为保护买卖双方的合法权益，根据《中华人民共和国合同法》的有关规定，买卖双方经友好协商，一致同意签订本合同，并共同遵守合同约定。

一、货物的名称、数量及金额：

货物名称	规格型号	计量单位	数量	单价（不含税）	金额（不含税）	税率	税额
嘉伟男风衣		件	750	698.00	523 500.00	17%	88 995.00
百盛男夹克		件	600	368.00	220 800.00	17%	37 536.00
合 计					¥744 300.00		¥126 531.00

二、合同总金额：人民币捌拾柒万零捌佰叁拾壹元整（¥870 831.00）。

三、签订合同当日买方以电汇支付20%定金（¥174 166.2元），卖方收到定金3日内开具增值税专用发票并发出货物，买方验收合格后以电汇方式支付全部剩余货款及代垫运输费用。

四、交货地点：辽宁恒通商贸有限公司。

五、发运方式与运输费用承担方式：由卖方发货并垫付运输费用。

卖　　方：辽宁恒通商贸有限公司　　　　买　　方：广州华丰超市有限公司
授权代表：刘晓明　　　　　　　　　　　授权代表：李一桐
日　　期：2018年1月10日　　　　　　　日　　期：2018年1月10日

图3-34　购销合同

中国工商银行　电汇凭证（收账通知）　4　96707293

☑普通　□加急　　　委托日期　2018年1月10日

汇款人	全称	广州华丰超市有限公司	收款人	全称	辽宁恒通商贸有限公司
	账号	2692006083025562331		账号	2107024015890035666
	汇出地点	广东省 广州市/县		汇入地点	辽宁省 沈阳市/县
	汇出行名称	中国工商银行广州向阳支行		汇入行名称	中国工商银行沈阳皇姑支行

金额 人民币（大写）壹拾柒万肆仟壹佰陆拾陆元贰角整　　　亿千百十万千百十元角分　¥174 166 20

此汇款已收入收款人账户。

汇入行签章　　　　　支付密码　　　　　　复核　　　　记账

附加信息及用途：定金

图3-35　电汇收款凭证

出 库 单

客户：广州华丰　　　　　　　　2018 年 1 月 11 日　　　　　　　　单号：CK01004

发货仓库	存货编码	存货名称	单位	数量		单价	金额
				应发	实发		
服装仓	1106	嘉伟男风衣	件	750	750		
服装仓	1101	百盛男夹克	件	600	600		
合　计							

部门经理：略　　　　　会计：略　　　　　仓库：略　　　　　经办人：略

图 3-36　出库单

2100172140　　　　辽宁增值税专用发票　　　　№ 21327503

此联不作报销、扣税凭证使用　　　　开票日期：2018 年 1 月 11 日

购买方	名　称： 广州华丰超市有限公司 纳税人识别号： 91440100613815327A 地址、电话： 广东省广州市北区向阳路108号 020-52396012 开户行及账号： 中国工商银行广州向阳支行 2692006083025562331	密码区	+522703408-4*>785823+ 372+3>6>3-<+*+79+94+> -/-<<64786+9>*3-00347 99/0>><1-*7*80044+637	加密版本：01 2100172140 21327503

货物或应税劳务、服务名称	规格型号	单位	数量	单价	金额	税率	税额
嘉伟男风衣		件	750	698.00	523 500.00	17%	88 995.00
百盛男夹克		件	600	368.00	220 800.00	17%	37 536.00
合　　计					¥744 300.00		¥126 531.00

价税合计（大写）　　　⊗ 捌拾柒万零捌佰叁拾壹元整　　　　（小写）¥ 870 831.00

销售方	名　称： 辽宁恒通商贸有限公司 纳税人识别号： 91210105206917583A 地址、电话： 辽宁省沈阳市皇姑区人民路369号 024-82681359 开户行及账号： 中国工商银行沈阳皇姑支行 2107024015890035666	备注	

收款人：贺青　　　　复核：王钰　　　　开票人：赵凯　　　　销售方：（章）

图 3-37　增值税专用发票

中国工商银行
转账支票存根

21003365

21562385

附加信息

出票日期 2018 年 1 月 11 日

收款人：
沈阳通达物流有限公司

金　额：¥3 330.00

用　途：代垫运费

单位主管 李成喜　会计 赵凯

图 3-38　转账支票存根

图3-39 电汇收款凭证

【操作过程概览】

本业务的操作过程概览见表3-4。

表3-4   操作过程概览

序号	操作日期	操作员	系统	操作内容
1	2018-01-10	X01 刘晓明	销售管理	填制销售订单
2	2018-01-10	W03 贺青	应收款管理	填制款项类型为"销售定金"的收款单
3	2018-01-10	W02 赵凯	应收款管理	审核收款单并制单处理
4	2018-01-10	X01 刘晓明	销售管理	审核销售订单
5	2018-01-11	X01 刘晓明	销售管理	参照销售订单生成发货单
6	2018-01-11	C01 李泽华	库存管理	参照发货单生成销售出库单
7	2018-01-11	X01 刘晓明	销售管理	参照发货单生成销售专用发票，填制代垫费用单
8	2018-01-11	W02 赵凯	应收款管理	补充其他应收单表体科目后审核并制单
9	2018-01-11	W02 赵凯	应收款管理	审核发票并制单处理
10	2018-01-11	W03 贺青	应收款管理	定金转货款，生成款项类型为"应收款"的收款单
11	2018-01-11	W02 赵凯	应收款管理	审核收款单、核销、合并制单
12	2018-01-11	W02 赵凯	存货核算	正常单据记账并生成凭证
13	2018-01-12	W03 贺青	应收款管理	选择收款
14	2018-01-12	W02 赵凯	应收款管理	合并制单

【具体操作过程】

1. 填制销售订单

2018年1月10日，由刘晓明（X01）登录企业应用平台。依次双击"业务工作"页签中"供应链→销售管理→销售订货→销售订单"菜单，打开"销售订单"窗口。单击工具栏的"增加"按钮，根据图3-34填制销售订单，填制完毕保存该订单，如图3-40所示。

图 3-40　销售订单

2. 填制款项类型为"销售定金"的收款单

2018年1月10日，由贺青（W03）登录企业应用平台。执行"业务工作→财务会计→应收款管理→收款单据处理→收款单据录入"命令，打开"收付款单录入"窗口，执行"增加"|"销售定金"命令，如图3-41所示。系统弹出"查询条件选择-参照订单"对话框，单击"确定"按钮，打开"拷贝并执行"窗口，如图3-42所示。双击选中XS01003号订单最左侧的"选择"栏，单击"确定"，返回"收付款单录入"窗口。

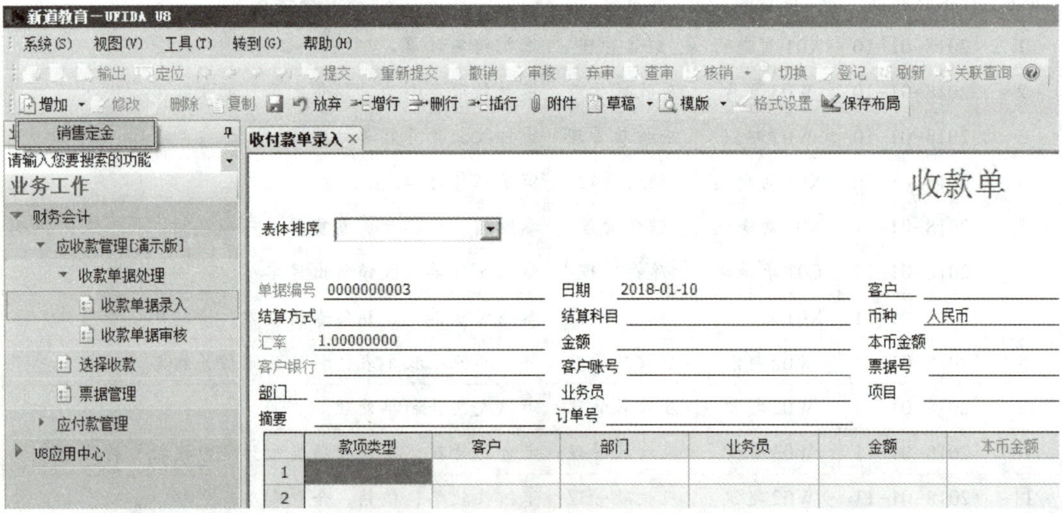

图 3-41　"收付款单录入"窗口

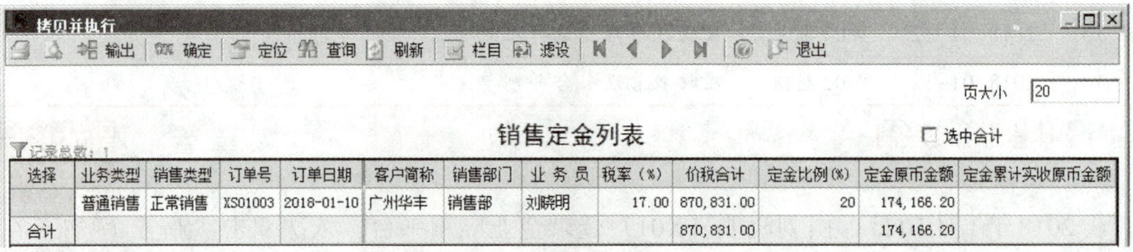

图 3-42　"拷贝并执行"窗口

补充收款单表头项目的"结算方式"为"电汇"，"票据号"为96707293，单击"保存"，结果如图3-43所示。

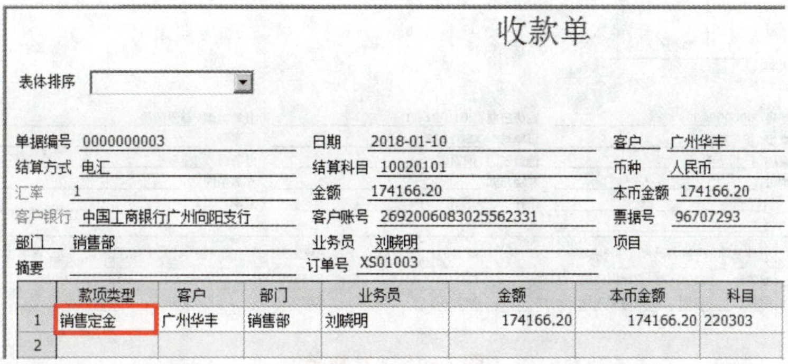

图3-43 款项类型为"销售定金"的收款单

3. 审核收款单并制单处理

2018年1月10日，由赵凯（W02）登录企业应用平台。执行"业务工作→财务会计→应收款管理→收款单据处理→收款单据审核"命令，打开"收付款单列表"窗口。双击广州华丰那一行的"选择"栏右侧任意单元格，打开"收付款单录入"窗口，单击"审核"按钮，提示"是否立即制单？"，点击"是"，生成一张记账凭证，保存该凭证，结果如图3-44所示。

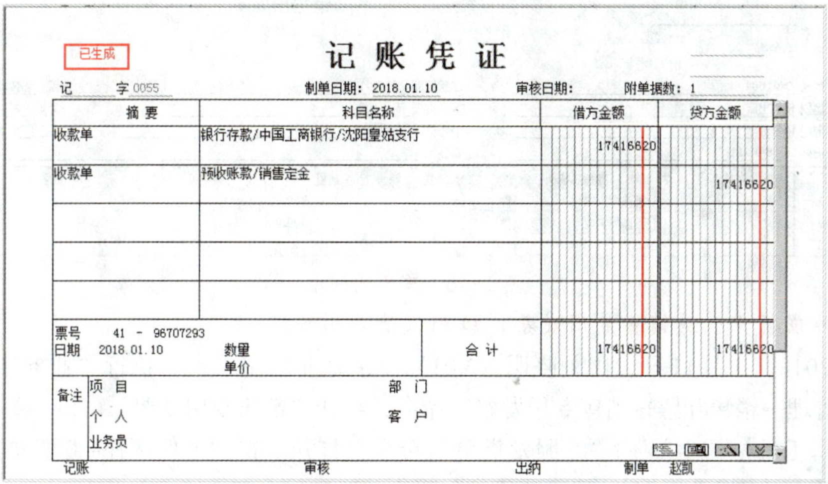

图3-44 记账凭证

4. 审核销售订单

2018年1月10日，由刘晓明（X01）登录企业应用平台。依次双击"业务工作"页签中"供应链→销售管理→销售订货→销售订单"菜单，打开"销售订单"窗口，单击"➡"按钮，找到"XS01003"号订单，单击"审核"按钮。关闭该窗口。

5. 参照销售订单生成发货单

2018年1月11日，由刘晓明（X01）登录企业应用平台。在"销售管理"子系统，依次双击"销售发货→发货单"菜单，打开"发货单"窗口。单击工具栏的"增加"按钮，再单击"订单"按钮，打开"查询条件选择-参照订单"窗口，单击"确定"按钮。在"参照生单"窗口中，选中XS01003号销售订单，单击工具栏的"确定"按钮，系统返回"发货单"窗口。发货单表体第1行、第2行的"仓库名称"选择"服装仓"。保存并审核该发货单，结果如图3-45所示。

发货单

表体排序

发货单号 0000000003　发货日期 2018-01-11　业务类型 普通销售
销售类型 正常销售　订单号 XS01003　发票号
客户简称 广州华丰　销售部门 销售部　业务员 刘晓明
发货地址　发运方式　付款条件
税率 17.00　币种 人民币　汇率 1
备注

	仓库名称	存货编码	存货名称	主计量	数量	无税单价	无税金额	税额	价税合计	税率（%）
1	服装仓	1106	嘉伟男风衣	件	750.00	698.00	523500.00	88995.00	612495.00	17.00
2	服装仓	1101	百盛男夹克	件	600.00	368.00	220800.00	37536.00	258336.00	17.00
3										

图3-45　发货单

6. 参照发货单生成销售出库单

2018年1月11日，由李泽华（C01）登录企业应用平台。执行“业务工作→供应链→库存管理→出库业务→销售出库单”命令，打开“销售出库单”窗口。选择“生单”|“销售生单”命令，打开“查询条件选择-销售发货单列表”对话框，单击“确定”按钮。打开“销售生单”窗口，选择广州华丰的“发货单”，单击“确定”按钮，系统自动生成销售出库单，将表头出库单号改为“CK01004”，保存并审核，结果如图3-46所示。

销售出库单

表体排序　　◉ 蓝字　○ 红字

出库单号 CK01004　出库日期 2018-01-11　仓库 服装仓
出库类别 销售出库　业务类型 普通销售　业务号 0000000003
销售部门 销售部　业务员 刘晓明　客户 广州华丰
审核日期 2018-01-11　备注

	存货编码	存货名称	主计量单位	数量	单价	金额
1	1106	嘉伟男风衣	件	750.00		
2	1101	百盛男夹克	件	600.00		
3						

图3-46　销售出库单

7. 参照发货单生成销售专用发票，填制代垫费用单

（1）2018年1月11日，由刘晓明（X01）登录企业应用平台。执行“业务工作→供应链→销售管理→销售开票→销售专用发票”命令，打开“销售专用发票”窗口。单击“增加”按钮，点击工具栏“生单”|“参照发货单”命令，打开“查询条件选择-发票参照发货单”对话框，单击“确定”按钮，系统打开“参照生单”窗口。双击广州华丰的发货单所对应的“选择”栏，然后单击工具栏的“确定”按钮，返回“销售专用发票”窗口，修改“发票号”为21327503，其他项默认。单击工具栏的“保存”按钮，保存该单据，如图3-47所示。

销售专用发票

表体排序

发票号 21327503　开票日期 2018-01-11　业务类型 普通销售
销售类型 正常销售　订单号 XS01003　发货单号 0000000003
客户简称 广州华丰　销售部门 销售部　业务员 刘晓明
付款条件　客户地址 广东省广州市北市区向阳路108号　联系电话 020-52396012
开户银行 中国工商银行广州向阳支行　账号 2692006083025562331　税号 91440100613815327A
币种 人民币　汇率 1　税率 17.00
备注

	仓库名称	存货编码	存货名称	主计量	数量	无税单价	无税金额	税额	价税合计	税率（%）	退补标志
1	服装仓	1106	嘉伟男风衣	件	750.00	698.00	523500.00	88995.00	612495.00	17.00	正常
2	服装仓	1101	百盛男夹克	件	600.00	368.00	220800.00	37536.00	258336.00	17.00	正常
3											

图3-47　销售专用发票

（2）点击“代垫”按钮，根据图3-38，在“代垫费用单”表体输入费用项目和金额，保存并审核该代垫费用单，结果如图3-48所示。关闭该窗口返回“销售专用发票”窗口，单击“复核”按钮。

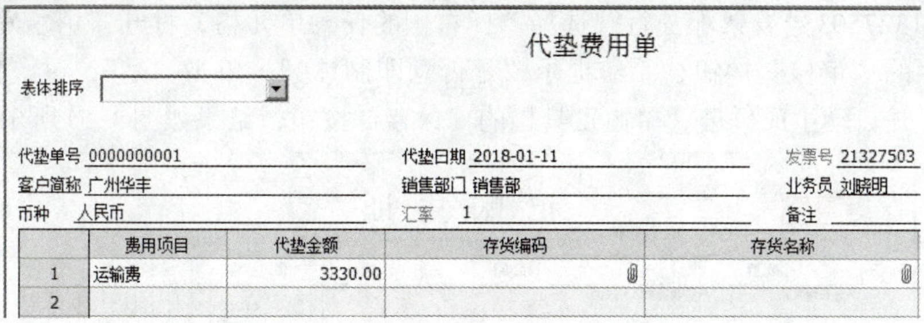

代垫费用单

表体排序

代垫单号 0000000001　代垫日期 2018-01-11　发票号 21327503

客户简称 广州华丰　销售部门 销售部　业务员 刘晓明

币种 人民币　汇率 1　备注

	费用项目	代垫金额	存货编码	存货名称
1	运输费	3330.00		
2				

图3-48 代垫费用单

8. 补充其他应收单表体科目后审核并制单

2018年1月11日，由赵凯（W02）登录企业应用平台。

（1）执行“业务工作→财务会计→应收款管理→应收单据处理→应收单据审核”命令，打开“单据处理”窗口，双击“其他应收单”那一行“选择”栏右侧任意单元格，进入“应收单”窗口，单击“修改”按钮，在表体“科目”中输入会计科目“10020101”，单击“保存”按钮，如图3-49所示。

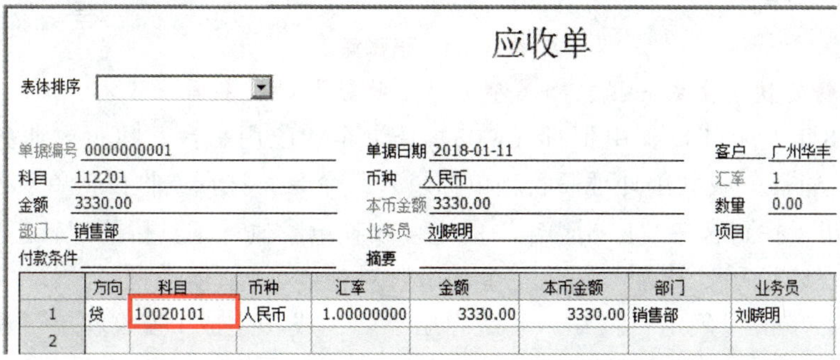

应收单

表体排序

单据编号 0000000001　单据日期 2018-01-11　客户 广州华丰

科目 112201　币种 人民币　汇率 1

金额 3330.00　本币金额 3330.00　数量 0.00

部门 销售部　业务员 刘晓明　项目

付款条件　摘要

	方向	科目	币种	汇率	金额	本币金额	部门	业务员
1	贷	10020101	人民币	1.00000000	3330.00	3330.00	销售部	刘晓明
2								

图3-49 应收单

（2）单击“审核”按钮，提示“是否立即制单？”，点击“是”，生成记账凭证。根据图3-38输入第2行银行存款的辅助项，单击“确定”按钮。保存该记账凭证，如图3-50所示。

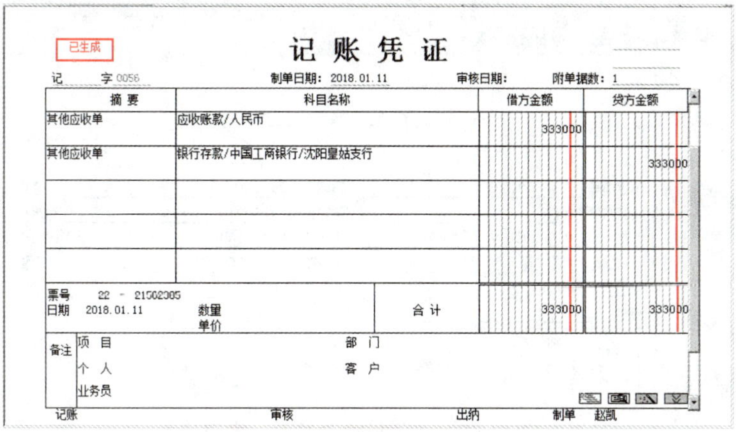

已生成

记账凭证

记 字 0056　制单日期：2018.01.11　审核日期：　附单据数：1

摘要	科目名称	借方金额	贷方金额
其他应收单	应收账款/人民币	333000	
其他应收单	银行存款/中国工商银行/沈阳皇姑支行		333000
票号 22 - 21502305 日期 2018.01.11　数量 单价	合计	333000	333000

备注　项目　部门

个人　客户

业务员

记账　审核　出纳　制单 赵凯

图3-50 记账凭证

9.审核发票并制单处理

依次双击"业务工作"页签中"财务会计→应收款管理→应收单据处理→应收单据审核"菜单，系统打开"应收单查询条件"窗口，单击"确定"按钮，打开"单据处理"窗口。双击21327503号发票那一行"选择"栏右侧的任意单元格，打开"销售发票"窗口，单击工具栏的"审核"按钮，系统提示"是否立即制单?"，单击"是"，系统打开"填制凭证"窗口并自动生成凭证，单击工具栏的"保存"按钮，结果如图3-51所示。

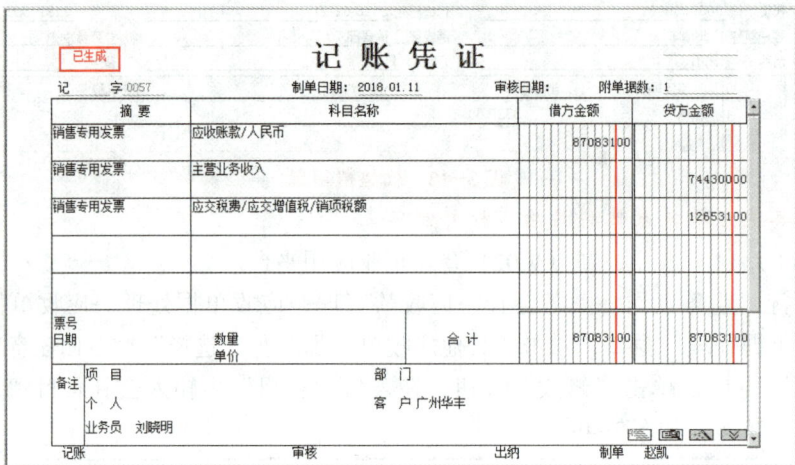

图3-51 记账凭证

10.定金转货款，生成一张款项类型为"应收款"的收款单

（1）2018年1月11日，由贺青（W03）登录企业应用平台。执行"业务工作→财务会计→应收款管理→收款单处理→收款单据录入"命令，打开"收付款单录入"窗口。单击" →| "按钮，找到客户"广州华丰"的定金收款单。执行工具栏的"转出"|"转货款"命令，如图3-52所示，打开"销售定金转出"对话框，"款项类型"选择"应收款"，如图3-53所示。单击"确定"按钮，系统弹出"转出成功生成1张收款单"对话框，单击"确定"按钮。

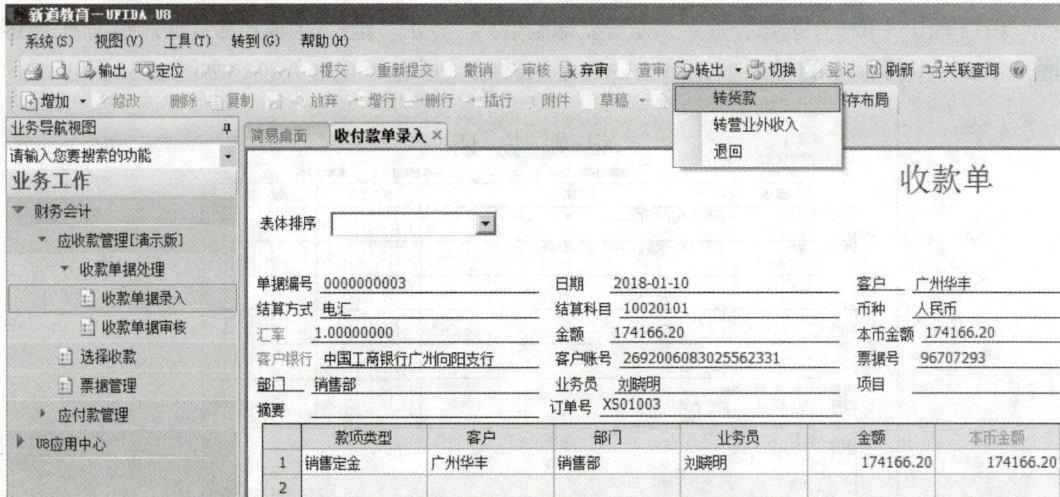

图3-52 "收付款单录入"窗口

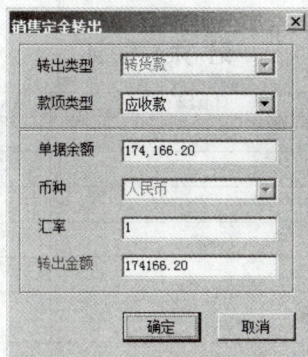

图3-53 销售定金转出

（2）在"收付款单录入"窗口，单击"刷新"按钮，再单击" "按钮，可对生成的款项类型为"应收款"的收款单进行查询，如图3-54所示。

图3-54 款项类型为"应收款"的收款单

11. 审核收款单、核销，合并制单

2018年1月11日，由赵凯（W02）登录企业应用平台。

（1）审核收款单。执行"业务工作→财务会计→应收款管理→收款单处理→收款单据审核"命令，打开"收款单查询条件"对话框，单击"确定"按钮，打开"收付款单列表"窗口。选中广州华丰的收款单并对其审核，审核完毕关闭该窗口。

（2）手工核销。执行"业务工作→财务会计→应收款管理→核销处理→手工核销"命令，弹出"核销条件"窗口，客户选择"广州华丰"，单击"确定"，打开"单据核销"窗口。输入本次结算金额，如图3-55所示，单击"保存"按钮。

图3-55 "单据核销"窗口

（3）收款单、核销合并制单。执行"业务工作→财务会计→应收款管理→制单处理"命令，选择"收付款单制单"和"核销制单"，单击"确定"，选择需要制单的记录，单击"合并"按钮，单击"制单"，系统生成记账凭证，单击"保存"按钮，如图3-56所示。

图3-56 记账凭证

12. 正常单据记账并生成凭证

（1）正常单据记账。在供应链的"存货核算"子系统，依次执行"业务核算→正常单据记账"命令，系统打开"查询条件选择"窗口，直接单击其"确定"按钮，系统打开"未记账单据一览表"窗口。单击工具栏的"全选"按钮，以选中21327503号发票的两行记录，此时单击工具栏的"记账"按钮，系统弹出信息框提示记账成功，单击其"确定"按钮，完成记账工作。

（2）生成凭证。依次执行"存货核算"子系统的"财务核算→生成凭证"命令，系统打开"生成凭证"窗口。单击工具栏的"选择"按钮，系统弹出"查询条件"对话框，单击"确定"按钮，系统打开"选择单据"窗口。单击工具栏的"全选"按钮，以选中21327503号发票，再单击工具栏的"确定"按钮，系统自动退出"选择单据"窗口进入"生成凭证"窗口，如图3-57所示。单击工具栏的"生成"按钮，系统打开"填制凭证"窗口并自动生成凭证。单击工具栏的"保存"按钮，保存此凭证，如图3-58所示。

凭证类别	记账凭证								
选择	单据类型	单据号	摘要	科目类型	科目编码	科目名称	借方金额	贷方金额	贷方数量	存货编码	存货名称
1	专用发票	21327503	专用发票	对方	6401	主营业务成本	486,000.00			1106	嘉伟男风衣
				存货	1405	库存商品		486,000.00	750.00	1106	嘉伟男风衣
				对方	6401	主营业务成本	178,800.00			1101	百盛男夹克
				存货	1405	库存商品		178,800.00	600.00	1101	百盛男夹克
合计							664,800.00	664,800.00			

图3-57 "生成凭证"窗口

图3-58 记账凭证

13. 选择收款

2018年1月12日，由贺青（W03）登录企业应用平台。执行"业务工作→财务会计→应收款管理→选择收款"命令，打开"选择收款-条件"窗口，选择客户"广州华丰"，单击"确定"，进入"选择收款-单据"窗口。单击"全选"按钮，再单击"确认"按钮，弹出"选择收款-收款单"对话框，根据图3-39输入相关内容，结果如图3-59所示，单击"确定"按钮。

选择收款列表

收款总计 699994.80

客户	客户编号	单据类型	单据编号	部门	业务员	摘要	单据日期	到期日	原币金额	本次折扣	收款金额
广州华丰	102	其他应收单	0000000001	销售部	刘晓明	其他应收单	2018-01-11	2018-01-11	3,330.00	0.00	3,330.00
广州华丰										0.00	696,664.80
合计											699,994.80

选择收款-收款单

客户	收款金额	结算方式	票据号	科目	部门	业务员
广州华丰	699994.8	41 电汇	96707296	10020101	销售部	刘晓明

栏目   确定   取消

图3-59 选择收款列表

14. 合并制单

2018年1月12日，由赵凯（W02）登录企业应用平台。执行"业务工作→财务会计→应收款管理→制单处理"命令，打开"制单查询"窗口，选择"收付款单制单"和"核销制单"，单击"确定"，打开"制单"窗口。依次单击"全选""合并""制单"按钮，系统生成相关的记账凭证，单击"保存"按钮，如图3-60所示。

记账凭证

已生成

记 字 0060   制单日期：2018.01.12   审核日期：   附单据款：2

摘要	科目名称	借方金额	贷方金额
其他应收单	银行存款/中国工商银行/沈阳皇姑支行	69999480	
其他应收单	应收账款/人民币		333000
销售专用发票	应收账款/人民币		69666480

票号 41 - 96707296
日期 2018.01.12   数量   合计   699999480   699999480
                  单价

备注 项 目   部 门
      个 人   客 户
      业务员

记账   审核   出纳   制单 赵凯

图3-60 记账凭证

【提示】

如果订单表头"定金累计实收原币金额"小于销售订单上的"定金原币金额"，系统在审核时给予提示：定金收款不足，不允许审核。

发货单在参照订单生单时，如果选择多张订单生单，则只能参照"必有定金"的值相同的订单生成一张发货单。

必有定金的订单，暂不支持先开票后发货业务。销售定金不参与客户信用余额的计算，款项类型为定金的收款单记录，不参与信用计算。

业务4 先发货后开票的分批且分仓库出库业务

2018年1月8日，预收广西玉宝商贸有限公司（简称广西玉宝）商业汇票1 000 000元。

2018年1月9日，销售部何丽与广西玉宝签订购销合同。签订合同当日，我公司发出第一批货物。

2018年1月11日，我公司发出第二批货物并开具全额增值税专用发票。当日收到对方用于支付尾款的银行承兑汇票。

相关凭证如图3-61至图3-68所示。

图3-61 银行承兑汇票

购 销 合 同

合同编号：XS01004

卖方：辽宁恒通商贸有限公司
买方：广西玉宝商贸有限公司

为保护买卖双方的合法权益，根据《中华人民共和国合同法》的有关规定，买卖双方经友好协商，一致同意签订本合同，并共同遵守合同约定。

一、货物的名称、数量及金额：

货物名称	规格型号	计量单位	数量	单价（不含税）	金额（不含税）	税率	税额
百盛男夹克		件	500	368.00	184 000.00	17%	31 280.00
博伦女表		只	500	3 690.00	1 845 000.00	17%	313 650.00
合 计					￥2 029 000.00		￥344 930.00

二、合同总金额：人民币贰佰叁拾柒万叁仟玖佰叁拾元整（￥2 373 930.00）。

三、卖方于签订合同当日发出两种商品的60%，1月11日发出剩余商品。买方已于1月8日预付银行承兑汇票100万元。买方收到第二批货物后以银行承兑汇票支付剩余款项。

四、交货地点：辽宁恒通商贸有限公司。

五、发送方式与运输费用承担方式：由卖方发货，买方承担运输费用。

卖　　方：辽宁恒通商贸有限公司　　　　买　　方：广西玉宝商贸有限公司

授权代表：何丽　　　　　　　　　　　　授权代表：年强

日　　期：2018年1月9日　　　　　　　日　　期：2018年1月9日

图3-62 购销合同

出库单

客户：广西玉宝　　　　　2018年1月9日　　　　　单号：CK01005

发货仓库	存货编码	存货名称	单位	数量		单价	金额
				应发	实发		
服装仓	1101	百盛男夹克	件	300	300		
合　计							

部门经理：略　　　会计：略　　　仓库：略　　　经办人：略

图 3-63　出库单

出库单

客户：广西玉宝　　　　　2018年1月9日　　　　　单号：CK01006

发货仓库	存货编码	存货名称	单位	数量		单价	金额
				应发	实发		
手表仓	1201	博伦女表	只	300	300		
合　计							

部门经理：略　　　会计：略　　　仓库：略　　　经办人：略

图 3-64　出库单

图 3-65　增值税专用发票

出库单

客户：广西玉宝　　　　　2018年1月11日　　　　　单号：CK01007

发货仓库	存货编码	存货名称	单位	数量		单价	金额
				应发	实发		
服装仓	1101	百盛男夹克	件	200	200		
合　计							

部门经理：略　　　会计：略　　　仓库：略　　　经办人：略

图 3-66　出库单

出库单

客户：广西玉宝			2018年1月11日			单号：CK01008	
发货仓库	存货编码	存货名称	单位	数量		单价	金额
				应发	实发		
手表仓	1201	博伦女表	只	200	200		
合　计							

部门经理：略　　　　会计：略　　　　仓库：略　　　　经办人：略

图3-67　出库单

图3-68　银行承兑汇票

【操作过程概览】

本业务的操作过程概览见表3-5。

表3-5　　　　　　　　　　　　　操作过程概览

序号	操作日期	操作员	系统	操作内容
1	2018-01-08	W03贺青	应收款管理	填制银行承兑汇票
2	2018-01-08	W02赵凯	应收款管理	审核收款单并制单处理
3	2018-01-09	X01刘晓明	销售管理	填制销售订单
4	2018-01-09	X01刘晓明	销售管理	参照销售订单生成第一张发货单
5	2018-01-09	C01李泽华	库存管理	参照发货单批量生成销售出库单
6	2018-01-11	X01刘晓明	销售管理	参照销售订单生成第二张发货单
7	2018-01-11	C01李泽华	库存管理	参照发货单批量生成销售出库单
8	2018-01-11	X01刘晓明	销售管理	参照发货单生成销售发票
9	2018-01-11	W02赵凯	应收款管理	审核发票并制单处理
10	2018-01-11	W02赵凯	存货核算	正常单据记账并生成凭证
11	2018-01-11	W03贺青	应收款管理	填制银行承兑汇票
12	2018-01-11	W02赵凯	应收款管理	审核收款单、核销，合并制单
13	2018-01-11	W02赵凯	应收款管理	预收冲应收

【具体操作过程】

1. 填制银行承兑汇票

（1）2018年1月8日，由贺青（W03）登录企业应用平台。执行"业务工作→财务会计→应收款管理→票据管理"命令，打开"查询条件选择"对话框，单击"确定"按钮，系统弹出"票据管理"窗口。单击"增加"按钮，系统打开"应收票据"窗口，根据图3-61填制银行承兑汇票，单击"保存"按钮，如图3-69所示。

打印模版组　30657 商业汇票打印模版　▼

商业汇票

银行名称 _____		票据类型 银行承兑汇票
方向 收款	票据编号 52833952	结算方式 银行承兑汇票
收到日期 2018-01-08	出票日期 2018-01-06	到期日 2018-07-05
出票人 广西玉宝商贸有限公司	出票人账号 2111702010422009265	付款人银行 中国工商银行玉林市东门支行
收款人 辽宁恒通商贸有限公司	收款人账号 _____	收款人开户银行 _____
币种 人民币	金额 1000000.00	票面利率 0.00000000
汇率 1.000000	付款行号 _____	付款行地址 _____
背书人 _____	背书金额 _____	备注 _____
业务员 何丽	部门 销售部	票据摘要 _____
交易合同号码 _____	制单人 贺青	

图3-69　商业汇票

（2）修改自动生成的收款单表体的"款项类型"。执行"应收款管理→收款单据录入"命令，打开"收付款单录入"窗口，单击工具栏的"➡"按钮，再单击"修改"按钮，将表体的"款项类型"修改为"预收款"，单击"保存"按钮，如图3-70所示。

收款单

表体排序 _____ ▼

单据编号 0000000006	日期 2018-01-08	客户 广西玉宝
结算方式 银行承兑汇票	结算科目 _____	币种 人民币
汇率 1	金额 1000000.00	本币金额 1000000.00
客户银行 中国工商银行玉林市东门支行	客户账号 2111702010422009265	票据号 52833952
部门 销售部	业务员 何丽	项目 _____
摘要 _____	订单号 _____	

	款项类型	客户	部门	业务员	金额	本币金额	科目
1	预收款	广西玉宝	销售部	何丽	1000000.00	1000000.00	220301
2							

图3-70　款项类型为"预收款"的收款单

2. 审核收款单并制单处理

2018年1月8日，由赵凯（W02）登录企业应用平台。执行"业务工作→财务会计→应收款管理→收款单据处理→收款单据审核"命令，打开"收款单查询条件"对话框，单击"确定"按钮，打开"收款单列表"窗口。双击广西玉宝那一行"选择"栏右侧任意单元格，打开"收付款单录入"窗口，单击"审核"按钮，系统提示"是否立即制单?"，点击"是"，生成记账凭证，单击"保存"，结果如图3-71所示。

已生成

记账凭证

记 字 0061 制单日期：2018.01.08 审核日期： 附单据数：1

摘要	科目名称	借方金额	贷方金额
收款单	应收票据/人民币	100000000	
收款单	预收账款/一般人民币预收账款		100000000
票号 52833952 日期 2018.01.08 数量 单价	合计	100000000	100000000

备注 项目 部门

个人 客户 广西玉宝

业务员 何丽

记账 审核 出纳 制单 赵凯

图3-71 记账凭证

3. 填制销售订单

2018年1月9日，由刘晓明（X01）登录企业应用平台。依次双击“业务工作”页签中“供应链→销售管理→销售订货→销售订单”菜单，打开“销售订单”窗口。单击工具栏的“增加”按钮，根据图3-62填制销售订单，填制完毕保存并审核，结果如图3-72所示。

销售订单

表体排序

订单号 XS01004 订单日期 2018-01-09 业务类型 普通销售

销售类型 正常销售 客户简称 广西玉宝 付款条件

销售部门 销售部 业务员 何丽 税率 17.00

币种 人民币 汇率 1 备注

必有定金 否 定金原币金额 定金累计实收原币金额

定金比例(%) 定金本币金额 定金累计实收本币金额

	存货编码	存货名称	主计量	数量	无税单价	无税金额	税额	价税合计	税率（%）	预发货日期
1	1101	百盛男夹克	件	300.00	368.00	110400.00	18768.00	129168.00	17.00	2018-01-09
2	1201	博伦女表	只	300.00	3690.00	1107000.00	188190.00	1295190.00	17.00	2018-01-09
3	1101	百盛男夹克	件	200.00	368.00	73600.00	12512.00	86112.00	17.00	2018-01-11
4	1201	博伦女表	只	200.00	3690.00	738000.00	125460.00	863460.00	17.00	2018-01-11
5										

图3-72 销售订单

4. 参照销售订单生成第一张发货单

（1）在“销售管理”子系统，依次双击“销售发货→发货单”菜单，打开“发货单”窗口。单击工具栏的“增加”按钮，再单击“订单”按钮，打开“查询条件选择-参照订单”窗口，单击“确定”按钮，打开“参照生单”窗口。在“参照生单”窗口中，选中上面的销售订单和下面窗口“发货单参照订单”中的预发货日期为2018年1月9日的两行记录，如图3-73所示。

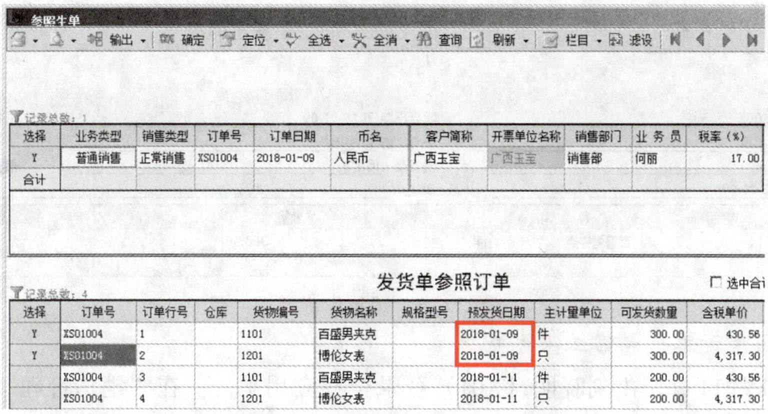
参照生单

记录总数：1

选择	业务类型	销售类型	订单号	订单日期	币名	客户简称	开票单位名称	销售部门	业务员	税率（%）
Y	普通销售	正常销售	XS01004	2018-01-09	人民币	广西玉宝	广西玉宝	销售部	何丽	17.00
合计										

发货单参照订单

记录总数：4

选择	订单号	订单行号	仓库	货物编号	货物名称	规格型号	预发货日期	主计量单位	可发货数量	含税单价
Y	XS01004	1		1101	百盛男夹克		2018-01-09	件	300.00	430.56
Y	XS01004	2		1201	博伦文表		2018-01-09	只	300.00	4,317.30
	XS01004	3		1101	百盛男夹克		2018-01-11	件	200.00	430.56
	XS01004	4		1201	博伦文表		2018-01-11	只	200.00	4,317.30

图3-73 “参照生单”窗口

（2）单击工具栏的“确定”按钮，系统返回“发货单”窗口。发货单表体第1行“仓库名称”选择“服装仓”，第2行选择“手表仓”。保存并审核该发货单，如图3-74所示。

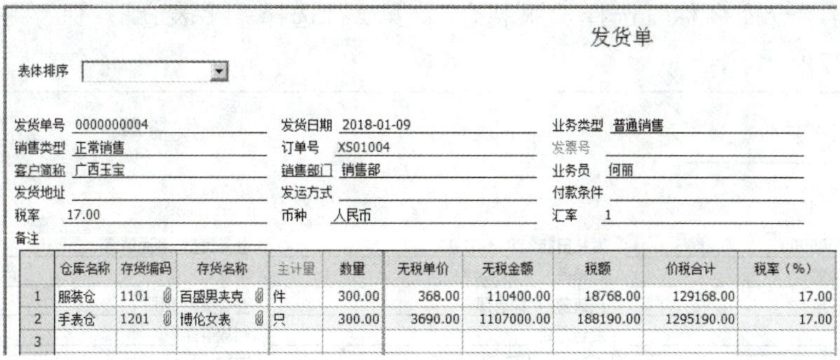
发货单

表体排序

发货单号 0000000004　发货日期 2018-01-09　业务类型 普通销售

销售类型 正常销售　订单号 XS01004　发票号

客户简称 广西玉宝　销售部门 销售部　业务员 何丽

发货地址　发运方式　付款条件

税率 17.00　币种 人民币　汇率 1

备注

	仓库名称	存货编码	存货名称	主计量	数量	无税单价	无税金额	税额	价税合计	税率（%）
1	服装仓	1101	百盛男夹克	件	300.00	368.00	110400.00	18768.00	129168.00	17.00
2	手表仓	1201	博伦文表	只	300.00	3690.00	1107000.00	188190.00	1295190.00	17.00
3										

图3-74 发货单

5. 参照发货单批量生成销售出库单

2018年1月9日，由李泽华（C01）登录企业应用平台。依次双击“业务工作”页签中“供应链→库存管理→出库业务→销售出库单”菜单，系统打开“销售出库单”窗口。在“销售出库单”窗口中，执行“生单”|“销售生单（批量）”命令，打开“查询条件选择-销售发货单列表”对话框，单击“确定”按钮，系统打开“销售生单”窗口。双击9日广西玉宝的发货单所对应的“选择”栏，再单击工具栏的“确定”按钮，系统提示“生单成功！”并返回“销售出库单”窗口。

单击“修改”按钮，根据图3-64修改“手表仓”出库单号为“CK01006”，保存并审核该出库单，结果如图3-75所示。单击“⬅”按钮，再单击“修改”，根据图3-63修改“服装仓”出库单号为“CK01005”，保存并审核该出库单，结果如图3-76所示。

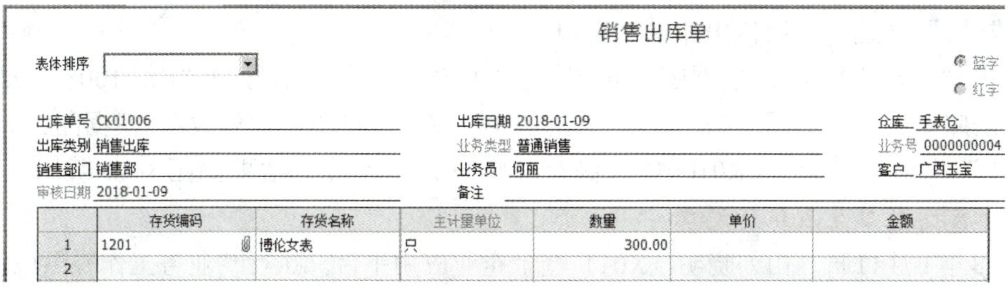
销售出库单

表体排序　◉ 蓝字　○ 红字

出库单号 CK01006　出库日期 2018-01-09　仓库 手表仓

出库类别 销售出库　业务类型 普通销售　业务号 0000000004

销售部门 销售部　业务员 何丽　客户 广西玉宝

审核日期 2018-01-09　备注

	存货编码	存货名称	主计量单位	数量	单价	金额
1	1201	博伦文表	只	300.00		
2						

图3-75 销售出库单

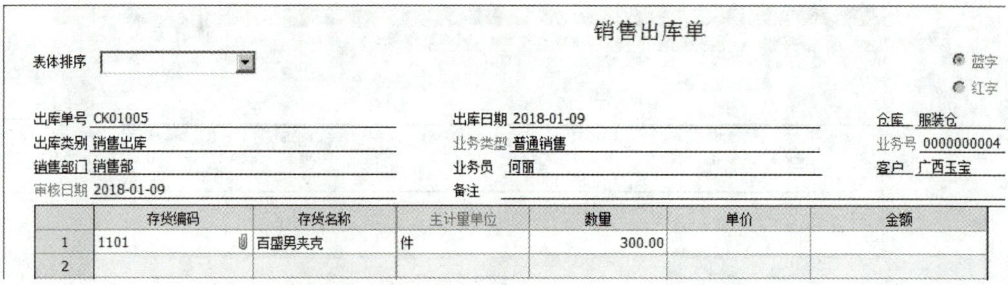

图 3-76　销售出库单

6. 参照销售订单生成第二张发货单

2018年1月11日，由刘晓明（X01）登录企业应用平台。在"销售管理"子系统，依次双击"销售发货→发货单"菜单，打开"发货单"窗口。单击工具栏的"增加"按钮，再单击"订单"按钮，打开"查询条件选择-参照订单"窗口，单击"确定"按钮，打开"参照生单"窗口。单击"全选"，再单击"确定"按钮，系统返回"发货单"窗口。发货单表体第1行"仓库名称"选择"服装仓"，第2行选择"手表仓"。保存并审核该发货单，如图3-77所示。

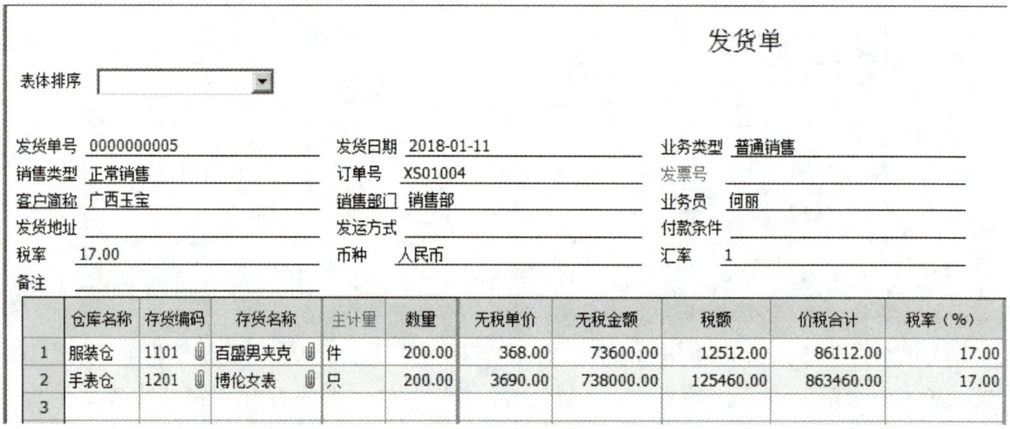

图 3-77　发货单

7. 参照发货单批量生成销售出库单

2018年1月11日，由李泽华（C01）登录企业应用平台。依次双击"业务工作"页签中"供应链→库存管理→出库业务→销售出库单"菜单，系统打开"销售出库单"窗口。在"销售出库单"窗口中，执行"生单"|"销售生单（批量）"命令，打开"查询条件选择-销售发货单列表"对话框，单击"确定"按钮，系统打开"销售生单"窗口。双击11日广西玉宝的发货单所对应的"选择"栏，再单击工具栏的"确定"按钮，系统提示"生单成功！"并返回"销售出库单"窗口。

单击"修改"按钮，根据图3-67修改"手表仓"出库单号为"CK01008"，保存并审核该出库单，结果如图3-78所示。单击"◀"按钮，再单击"修改"，根据图3-66修改"服装仓"出库单号为"CK01007"，保存并审核该出库单，结果如图3-79所示。

8. 参照发货单生成销售发票

2018年1月11日，由刘晓明（X01）登录企业应用平台。执行"业务工作→供应链→销售管理→销售开票→销售专用发票"命令，打开"销售专用发票"窗口。单击"增加"按钮，

销售出库单

| 表体排序 | ▾ | | | | | | ● 蓝字 ○ 红字 |

出库单号 CK01008 　　　出库日期 2018-01-11 　　　仓库 手表仓
出库类别 销售出库 　　　业务类型 普通销售 　　　业务号 0000000005
销售部门 销售部 　　　业务员 何丽 　　　客户 广西玉宝
审核日期 2018-01-11 　　　备注

	存货编码	存货名称	主计量单位	数量	单价	金额
1	1201	博伦女表	只	200.00		
2						

图 3-78　销售出库单

销售出库单

| 表体排序 | ▾ | | | | | | ● 蓝字 ○ 红字 |

出库单号 CK01007 　　　出库日期 2018-01-11 　　　仓库 服装仓
出库类别 销售出库 　　　业务类型 普通销售 　　　业务号 0000000005
销售部门 销售部 　　　业务员 何丽 　　　客户 广西玉宝
审核日期 2018-01-11 　　　备注

	存货编码	存货名称	主计量单位	数量	单价	金额
1	1101	百盛男夹克	件	200.00		
2						

图 3-79　销售出库单

再点击工具栏"生单"|"参照发货单"命令，打开"查询条件选择-发票参照发货单"对话框，单击"确定"按钮，系统打开"参照生单"窗口。双击9日、11日广西玉宝的发货单所对应的"选择"栏，然后单击工具栏的"确定"按钮，返回"销售专用发票"窗口，修改"发票号"为21327504，其他项默认。保存并复核该发票，结果如图3-80所示。

销售专用发票

| 表体排序 | ▾ |

发票号 21327504 　　　开票日期 2018-01-11 　　　业务类型 普通销售
销售类型 正常销售 　　　订单号 XS01004 　　　发货单号 0000000004，0000000005
客户简称 广西玉宝 　　　客户地址 广西玉林市成文路7号 　　　销售部门 销售部 　　　业务员 何丽
付款条件 　　　　　　　　　联系电话 0775-3890622
开户银行 中国工商银行玉林市东门支行 　　　账号 2111702010422009265 　　　税号 91450904342576849A
币种 人民币 　　　汇率 1 　　　税率 17.00
备注

	仓库名称	存货编码	存货名称	主计量	数量	无税单价	无税金额	税额	价税合计	税率(%)	退补标志
1	服装仓	1101	百盛男夹克	件	300.00	368.00	110400.00	18768.00	129168.00	17.00	正常
2	手表仓	1201	博伦女表	只	300.00	3690.00	1107000.00	188190.00	1295190.00	17.00	正常
3	服装仓	1101	百盛男夹克	件	200.00	368.00	73600.00	12512.00	86112.00	17.00	正常
4	手表仓	1201	博伦女表	只	200.00	3690.00	738000.00	125460.00	863460.00	17.00	正常
5											

图 3-80　销售专用发票

9. 审核发票并制单处理

2018年1月11日，由赵凯（W02）登录企业应用平台。执行"业务工作→财务会计→应收款管理→应收单据处理→应收单据审核"命令，打开"应收单查询条件"对话框，单击"确定"按钮，打开"单据处理"窗口。双击广西玉宝那一行"选择"栏右侧任意单元格，打开"销售发票"窗口。单击"审核"按钮，系统提示"是否立即制单？"，点击"是"，生成记账凭证，单击"保存"，结果如图3-81所示。

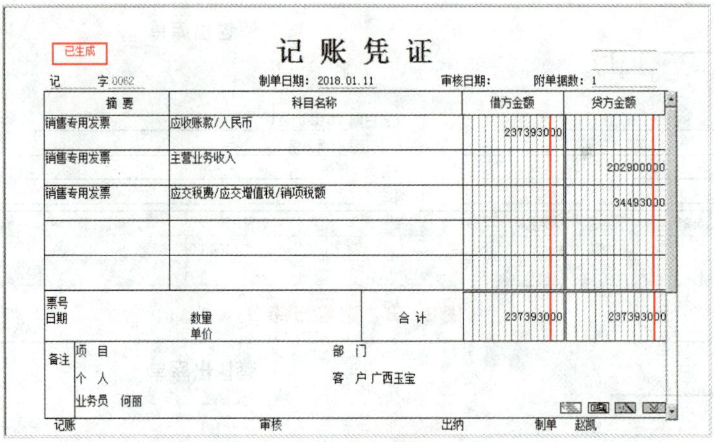

图 3-81 记账凭证

10. 正常单据记账并生成凭证

（1）正常单据记账。在供应链的“存货核算”子系统，依次执行“业务核算→正常单据记账”命令，系统打开“查询条件选择”窗口，直接单击其“确定”按钮，系统打开“未记账单据一览表”窗口。选中21327504号发票的4行记录，再单击工具栏的“记账”按钮，系统弹出信息框提示记账成功，单击其“确定”按钮，完成记账工作。

（2）生成凭证（4张出库单合成一张）。依次执行“存货核算”子系统的“财务核算→生成凭证”命令，系统打开“生成凭证”窗口。单击工具栏的“选择”按钮，系统弹出“查询条件”对话框，单击“确定”按钮，系统打开“选择单据”窗口，如图3-82所示。单击工具栏的“全选”按钮，再单击工具栏的“确定”按钮，系统自动退出“选择单据”窗口进入“生成凭证”窗口。单击工具栏的“生成”按钮，系统打开“填制凭证”窗口并自动生成凭证。单击工具栏的“保存”按钮，保存此凭证，如图3-83所示。

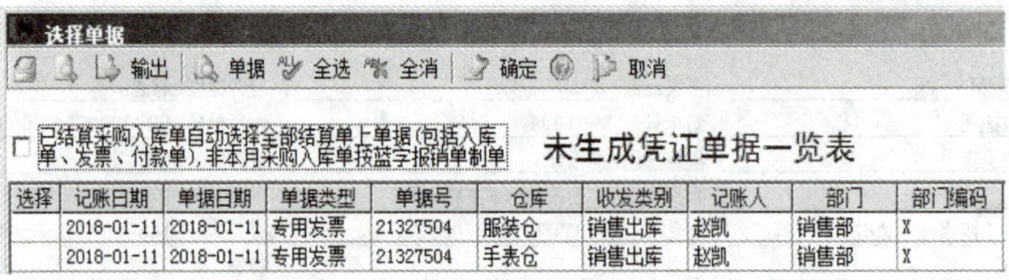

选择	记账日期	单据日期	单据类型	单据号	仓库	收发类别	记账人	部门	部门编码
	2018-01-11	2018-01-11	专用发票	21327504	服装仓	销售出库	赵凯	销售部	X
	2018-01-11	2018-01-11	专用发票	21327504	手表仓	销售出库	赵凯	销售部	X

图 3-82 未生成凭证单据一览表

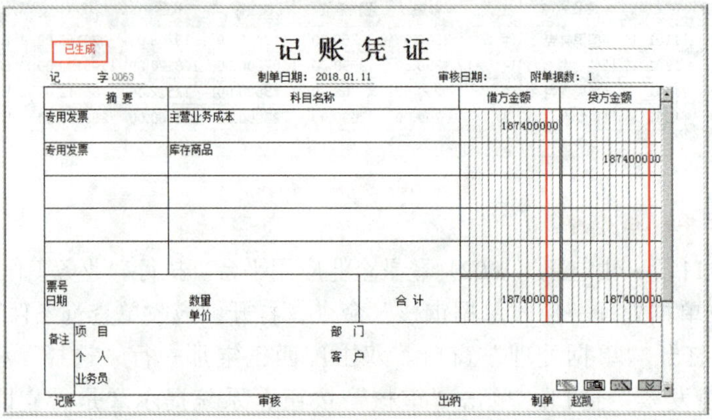

图 3-83 记账凭证

11. 填制银行承兑汇票

2018年1月11日，由贺青（W03）登录企业应用平台。执行"业务工作→财务会计→应收款管理→票据管理"命令，打开"查询条件选择"对话框，单击"确定"按钮，系统弹出"票据管理"窗口。单击"增加"按钮，系统打开"应收票据"窗口，根据图3-68输入银行承兑汇票信息，单击"保存"按钮，如图3-84所示。

打印模版组 30657 商业汇票打印模版 ▼

商业汇票

银行名称		票据类型 银行承兑汇票
方向 收款	票据编号 52833953	结算方式 银行承兑汇票
收到日期 2018-01-11	出票日期 2018-01-10	到期日 2018-07-09
出票人 广西玉宝商贸有限公司	出票人账号 2111702010422009265	付款人银行 中国工商银行玉林市东门支行
收款人 辽宁恒通商贸有限公司	收款人账号	收款人开户银行
币种 人民币	金额 1373930.00	票面利率 0.00000000
汇率 1.000000	付款行号	付款行地址
背书人	背书金额	备注
业务员 何丽	部门 销售部	票据摘要
交易合同号码	制单人 贺青	

图3-84　商业汇票

12. 审核收款单、核销，合并制单

2018年1月11日，由赵凯（W02）登录企业应用平台。

（1）审核收款单。执行"业务工作→财务会计→应收款管理→收款单处理→收款单据审核"命令，打开"收款单查询条件"对话框，单击"确定"按钮，打开"收付款单列表"窗口。单击"全选"按钮，单击"审核"按钮，单击"确定"按钮。

（2）手工核销。执行"业务工作→财务会计→应收款管理→核销处理→手工核销"命令，打开"核销条件"窗口，客户选择"广西玉宝"，单击"确定"按钮，打开"单据核销"窗口。输入本次结算金额，如图3-85所示，单击"保存"按钮。

单据日期	单据类型	单据编号	客户	款项类型	结算方式	币种	原币金额	原币余额	本次结算金额	订单号
2018-01-08	收款单	0000000006	广西玉宝	预收款	银行承…	人民币	1,000,000.00	1,000,000.00		
2018-01-11	收款单	0000000007	广西玉宝	应收款	银行承…	人民币	1,373,930.00	1,373,930.00	1,373,930.00	
合计							2,373,930.00	2,373,930.00	1,373,930.00	

单据日期	单据类型	单据编号	到期日	客户	币种	原币金额	原币余额	本次折扣	本次结算	订单号	凭证号
2017-12-17	销售专用发票	21323501	2017-12-17	广西玉宝	人民币	702,000.00	702,000.00				
2018-01-11	销售专用发票	21327504	2018-01-11	广西玉宝	人民币	2,373,930.00	2,373,930.00	0.00	1,373,930.00	XS01004	记-0082
合计						3,075,930.00	3,075,930.00		1,373,930.00		

图3-85　"单据核销"窗口

（3）合并制单。执行"业务工作→财务会计→应收款管理→制单处理"命令，在"制单查询"窗口勾选"收付款单制单"和"核销制单"，单击"确定"，依次单击"全选""合并""制单"按钮，系统生成相关的记账凭证，单击"保存"按钮，如图3-86所示。

13. 预收冲应收

（1）执行"业务工作→财务会计→应收款管理→转账→预收冲应收"命令，打开"预收冲应收"对话框，选择客户"广西玉宝"，单击"过滤"按钮，"转账金额"栏录入1000000，如图3-87所示。

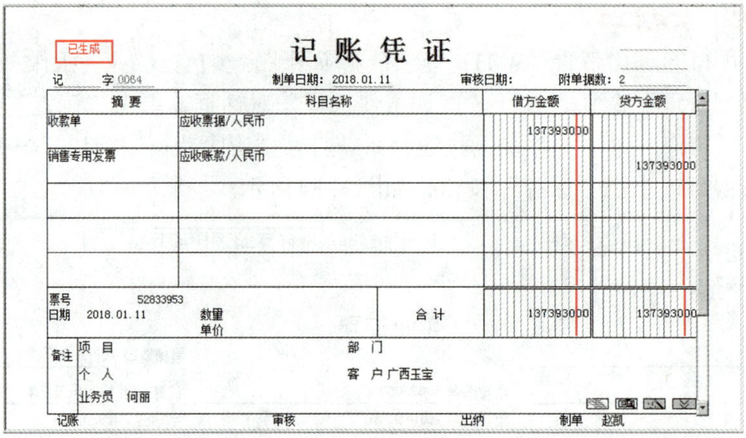

图 3-86　记账凭证

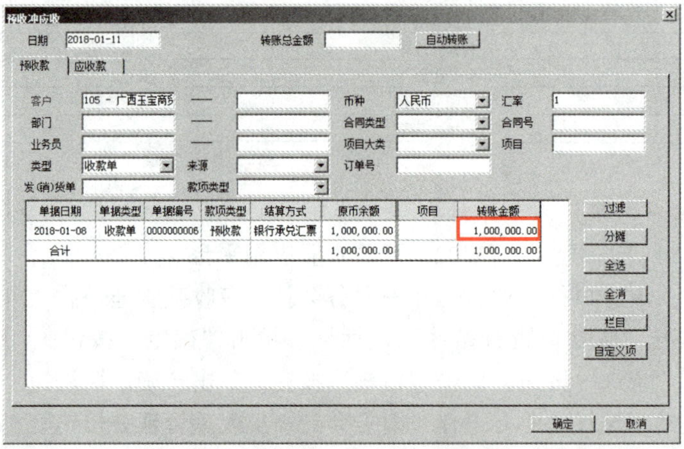

图 3-87　预收冲应收——预收款

（2）单击"应收款"选项卡，单击"过滤"按钮，在"转账金额"栏录入 1000000，如图 3-88 所示。

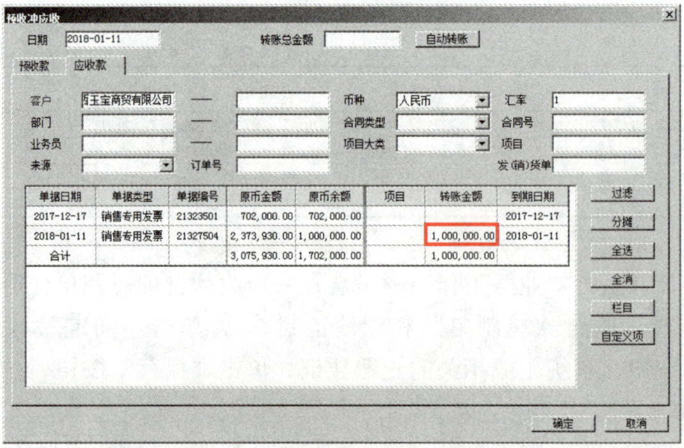

图 3-88　预收冲应收——应收款

（3）单击"确定"按钮，出现"是否立即制单"对话框，单击"是"，生成记账凭证，如图 3-89 所示。

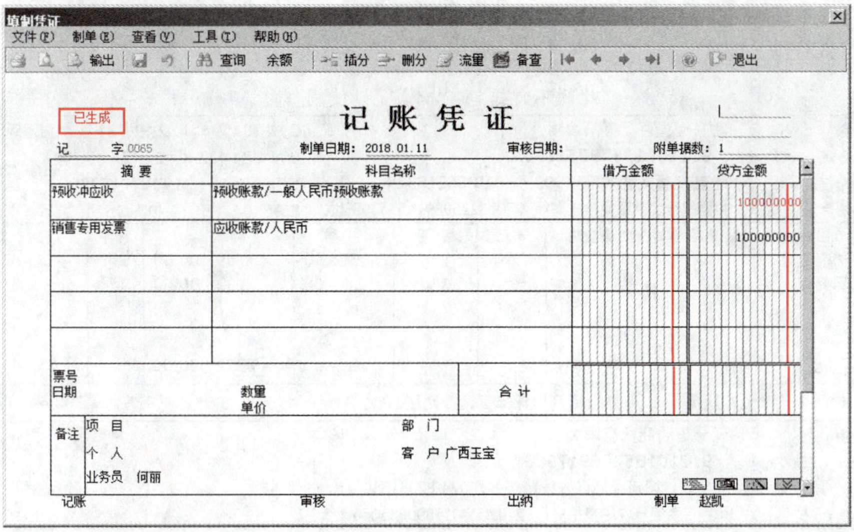

图 3-89 记账凭证

业务 5 开票直接发货且卖方承担运费的分次收款业务

2018 年 1 月 11 日，销售部何丽与北京汇鑫签订购销合同。当日，我公司开具增值税专用发票并发出全部货物，同时收取货款 100 000 元。

2018 年 1 月 12 日，收到北京汇鑫购货尾款。（选择收款）另支付运费一笔。（现付）

相关凭证如图 3-90 至图 3-96 所示。

购 销 合 同

合同编号：XS01005

卖方：辽宁恒通商贸有限公司
买方：北京汇鑫百货有限公司

为保护买卖双方的合法权益，根据《中华人民共和国合同法》的有关规定，买卖双方经友好协商，一致同意签订本合同，并共同遵守合同约定。

一、货物的名称、数量及金额：

货物名称	规格型号	计量单位	数量	单价（不含税）	金额（不含税）	税率	税额
百盛男套装		套	500	398.00	199 000.00	17%	33 830.00
百盛男夹克		件	350	380.00	133 000.00	17%	22 610.00
合 计					¥332 000.00		¥56 440.00

二、合同总金额：人民币叁拾捌万捌仟肆佰肆拾元整（¥388 440.00）。

三、签订合同当日，卖方开具增值税专用发票并发出全部货物，同时收取买方部分货款 100 000 元，在货物验收合格后，买方以电汇方式结算剩余货款 288 440 元。

四、交货地点：北京汇鑫百货有限公司。

五、发货方式与运输费用承担方式：由卖方发货并承担运输费用。

卖　方：辽宁恒通商贸有限公司　　　　　买　方：北京汇鑫百货有限公司
授权代表：何丽　　　　　　　　　　　　授权代表：王三金

图 3-90 购销合同

图 3-91 增值税专用发票

图 3-92 电汇收款凭证

出库单

客户：北京汇鑫　　　　　　　　　　2018年1月11日　　　　　　　　　　单号：CK01009

发货仓库	存货编码	存货名称	单位	数量		单价	金额
				应发	实发		
服装仓	1104	百盛男套装	套	500	500		
服装仓	1101	百盛男夹克	件	350	350		
	合　计						

部门经理：略　　　　　会计：略　　　　　仓库：略　　　　　经办人：略

图 3-93 出库单

2100172140

辽宁增值税专用发票

No 17208235

此联不作报销 抵税凭证使用

开票日期：2018年1月12日

购买方	名　　称：辽宁恒通商贸有限公司 纳税人识别号：91210105206917583A 地　址、电话：辽宁省沈阳市皇姑区人民路369号 024-82681359 开户行及账号：中国工商银行沈阳皇姑支行 2107024015890035666	密码区	7+<02865-<20-9++>77+* 6273939160097464935>> 61905<*9>-618>+9+13-+ +-670/9+4>6*15*->2</*	加密版本：01 2100172140 17208235

货物或应税劳务、服务名称	规格型号	单位	数量	单价	金　额	税率	税　额
运输费		千米	700	5.00	3 500.00	11%	385.00
合　　计					¥3 500.00		¥385.00

价税合计（大写）	⊗叁仟捌佰捌拾伍元整	（小写）¥3 885.00

销售方	名　　称：沈阳通达物流有限公司 纳税人识别号：91210105357948262A 地　址、电话：辽宁省沈阳市皇姑区振兴路968号 024-82961537 开户行及账号：中国银行沈阳皇姑支行 820114163108091001	备注	

收款人：张译文　　复核：朱梓嘉　　开票人：解冰　　销售方：（章）

图3-94　增值税专用发票

中国工商银行　电汇凭证(收账通知)　4 16381755

☑普通　☐加急　　委托日期　2018年1月12日

汇款人	全　称	北京汇鑫百货有限公司	收款人	全　称	辽宁恒通商贸有限公司
	账　号	2700322598914536398		账　号	2107024015890035666
	汇出地点	北京市/县		汇入地点	辽宁省 沈阳市/县
	汇出行名称	中国银行北京顺义常庄支行		汇入行名称	中国工商银行沈阳皇姑支行

金额	人民币 （大写）	贰拾捌万捌仟肆佰肆拾元整	亿 千 百 十 万 千 百 十 元 角 分 　　　　¥ 2 8 8 4 4 0 0 0

此汇款已收入收款人账户。	支付密码	
汇入行签章	附加信息及用途：货款	复核　　记账

（中国工商银行 沈阳皇姑支行 2018.01.12 转讫 (5)）

此联为开户行给收款人的收账通知

图3-95　电汇收款凭证

中国工商银行
转账支票存根

21003365
21562391
附加信息

出票日期 2018年1月12日
收款人：
沈阳通达物流有限公司
金　额：¥3 885.00
用　途：运费

单位主管 李成喜　会计 赵凯

图3-96　转账支票存根

【操作过程概览】

本业务的操作过程概览见表3-6。

表3-6　　　　　　　　　　操作过程概览

序号	操作日期	操作员	系统	操作内容
1	2018-01-11	X01 刘晓明	销售管理	填制销售订单
2	2018-01-11	X01 刘晓明	销售管理	参照销售订单生成销售专用发票
3	2018-01-11	C01 李泽华	库存管理	参照发货单生成销售出库单
4	2018-01-11	W02 赵凯	应收款管理	审核发票并制单处理
5	2018-01-11	W02 赵凯	存货核算	正常单据记账并生成凭证
6	2018-01-12	W03 贺青	应收款管理	选择收款
7	2018-01-12	W02 赵凯	应收款管理	合并制单
8	2018-01-12	G01 张宏亮	采购管理	填制运费专用发票（现付）
9	2018-01-12	W02 赵凯	应付款管理	审核发票并制单处理

【具体操作过程】

1. 填制销售订单

2018年1月11日，由刘晓明（X01）登录企业应用平台。依次双击"业务工作"页签中"供应链→销售管理→销售订货→销售订单"菜单，打开"销售订单"窗口。单击工具栏的"增加"按钮，根据图3-90填制销售订单，填制完毕保存并审核，结果如图3-97所示。

图3-97　销售订单

2. 参照销售订单生成销售专用发票

（1）在"销售管理"子系统，依次双击"销售开票→销售专用发票"菜单，打开"销售专用发票"窗口。单击工具栏的"增加"按钮，执行"生单"|"参照订单"，打开"查询条件选择-参照订单"窗口，单击"确定"，选择XS01005号订单，单击"确定"按钮，修改发票号为21327505，修改表体"仓库名称"为"服装仓"，单击"保存"按钮。

（2）单击"现结"按钮，打开"现结"对话框。根据图3-92，"结算方式"选择"电汇"，"原币金额"输入100000，"票据号"输入16381746。输入完毕单击"确定"按钮，返回"销售专用发票"窗口。单击"复核"按钮，复核已现结的销售专用发票，如图3-98所示。

销售专用发票

	仓库名称	存货编码	存货名称	主计量	数量	无税单价	无税金额	税额	价税合计	税率（%）	退补标志
1	服装仓	1104	百盛男套装	套	500.00	398.00	199000.00	33830.00	232830.00	17.00	正常
2	服装仓	1101	百盛男夹克	件	350.00	380.00	133000.00	22610.00	155610.00	17.00	正常
3											

图3-98　销售专用发票

3. 参照发货单生成销售出库单

2018年1月11日，由李泽华（C01）登录企业应用平台。依次双击"业务工作"页签中"供应链→库存管理→出库业务→销售出库单"菜单，系统打开"销售出库单"窗口。在"销售出库单"窗口中，执行"生单丨销售生单"命令，打开"查询条件选择-销售发货单列表"对话框，单击"确定"按钮，打开"销售生单"窗口。选择11日北京汇鑫的"发货单"，单击工具栏的"确定"按钮，系统返回"销售出库单"窗口。根据图3-93修改出库单号为"CK01009"。保存并审核该出库单，结果如图3-99所示。

销售出库单

	存货编码	存货名称	主计量单位	数量	单价	金额
1	1104	百盛男套装	套	500.00		
2	1101	百盛男夹克	件	350.00		
3						

图3-99　销售出库单

4. 审核发票并制单处理

2018年1月11日，由赵凯（W02）登录企业应用平台。执行"业务工作→财务会计→应收款管理→应收单据处理→应收单据审核"命令，打开"应收单查询条件"对话框，勾选"包含已现结发票"，单击"确定"按钮，打开"单据处理"窗口。双击11日北京汇鑫那一行"选择"栏右侧任意单元格，打开"销售发票"窗口。单击"审核"按钮，系统提示"是否立即制单？"，点击"是"，生成记账凭证，单击"保存"，结果如图3-100所示。

5. 正常单据记账并生成凭证

（1）正常单据记账。在供应链的"存货核算"子系统，依次执行"业务核算→正常单据记账"命令，系统打开"查询条件选择"窗口，直接单击其"确定"按钮，系统打开"未记账单据一览表"窗口。单击工具栏的"全选"按钮，以选中21327505号发票的两行记录，使其显示"Y"字样，此时单击工具栏的"记账"按钮，系统弹出信息框提示记账成功，单击其"确定"按钮，完成记账工作。

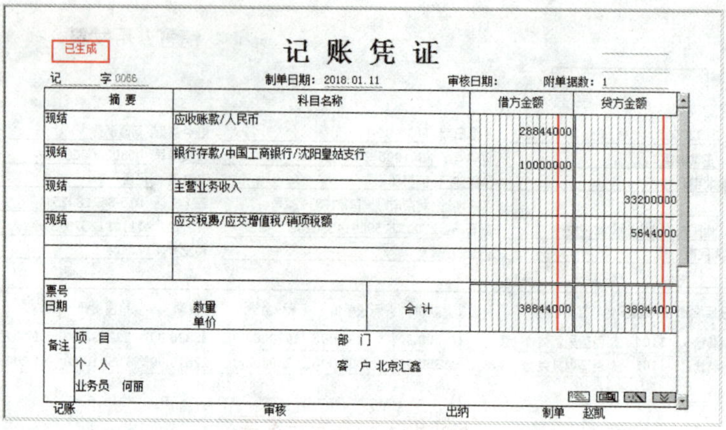

已生成

记账凭证

记 字 0066 制单日期：2018.01.11 审核日期： 附单据数：1

摘要	科目名称	借方金额	贷方金额
现结	应收账款/人民币	28844000	
现结	银行存款/中国工商银行/沈阳皇姑支行	10000000	
现结	主营业务收入		33200000
现结	应交税费/应交增值税/销项税额		5644000
票号 日期	数量 单价 合计	38844000	38844000

备注 项目 部门
个人 客户 北京汇鑫
业务员 何丽

记账 审核 出纳 制单 赵凯

图3-100 记账凭证

（2）生成凭证。依次执行“存货核算”子系统的“财务核算→生成凭证”命令，系统打开“生成凭证”窗口。单击工具栏的“选择”按钮，系统弹出“查询条件”对话框，单击“确定”按钮，系统打开“选择单据”窗口。单击工具栏的“全选”按钮，以选中21327505号发票，再单击工具栏的“确定”按钮，系统自动退出“选择单据”窗口返回“生成凭证”窗口。单击工具栏的“生成”按钮，系统打开“填制凭证”窗口并自动生成凭证。单击工具栏的“保存”按钮，保存此凭证，如图3-101所示。

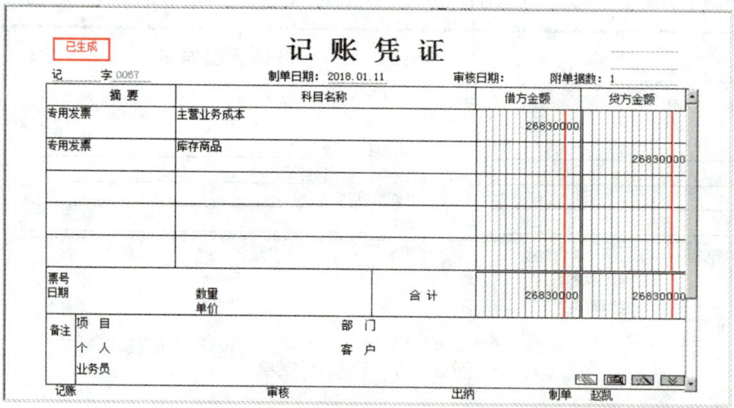

已生成

记账凭证

记 字 0067 制单日期：2018.01.11 审核日期： 附单据数：1

摘要	科目名称	借方金额	贷方金额
专用发票	主营业务成本	26830000	
专用发票	库存商品		26830000
票号 日期	数量 单价 合计	26830000	26830000

备注 项目 部门
个人 客户
业务员

记账 审核 出纳 制单 赵凯

图3-101 记账凭证

6. 选择收款

2018年1月12日，由贺青（W03）登录企业应用平台。执行“业务工作→财务会计→应收款管理→选择收款”命令，打开“选择收款—条件”窗口。选择客户“北京汇鑫”，单击“确定”，进入“选择收款-单据”窗口，单击“全选”按钮，再单击“确认”按钮，弹出“选择收款-收款单”对话框，根据图3-95电汇收款凭证输入相关内容，结果如图3-102所示，单击“确定”按钮。

7. 合并制单

2018年1月12日，由赵凯（W02）登录企业应用平台。执行“业务工作→财务会计→应收款管理→制单处理”命令，打开“制单查询”窗口，勾选“收付款单制单”和“核销制单”，单击“确定”，进入“制单”窗口。单击“合并”按钮，再单击“制单”，系统生成相关的记账凭证，单击“保存”按钮，如图3-103所示。

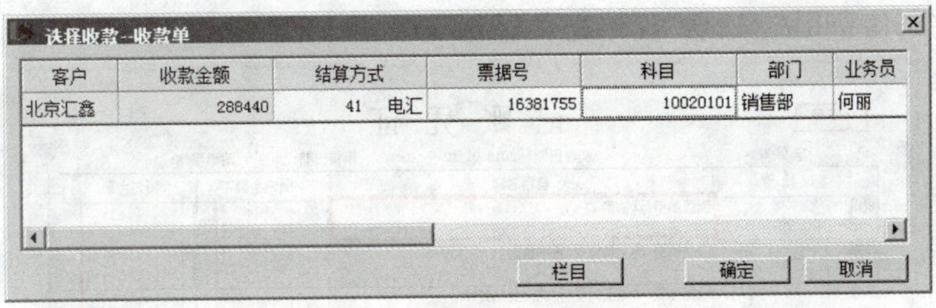

选择收款-收款单

客户	收款金额	结算方式	票据号	科目	部门	业务员
北京汇鑫	288440	41 电汇	16381755	10020101	销售部	何丽

栏目 确定 取消

图3-102 “选择收款-收款单”窗口

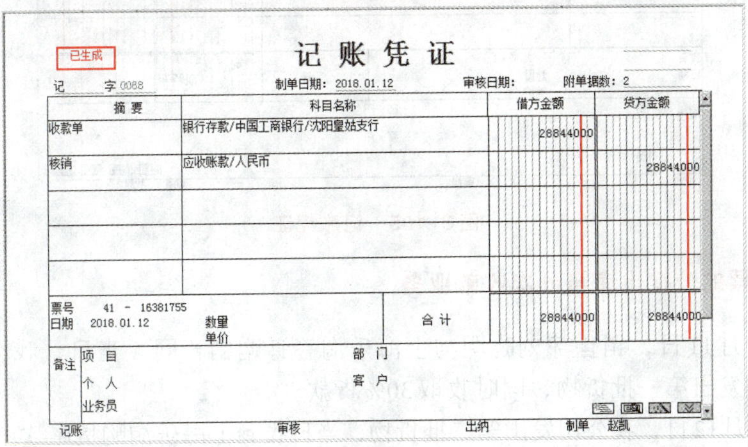

已生成

记账凭证

记 字 0088 制单日期：2018.01.12 审核日期： 附单据数：2

摘要	科目名称	借方金额	贷方金额
收款单	银行存款/中国工商银行/沈阳皇姑支行	28844000	
核销	应收账款/人民币		28844000
票号 41 - 16381755 日期 2018.01.12	数量 单价 合计	28844000	28844000

备注 项目 部门

个人 客户

业务员

记账 审核 出纳 制单 赵凯

图3-103 记账凭证

8. 填制运费专用发票（现付）

（1）2018年1月12日，由张宏亮（G01）登录企业应用平台。在“采购管理”子系统，依次双击“采购发票→采购专用发票”菜单，打开“专用发票”窗口。单击工具栏的“增加”按钮，根据图3-94手工填制一张专用发票，填制完毕保存该发票。

（2）单击“现付”按钮，打开“采购现付”对话框。根据图3-96，“结算方式”选择“转账支票”、“金额”输入3885，“票据号”输入21562391。单击“确定”，返回“专用发票”窗口，结果如图3-104所示。

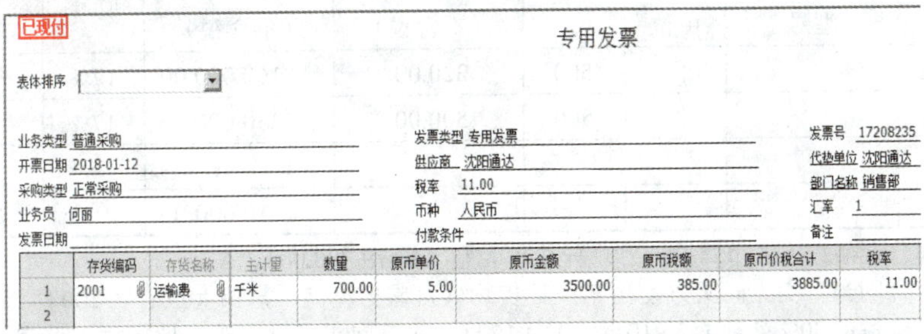

已现付

专用发票

表体排序

业务类型 普通采购 发票类型 专用发票 发票号 17208235

开票日期 2018-01-12 供应商 沈阳通达 代垫单位 沈阳通达

采购类型 正常采购 税率 11.00 部门名称 销售部

业务员 何丽 币种 人民币 汇率 1

发票日期 付款条件 备注

	存货编码	存货名称	主计量	数量	原币单价	原币金额	原币税额	原币价税合计	税率
1	2001	运输费	千米	700.00	5.00	3500.00	385.00	3885.00	11.00
2									

图3-104 采购专用发票

9. 审核发票并制单处理

2018年1月12日，由赵凯（W02）登录企业应用平台。执行“业务工作→财务会计→应付款管理→应付单据处理→应付单据审核”命令，打开“应付单查询条件”对话框，勾选“包含已现结发票”和“未完全报销”，单击“确定”按钮，打开“单据处理”窗口。双击12日沈阳通达那一行“选择”栏右侧任意单元格，打开“采购发票”窗口。单击“审核”按钮，系统提示“是否立即制单?”，点击“是”，生成记账凭证。将记账凭证第1行的会计科目改为"销售费用/运输费"。单击"保存",结果如图3-105所示。

图 3-105　记账凭证

业务6 先开票的分批出库与分次收款业务

2018年1月11日,销售部刘晓明与上海乐淘签订购销合同。当日,我公司开具增值税专用发票并发出第一批货物,同时收取30%货款。

2018年1月12日,我公司发出第二批货物,当日收到上海乐淘购货尾款。(选择收款)

相关凭证如图3-106至图3-111所示。

购 销 合 同

合同编号:XS01006

卖方:辽宁恒通商贸有限公司
买方:上海乐淘贸易有限公司

为保护买卖双方的合法权益,根据《中华人民共和国合同法》的有关规定,买卖双方经友好协商,一致同意签订本合同,并共同遵守合同约定。

一、货物的名称、数量及金额:

货物名称	规格型号	计量单位	数量	单价（不含税）	金额（不含税）	税率	税额
百盛男夹克		件	500	320.00	160 000.00	17%	27 200.00
嘉伟女风衣		件	500	500.00	250 000.00	17%	42 500.00
合　计					￥410 000.00		￥69 700.00

二、合同总金额:人民币肆拾柒万玖仟柒佰元整(￥479 700.00)。

三、签订合同当日卖方向买方发出第一批货物(百盛男夹克、嘉伟女风衣各200件),同时收到买方支付合同总金额的30%款项143 910元。1月12日,卖方向买方发出第二批货物(百盛男夹克、嘉伟女风衣各300件),验收合格后,买方向卖方支付剩余70%款项335 790元。结算方式:电汇。

四、交货地点:辽宁恒通商贸有限公司。

五、发运方式与运输费用承担方式:由卖方发货,买方承担运输费用。

卖　方:辽宁恒通商贸有限公司　　　买　方:上海乐淘贸易有限公司
授权代表:刘晓明　　　　　　　　　授权代表:刘乐乐
日　　期:2018年1月11日　　　　　日　　期:2018年1月11日

图 3-106　购销合同

2100172140　　　**辽宁增值税专用发票**　　　№ 21327506

此联不作报销会计提凭证使用　　　开票日期：2018年1月11日

购买方	名　称：上海乐淘贸易有限公司 纳税人识别号：**91310112203203919A** 地址、电话：上海市闵行区北京路1号　021-65431789 开户行及账号：交通银行闵行区北京路支行　8059209375023168063	密码区	5*921-3<204*<0492++-- 59602<+<9719>*2+68>92 5+-868+108+24/<*6566> >*241/>585>++73-4-905	加密版本：01 2100172140 21327506

货物或应税劳务、服务名称	规格型号	单位	数量	单价	金额	税率	税额
百盛男夹克		件	500	320.00	160 000.00	17%	27 200.00
嘉伟女风衣		件	500	500.00	250 000.00	17%	42 500.00
合　　计					¥410 000.00		¥69 700.00

价税合计（大写）　⊗肆拾柒万玖仟柒佰元整　　　　（小写）¥479 700.00

销售方	名　称：辽宁恒通商贸有限公司 纳税人识别号：**91210105206917583A** 地址、电话：辽宁省沈阳市皇姑区人民路369号　024-82681359 开户行及账号：中国工商银行沈阳皇姑支行　2107024015890035666	备注	

收款人：贺青　　　复核：王钰　　　开票人：赵凯　　　销售方：(章)

图3-107　增值税专用发票

出库单

客户：上海乐淘　　　　2018年1月11日　　　　单号：CK01010

发货仓库	存货编码	存货名称	单位	数量		单价	金额
				应发	实发		
服装仓	1101	百盛男夹克	件	200	200		
服装仓	1105	嘉伟女风衣	件	200	200		
合　计							

部门经理：略　　　会计：略　　　仓库：略　　　经办人：略

图3-108　出库单

中国工商银行　电汇凭证(收账通知)　4　56136762

☑普通　□加急　　　委托日期　2018年1月11日

汇款人	全　称	上海乐淘贸易有限公司	收款人	全　称	辽宁恒通商贸有限公司
	账　号	8059209375023168063		账　号	2107024015890035666
	汇出地点	上海市/县		汇入地点	辽宁省　沈阳市/县
汇出行名称	交通银行闵行区北京路支行		汇入行名称	中国工商银行沈阳皇姑支行	

金额	人民币 (大写)	壹拾肆万叁仟玖佰壹拾元整	亿	千	百	十	万	千	百	十	元	角	分
					¥	1	4	3	9	1	0	0	0

此汇款已收入收款人账户。　　　支付密码

附加信息及用途：货款

汇入行签章　　　　　　复核　　　记账

图3-109　电汇收款凭证

出库单

客户：上海乐淘　　　　　　　　2018年1月12日　　　　　　　　单号：CK01011

发货仓库	存货编码	存货名称	单位	数量		单价	金额
				应发	实发		
服装仓	1101	百盛男夹克	件	300	300		
服装仓	1105	嘉伟女风衣	件	300	300		
合　计							

部门经理：略　　　　　会计：略　　　　　　仓库：略　　　　　　经办人：略

图3-110　出库单

中国工商银行　电汇凭证（收账通知）　4　56136768

☑普通　□加急　　　委托日期　　2018年1月12日

汇款人	全　称	上海乐淘贸易有限公司	收款人	全　称	辽宁恒通商贸有限公司
	账　号	8059209375023168063		账　号	2107024015890035666
	汇出地点	上海市/县		汇入地点	辽宁省　沈阳市/县
	汇出行名称	交通银行闵行区北京路支行		汇入行名称	中国工商银行沈阳皇姑支行

金额　人民币（大写）　叁拾叁万伍仟柒佰玖拾元整　　¥ 3 3 5 7 9 0 0 0

此汇款已收入收款人账户。

转讫（5）　支付密码

附加信息及用途：货款

汇入行签章　　　　　　复核　　　记账

此联为开户行给收款人的收账通知

图3-111　电汇收款凭证

【操作过程概览】

本业务的操作过程概览见表3-7。

表3-7　　　　　　　　　　　　操作过程概览

序号	操作日期	操作员	系统	操作内容
1	2018-01-11	X01刘晓明	销售管理	填制销售订单
2	2018-01-11	X01刘晓明	销售管理	参照销售订单生成销售专用发票
3	2018-01-11	C01李泽华	库存管理	参照发货单批量生成第一张销售出库单
4	2018-01-11	W02赵凯	应收款管理	审核发票并制单处理
5	2018-01-11	W02赵凯	存货核算	正常单据记账并生成凭证
6	2018-01-12	C01李泽华	库存管理	参照发货单批量生成第二张销售出库单
7	2018-01-12	W03贺青	应收款管理	选择收款
8	2018-01-12	W02赵凯	应收款管理	合并制单

【具体操作过程】

1. 填制销售订单

2018年1月11日，由刘晓明（X01）登录企业应用平台。依次双击"业务工作"页签中"供应链→销售管理→销售订货→销售订单"菜单，打开"销售

先开票的分批出库与分次收款业务

订单"窗口。单击工具栏的"增加"按钮，根据图3-106填制销售订单，填制完毕保存并审核，结果如图3-112所示。

销售订单

表体排序

订单号	XS01006	订单日期	2018-01-11	业务类型	普通销售
销售类型	正常销售	客户简称	上海乐淘	付款条件	
销售部门	销售部	业务员	刘晓明	税率	17.00
币种	人民币	汇率	1	备注	
必有定金	否	定金原币金额		定金累计实收原币金额	
定金比例(%)		定金本币金额		定金累计实收本币金额	

	存货编码	存货名称	主计量	数量	无税单价	无税金额	税额	价税合计	税率（%）	预计发货日期
1	1101	百盛男夹克	件	200.00	320.00	64000.00	10880.00	74880.00	17.00	2018-01-11
2	1105	嘉伟女风衣	件	200.00	500.00	100000.00	17000.00	117000.00	17.00	2018-01-11
3	1101	百盛男夹克	件	300.00	320.00	96000.00	16320.00	112320.00	17.00	2018-01-12
4	1105	嘉伟女风衣	件	300.00	500.00	150000.00	25500.00	175500.00	17.00	2018-01-12
5										

图3-112 销售订单

2. 参照销售订单生成销售专用发票

（1）在"销售管理"子系统，依次双击"销售开票→销售专用发票"菜单，打开"销售专用发票"窗口。单击工具栏的"增加"按钮，执行"生单"|"参照订单"命令，打开"查询条件选择-参照订单"窗口，单击"确定"，选择XS01006号订单，单击"确定"按钮，返回"销售专用发票"窗口。修改发票号为21327506，修改表体"仓库名称"为"服装仓"，单击"保存"按钮。

（2）单击"现结"按钮，打开"现结"对话框。根据图3-109，"结算方式"选择"电汇"，"原币金额"输入143910，"票据号"输入56136762。输入完毕，单击"确定"按钮，返回"销售专用发票"窗口。单击工具栏的"复核"，结果如图3-113所示。

销售专用发票

现结

表体排序

发票号	21327506	开票日期	2018-01-11	业务类型	普通销售
销售类型	正常销售	订单号	XS01006	发货单号	0000000007
客户简称	上海乐淘	销售部门	销售部	业务员	刘晓明
付款条件		客户地址	上海市闵行区北京路1号	联系电话	021-65431789
开户银行	交通银行闵行区北京路支行	账号	8059209375023168063	税号	91310112203203919A
币种	人民币	汇率	1	税率	17.00
备注					

	仓库名称	存货编码	存货名称	主计量	数量	无税单价	无税金额	税额	价税合计	税率（%）	退补标志
1	服装仓	1101	百盛男夹克	件	200.00	320.00	64000.00	10880.00	74880.00	17.00	正常
2	服装仓	1105	嘉伟女风衣	件	200.00	500.00	100000.00	17000.00	117000.00	17.00	正常
3	服装仓	1101	百盛男夹克	件	300.00	320.00	96000.00	16320.00	112320.00	17.00	正常
4	服装仓	1105	嘉伟女风衣	件	300.00	500.00	150000.00	25500.00	175500.00	17.00	正常
5											

图3-113 销售专用发票

3. 参照发货单批量生成第一张销售出库单

（1）2018年1月11日，由李泽华（C01）登录企业应用平台。依次双击"业务工作"页签中"供应链→库存管理→出库业务→销售出库单"菜单，系统打开"销售出库单"

窗口。在"销售出库单"窗口中,执行"生单"I"销售生单(批量)"命令,打开"查询条件选择-销售发货单列表"对话框,单击"确定"按钮,系统打开"销售生单"窗口。

窗口上方选择11日上海乐淘的发货单所对应的"选择"栏,窗口下方选择前两行,结果如图3-114所示。再单击工具栏的"确定"按钮,返回"销售出库单"窗口。

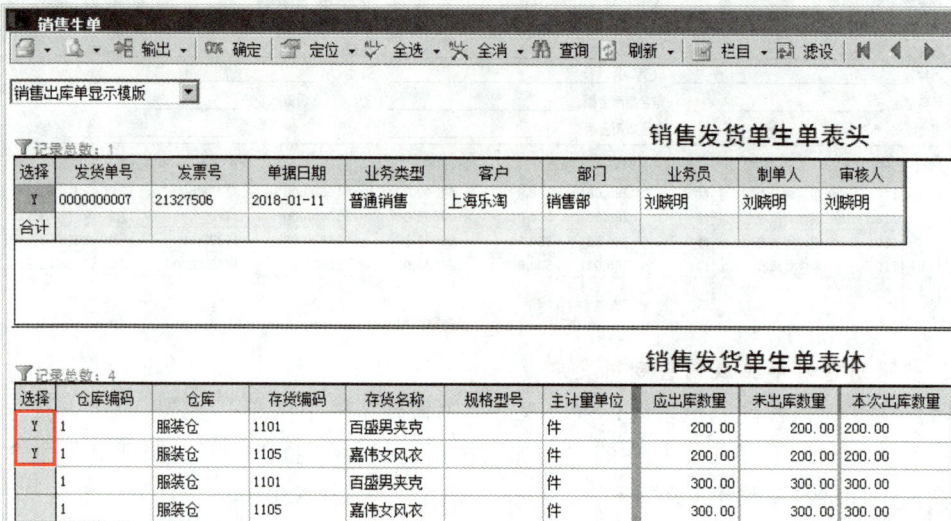

图3-114 "销售生单"窗口

(2)单击"修改"按钮,根据图3-108,修改出库单表头出库单号为CK01010,保存并审核该出库单,结果如图3-115所示。

图3-115 销售出库单

4.审核发票并制单处理

2018年1月11日,由赵凯(W02)登录企业应用平台。执行"业务工作→财务会计→应收款管理→应收单据处理→应收单据审核"命令,打开"应收单查询条件"对话框,勾选"包含已现结发票",单击"确定"按钮,打开"单据处理"窗口。双击11日上海乐淘那一行"选择"栏右侧任意单元格,打开"销售发票"窗口。单击"审核"按钮,系统提示"是否立即制单?",点击"是",生成记账凭证,结果如图3-116所示。

5.正常单据记账并生成凭证

(1)正常单据记账。在供应链的"存货核算"子系统,依次执行"业务核算→正常单据记账"命令,系统打开"查询条件选择"窗口,单击"确定"按钮,系统打开"未记账

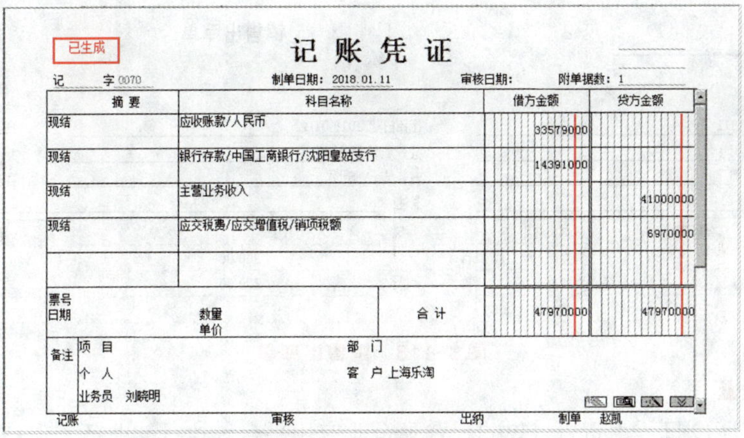

已生成

记账凭证

记　字 0070　　制单日期：2018.01.11　　审核日期：　　附单据数：1

摘要	科目名称	借方金额	贷方金额
现结	应收账款/人民币	33579000	
现结	银行存款/中国工商银行/沈阳皇姑支行	14391000	
现结	主营业务收入		41000000
现结	应交税费/应交增值税/销项税额		6970000
票号 日期	数量 单价 　合计	47970000	47970000

备注　项目　　部门
个人　　客户 上海乐淘
业务员 刘晓明

记账　　审核　　出纳　　制单 赵凯

图3-116　记账凭证

单据一览表”窗口。单击工具栏的“全选”按钮，以选中21327506号发票的4行记录，使其显示“Y”字样，此时单击工具栏的“记账”按钮，系统弹出信息框提示记账成功，单击其“确定”按钮，完成记账工作。

（2）生成凭证。依次执行“存货核算”子系统的“财务核算→生成凭证”命令，系统打开“生成凭证”窗口。单击工具栏的“选择”按钮，系统弹出“查询条件”对话框，单击“确定”按钮，系统打开“选择单据”窗口。单击工具栏的“全选”按钮，以选中21327506号发票，再单击“确定”按钮，进入“生成凭证”窗口。单击工具栏的“生成”按钮，系统打开“填制凭证”窗口并自动生成凭证。保存该凭证，如图3-117所示。

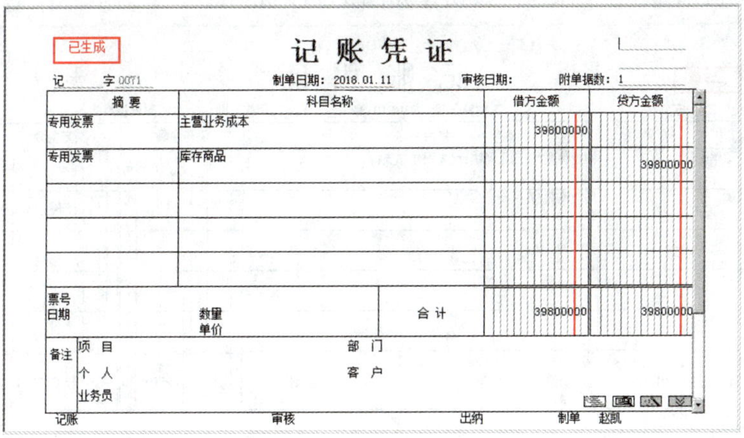

已生成

记账凭证

记　字 0071　　制单日期：2018.01.11　　审核日期：　　附单据数：1

摘要	科目名称	借方金额	贷方金额
专用发票	主营业务成本	39800000	
专用发票	库存商品		39800000
票号 日期	数量 单价 　合计	39800000	39800000

备注　项目　　部门
个人　　客户
业务员

记账　　审核　　出纳　　制单 赵凯

图3-117　记账凭证

6. 参照发货单批量生成第二张销售出库单

2018年1月12日，由李泽华（C01）登录企业应用平台。依次双击“业务工作”页签中“供应链→库存管理→出库业务→销售出库单”菜单，系统打开“销售出库单”窗口。在“销售出库单”窗口中，执行“生单”|“销售生单（批量）”命令，打开“查询条件选择-销售发货单列表”对话框，单击“确定”按钮，系统打开“销售生单”窗口。

窗口上方选择11日上海乐淘的发货单所对应的“选择”栏，再单击工具栏的“确定”按钮，返回“销售出库单”窗口。将表头的“出库单号”改为CK01011。保存并审核该出库单，结果如图3-118所示。

销售出库单

表体排序

◉ 蓝字
○ 红字

出库单号 CK01011	出库日期 2018-01-12	仓库 服装仓
出库类别 销售出库	业务类型 普通销售	业务号 21327506
销售部门 销售部	业务员 刘晓明	客户 上海乐淘
审核日期 2018-01-12	备注	

	存货编码	存货名称	主计量单位	数量	单价	金额
1	1101	百盛男夹克	件	300.00		
2	1105	嘉伟女风衣	件	300.00		
3						

图3-118 销售出库单

7. 选择收款

2018年1月12日，由贺青（W03）登录企业应用平台。执行“业务工作→财务会计→应收款管理→选择收款”命令，打开“选择收款-条件”窗口，选择客户“上海乐淘”，单击“确定”，进入“选择收款-单据”窗口。单击“全选”按钮，再单击“确认”按钮，弹出“选择收款-收款单”对话框。根据图3-111，“结算方式”选择“电汇”，“票据号”输入56136768，单击“确定”按钮。

8. 合并制单

2018年1月12日，由赵凯（W02）登录企业应用平台。执行“业务工作→财务会计→应收款管理→制单处理”命令，打开“制单查询”对话框，勾选“收付款单制单”和“核销制单”，单击“确定”，进入“制单”窗口。单击“合并”按钮，再单击“制单”，系统生成相关的记账凭证，单击“保存”按钮，如图3-119所示。

已生成

记账凭证

记 字 0072　　制单日期：2018.01.12　　审核日期：　　附单据数：2

摘要	科目名称	借方金额	贷方金额
收款单	银行存款/中国工商银行/沈阳皇姑支行	33579000	
核销	应收账款/人民币		33579000
票号 41 - 56136768 日期 2018.01.12	数量 单价	合计 33579000	33579000

备注　项目　　部门
　　　个人　　客户
　　　业务员

记账　　审核　　出纳　　制单 赵凯

图3-119 记账凭证

业务7 现金折扣业务

2018年1月12日，销售部刘晓明与广州华丰签订购销合同。当日，我公司开具增值税专用发票并发出全部货物。

2018年1月15日，收到广州华丰购货款，根据合同结算。(选择收款)

相关凭证如图3-120至图3-124所示。

购 销 合 同

合同编号：XS01007

卖方：辽宁恒通商贸有限公司

买方：广州华丰超市有限公司

为保护买卖双方的合法权益，根据《中华人民共和国合同法》的有关规定，买卖双方经友好协商，一致同意签订本合同，并共同遵守合同约定。

一、货物的名称、数量及金额：

货物名称	规格型号	计量单位	数量	单价（不含税）	金额（不含税）	税率	税额
恒久女表		只	500	3 880.00	1 940 000.00	17%	329 800.00
嘉伟女风衣		件	800	555.00	444 000.00	17%	75 480.00
合　计					¥2 384 000.00		¥405 280.00

二、合同总金额：人民币贰佰柒拾捌万玖仟贰佰捌拾元整（¥2 789 280.00）。

三、签订合同当日，卖方开具增值税专用发票并发出全部商品。信用条件：3/10，1.5/20，n/30（按不含税价款计算）。结算方式：电汇。

四、交货地点：辽宁恒通商贸有限公司。

五、发运方式及运输费用承担方式：由卖方发货，买方承担运输费用。

卖　　方：辽宁恒通商贸有限公司　　　　买　　方：广州华丰超市有限公司

授权代表：刘晓明　　　　　　　　　　　授权代表：李桐

日　　期：2018年1月12日　　　　　　　日　　期：2018年1月12日

图 3-120　购销合同

2100172140　　　　　辽宁增值税专用发票　　　　№ 21327507

此联不作报销 抵税凭证使用　　　　　　　　开票日期：2018年1月12日

购买方	名称：广州华丰超市有限公司 纳税人识别号：91440100613815327A 地址、电话：广东省广州市北市区向阳路108号 020-52396012 开户行及账号：中国工商银行广州向阳支行 2692006083025562331	密码区	67<**096<188782757517 4+80->>582212>+4+5370 +/<*>>13+2*7-+7524-*1 1<+8>-39+44-6+-81/>66	加密版本:01 2100172140 21327507

货物或应税劳务、服务名称	规格型号	单位	数量	单价	金额	税率	税额
恒久女表		只	500	3 880.00	1 940 000.00	17%	329 800.00
嘉伟女风衣		件	800	555.00	444 000.00	17%	75 480.00
合　　计					¥2 384 000.00		¥405 280.00

价税合计（大写）　⊗贰佰柒拾捌万玖仟贰佰捌拾元整　　　（小写）¥2 789 280.00

销售方	名称：辽宁恒通商贸有限公司 纳税人识别号：91210105206917583A 地址、电话：辽宁省沈阳市皇姑区人民路369号 024-82681359 开户行及账号：中国工商银行沈阳皇姑支行 2107024015890035666	备注	

收款人：贺青　　　复核：王钰　　　开票人：赵凯　　　销售方：（章）

税总函〔2017〕335号北京印钞厂　　　第一联：记账联 销售方记账凭证

图 3-121　增值税专用发票

出库单

客户：广州华丰　　　　　　　　2018年1月12日　　　　　　　　单号：CK01012

发货仓库	存货编码	存货名称	单位	数量		单价	金额
				应发	实发		
服装仓	1105	嘉伟女风衣	件	800	800		
合　计							

部门经理：略　　　　　会计：略　　　　　仓库：略　　　　　经办人：略

图 3-122　出库单

出库单

客户：广州华丰　　　　　　　　2018年1月12日　　　　　　　　单号：CK01013

发货仓库	存货编码	存货名称	单位	数量		单价	金额
				应发	实发		
手表仓	1204	恒久女表	只	500	500		
合　计							

部门经理：略　　　　　会计：略　　　　　仓库：略　　　　　经办人：略

图 3-123　出库单

图 3-124　电汇收款凭证

【操作过程概览】

本业务的操作过程概览见表3-8。

表3-8 操作过程概览

序号	操作日期	操作员	系统	操作内容
1	2018-01-12	X01刘晓明	销售管理	填制销售订单
2	2018-01-12	X01刘晓明	销售管理	参照销售订单生成销售专用发票
3	2018-01-12	C01李泽华	库存管理	批量生成销售出库单
4	2018-01-12	W02赵凯	应收款管理	审核发票并制单处理
5	2018-01-12	W02赵凯	存货核算	正常单据记账并生成凭证
6	2018-01-15	W03贺青	应收款管理	选择收款
7	2018-01-15	W02赵凯	应收款管理	合并制单

【具体操作过程】

现金折扣业务

1. 填制销售订单

2018年1月12日，由刘晓明（X01）登录企业应用平台。依次双击"业务工作"页签中"供应链→销售管理→销售订货→销售订单"菜单，打开"销售订单"窗口。单击工具栏的"增加"按钮，根据图3-120填制销售订单。填制完毕保存并审核该订单，如图3-125所示。

图3-125 销售订单

2. 参照销售订单生成销售专用发票

在"销售管理"子系统，依次双击"销售开票→销售专用发票"菜单，打开"销售专用发票"窗口。单击工具栏的"增加"按钮，执行"生单"|"参照订单"命令，打开"查询条件选择-参照订单"窗口，单击"确定"，选择XS01007号订单，单击"确定"，返回"销售专用发票"窗口。修改发票号为21327507，修改表体"仓库名称"第1行为"手表仓"，第2行为"服装仓"。保存并复核该发票，结果如图3-126所示。

图3-126 销售专用发票

3. 批量生成销售出库单

2018年1月12日，由李泽华（C01）登录企业应用平台。依次双击"业务工作"页签中"供应链→库存管理→出库业务→销售出库单"菜单，系统打开"销售出库单"窗口。在"销售出库单"窗口中，执行"生单"｜"销售生单（批量）"命令，打开"查询条件选择–销售发货单列表"对话框，单击"确定"按钮，系统打开"销售生单"窗口。双击12日广州华丰的发货单所对应的"选择"栏，再单击工具栏的"确定"按钮，系统提示"生单成功！"并返回"销售出库单"窗口。

单击"修改"按钮，根据图3-123，修改"手表仓"出库单号为"CK01013"，保存并审核该出库单，结果如图3-127所示。单击" ← "按钮，再单击"修改"，根据图3-122，修改"服装仓"出库单号为"CK01012"，保存并审核该出库单，结果如图3-128所示。

销售出库单

☉ 蓝字
○ 红字

表体排序

出库单号 CK01013　　　　出库日期 2018-01-12　　　　仓库 手表仓
出库类别 销售出库　　　　业务类型 普通销售　　　　业务号 21327507
销售部门 销售部　　　　业务员 刘晓明　　　　客户 广州华丰
审核日期 2018-01-12　　　　备注

	存货编码	存货名称	主计量单位	数量	单价	金额
1	1204	恒久女表	只	500.00		
2						

图3-127　销售出库单

销售出库单

☉ 蓝字
○ 红字

表体排序

出库单号 CK01012　　　　出库日期 2018-01-12　　　　仓库 服装仓
出库类别 销售出库　　　　业务类型 普通销售　　　　业务号 21327507
销售部门 销售部　　　　业务员 刘晓明　　　　客户 广州华丰
审核日期 2018-01-12　　　　备注

	存货编码	存货名称	主计量单位	数量	单价	金额
1	1105	嘉伟女风衣	件	800.00		
2						

图3-128　销售出库单

4. 审核发票并制单处理

2018年1月12日，由赵凯（W02）登录企业应用平台。执行"业务工作→财务会计→应收款管理→应收单据处理→应收单据审核"命令，打开"应收单查询条件"对话框，勾选"包含已现结发票"，单击"确定"按钮，打开"单据处理"窗口。双击12日广州华丰那一行"选择"栏右侧任意单元格，打开"销售发票"窗口，单击"审核"按钮，系统提示"是否立即制单?"，点击"是"，生成记账凭证，结果如图3-129所示。

5. 正常单据记账并生成凭证

（1）正常单据记账。在供应链的"存货核算"子系统，依次执行"业务核算→正常单据记账"命令，系统打开"查询条件选择"窗口，直接单击其"确定"按钮，系统打开"未记账单据一览表"窗口。单击工具栏的"全选"按钮，以选中21327507号发票的2行记录，再单击工具栏的"记账"按钮，弹出"记账成功"对话框，单击"确定"按钮，完成记账工作。

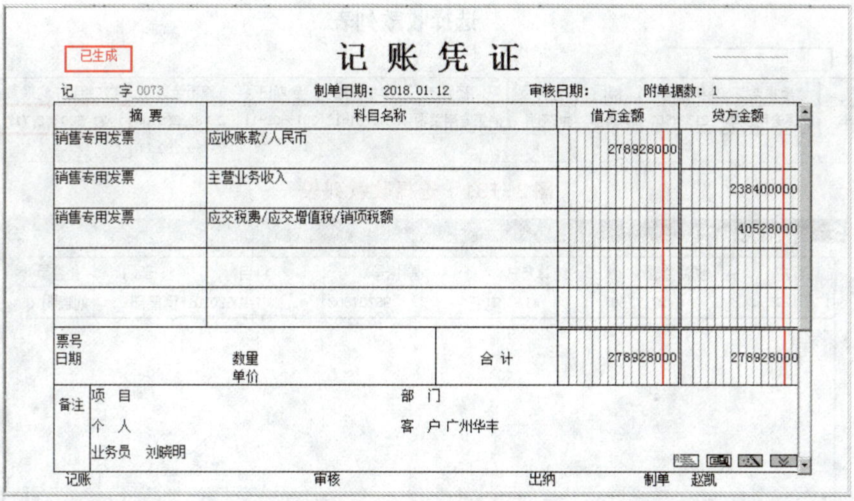

图3-129 记账凭证

（2）生成凭证。依次执行"存货核算"子系统的"财务核算→生成凭证"命令，系统打开"生成凭证"窗口。单击工具栏的"选择"按钮，系统弹出"查询条件"对话框，单击"确定"按钮，系统打开"选择单据"窗口。单击工具栏的"全选"按钮，以选中21327507号发票的2行记录，再单击"确定"按钮，进入"生成凭证"窗口。单击工具栏的"生成"按钮，系统打开"填制凭证"窗口并自动生成凭证。保存该凭证，如图3-130所示。

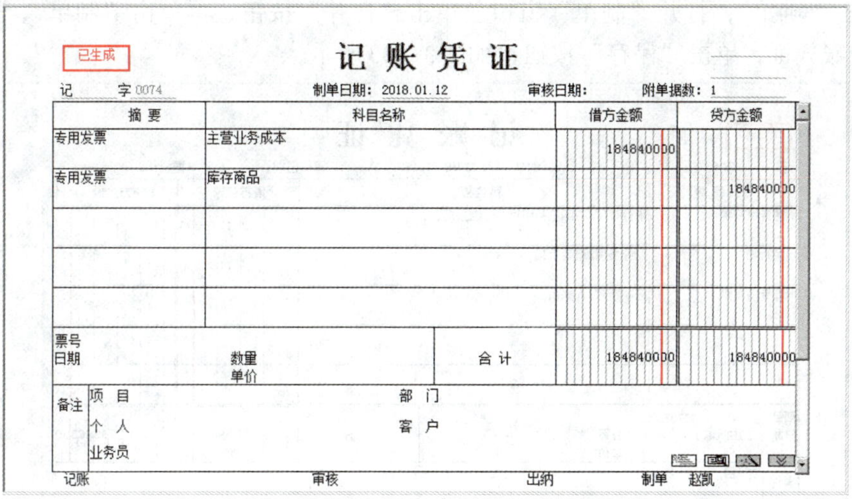

图3-130 记账凭证

6. 选择收款

2018年1月15日，由贺青（W03）登录企业应用平台。执行"业务工作→财务会计→应收款管理→选择收款"命令，打开"选择收款-条件"窗口。选择客户"广州华丰"，单击"确定"，进入"选择收款-单据"窗口。"本次折扣"输入71520，"收款金额"输入2717760，如图3-131所示，再单击"确认"按钮，弹出"选择收款-收款单"对话框。根据图3-124，"结算方式"选择"电汇"，"票据号"输入96707302，如图3-132所示，单击"确定"按钮。

选择收款列表

收款总计 [   ]

客户	单据类型	单据编号	部门	业务员	摘要	单据日期	到期日	原币金额	本次折扣	收款金额
广州华丰	销售专用发票	21327507	销售部	刘晓明	销售专用发票	2018-01-12	2018-02-11	2,789,280.00	71,520	2,717,760.00
合计								2,789,280.00		

图3-131 选择收款列表

选择收款-收款单

客户	收款金额	结算方式	票据号	科目	部门	业务员
广州华丰	2717760	41 电汇	96707302	10020101	销售部	刘晓明

[栏目] [确定] [取消]

图3-132 "选择收款-收款单"窗口

7. 合并制单

2018年1月15日，由赵凯（W02）登录企业应用平台。执行"业务工作→财务会计→应收款管理→制单处理"命令，弹出"制单查询"窗口。选择"收付款单制单"和"核销制单"，单击"确定"，打开"制单"窗口。单击"合并"按钮，再单击"制单"，系统生成相关的记账凭证，单击"保存"按钮，如图3-133所示。

记 账 凭 证

已生成

记 字 0075   制单日期: 2018.01.15   审核日期: 附单据数: 2

摘 要	科目名称	借方金额	贷方金额
销售专用发票	银行存款/中国工商银行/沈阳皇姑支行	271776000	
现金折扣	财务费用/现金折扣	7152000	
销售专用发票	应收账款/人民币		278928000

票号 41 - 96707302
日期 2018.01.15   数量
          单价

合 计   278928000   278928000

备注 项 目   部 门
      个 人   客 户
      业务员

记账   审核   出纳   制单 赵凯

图3-133 记账凭证

业务8 外币销售业务

2018年1月12日，销售部刘晓明与大福贸易（中国）有限公司签订购销合同。当日，我公司开具增值税专用发票并发出全部货物。当日美元汇率1：6.45。不考虑出口退税。

相关凭证如图3-134至图3-136所示。

购销合同

合同编号：XS01008

卖方：辽宁恒通商贸有限公司

买方：大福贸易（中国）有限公司

　　为保护买卖双方的合法权益，根据《中华人民共和国合同法》的有关规定，买卖双方经友好协商，一致同意签订本合同，并共同遵守合同约定。

　　一、货物的名称、数量及金额：

货物名称	规格型号	计量单位	数量	美元单价（不含税）	金额（不含税）	税率	税额
嘉伟羽绒服		件	500	$600.00	$300 000.00		
合　计					$300 000.00		

　　二、合同总金额：美元叁拾万元整（$300 000.00）。

　　三、签订合同当日，卖方开具增值税专用发票，并发出全部货物。买方于1月底前支付货款。结算方式：电汇。

　　四、交货地点：辽宁恒通商贸有限公司。

　　五、发运方式及运输费用承担方式：由卖方发货，买方承担运输费用。

卖　　方：辽宁恒通商贸有限公司　　　　　　买　　方：大福贸易（中国）有限公司

授权代表：刘晓明　　　　　　　　　　　　　授权代表：李福星

日　　期：2018年1月12日　　　　　　　　　日　　期：2018年1月12日

图 3-134　购销合同

2100172140　　辽宁增值税专用发票　　№ 21327508

此联不作报销、扣税凭证使用　　　　开票日期：2018年1月12日

购买方	名　称：大福贸易(中国)有限公司 纳税人识别号：**912201065558728329A** 地址、电话：吉林省长春市绿园区大顺路1206号 0431-3819395 开户行及账号：中国建设银行长春绿园支行 2798372568980102952	密码区	12+442556-3+>+-8<2<>6 >5*43<>47*-+6/07<6284 588-38+088->82341>908 +1/++51*8*1+156->693*	加密版本:01 2100172140 21327508

货物或应税劳务、服务名称	规格型号	单位	数量	单价	金　额	税率	税　额
嘉伟羽绒服		件	500	3 870.00	1 935 000.00		
合　　计					￥1 935 000.00		

价税合计（大写）　⊗壹佰玖拾叁万伍仟元整　　　　（小写）￥1 935 000.00

销售方	名　称：辽宁恒通商贸有限公司 纳税人识别号：**91210105206917583A** 地址、电话：辽宁省沈阳市皇姑区人民路369号 024-82681359 开户行及账号：中国工商银行沈阳皇姑支行 2107024015890035666	备注	结算金额$300 000.00 折算汇率1:6.45

收款人：贺青　　　复核：王钰　　　开票人：赵凯　　　销售方：（章）

税总函〔2017〕335号 北京印钞厂

第一联：记账联　销售方记账凭证

图 3-135　增值税专用发票

出库单

客户：大福贸易　　　　2018 年 1 月 12 日　　　　单号：CK01014

发货仓库	存货编码	存货名称	单位	数量		单价	金额
				应发	实发		
服装仓	1107	嘉伟羽绒服	件	500	500		
合　计							

部门经理：略　　　　会计：略　　　　仓库：略　　　　经办人：略

图 3-136　出库单

【操作过程概览】

本业务的操作过程概览见表3-9。

表 3-9　　　　操作过程概览

序号	操作日期	操作员	系统	操作内容
1	2018-01-12	X01 刘晓明	销售管理	填制销售订单
2	2018-01-12	X01 刘晓明	销售管理	参照销售订单生成销售专用发票
3	2018-01-12	C01 李泽华	库存管理	参照发货单生成销售出库单
4	2018-01-12	W02 赵凯	应收款管理	审核发票并制单处理
5	2018-01-12	W02 赵凯	存货核算	正常单据记账并生成凭证

【具体操作过程】

1. 填制销售订单

2018 年 1 月 12 日，由刘晓明（X01）登录企业应用平台。依次双击"业务工作"页签中"供应链→销售管理→销售订货→销售订单"菜单，打开"销售订单"窗口。单击工具栏的"增加"按钮，修改"订单编号"为"XS01008"，"销售类型"为"正常销售"，"币种"为"美元"，"汇率"为"6.45"，根据图 3-134 填制销售订单。填制完毕保存并审核该订单，结果如图 3-137 所示。

图 3-137　销售订单

2. 参照销售订单生成销售专用发票

在"销售管理"子系统，依次双击"销售开票→销售专用发票"菜单，打开"销售专用发票"窗口。单击工具栏的"增加"按钮，执行"生单" | "参照订单"命令，打开"查询条件选择-参照订单"窗口，单击"确定"，打开"参照生单"窗口。选择 XS01008 号销售订单，单击"确定"按钮，返回"销售专用发票"窗口。修改发票号为 21327508，汇率为 6.45，修改表体"仓库名称"为"服装仓"。保存并复核该销售发票，如图 3-138 所示。

销售专用发票

表体排序

发票号 21327508　开票日期 2018-01-12　业务类型 普通销售
销售类型 正常销售　订单号 XS01008　发货单号 0000000009
客户简称 大福贸易　销售部门 销售部　业务员 刘晓明
付款条件　客户地址 吉林省长春市绿园区大顺路1206号　联系电话 0431-3819395
开户银行 中国建设银行长春绿园支行　账号 279837256898010295　税号 91220106558728329A
币种 美元　汇率 6.45000　税率 0.00
备注

	仓库名称	存货编码	存货名称	主计量	数量	无税单价	无税金额	税额	价税合计	税率(%)	退补标志
1	服装仓	1107	嘉伟羽绒服	件	500.00	600.00	300000.00	0.00	300000.00	0.00	正常
2											

图3-138　销售专用发票

3. 参照发货单生成销售出库单

2018年1月12日，由李泽华（C01）登录企业应用平台。依次双击“业务工作”页签中“供应链→库存管理→出库业务→销售出库单”菜单，系统打开“销售出库单”窗口。在“销售出库单”窗口中，执行“生单”|“销售生单”命令，打开“查询条件选择-销售发货单列表”对话框，单击“确定”按钮，打开“销售生单”窗口。选择12日大福贸易的发货单，单击工具栏的“确定”按钮，系统返回“销售出库单”窗口。修改出库单号为“CK01014”，其他项默认。保存并审核该出库单，结果如图3-139所示。

销售出库单

表体排序　　◉ 蓝字　○ 红字

出库单号 CK01014　出库日期 2018-01-12　仓库 服装仓
出库类别 销售出库　业务类型 普通销售　业务号 21327508
销售部门 销售部　业务员 刘晓明　客户 大福贸易
审核日期 2018-01-12　备注

	存货编码	存货名称	规格型号	主计量单位	数量	单价	金额
1	1107	嘉伟羽绒服		件	500.00		
2							

图3-139　销售出库单

4. 审核发票并制单处理

2018年1月12日，由赵凯（W02）登录企业应用平台。执行“业务工作→财务会计→应收款管理→应收单据处理→应收单据审核”命令，打开“应收单查询条件”对话框，单击“确定”按钮，打开“单据处理”窗口。双击12日大福贸易那一行“选择”栏右侧任意单元格，打开“销售发票”窗口。单击“审核”按钮，系统提示“是否立即制单?”，点击“是”，生成记账凭证，结果如图3-140所示。

已生成

记 账 凭 证

记　字 0076　制单日期：2018.01.12　审核日期：　附单据数：1

摘要	科目名称	外币	借方金额	贷方金额
销售专用发票	应收账款/美元	30000000 USD 6.45000	193500000	
销售专用发票	主营业务收入			193500000
票号 日期	数量 单价	合计	193500000	193500000

备注　项目　部门
个人　客户 大福贸易
业务员 刘晓明

记账　审核　出纳　制单 赵凯

图3-140　记账凭证

5.正常单据记账并生成凭证

（1）正常单据记账。在供应链的"存货核算"子系统，依次执行"业务核算→正常单据记账"命令，系统打开"查询条件选择"窗口，单击"确定"按钮，系统打开"未记账单据一览表"窗口。单击工具栏的"全选"按钮，以选中21327508号发票，此时单击工具栏的"记账"按钮，弹出"记账成功"提示框，单击"确定"按钮，完成记账工作。

（2）生成凭证。依次执行"存货核算"子系统的"财务核算→生成凭证"命令，系统打开"生成凭证"窗口。单击工具栏的"选择"按钮，系统弹出"查询条件"对话框，单击"确定"按钮，系统打开"选择单据"窗口。单击工具栏的"全选"按钮，以选中21327508号发票，再单击"确定"按钮，进入"生成凭证"窗口。单击工具栏的"生成"按钮，系统打开"填制凭证"窗口并自动生成凭证。保存该凭证，如图3-141所示。

图3-141　记账凭证

任务2　销售退货业务

业务1　先发货后开票的退货业务

2018年1月13日，根据XS01001号合同，卖给上海乐淘的货物中有30只博伦男表出现质量问题。经协商我公司同意退货，并于当日收到货物。

2018年1月14日，我公司开具红字增值税专用发票并办理了退款。（退款使用应收系统付款单处理）（注：所退货物成本价为2 835元）

相关凭证如图3-142至图3-144所示。

出库单

客户：上海乐淘　　　2018年1月13日　　　单号：CK01015

发货仓库	存货编码	存货名称	单位	应发	实发	单价	金额
手表仓	1202	博伦男表	只	-30	-30		
		合　计					

部门经理：略　　会计：略　　仓库：略　　经办人：略

图3-142　出库单

2100172140　　辽宁增值税专用发票　　№ 21327509

销项负数　　此联不作报销、扣税凭证使用　　开票日期：2018年1月14日

税总函〔2017〕335号北京印钞厂

购买方	名　　称：上海乐淘贸易有限公司 纳税人识别号：91310112203203919A 地 址、电 话：上海市闵行区北京路1号 021-65431789 开户行及账号：交通银行闵行区北京路支行 8059209375023168063			密码区	9*10+7*>6-*7-9>*9-0+* +954650/5-601374+40<4 >7>+96>-169<14<7/59+0 <-+183+>314805+1632>1	加密版本：01 2100172140 21327509	
货物或应税劳务、服务名称	规格型号	单位	数量	单价	金额	税率	税额
博伦男表		只	-30	2 980.00	-89 400.00	17%	-15 198.00
合　　计					¥-89 400.00		¥-15 198.00
价税合计（大写）	⊗（负数）壹拾万零肆仟伍佰玖拾捌元整				（小写）¥-104 598.00		
销售方	名　　称：辽宁恒通商贸有限公司 纳税人识别号：91210105206917583A 地 址、电 话：辽宁省沈阳市皇姑区人民路369号 024-82681359 开户行及账号：中国工商银行沈阳皇姑支行 2107024015890035666			备注	辽宁恒通商贸有限公司 91210105206917583A 发票专用章		

收款人：贺青　　复核：王钰　　开票人：赵凯　　销售方：（章）

第一联：记账联　销售方记账凭证

图3-143　增值税专用发票

中国工商银行　电汇凭证（回单）　1　36257070

☑普通　☐加急　　委托日期　2018年1月14日

汇款人	全　称	辽宁恒通商贸有限公司	收款人 全　称	上海乐淘贸易有限公司
	账　号	2107024015890035666	账　号	8059209375023168063
	汇出地点	辽宁省　沈阳市/县	汇入地点	上海市/县
汇出行名称		中国工商银行沈阳皇姑支行	汇入行名称	交通银行闵行区北京路支行
金额	人民币（大写）	壹拾万零肆仟伍佰玖拾捌元整	亿千百十万千百十元角分	¥ 1 0 4 5 9 8 0 0
		中国工商银行沈阳皇姑支行 2018.01.14 转讫（5）	支付密码	
			附加信息及用途：退货款	
			复核　记账	

此联为汇出行给汇款人的回单

图3-144　电汇付款凭证

【操作过程概览】

本业务的操作过程概览见表3-10。

表3-10　操作过程概览

序号	操作日期	操作员	系统	操作内容
1	2018-01-13	X01 刘晓明	销售管理	参照销售订单生成退货单
2	2018-01-13	C01 李泽华	库存管理	参照退货单生成（负数）销售出库单
3	2018-01-14	X01 刘晓明	销售管理	参照退货单生成红字销售专用发票
4	2018-01-14	W02 赵凯	应收款管理	审核发票并制单处理
5	2018-01-14	W02 赵凯	存货核算	正常单据记账并生成凭证
6	2018-01-14	W03 贺青	应收款管理	填制应收系统付款单
7	2018-01-14	W02 赵凯	应收款管理	审核付款单、核销，合并制单

【具体操作过程】

先发货后开票的退货业务

1. 参照销售订单生成退货单

2018年1月13日，由刘晓明（X01）登录企业应用平台。依次双击“业务工作”页签中“供应链→销售管理→销售发货→退货单”菜单，打开“退货

单"窗口。单击工具栏的"增加"按钮，执行"生单"|"参照订单"命令，系统弹出"查询条件选择–参照订单"对话框，单击"确定"按钮，打开"参照生单"窗口。选中窗口上方的XS01001号订单，然后选中窗口下方的"博伦男表"，单击"确定"按钮，系统自动生成一张退货单。修改退货单表体仓库名称为"手表仓"，数量为–30。保存并审核该单据，如图3–145所示。

退货单

| 表体排序 | | | | | | | | |

退货单号 0000000010	退货日期 2018-01-13	业务类型 普通销售
销售类型 正常销售	订单号 XS01001	发票号
客户简称 上海乐淘	销售部门 销售部	业务员 刘晓明
发运方式	币种 人民币	汇率 1
税率 17.00	备注	

	仓库名称	货物编码	存货名称	主计量	数量	无税单价	无税金额	价税合计	税率（%）
1	手表仓	1202	博伦男表	只	-30.00	2980.00	-89400.00	-104598.00	17.00

图3–145 退货单

2. 参照退货单生成（负数）销售出库单

2018年1月13日，由李泽华（C01）登录企业应用平台。依次双击"业务工作"页签中"供应链→库存管理→出库业务→销售出库单"菜单，系统打开"销售出库单"窗口。在"销售出库单"窗口中，执行"生单"|"销售生单"命令，打开"查询条件选择–销售发货单列表"对话框，单击"确定"按钮，系统打开"销售生单"窗口。双击13日上海乐淘的退货单所对应的"选择"栏，再单击工具栏的"确定"按钮，系统返回"销售出库单"窗口。修改出库单号为"CK01015"。保存并审核该出库单，结果如图3–146所示。

销售出库单

| | | | | | | ◎ 蓝字 |
| | | | | | | ◎ 红字 |

出库单号 CK01015	出库日期 2018-01-13	仓库 手表仓
出库类别 销售出库	业务类型 普通销售	业务号 0000000010
销售部门 销售部	业务员 刘晓明	客户 上海乐淘
审核日期 2018-01-13	备注	

	存货编码	存货名称	主计量单位	数量	单价	金额
1	1202	博伦男表	只	-30.00		
2						

图3–146 销售出库单

3. 参照退货单生成红字销售专用发票

（1）2018年1月14日，由刘晓明（X01）登录企业应用平台。在"销售管理"子系统，依次双击"销售开票→红字专用销售发票"菜单，打开"销售专用发票"窗口。单击工具栏的"增加"按钮，执行"生单"|"参照发货单"命令，打开"查询条件选择–发票参照发货单"窗口，将该窗口的"发货单类型"改为"红字记录"，如图3–147所示，单击"确定"，进入"参照生单"窗口。

（2）在"参照生单"窗口，选择13日上海乐淘的发货单，单击"确定"按钮，系统自动生成一张红字销售发票。修改发票表头项目"发票号"为21327509。保存并复核该销售发票，如图3–148所示。

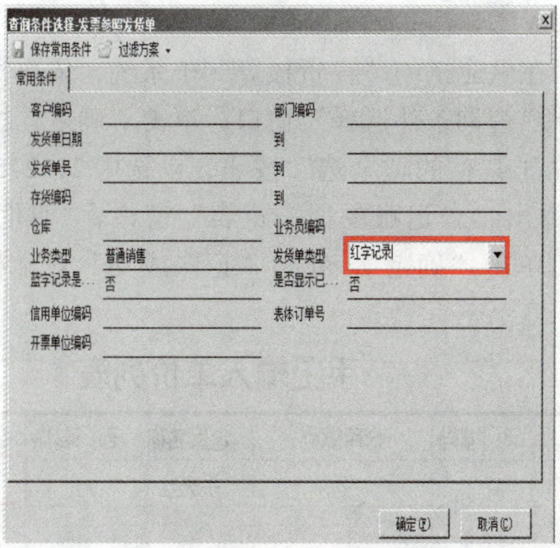

图3-147 "查询条件选择-发票参照发货单"窗口

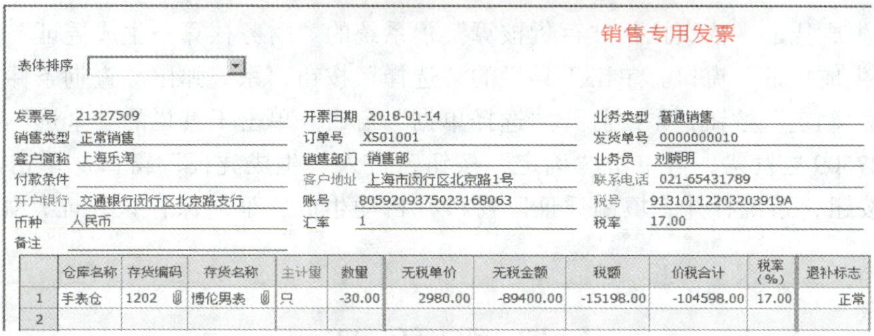

图3-148 红字销售专用发票

4.审核发票并制单处理

2018年1月14日，由赵凯（W02）登录企业应用平台。执行"业务工作→财务会计→应收款管理→应收单据处理→应收单据审核"命令，打开"应收单查询条件"对话框，单击"确定"按钮，打开"单据处理"窗口。双击14日上海乐淘那一行"选择"栏右侧任意单元格，打开"销售发票"窗口。单击"审核"按钮，系统提示"是否立即制单？"，点击"是"，生成记账凭证，结果如图3-149所示。

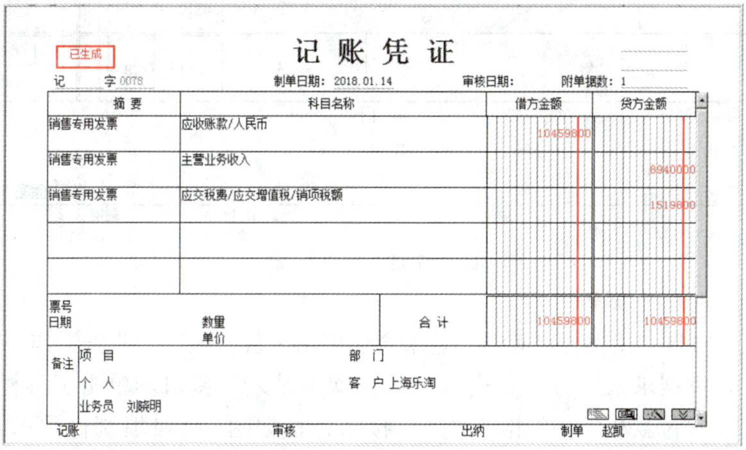

图3-149 记账凭证

5. 正常单据记账并生成凭证

（1）正常单据记账。在供应链的"存货核算"子系统，依次执行"业务核算→正常单据记账"命令，系统打开"查询条件选择"窗口，单击"确定"按钮，系统打开"未记账单据一览表"窗口。单击工具栏的"全选"按钮，以选中 21327509 号发票，此时单击工具栏的"记账"按钮，弹出"未记账单据一览表"窗口，"博伦男表"的"单价"输入 2835，如图 3-150 所示单击"确定"，弹出"记账成功"对话框，单击"确定"按钮，完成记账工作。

手工输入单价列表

▼记录总数：1

选择	存货名称	部门编码	仓库编码	仓库名称	部门名称	单价	存货自由项1
Y	博伦男表		2	手表仓		2,835.00	
小计							

图 3-150 手工输入单价列表

（2）生成凭证。依次执行"存货核算"子系统的"财务核算→生成凭证"命令，系统打开"生成凭证"窗口。单击工具栏的"选择"按钮，系统弹出"查询条件"对话框中，单击"确定"按钮，系统打开"选择单据"窗口。单击工具栏的"全选"按钮，以选中 21327509 号发票，再单击"确定"按钮，进入"生成凭证"窗口。单击工具栏的"生成"按钮，系统打开"填制凭证"窗口并自动生成凭证。保存该凭证，如图 3-151 所示。

记 账 凭 证

已生成

记　字 0079　　　　制单日期：2018.01.14　　　审核日期：　　　附单据数：1

摘　要	科目名称	借方金额	贷方金额
专用发票	主营业务成本	8505000	
专用发票	库存商品		8505000
票号 日期	数量 单价	合　计　8505000	8505000
备注　项　目 个　人 业务员	部　门 客　户		

记账　　　　　　审核　　　　　　出纳　　　　　制单　赵凯

图 3-151 记账凭证

6. 填制应收系统付款单

2018 年 1 月 14 日，由贺青（W03）登录企业应用平台。执行"业务工作→财务会计→应收款管理→收款单据录入"命令，进入"收付款单录入"窗口。单击工具栏上的"切换"按钮，打开红字"付款单"，单击"增加"按钮，根据图 3-144 填制付款单。填制完毕保存该付款单，如图 3-152 所示。

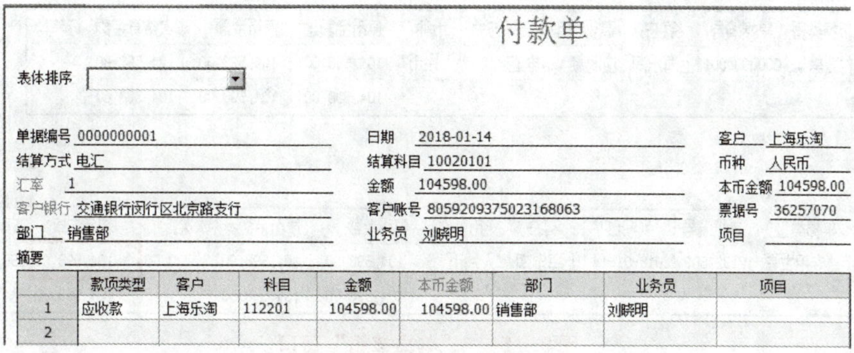
付款单
表体排序
单据编号 0000000001
日期 2018-01-14
客户 上海乐淘
结算方式 电汇
结算科目 10020101
币种 人民币
汇率 1
金额 104598.00
本币金额 104598.00
客户银行 交通银行闵行区北京路支行
客户账号 8059209375023168063
票据号 36257070
部门 销售部
业务员 刘晓明
项目
摘要
款项类型 客户 科目 金额 本币金额 部门 业务员 项目
1 应收款 上海乐淘 112201 104598.00 104598.00 销售部 刘晓明
2

图 3-152 付款单

7. 审核付款单、核销，合并制单

2018年1月14日，由赵凯（W02）登录企业应用平台。

（1）审核付款单。执行“业务工作→财务会计→应收款管理→收款单据处理→收款单据审核”命令，打开“收款单查询条件”对话框，单击“确定”按钮，打开“收款单列表”窗口。单击“全选”按钮，以选中14日上海乐淘的付款单，单击“审核”按钮。关闭该窗口。

（2）手工核销。执行应收款管理子系统中“核销处理→手工核销”命令，打开“核销条件”对话框，选择客户“上海乐淘”，再点击该窗口的“收付款单”选项卡，“单据类型”选择“付款单”，如图3-153所示。单击“确定”，打开“单据核销”窗口。在“单据核销”窗口，输入本次结算金额为104598，如图3-154所示，单击“保存”按钮。

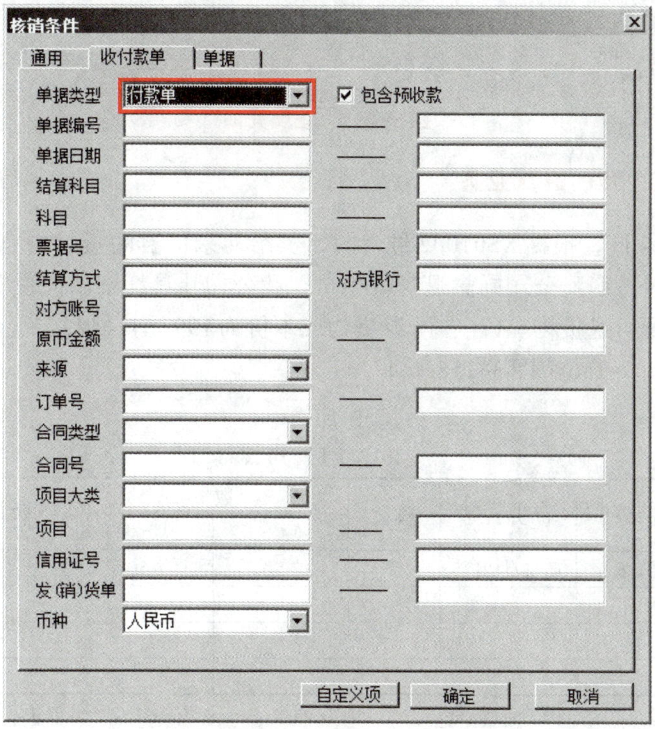
核销条件
通用
收付款单
单据
单据类型
付款单
包含预收款
单据编号
单据日期
结算科目
科目
票据号
结算方式
对方银行
对方账号
原币金额
来源
订单号
合同类型
合同号
项目大类
项目
信用证号
发(销)货单
币种
人民币
自定义项
确定
取消

图 3-153 “核销条件”窗口

单据日期	单据类型	单据编号	客户	款项类型	结算方式	币种	原币金额	原币余额	本次结算金额	订单号
2018-01-14	付款单	0000000001	上海乐淘	应收款	电汇	人民币	104,598.00	104,598.00	104,598.00	
合计							104,598.00	104,598.00	104,598.00	

单据日期	单据类型	单据编号	到期日	客户	币种	原币金额	原币余额	本次折扣	本次结算	订单号	凭证号
2018-01-14	销售专用发票	21327509	2018-01-14	上海乐淘	人民币	104,598.00	104,598.00	0.00	104,598.00	XS01001	记-0078
合计						104,598.00	104,598.00		104,598.00		

图3-154　"单据核销"窗口

（3）执行应收款管理子系统中"制单处理"命令，打开"制单查询"对话框，勾选"收付款单制单"和"核销制单"，单击"确定"，打开"制单"窗口。依次单击"全选""合并""制单"，系统生成相关的记账凭证，单击"保存"按钮，如图3-155所示。

图3-155　记账凭证

业务2 开票直接发货的退货业务

2018年1月14日，根据XS01002号合同，卖给北京汇鑫的货物中有50件百盛休闲裤出现质量问题。经协商我公司同意退货。当日，我公司开具红字增值税专用发票，支付了退货款，同日收到所退货物。（注：所退货物成本价为199元）（现结）

相关凭证如图3-156至图3-158所示。

出库单

客户：北京汇鑫　　　　　　　　2018年1月14日　　　　　　　　单号：CK01016

发货仓库	存货编码	存货名称	单位	数量 应发	数量 实发	单价	金额
服装仓	1102	百盛休闲裤	条	-50	-50		
合　计							

部门经理：略　　　　会计：略　　　　仓库：略　　　　经办人：略

图3-156　出库单

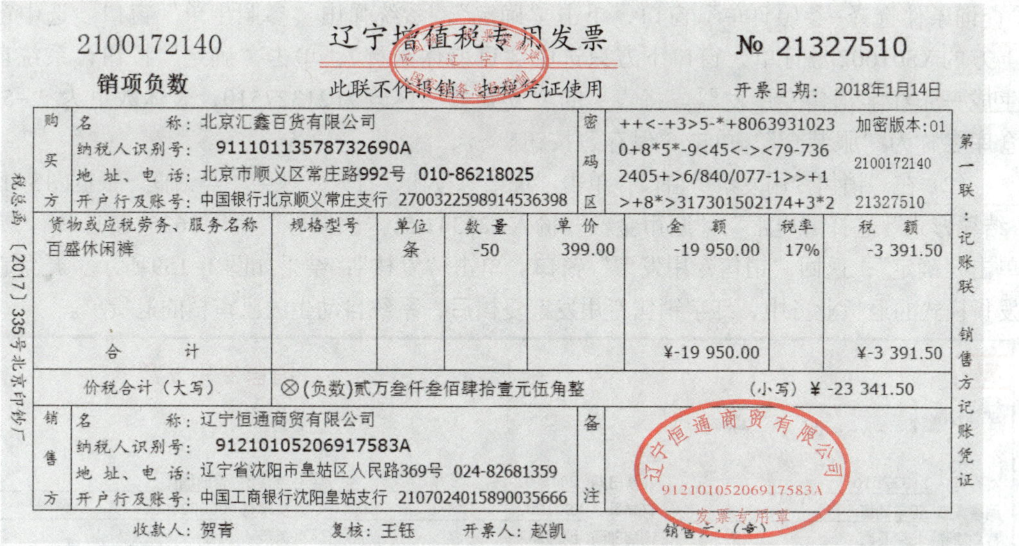

图3-157　增值税专用发票

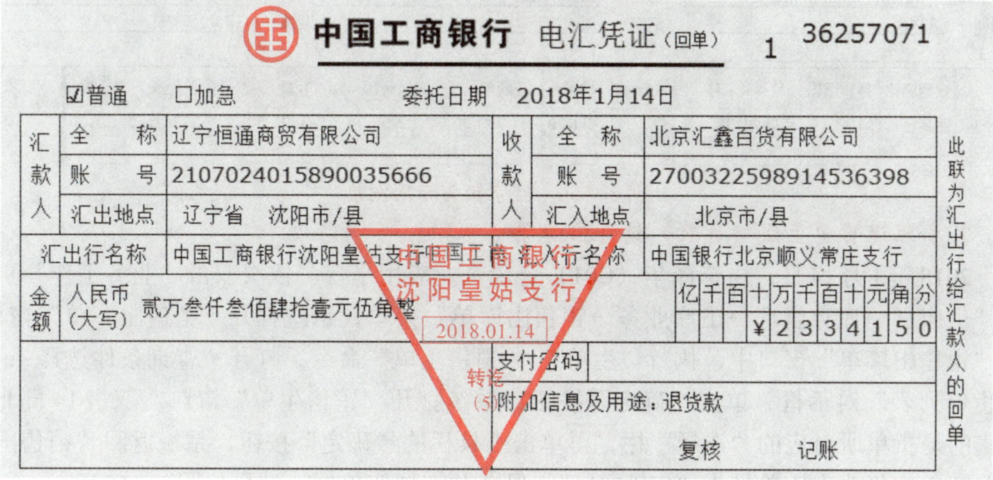

图3-158　电汇付款凭证

【操作过程概览】

本业务的操作过程概览见表3-11。

表3-11　　　　　　　　　　　操作过程概览

序号	操作日期	操作员	系统	操作内容
1	2018-01-14	X01刘晓明	销售管理	参照销售订单生成红字销售专用发票
2	2018-01-14	C01李泽华	库存管理	参照退货单生成（负数）销售出库单
3	2018-01-14	W02赵凯	应收款管理	审核发票并制单处理
4	2018-01-14	W02赵凯	存货核算	正常单据记账并生成凭证

【具体操作过程】

1. 参照销售订单生成红字销售专用发票

（1）2018年1月14日，由刘晓明（X01）登录企业应用平台。在"销售管理"子系统，依次双击"销售开票→红字专用销售发票"菜单，打开"销售专用发票"窗口。单击工具栏的"增加"按钮，执行"生单"|"参照订单"命令，打开

“查询条件选择-参照订单”窗口，单击“确定”，系统弹出“参照生单”窗口。选中窗口上方的XS01002号订单，窗口下方只选中“百盛休闲裤”，单击“确定”按钮，系统自动生成一张红字销售专用发票。将表头的“发票号”修改为21327510，表体数量为“-50”，仓库名称为“服装仓”，单击“保存”按钮。

（2）在“销售专用发票”窗口，单击“现结”按钮，打开“现结”对话框。根据图3-158，“结算方式”选择“电汇”，“原币金额”输入-23341.5，“票据号”输入36257071。输入完毕单击“确定”，返回“销售专用发票”窗口。单击“复核”，结果如图3-159所示。开票直接发货模式的退货业务中，红字销售专用发票复核后，系统自动生成已审核的退货单。

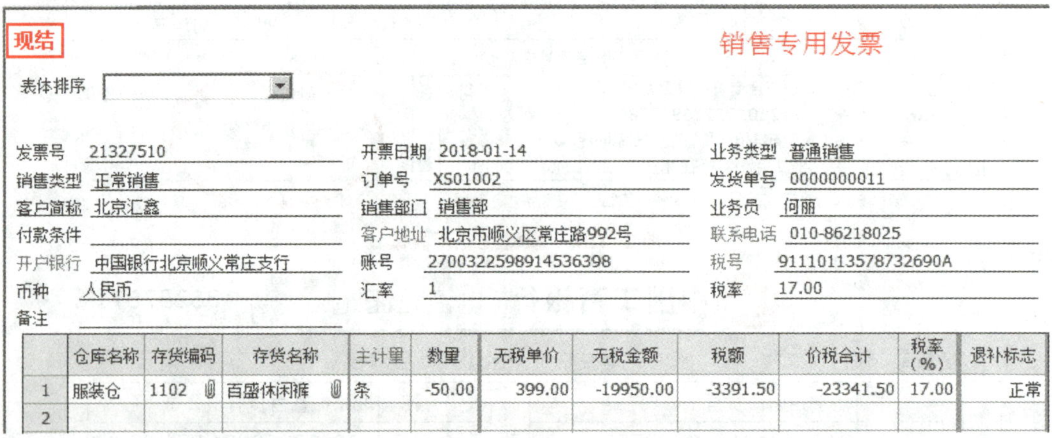
现结

销售专用发票

表体排序

发票号 21327510　开票日期 2018-01-14　业务类型 普通销售
销售类型 正常销售　订单号 XS01002　发货单号 0000000011
客户简称 北京汇鑫　销售部门 销售部　业务员 何丽
付款条件　客户地址 北京市顺义区常庄路992号　联系电话 010-86218025
开户银行 中国银行北京顺义常庄支行　账号 2700322598914536398　税号 91110113578732690A
币种 人民币　汇率 1　税率 17.00
备注

	仓库名称	存货编码	存货名称	主计量	数量	无税单价	无税金额	税额	价税合计	税率（%）	退补标志
1	服装仓	1102	百盛休闲裤	条	-50.00	399.00	-19950.00	-3391.50	-23341.50	17.00	正常
2											

图3-159　红字销售专用发票

2. 参照退货单生成（负数）销售出库单

2018年1月14日，由李泽华（C01）登录企业应用平台。依次双击“业务工作”页签中“供应链→库存管理→出库业务→销售出库单”菜单，系统打开“销售出库单”窗口。在“销售出库单”窗口中，执行“生单”|“销售生单”命令，打开“查询条件选择-销售发货单列表”对话框，单击“确定”按钮，系统打开“销售生单”窗口。双击14日北京汇鑫的退货单所对应的“选择”栏，再单击工具栏的“确定”按钮，系统返回“销售出库单”窗口。修改出库单号为“CK01016”。保存并审核该单据，结果如图3-160所示。

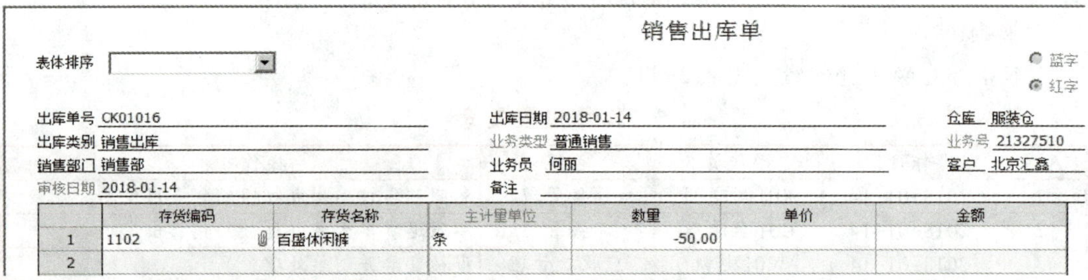
销售出库单

表体排序

蓝字
红字

出库单号 CK01016　出库日期 2018-01-14　仓库 服装仓
出库类别 销售出库　业务类型 普通销售　业务号 21327510
销售部门 销售部　业务员 何丽　客户 北京汇鑫
审核日期 2018-01-14　备注

	存货编码	存货名称	主计量单位	数量	单价	金额
1	1102	百盛休闲裤	条	-50.00		
2						

图3-160　销售出库单

3. 审核发票并制单处理

2018年1月14日，由赵凯（W02）登录企业应用平台。执行“业务工作→财务会计→应收款管理→应收单据处理→应收单据审核”命令，打开“应收单查询条件”对话框，勾选“包含已现结发票”，单击“确定”按钮，打开“单据处理”窗口。双击14日北京汇鑫那一行“选择”栏右侧任意单元格，打开“销售发票”窗口。单击“审核”按钮，系统提示

"是否立即制单?",点击"是",生成记账凭证,结果如图3-161所示。

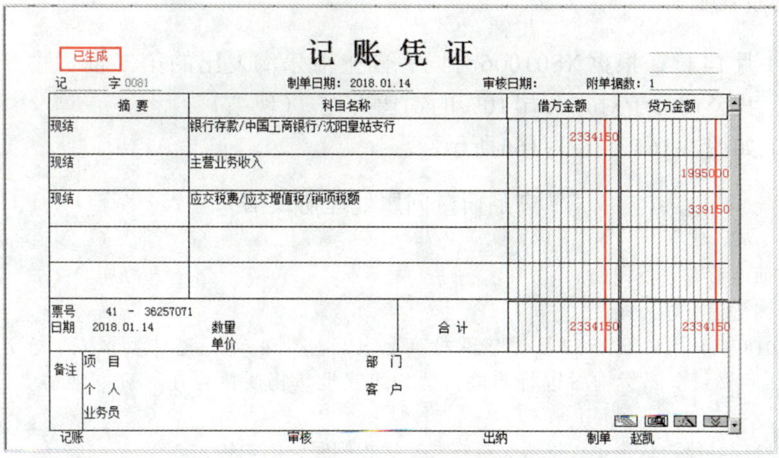

图3-161 记账凭证

4. 正常单据记账并生成凭证

（1）正常单据记账。在供应链的"存货核算"子系统，依次执行"业务核算→正常单据记账"命令，系统打开"查询条件选择"窗口，单击"确定"按钮，系统打开"未记账单据一览表"窗口。单击工具栏的"全选"按钮，以选中21327510号发票，此时单击工具栏的"记账"按钮，弹出"未记账单据一览表"窗口，"百盛休闲裤"的"单价"输入199，如图3-162所示，单击"确定"，弹出"记账成功"对话框，单击"确定"按钮，完成记账工作。

手工输入单价列表

选择	存货名称	部门编码	仓库编码	仓库名称	部门名称	单价	存货自由项1	存货自由项2
Y	百盛休闲裤		1	服装仓		199.00		
小计								

图3-162 手工输入单价列表

（2）生成凭证。依次执行"存货核算"子系统的"财务核算→生成凭证"命令，系统打开"生成凭证"窗口。单击工具栏的"选择"按钮，系统弹出"查询条件"对话框，单击"确定"按钮，系统打开"选择单据"窗口。单击工具栏的"全选"按钮，以选中21327510号发票，再单击"确定"按钮，进入"生成凭证"窗口。单击工具栏的"生成"按钮，系统打开"填制凭证"窗口并自动生成凭证。保存该凭证，如图3-163所示。

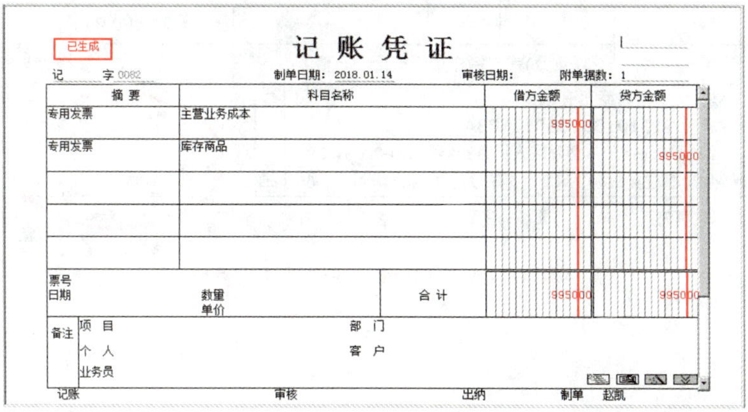

图3-163 记账凭证

业务3 销售折让业务

2018年1月14日，根据XS01006合同，向上海乐淘发出的第二批货物产品质量不达标，经协商，我公司给予对方公司10%的销售折让。（现结）

相关凭证如图3-164至图3-166所示。

产品质量问题处理协议书

甲方：辽宁恒通商贸有限公司

乙方：上海乐淘贸易有限公司

甲方于2018年1月11日、12日销售两批商品（百盛男夹克、嘉伟女风衣）至乙方。乙方于2018年1月12日收到全部货物后进行质检，认为第二批货物质量存在瑕疵。经协商，双方达成如下协议：

1. 乙方质检部经检验认为第二批服装存在包装破损问题，影响销售。

2. 甲方给予乙方第二批货物价款10%的销售折让。

3. 乙方向当地税务机关申请开具红字增值税专用发票通知单，经税务机关审核后，甲方填开红字增值税专用发票。

甲　　方：辽宁恒通商贸有限公司　　　　乙　　方：上海乐淘贸易有限公司

授权代表：刘晓明　　　　　　　　　　　授权代表：刘乐乐

日　　期：2018年1月14日　　　　　　日　　期：2018年1月14日

图3-164　产品质量问题处理协议书

图3-165　（负数）增值税专用发票

中国工商银行　电汇凭证（回单）　1　36257072

☑普通　☐加急　委托日期　2018年1月14日

汇款人	全称	辽宁恒通商贸有限公司	收款人	全称	上海乐淘贸易有限公司
	账号	2107024015890035666		账号	8059209375023168063
	汇出地点	辽宁省　沈阳市/县		汇入地点	上海市/县
汇出行名称		中国工商银行沈阳皇姑支行	汇入行名称		交通银行闵行区北京路支行
金额	人民币（大写）	贰万捌仟柒佰捌拾贰元整			¥2878200
			支付密码		
			附加信息及用途：销售折让款		
			复核　记账		

中国工商银行沈阳皇姑支行　2018.01.14　转讫（5）

此联汇出行给汇款人的回单

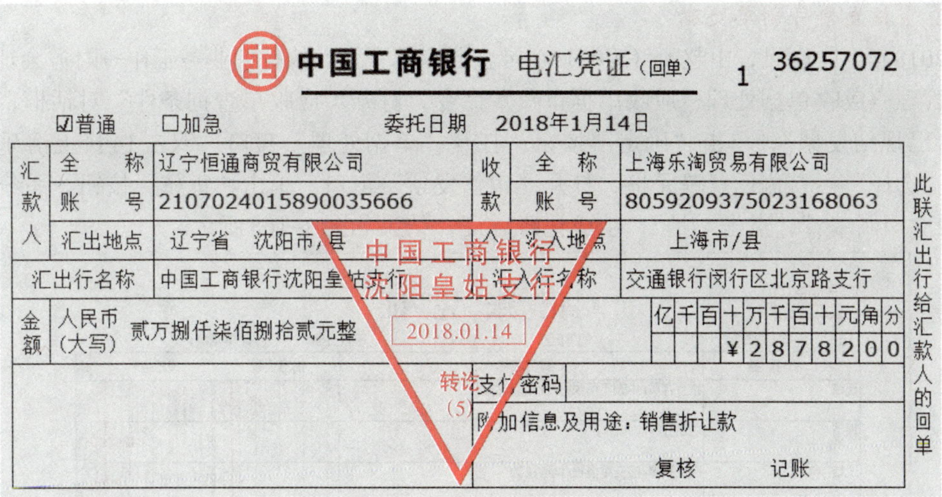

图3-166　电汇付款凭证

【操作过程概览】

本业务的操作过程概览见表3-12。

表3-12　操作过程概览

序号	操作日期	操作员	系统	操作内容
1	2018-01-14	X01刘晓明	销售管理	填制红字销售专用发票
2	2018-01-14	W02赵凯	应收款管理	审核发票并制单处理

【具体操作过程】

1. 填制红字销售专用发票

销售折让业务

（1）2018年1月14日，由刘晓明（X01）登录企业应用平台。在“销售管理”子系统，依次双击“销售开票→红字专用销售发票”菜单，打开“销售专用发票”窗口。单击工具栏的“增加”按钮，根据图3-165填制红字销售专用发票，填制完毕单击“保存”按钮，结果如图3-167所示。

销售专用发票

表体排序

发票号 21327511　开票日期 2018-01-14　业务类型 普通销售
销售类型 正常销售　订单号　发货单号 0000000012
客户简称 上海乐淘　销售部门 销售部　业务员 刘晓明
付款条件　客户地址 上海市闵行区北京路1号　联系电话 021-65431789
开户银行 交通银行闵行区北京路支行　账号 8059209375023168063　税号 91310112203203919A
币种 人民币　汇率 1　税率 17.00
备注

	仓库名称	存货编码	存货名称	主计量	数量	无税单价	无税金额	税额	价税合计	税率（%）	退补标志
1		1101	百盛男夹克	件		0.00	-9600.00	-1632.00	-11232.00	17.00	退补
2		1105	嘉伟女风衣	件		0.00	-15000.00	-2550.00	-17550.00	17.00	退补
3											

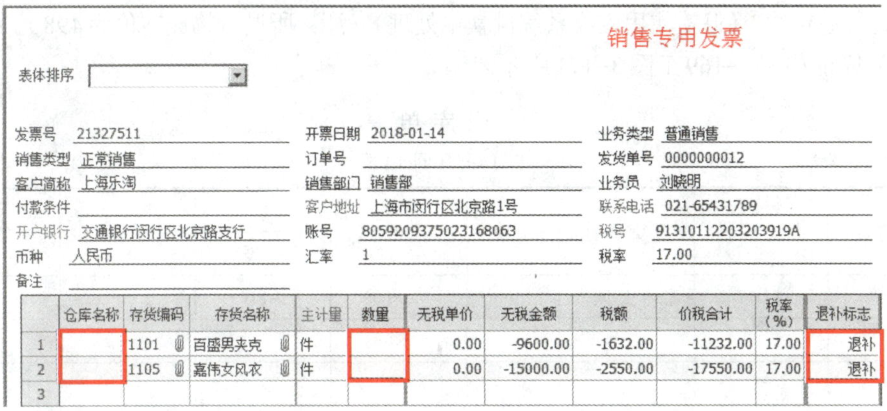

图3-167　红字销售专用发票

（2）单击“现结”按钮，打开“现结”对话框。根据图3-166，“结算方式”选择“电汇”，“原币金额”输入-28782，“票据号”输入36257072。输入完毕单击“确定”按钮，返回“销售专用发票”窗口，单击“复核”按钮。

2. 审核发票并制单处理

2018年1月14日，由赵凯（W02）登录企业应用平台。执行"业务工作→财务会计→应收款管理→应收单据处理→应收单据审核"命令，打开"应收单查询条件"对话框，勾选"包含已现结发票"，单击"确定"按钮，打开"单据处理"窗口。双击14日上海乐淘那一行"选择"栏右侧任意单元格，打开"销售发票"窗口。单击"审核"按钮，系统提示"是否立即制单？"，点击"是"，生成记账凭证，结果如图3-168所示。

已生成		记 账 凭 证		
记　字 0083		制单日期：2018.01.14	审核日期：	附单据数：1
摘　要		科目名称	借方金额	贷方金额
现结		银行存款/中国工商银行/沈阳皇姑支行	2878200	
现结		主营业务收入		2460000
现结		应交税费/应交增值税/销项税额		418200
票号　41 - 36257072				
日期　2018.01.14	数量 单价	合　计	2878200	2878200
备注	项　目 个　人 业务员	部　门 客　户		
记账	审核	出纳	制单 赵凯	

图3-168　记账凭证

【提示】

虽然此业务不涉及退货，但是红字销售发票复核后仍生成了一张已审核的退货单。

业务4 带信用条件的退货业务

2018年1月15日，根据XS01007号合同，卖给广州华丰的货物中有80件嘉伟女风衣出现质量问题。经协商我公司同意退货。当日，我公司开具红字增值税专用发票，支付了退货款，同日收到所退货物。（退款使用应收系统付款单处理）（注：所退货物成本价为498元）

相关凭证如图3-169至图3-171所示。

出 库 单

客户：广州华丰　　　　　　　　　2018年1月15日　　　　　　　　　单号：CK01017

发货仓库	存货编码	存货名称	单位	数量		单价	金额
				应发	实发		
服装仓	1105	嘉伟女风衣	件	-80	-80		
		合　计					

部门经理：略　　　　　会计：略　　　　　仓库：略　　　　　经办人：略

图3-169　出库单

2100172140　　辽宁增值税专用发票　　№ 21327512

销项负数　　此联不作报销、扣税凭证使用　　开票日期：2018年1月15日

购买方	名　　称：广州华丰超市有限公司 纳税人识别号：91440100613815327A 地　址、电　话：广东省广州市北市区向阳路108号 020-52396012 开户行及账号：中国工商银行广州向阳支行 2692006083025562331	密码区	+62<5-*2+39099*9369+*1 -02+91+->91-<84+>>+*1 527+592+2419>6-6<8-2> 3>1*6/22<692/>+360823	加密版本:01 2100172140 21327512

货物或应税劳务、服务名称	规格型号	单位	数量	单价	金额	税率	税额
嘉伟女风衣		件	-80	555.00	-44 400.00	17%	-7 548.00
合　　计					¥-44 400.00		¥-7 548.00
价税合计（大写）	⊗(负数)伍万壹仟玖佰肆拾捌元整				（小写）¥-51 948.00		

销售方	名　　称：辽宁恒通商贸有限公司 纳税人识别号：91210105206917583A 地　址、电　话：辽宁省沈阳市皇姑区人民路369号 024-82681359 开户行及账号：中国工商银行沈阳皇姑支行 2107024015890035666	备注	

收款人：贺青　　复核：王钰　　开票人：赵凯　　销售方：（章）

税总函〔2017〕335号北京印钞厂

第一联：记账联　销售方记账凭证

图 3-170　（负数）增值税专用发票

中国工商银行　电汇凭证（回单）　1　96707307

☑普通　□加急　　委托日期　2018年1月15日

汇款人	全　称	辽宁恒通商贸有限公司	收款人	全　称	广州华丰超市有限公司
	账　号	2107024015890035666		账　号	2692006083025562331
	汇出地点	辽宁省　沈阳市/县		汇入地点	广东省　广州市/县
汇出行名称		中国工商银行沈阳皇姑支行	汇入行名称		中国工商银行广州向阳支行
金额	人民币（大写）	伍万零陆佰壹拾陆元整		亿千百十万千百十元角分	¥5061600
		转讫（5）	支付密码		
			附加信息及用途：退货款		
			复核　记账		

中国工商银行沈阳皇姑支行 2018.01.15 转讫

此联为汇出行给汇款人的回单

图 3-171　电汇付款凭证

【操作过程概览】

本业务的操作过程概览见表3-13。

表3-13　操作过程概览

序号	操作日期	操作员	系统	操作内容
1	2018-01-15	X01 刘晓明	销售管理	参照销售订单生成红字销售专用发票
2	2018-01-15	C01 李泽华	库存管理	参照退货单生成（负数）销售出库单
3	2018-01-15	W02 赵凯	应收款管理	审核发票并制单处理
4	2018-01-15	W02 赵凯	存货核算	正常单据记账并生成凭证
5	2018-01-15	W03 贺青	应收款管理	填制应收系统付款单
6	2018-01-15	W02 赵凯	应收款管理	审核付款单、核销，合并制单

【具体操作过程】

1．参照销售订单生成红字销售专用发票

2018年1月15日，由刘晓明（X01）登录企业应用平台。在"销售管理"子系统，依次双击"销售开票→红字专用销售发票"菜单，打开"销售专用发票"窗口。单击工具栏的"增加"按钮，执行"生单"|"参照订单"命令，打开"查询条件选择–参照订单"窗口，单击"确定"，系统弹出"参照生单"窗口。窗口上方选择XS01007号订单，窗口下方只选择"嘉伟女风衣"，单击"确定"按钮，系统自动生成一张红字销售专用发票。修改红字销售专用发票表头"发票号"为21327512，表体数量为"–80"，"仓库名称"为"服装仓"。保存并复核该红字发票，结果如图3-172所示。

销售专用发票

表体排序									

发票号 21327512　　开票日期 2018-01-15　　业务类型 普通销售
销售类型 正常销售　　订单号 XS01007　　发货单号 0000000013
客户简称 广州华丰　　销售部门 销售部　　业务员 刘晓明
付款条件 3/10,1.5/20,n/30　　客户地址 广东省广州市北市区向阳路108号　　联系电话 020-52396012
开户银行 中国工商银行广州向阳支行　　账号 2692006083025562331　　税号 91440100613815327A
币种 人民币　　汇率 1　　税率 17.00
备注

	仓库名称	存货编码	存货名称	主计量	数量	无税单价	无税金额	税额	价税合计	税率(%)	退补标志
1	服装仓	1105	嘉伟女风衣	件	-80.00	555.00	-44400.00	-7548.00	-51948.00	17.00	正常
2											

图3-172　红字销售专用发票

2．参照退货单生成（负数）销售出库单

2018年1月15日，由李泽华（C01）登录企业应用平台。依次双击"业务工作"页签中"供应链→库存管理→出库业务→销售出库单"菜单，系统打开"销售出库单"窗口。在"销售出库单"窗口中，执行"生单"|"销售生单"命令，打开"查询条件选择–销售发货单列表"对话框，单击"确定"按钮，系统打开"销售生单"窗口。双击15日广州华丰的发货单所对应的"选择"栏，再单击工具栏的"确定"按钮，系统返回"销售出库单"窗口。修改出库单号为"CK01017"。保存并审核该出库单，结果如图3-173所示。

销售出库单

表体排序						

○蓝字　●红字

出库单号 CK01017　　出库日期 2018-01-15　　仓库 服装仓
出库类别 销售出库　　业务类型 普通销售　　业务号 21327512
销售部门 销售部　　业务员 刘晓明　　客户 广州华丰
审核日期 2018-01-15　　备注

	存货编码	存货名称	主计量单位	数量	单价	金额
1	1105	嘉伟女风衣	件	-80.00		
2						

图3-173　（负数）销售出库单

3．审核发票并制单处理

2018年1月15日，由赵凯（W02）在企业应用平台。执行"业务工作→财务会计→应收款管理→应收单据处理→应收单据审核"命令，打开"应收单查询条件"对话框，勾选"包含已现结发票"，单击"确定"按钮，打开"单据处理"窗口。双击15日广州华丰那一行"选择"栏右侧任意单元格，打开"销售发票"窗口。单击"审核"按钮，系统提示"是否立即制单？"，点击"是"，生成记账凭证，结果如图3-174所示。

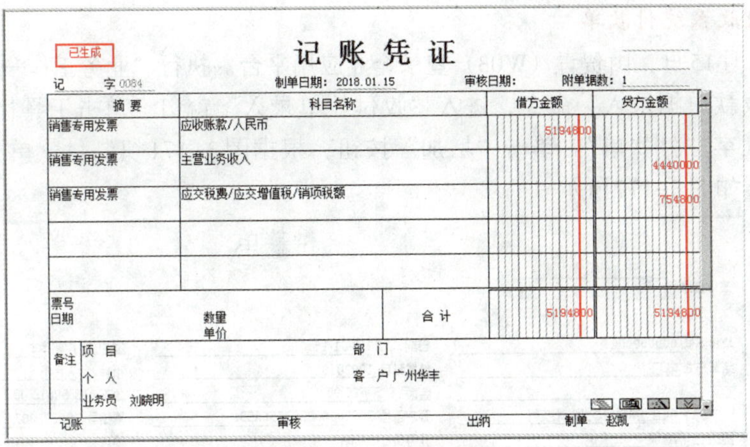

已生成

记账凭证

记 字 0084 制单日期：2018.01.15 审核日期： 附单据数：1

摘要	科目名称	借方金额	贷方金额
销售专用发票	应收账款/人民币	5194800	
销售专用发票	主营业务收入		4440000
销售专用发票	应交税费/应交增值税/销项税额		754800
票号 日期	数量 单价 合计	5194800	5194800

备注 项目 部门

个人 客户 广州华丰

业务员 刘晓明

记账 审核 出纳 制单 赵飒

图3-174 记账凭证

4. 正常单据记账并生成凭证

（1）正常单据记账。在供应链的“存货核算”子系统，依次执行“业务核算→正常单据记账”命令，系统打开“查询条件选择”窗口，单击“确定”按钮，系统打开“未记账单据一览表”窗口。单击工具栏的“全选”按钮，以选中21327512号发票，此时单击工具栏的“记账”按钮，弹出“未记账单据一览表”窗口，“嘉伟女风衣”的“单价”输入498，如图3-175所示，单击“确定”，弹出“记账成功”对话框，单击“确定”按钮，完成记账工作。

手工输入单价列表

记录总数：1

选择	存货名称	仓库名称	部门名称	单价	存货自由项1
Y	嘉伟女风衣	服装仓		498.00	
小计					

图3-175 手工输入单价列表

（2）生成凭证。依次执行“存货核算”子系统的“财务核算→生成凭证”命令，系统打开“生成凭证”窗口。单击工具栏的“选择”按钮，系统弹出“查询条件”对话框，单击“确定”按钮，系统打开“选择单据”窗口。单击工具栏的“全选”按钮，以选中21327512号发票，再单击“确定”按钮，进入“生成凭证”窗口。单击工具栏的“生成”按钮，系统打开“填制凭证”窗口并自动生成凭证。保存该凭证，如图3-176所示。

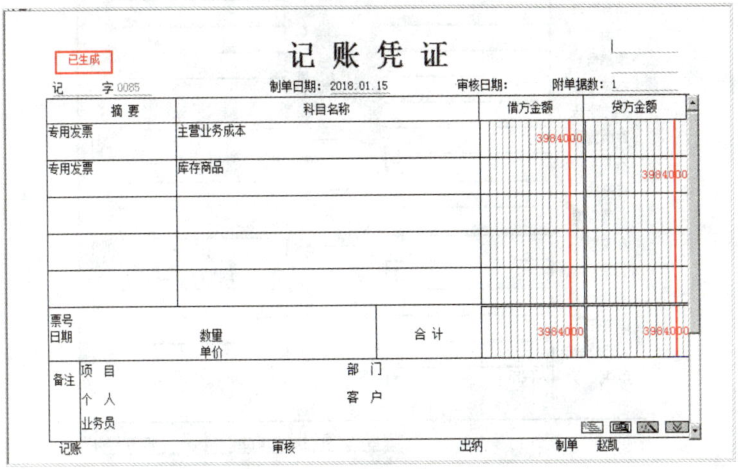

已生成

记账凭证

记 字 0085 制单日期：2018.01.15 审核日期： 附单据数：1

摘要	科目名称	借方金额	贷方金额
专用发票	主营业务成本	3984000	
专用发票	库存商品		3984000
票号 日期	数量 单价 合计	3984000	3984000

备注 项目 部门

个人 客户

业务员

记账 审核 出纳 制单 赵飒

图3-176 记账凭证

5. 填制应收系统付款单

2018年1月15日，由贺青（W03）登录企业应用平台。执行“业务工作→财务会计→应收款管理→收款单据录入”命令，进入“收付款单录入”窗口。单击工具栏上的“切换”按钮，打开红字“付款单”。单击“增加”按钮，根据图3-171填制付款单，填制完毕保存该付款单，如图3-177所示。

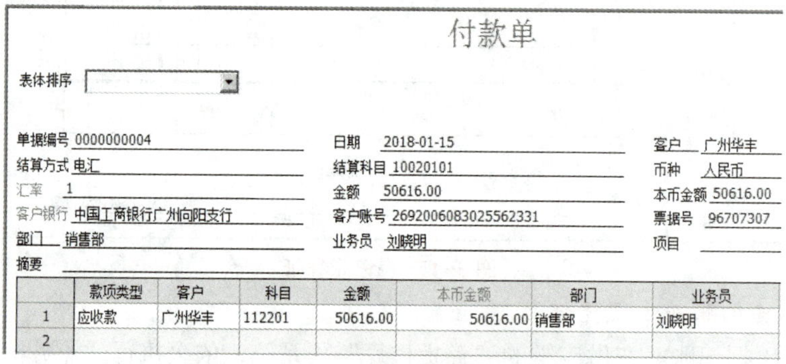
付款单
表体排序
单据编号 0000000004
日期 2018-01-15
客户 广州华丰
结算方式 电汇
结算科目 10020101
币种 人民币
汇率 1
金额 50616.00
本币金额 50616.00
客户银行 中国工商银行广州向阳支行
客户账号 2692006083025562331
票据号 96707307
部门 销售部
业务员 刘晓明
项目
摘要
款项类型 客户 科目 金额 本币金额 部门 业务员
1 应收款 广州华丰 112201 50616.00 50616.00 销售部 刘晓明
2

图3-177 付款单

6. 审核付款单、核销，合并制单

2018年1月15日，由赵凯（W02）登录企业应用平台。

（1）审核付款单。执行“业务工作→财务会计→应收款管理→收款单据处理→收款单据审核”命令，打开“收款单查询条件”对话框，单击“确定”按钮，打开“收付款单列表”窗口，单击“全选”按钮，再单击“审核”按钮。

（2）手工核销。执行应收款管理子系统中“核销处理→手工核销”命令，打开“核销条件”对话框，选择客户“广州华丰”，再点击该窗口的“收付款单”选项卡，“单据类型”选择“付款单”，如图3-178所示。单击“确定”，打开“单据核销”窗口。在“单据核销”窗口，输入本次结算金额为50616，如图3-179所示，单击“保存”按钮。

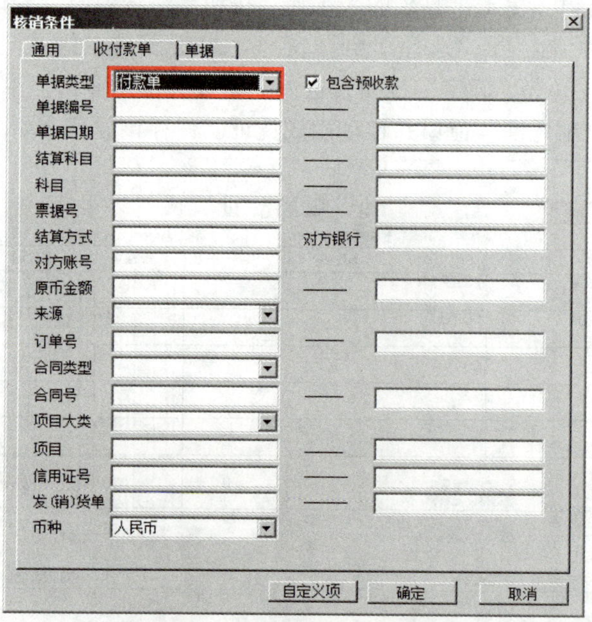
核销条件
通用
收付款单
单据
单据类型 付款单
包含预收款
单据编号
单据日期
结算科目
科目
票据号
结算方式
对方银行
对方账号
原币金额
来源
订单号
合同类型
合同号
项目大类
项目
信用证号
发(销)货单
币种 人民币
自定义项
确定
取消

图3-178 “核销条件”窗口

单据日期	单据类型	单据编号	客户	款项类型	结算方式	币种	原币金额	原币余额	本次结算金额	订单号
2018-01-15	付款单	0000000004	广州华丰	应收款	电汇	人民币	50,616.00	50,616.00	50,616.00	
合计							50,616.00	50,616.00	50,616.00	

单据日期	单据类型	单据编号	到期日	客户	币种	原币金额	原币余额	本次折扣	本次结算	订单号	凭证号
2018-01-15	销售专用发票	21327512	2018-02-14	广州华丰	人民币	51,948.00	51,948.00	1,332.00	50,616.00	XS01007	记-0084
合计						51,948.00	51,948.00	1,332.00	50,616.00		

图3-179 “单据核销”窗口

（3）执行应收款管理子系统中“制单处理”命令，打开“制单查询”对话框，勾选“收付款单制单”和“核销制单”，单击“确定”，打开“制单”窗口。依次单击“全选”“合并”“制单”，系统生成相关的记账凭证，单击“保存”按钮，如图3-180所示。

已生成

记 账 凭 证

记 字 0086　　制单日期：2018.01.15　　审核日期：　　附单据数：2

摘 要	科目名称	借方金额	贷方金额
付款单	银行存款/中国工商银行/沈阳皇姑支行	5061600	
现金折扣	财务费用/现金折扣	133200	
销售专用发票	应收账款/人民币		5194800
票号 41 - 96707307 日期 2018.01.15　数量 单价	合 计	5194800	5194800

备注　项 目　　部 门
个 人　　客 户
业务员

记账　　审核　　出纳　　制单 赵凯

图3-180 记账凭证

项目4　特殊业务类型业务

任务1　代销业务

业务1　受托代销——视同买断方式

一、收到受托代销货物

2018年1月15日，采购部张宏亮与山东顺达皮具有限公司（简称山东顺达）签订代销合同。当日收到代销货物。

相关凭证如图4-1至图4-2所示。

购销合同

合同编号：ST01001

委托方：山东顺达皮具有限公司
受托方：辽宁恒通商贸有限公司

为保护买卖双方的合法权益，根据《中华人民共和国合同法》的有关规定，买卖双方经友好协商，一致同意签订本合同，并共同遵守合同约定。

一、货物的名称、数量及金额：

货物名称	规格型号	计量单位	数量	单价（不含税）	金额（不含税）	税率	税额
顺达女士箱包		个	1 500	578.00	867 000.00	17%	147 390.00
顺达男士箱包		个	1 000	298.00	298 000.00	17%	50 660.00
顺达情侣箱包		个	2 000	999.00	1 998 000.00	17%	339 660.00
合　计					¥3 163 000.00		¥537 710.00

二、合同总金额：人民币叁佰柒拾万零柒佰壹拾元整（¥3 700 710.00）。
三、采用视同买断的方式由委托方委托受托方代销货物，即受托方在取得代销商品后是否获利，均与委托方无关；2018年3月31日前未销售完的商品可退回给委托方。受托方根据代销货物销售情况，每月17日依照结算清单结算货款；付款方式：电汇。
四、交货地点：辽宁恒通商贸有限公司。
五、发送方式与运输费用承担方式：由委托方发货并承担运输费用。

委　托　方：山东顺达皮具有限公司　　　　受　托　方：辽宁恒通商贸有限公司
授权代表：李建国　　　　　　　　　　　　授权代表：张宏亮
日　　　期：2018年1月15日　　　　　　　日　　　期：2018年1月15日

图4-1　视同买断方式代销合同

入库单

供应商：山东顺达　　　　　　　　　　2018年1月15日　　　　　　　　　单号：RK01021

验收仓库	存货编码	存货名称	单位	数量 应收	数量 实收	单价	金额
皮具仓	1301	顺达女士箱包	个	1 500	1 500		
皮具仓	1302	顺达男士箱包	个	1 000	1 000		
皮具仓	1303	顺达情侣箱包	个	2 000	2 000		
合　计							

部门经理：略　　　　　会计：略　　　　　仓库：略　　　　　经办人：略

图4-2　入库单

【操作过程概览】

本业务的操作过程概览见表4-1。

表4-1　　　　　　　　　　　　　　操作过程概览

序号	操作日期	操作员	系统	操作内容
1	2018-01-15	G01张宏亮	采购管理	填制（受托代销）采购订单
2	2018-01-15	G01张宏亮	采购管理	参照（受托代销）采购订单生成到货单
3	2018-01-15	C01李泽华	库存管理	参照到货单生成采购入库单
4	2018-01-15	W02赵凯	存货核算	正常单据记账并生成凭证

【具体操作过程】

1.填制（受托代销）采购订单

2018年1月15日，由张宏亮（G01）登录企业应用平台。依次双击"业务工作"页签中的"供应链→采购管理→采购订货→采购订单"菜单，打开"采购订单"窗口。在"采购订单"窗口，单击工具栏的"增加"按钮，将表头项目改为"受托代销"。根据图4-1填制采购订单，填制完毕保存并审核该订单，结果如图4-3所示。

图4-3　采购订单

2.参照（受托代销）采购订单生成到货单

（1）在"采购管理"子系统，双击"采购到货→到货单"菜单，打开"到货单"窗口。单击工具栏的"增加"按钮，将到货单表头的业务类型改为"受托代销"，再执行工具栏的"生单"|"采购订单"命令，打开"查询条件选择-采购订单列表过滤"对话框，单击"确定"按钮，系统弹出"拷贝并执行"窗口。双击"到货单拷贝订单表头列表"中订单号"ST01001"最左侧的"选择"单元格，以选中该订单，如图4-4所示。单击"确定"按钮，系统返回"到货单"窗口，生成一张到货单。

图4-4　"拷贝并执行"窗口

（2）保存并审核该到货单，结果如图 4-5 所示。关闭并退出该窗口。

图 4-5　到货单

3. 参照到货单生成采购入库单

2018 年 1 月 15 日，由李泽华（C01）登录企业应用平台。依次双击"业务工作"页签中的"供应链→库存管理→入库业务→采购入库单"菜单，系统打开"采购入库单"窗口。在"采购入库单"窗口中，执行"生单" | "采购到货单（蓝字）"命令，打开"查询条件选择-采购到货单列表"对话框，单击"确定"按钮，系统打开"到货单生单列表"窗口。在"到货单生单列表"窗口中，双击 15 日山东顺达的到货单所对应的"选择"栏（即上一步骤完成的到货单），再单击工具栏的"确定"按钮，系统返回"采购入库单"窗口。根据图 4-2 修改采购入库单表头中的"入库单号"为"RK01021"，"仓库"选择为"皮具仓"，其他项默认。保存并审核采购入库单，结果如图 4-6 所示。

图 4-6　采购入库单

4. 正常单据记账并生成凭证

2018 年 1 月 15 日，由赵凯（W02）登录企业应用平台。

（1）正常单据记账。在供应链的"存货核算"子系统，依次执行"业务核算→正常单据记账"命令，系统打开"查询条件选择"窗口，直接单击"确定"按钮，系统打开"未记账单据一览表"窗口。双击 RK01021 号入库单的"选择"栏，使其显示"Y"字样，此时单击工具栏的"记账"按钮，系统弹出信息框提示记账成功，单击其"确定"按钮，完成记账工作。

（2）生成凭证。依次执行"存货核算"系统的"财务核算→生成凭证"命令，系统打开"生成凭证"窗口。单击工具栏的"选择"按钮，系统弹出"查询条件"对话框，单击"确定"按钮，系统打开"选择单据"窗口，如图 4-7 所示。单击工具栏的"全选"按钮，以选中已记账的采购入库单，再单击工具栏的"确定"按钮，系统自动退出"选择单据"

窗口返回“生成凭证”窗口。单击工具栏的“生成”按钮，系统打开“填制凭证”窗口并自动生成凭证。单击工具栏的“保存”按钮，如图4-8所示。

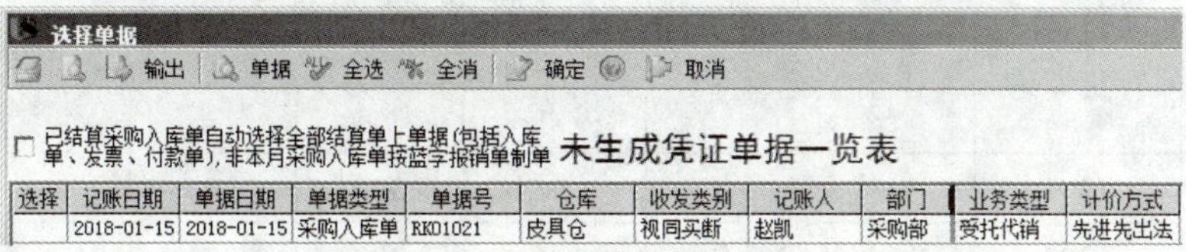

选择	记账日期	单据日期	单据类型	单据号	仓库	收发类别	记账人	部门	业务类型	计价方式
	2018-01-15	2018-01-15	采购入库单	RK01021	皮具仓	视同买断	赵凯	采购部	受托代销	先进先出法

图4-7　未生成凭证单据一览表

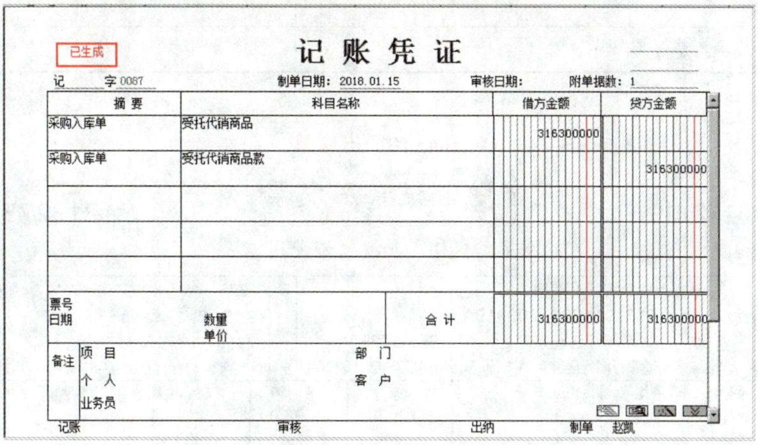

摘要	科目名称	借方金额	贷方金额
采购入库单	受托代销商品	316300000	
采购入库单	受托代销商品款		316300000
票号 日期	数量 单价 合计	316300000	316300000

图4-8　记账凭证

二、销售受托代销货物

2018年1月16日，销售部刘晓明与上海乐淘签订购销合同。当日，我公司开具发票并发出全部货物，同时收到货款。

相关凭证如图4-9至图4-12所示。

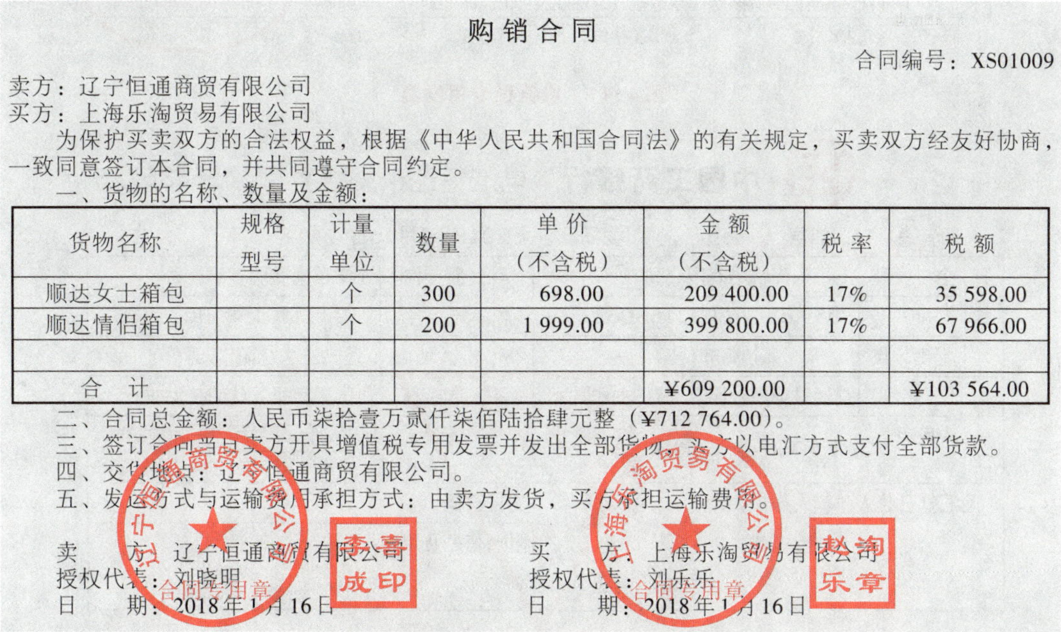

购销合同

合同编号：XS01009

卖方：辽宁恒通商贸有限公司
买方：上海乐淘贸易有限公司

为保护买卖双方的合法权益，根据《中华人民共和国合同法》的有关规定，买卖双方经友好协商，一致同意签订本合同，并共同遵守合同约定。

一、货物的名称、数量及金额：

货物名称	规格型号	计量单位	数量	单价（不含税）	金额（不含税）	税率	税额
顺达女士箱包		个	300	698.00	209 400.00	17%	35 598.00
顺达情侣箱包		个	200	1 999.00	399 800.00	17%	67 966.00
合　计					¥609 200.00		¥103 564.00

二、合同总金额：人民币柒拾壹万贰仟柒佰陆拾肆元整（¥712 764.00）。
三、签订合同当日卖方开具增值税专用发票并发出全部货物，买方以电汇方式支付全部货款。
四、交货地点：辽宁恒通商贸有限公司。
五、发运方式与运输费用承担方式：由卖方发货，买方承担运输费用。

卖　　方：辽宁恒通商贸有限公司　　　　买　　方：上海乐淘贸易有限公司
授权代表：刘晓明　　　　　　　　　　　授权代表：刘乐乐
日　　期：2018年1月16日　　　　　　　日　　期：2018年1月16日

图4-9　购销合同

出库单

客户：上海乐淘　　　　　　　2018年1月16日　　　　　　　　单号：CK01018

发货仓库	存货编码	存货名称	单位	数量		单价	金额
				应收	实收		
皮具仓	1301	顺达女士箱包	个	300	300		
皮具仓	1303	顺达情侣箱包	个	200	200		
合　计							

部门经理：略　　　　会计：略　　　　仓库：略　　　　经办人：略

图4-10　出库单

辽宁增值税专用发票

2100172140　　　　此联不作报销、抵税凭证使用　　　　№ 21327513

开票日期：2018年1月16日

购买方	名　称：上海乐淘贸易有限公司 纳税人识别号：91310112203203919A 地　址、电话：上海市闵行区北京路1号　021-65431789 开户行及账号：交通银行闵行区北京路支行　8059209375023168063	密码区	-226-+>0*-696329*+73> 9<54/2>19+>00+50>6-07 2916+39*7902+0311+6+5 -*0<><168>5229/-*3<+9

加密版本:01　2100172140　21327513

货物或应税劳务、服务名称	规格型号	单位	数量	单价	金　额	税率	税　额
顺达女士箱包		个	300	698.00	209 400.00	17%	35 598.00
顺达情侣箱包		个	200	1 999.00	399 800.00	17%	67 966.00
合　　计					¥609 200.00		¥103 564.00

价税合计（大写）　⊗柒拾壹万贰仟柒佰陆拾肆元整　　　　（小写）¥ 712 764.00

销售方	名　称：辽宁恒通商贸有限公司 纳税人识别号：91210105206917583A 地　址、电话：辽宁省沈阳市皇姑区人民路369号　024-82681359 开户行及账号：中国工商银行沈阳皇姑支行　2107024015890035666	备注	辽宁恒通商贸有限公司 91210105206917583A 发票专用章

收款人：贺青　　　　复核：王钰　　　开票人：赵凯　　　　销售方：（章）

图4-11　增值税专用发票

中国工商银行　电汇凭证（收账通知）　4　56136785

☑普通　□加急　　　委托日期　2018年1月16日

汇款人	全　称	上海乐淘贸易有限公司	收款人	全　称	辽宁恒通商贸有限公司
	账　号	8059209375023168063		账　号	2107024015890035666
	汇出地点	上海市/县		汇入地点	辽宁省　沈阳市/县

汇出行名称	交通银行闵行区北京路支行	汇入行名称	中国工商银行沈阳皇姑支行

金额	人民币（大写）柒拾壹万贰仟柒佰陆拾肆元整	亿千百十万千百十元角分 ¥ 7 1 2 7 6 4 0 0

此汇款已收入收款人账户。

支付密码

附加信息及用途：货款

汇入行签章　　　　　　复核　　　　记账

（中国工商银行沈阳皇姑支行　2018.01.16　转讫(5)）

此联为开户行给收款人的收账通知

图4-12　电汇收款凭证

【操作过程概览】

本业务的操作过程概览见表4-2。

表4-2　　　　　　　　　　　　操作过程概览

序号	操作日期	操作员	系统	操作内容
1	2018-01-16	X01刘晓明	销售管理	填制销售订单
2	2018-01-16	X01刘晓明	销售管理	参照销售订单生成销售专用发票
3	2018-01-16	C01李泽华	库存管理	参照发货单生成销售出库单
4	2018-01-16	W02赵凯	应收款管理	审核发票并制单处理
5	2018-01-16	W02赵凯	存货核算	正常单据记账并生成凭证

【具体操作过程】

1.填制销售订单

2018年1月16日，由刘晓明（X01）登录企业应用平台。依次双击"业务工作"页签中"供应链→销售管理→销售订货→销售订单"菜单，打开"销售订单"窗口。单击工具栏的"增加"按钮，根据图4-9填制销售订单。填制完毕保存并审核销售订单，结果如图4-13所示。

销售受托代销货物
（视同买断）

图4-13　销售订单

2.参照销售订单生成销售专用发票

（1）依次双击"业务工作"页签中"供应链→销售管理→销售发票→销售专用发票"菜单，系统打开"销售专用发票"窗口。单击工具栏的"增加"按钮，再执行工具栏的"生单"|"参照订单"命令，打开"查询条件选择-参照订单"对话框，单击"确定"按钮，系统打开"参照生单"窗口。双击XS01009号订单所对应的"选择"栏，然后单击工具栏的"确定"按钮，返回"销售专用发票"窗口。根据图4-11修改表头项目"发票号"为21327513，表体两行存货的"仓库名称"均选"皮具仓"，其他项默认。保存该销售发票。

（2）现结。单击工具栏的"现结"按钮，打开"现结"对话框。根据图4-12，"结算方式"选择"电汇"，"原币金额"输入712764，"票据号"输入56136785。输入完毕单击"确定"按钮，返回"销售专用发票"窗口。单击"复核"按钮，结果如图4-14所示。

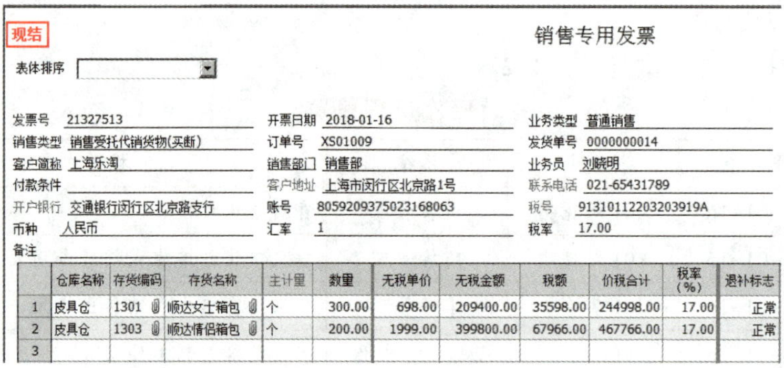

现结

销售专用发票

表体排序

发票号 21327513　开票日期 2018-01-16　业务类型 普通销售
销售类型 销售受托代销货物(买断)　订单号 XS01009　发货单号 0000000014
客户简称 上海乐淘　销售部门 销售部　业务员 刘晓明
付款条件　客户地址 上海市闵行区北京路1号　联系电话 021-65431789
开户银行 交通银行闵行区北京路支行　账号 8059209375023168063　税号 91310112203203919A
币种 人民币　汇率 1　税率 17.00
备注

	仓库名称	存货编码	存货名称	主计量	数量	无税单价	无税金额	税额	价税合计	税率（%）	退补标志
1	皮具仓	1301	顺达女士箱包	个	300.00	698.00	209400.00	35598.00	244998.00	17.00	正常
2	皮具仓	1303	顺达情侣箱包	个	200.00	1999.00	399800.00	67966.00	467766.00	17.00	正常
3											

图 4-14　销售专用发票

3.参照发货单生成销售出库单

2018年1月16日，由李泽华（C01）登录企业应用平台。依次双击“业务工作”页签中“供应链→库存管理→出库业务→销售出库单”菜单，系统打开“销售出库单”窗口。在“销售出库单”窗口中，执行“生单”|“销售生单”命令，打开“查询条件选择-销售发货单列表”对话框，单击“确定”按钮，系统打开“销售生单”窗口。双击16日上海乐淘的发货单所对应的“选择”栏（即上一步骤完成的发货单），再单击工具栏的“确定”按钮，系统返回“销售出库单”窗口。根据图4-10修改出库单号为“CK01018”，其他项默认。保存并审核该销售出库单，结果如图4-15所示。

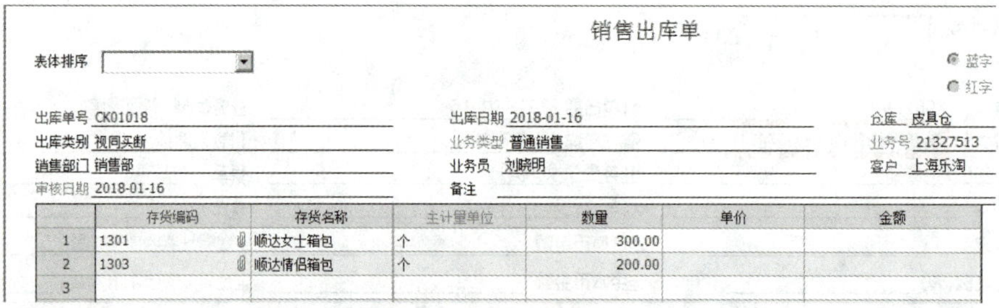

销售出库单

表体排序　　蓝字　红字

出库单号 CK01018　出库日期 2018-01-16　仓库 皮具仓
出库类别 视同买断　业务类型 普通销售　业务号 21327513
销售部门 销售部　业务员 刘晓明　客户 上海乐淘
审核日期 2018-01-16　备注

	存货编码	存货名称	主计量单位	数量	单价	金额
1	1301	顺达女士箱包	个	300.00		
2	1303	顺达情侣箱包	个	200.00		
3						

图 4-15　销售出库单

4.审核发票并制单处理

2018年1月16日，由赵凯（W02）登录企业应用平台。执行“业务工作→财务会计→应收款管理→应收单据处理→应收单据审核”命令，打开“应收单查询条件”对话框，勾选“包含已现结发票”，单击“确定”按钮，打开“单据处理”窗口。双击16日上海乐淘那一行“选择”栏右侧任意单元格，打开“销售发票”窗口。单击“审核”按钮，系统提示“是否立即制单?”，点击“是”，生成记账凭证，结果如图4-16所示。

5.正常单据记账并生成凭证

（1）正常单据记账。在供应链的“存货核算”子系统，依次执行“业务核算→正常单据记账”命令，系统打开“查询条件选择”窗口，直接单击其“确定”按钮，系统打开“未记账单据一览表”窗口。双击21327513号发票最右侧的“选择”栏，使其显示“Y”字样，此时单击工具栏的“记账”按钮，系统弹出信息框提示记账成功，单击其“确定”按钮，完成记账工作。退出该窗口。

（2）生成凭证。依次执行“存货核算”子系统的“财务核算→生成凭证”命令，系统打开“生成凭证”窗口。单击工具栏的“选择”按钮，系统弹出“查询条件”对话框，单

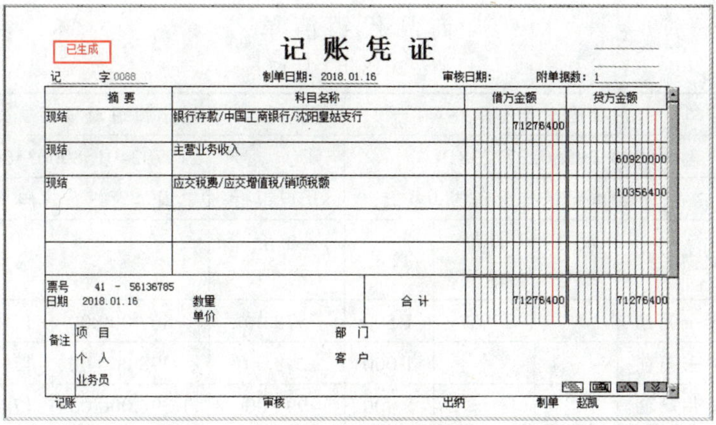

图 4-16　记账凭证

击"确定"按钮，系统打开"选择单据"窗口，如图 4-17 所示。单击工具栏的"全选"按钮，再单击工具栏的"确定"按钮，系统自动退出"选择单据"窗口进入"生成凭证"窗口。单击工具栏的"生成"按钮，系统打开"填制凭证"窗口并自动生成凭证。单击工具栏的"保存"按钮，保存此凭证，如图 4-18 所示。关闭并退出窗口。

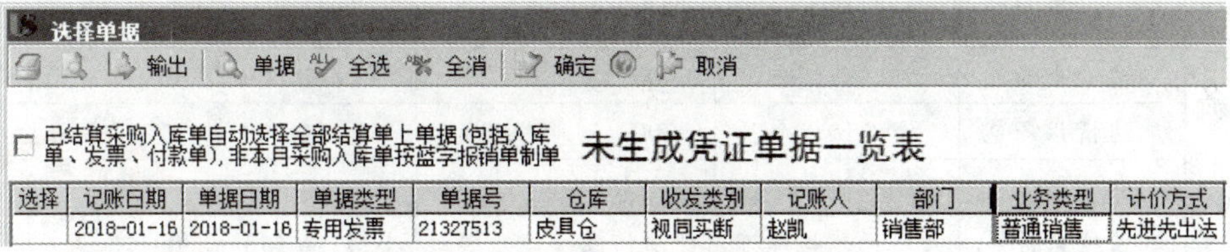

图 4-17　未生成凭证单据一览表

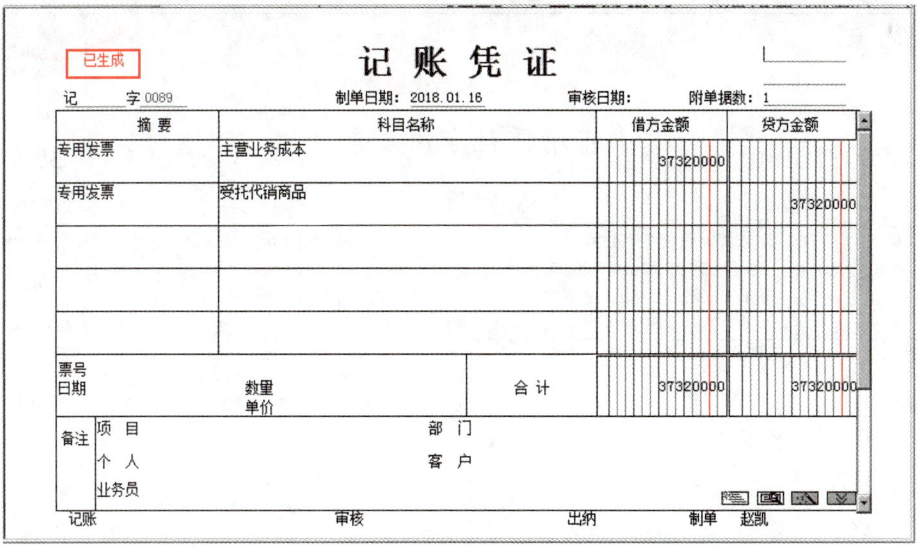

图 4-18　记账凭证

三、与委托方办理结算

2018 年 1 月 17 日，采购部张宏亮根据本月代销货物销售情况与山东顺达办理代销结算。

相关凭证如图 4-19 至图 4-21 所示。

商品代销清单

日期：2018年1月17日　　　　　　　　　　　　　　No 0000000001

委　托　方	山东顺达皮具有限公司				受　托　方	辽宁恒通商贸有限公司		
账　　号	6800328250237723819				账　　号	2107024015890035666		
开户银行	中国工商银行青岛崂山支行				开户银行	中国工商银行沈阳皇姑支行		

	代销货物名称	规格型号	计量单位	数量	单价（不含税）	金额	税率	税额
代销货物	顺达女士箱包		个	1 500	578.00	867 000.00	17%	147 390.00
	顺达男士箱包		个	1 000	298.00	298 000.00	17%	50 660.00
	顺达情侣箱包		个	2 000	999.00	1 998 000.00	17%	339 660.00
	价税合计	大写：人民币叁佰柒拾万零柒佰壹拾元整　　　小写：¥3 700 710.00						

代销方式	视同买断
代销款结算时间	根据代销货物销售情况于每月17日结算
代销款结算方式	电汇

	代销货物名称	规格型号	计量单位	数 量	单价（不含税）	金额	税率	税额
本月代销货物销售情况	顺达女士箱包		个	300	598.00	179 400.00	17%	30 498.00
	顺达情侣箱包		个	200	999.00	199 800.00	17%	33 966.00
	价税合计	大写：肆拾肆万叁仟陆佰陆拾肆元整　　　小写：¥443 664.00						
本月代销款结算金额		大写：肆拾肆万叁仟陆佰陆拾肆元整　　　小写：¥443 664.00						

主管：略　　　　　审核：略　　　　　制单：略　　　　　受托方盖章：

图4-19　商品代销清单

山东增值税专用发票

3700172140　　　　　　　　　　　　　　　　　　　　　　　　　No 51036357

发票联

开票日期：　2018年1月17日

购买方	名　称：辽宁恒通商贸有限公司 纳税人识别号：91210105206917583A 地址、电话：辽宁省沈阳市皇姑区人民路369号 024-82681359 开户行及账号：中国工商银行沈阳皇姑支行 2107024015890035666	密码区	2*58387698>>1182-0-21 /7++1646*0-32-+>4+2+/ 19<+1*>+82096233<*625 1<>-57+621<>0601+-0*>	加密版本:01 3700172140 51036357

货物或应税劳务、服务名称	规格型号	单位	数量	单价	金 额	税率	税 额
顺达女士箱包		个	300	598.00	179 400.00	17%	30 498.00
顺达情侣箱包		个	200	999.00	199 800.00	17%	33 966.00
合　　计					¥379 200.00		¥64 464.00

价税合计（大写）	⊗肆拾肆万叁仟陆佰陆拾肆元整	（小写）¥ 443 664.00

销售方	名　称：山东顺达皮具有限公司 纳税人识别号：91370212386932857A 地址、电话：山东省青岛市崂山区李沧路90号 0536-5328912 开户行及账号：中国工商银行青岛崂山支行 6800328250237723819	备 注

收款人：孙靖媛　　　复核：陈诗　　　开票人：刘思雨　　　销售方：（章）

图4-20　增值税专用发票

中国工商银行　电汇凭证（回单）　1　36257073

☑普通　□加急　　委托日期　2018年1月17日

汇款人	全称	辽宁恒通商贸有限公司	收款人	全称	山东顺达皮具有限公司
	账号	2107024015890035666		账号	6800328250237723819
	汇出地点	辽宁省　沈阳市/县		汇入地点	山东省　青岛市/县
汇出行名称		中国工商银行沈阳皇姑支行			中国工商银行青岛崂山支行

金额　人民币（大写）　肆拾肆万叁仟陆佰陆拾肆元整　　亿千百十万千百十元角分　¥ 4 4 3 6 6 4 0 0

中国工商银行
沈阳皇姑支行
2018.01.17

支付密码

附加信息及用途：货款

复核　　记账

此联为汇出行给汇款人的回单

图4-21　电汇付款凭证

【操作过程概览】

本业务的操作过程概览见表4-3。

表4-3　　　　　　　　　　　操作过程概览

序号	操作日期	操作员	系统	操作内容
1	2018-01-17	G01张宏亮	采购管理	填制受托代销结算单
2	2018-01-17	W02赵凯	应付款管理	审核发票并制单处理
3	2018-01-17	W02赵凯	存货核算	结算成本处理
4	2018-01-17	W02赵凯	存货核算	生成凭证

【具体操作过程】

1.填制受托代销结算单

（1）2018年1月17日，由张宏亮（G01）登录企业应用平台。依次双击"业务工作"页签中的"供应链→采购管理→采购结算→受托代销结算"菜单，系统打开"查询条件选择-受托结算选单过滤"窗口。该窗口的"供应商编码"选"301山东顺达"，单击"确定"按钮，进入"受托代销结算"窗口。

（2）在"受托代销结算"窗口，"发票号"填入51036357，业务员选择"张宏亮"，采购类型选"02受托代销（买断）"。在窗口下方的"受托代销结算选单列表"中，双击选中顺达女士箱包、顺达情侣箱包最左侧的"选择"栏。将"顺达女士箱包"的"结算数量"修改为300，"原币无税单价"修改为598；将"顺达情侣箱包"的"结算数量"修改为200，结果如图4-22所示。单击工具栏的"结算"按钮，系统提示"结算完成！"，单击"确定"按钮。关闭"受托代销结算"窗口。

（3）依次双击"业务工作"页签中的"供应链→采购管理→采购发票→采购专用发票"菜单，打开"专用发票"窗口。单击工具栏的"➡┃"按钮，找到受托代销结算生成的51036357号专用发票。单击工具栏的"现付"按钮，打开"现付"对话框。根据图4-21，"结算方式"选择"电汇"，"原币金额"输入443664，"票据号"输入36257073。输入完毕单击"确定"按钮，返回"专用发票"窗口，结果如图4-23所示。

与委托方办理结算
（视同买断）

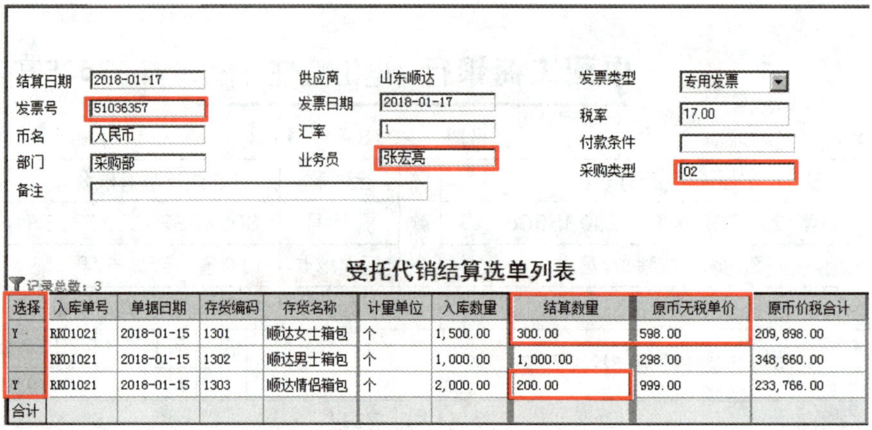

图4-22 "受托代销结算"窗口

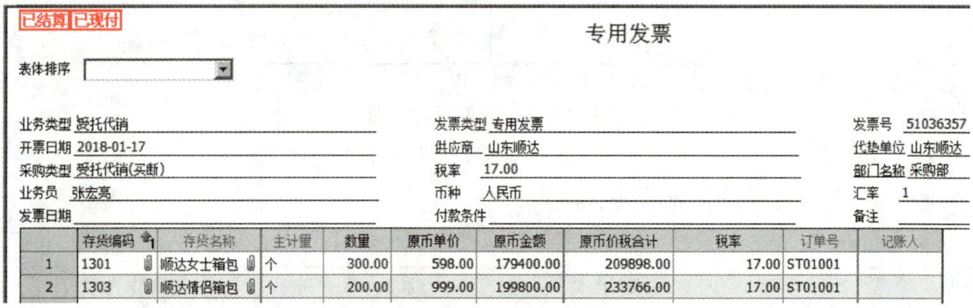

图4-23 采购专用发票

2.审核发票并制单处理

2018年1月17日，由赵凯（W02）登录企业应用平台。执行"业务工作→财务会计→应付款管理→应付单据处理→应付单据审核"命令，打开"应付单查询条件"对话框，勾选"包含已现结发票"，单击"确定"按钮，打开"单据处理"窗口。双击17日山东顺达那一行"选择"栏右侧任意单元格，打开"采购发票"窗口。单击"审核"按钮，系统提示"是否立即制单?"，点击"是"，生成记账凭证，结果如图4-24所示。

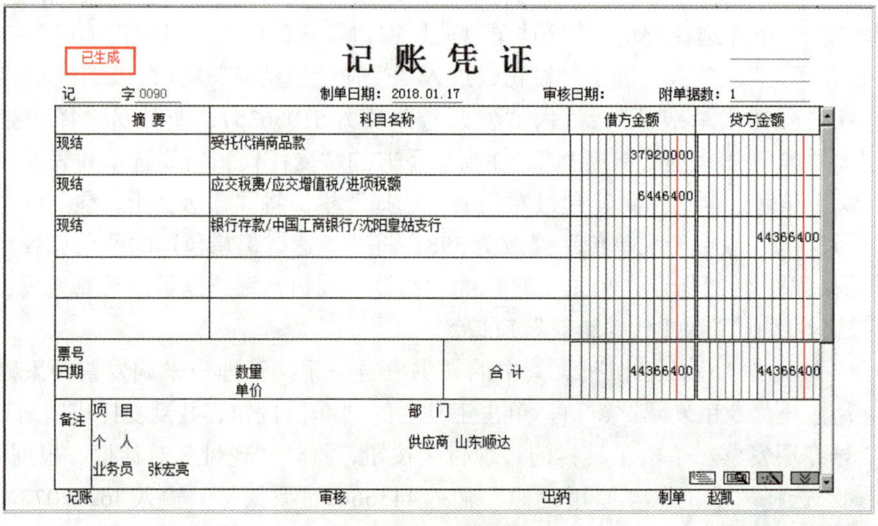

图4-24 记账凭证

3.结算成本处理

（1）依次双击"业务工作"页签中的"供应链→存货核算→业务核算→结算成本处理"菜单，系统弹出"暂估处理查询"窗口，勾选"皮具仓"，再单击"确定"按钮，系统打开"结算成本处理"窗口，如图4-25所示。

结算成本处理

○ 按数量分摊
○ 按金额分摊

选择	结算单号	仓库名称	入库单号	入库日期	存货编码	存货名称	计量单位	数量	暂估单价	结算单价	结算金额
	000000000000017	皮具仓	RK01021	2018-01-15	1301	顺达女士箱包	个	300.00	578.00	598.00	179,400.00
	000000000000017	皮具仓	RK01021	2018-01-15	1303	顺达情侣箱包	个	200.00	999.00	999.00	199,800.00
合计								500.00			379,200.00

图4-25 结算成本处理

（2）单击工具栏的"全选"按钮，再单击工具栏的"暂估"按钮，系统提示"暂估处理完成"。单击"确定"按钮。系统根据两行存货信息自动生成两张入库调整单。由于顺达女士箱包的暂估单价和结算单价不一致，所以还需制单处理。

4.生成凭证

依次执行"存货核算"系统的"财务核算→生成凭证"命令，系统打开"生成凭证"窗口。单击工具栏的"选择"按钮，系统弹出"查询条件"对话框，单击"确定"按钮，系统打开"选择单据"窗口，如图4-26所示。单击工具栏的"全选"按钮，再单击工具栏的"确定"按钮，系统自动退出"选择单据"窗口返回"生成凭证"窗口。单击工具栏的"生成"按钮，系统打开"填制凭证"窗口并自动生成凭证。单击工具栏的"保存"按钮，保存此凭证，如图4-27所示。关闭并退出窗口。

选择单据

🖨 📄 输出 │ 单据 ✍ 全选 ✖ 全消 │ ✔ 确定 ⊘ │ ▷ 取消

☐ 已结算采购入库单自动选择全部结算单上单据(包括入库单、发票、付款单)，非本月采购入库单按蓝字报销单制单　　**未生成凭证单据一览表**

选择	记账日期	单据日期	单据类型	单据号	仓库	收发类别	记账人	部门	业务类型	计价方式
	2018-01-17	2018-01-17	入库调整单	0000000005	皮具仓	视同买断	赵凯	采购部	暂估报销	先进先出法

图4-26 未生成凭证单据一览表

记 账 凭 证

已生成

记　字 0091　　　　制单日期：2018.01.17　　　审核日期：　　　附单据数：1

摘　要	科目名称	借方金额	贷方金额
000000000000017	受托代销商品	600000	
000000000000017	受托代销商品款		600000
	合　计	600000	600000

票号
日期
数量
单价

备注　项　目　　　　　　　部　门
　　　个　人　　　　　　　客　户
　　　业务员

记账　　　　　　审核　　　　　　出纳　　　　　制单 赵凯

图4-27 记账凭证

业务2 受托代销——收取手续费方式

一、收到受托代销货物

2018年1月17日，采购部徐辉与天津惠阳签订代销合同。当日收到代销货物。

相关凭证如图4-28至图4-29所示。

购销合同

合同编号：ST01002

委托方：天津惠阳商贸有限公司

受托方：辽宁恒通商贸有限公司

为保护买卖双方的合法权益，根据《中华人民共和国合同法》的有关规定，买卖双方经友好协商，一致同意签订本合同，并共同遵守合同约定。

一、货物的名称、数量及金额：

货物名称	规格型号	计量单位	数量	单价（不含税）	金额（不含税）	税率	税额
顺达情侣箱包		个	500	999.00	499 500.00	17%	84 915.00
合　计					¥499 500.00		¥84 915.00

二、合同总金额：人民币伍拾捌万肆仟肆佰壹拾伍元整（¥584 415.00）。

三、采用支付手续费方式由委托方委托受托方销售货物，代销货物的售价只能按照合同约定的价格销售。受托方按不含税售价的10%向委托方收取手续费。每月18日结算一次货款。

四、交货地点：辽宁恒通商贸有限公司。

五、发送方式与运输费用承担方式：由委托方发货并承担运输费用。

委托方：天津惠阳商贸有限公司　　　　受托方：辽宁恒通商贸有限公司

授权代表：张进　　　　　　　　　　　授权代表：徐辉

日　期：2018年1月17日　　　　　　日　期：2018年1月17日

图4-28　收取手续费方式代销合同

入库单

供应商：天津惠阳　　　　　　2018年1月17日　　　　　　单号：RK01022

验收仓库	存货编码	存货名称	单位	数量应收	数量实收	单价	金额
皮具仓	1303	顺达情侣箱包	个	500	500		
		合　计					

部门经理：略　　　会计：略　　　仓库：略　　　经办人：略

图4-29　入库单

【操作过程概览】

本业务的操作过程概览见表4-4。

表4-4   **操作过程概览**

序号	操作日期	操作员	系统	操作内容
1	2018-01-17	G01张宏亮	采购管理	填制（受托代销）采购订单
2	2018-01-17	G01张宏亮	采购管理	参照（受托代销）采购订单生成到货单
3	2018-01-17	C01李泽华	库存管理	参照到货单生成采购入库单
4	2018-01-17	W02赵凯	存货核算	正常单据记账并生成凭证

【具体操作过程】

1.填制（受托代销）采购订单

2018年1月17日，由张宏亮（G01）登录企业应用平台。依次双击"业务工作"页签中的"供应链→采购管理→采购订货→采购订单"菜单，打开"采购订单"窗口。单击工具栏的"增加"按钮，根据图4-28填制受托代销采购订单。填制完毕保存并审核，结果如图4-30所示。

（收到受托代销货物
（收取手续费）

采购订单

表体排序									

业务类型　受托代销　　　　订单日期　2018-01-17　　　　订单编号　ST01002
采购类型　受托代销(手续费)　　供应商　天津惠阳　　　　部门　采购部
业务员　徐辉　　　　　　　税率　17.00　　　　　　付款条件
币种　人民币　　　　　　　汇率　1　　　　　　　　备注

	存货编码	存货名称	主计量	数量	原币单价	原币金额	原币税额	原币价税合计	税率	计划到货日期
1	1303	顺达情侣箱包	个	500.00	999.00	499500.00	84915.00	584415.00	17.00	2018-01-17
2										

图4-30　采购订单

2.参照（受托代销）采购订单生成到货单

在"采购管理"子系统，双击"采购到货→到货单"菜单，打开"到货单"窗口。单击工具栏的"增加"按钮，将到货单表头的"业务类型"改为"受托代销"，再点击工具栏的"生单"|"采购订单"命令，打开"查询条件选择–采购订单列表过滤"对话框，单击"确定"按钮，系统弹出"拷贝并执行"窗口。双击ST01002号订单最左侧的"选择"单元格，以选中该订单，单击"确定"按钮，系统返回"到货单"窗口，生成一张到货单。保存并审核该到货单，结果如图4-31所示。

到货单

表体排序									

业务类型　受托代销　　　　单据号　0000000021　　　　日期　2018-01-17
采购类型　受托代销(手续费)　　供应商　天津惠阳　　　　部门　采购部
业务员　徐辉　　　　　　　币种　人民币　　　　　　汇率　1
运输方式　　　　　　　　　税率　17.00　　　　　　备注

	存货编码	存货名称	主计量	数量	原币单价	原币金额	原币价税合计	税率	拒收数量	订单号
1	1303	顺达情侣箱包	个	500.00	999.00	499500.00	584415.00	17.00		ST01002
2										

图4-31　到货单

3.参照到货单生成采购入库单

2018年1月17日，由李泽华（C01）登录企业应用平台。依次双击"业务工作"页签中的"供应链→库存管理→入库业务→采购入库单"菜单，系统打开"采购入库单"窗口。在"采购入库单"窗口中，执行"生单"|"采购到货单（蓝字）"命令，打开"查询条件选择-采购到货单列表"对话框，单击"确定"按钮，系统打开"到货单生单列表"窗口。在"到货单生单列表"窗口中，双击17日天津惠阳的到货单所对应的"选择"栏（即上一步骤完成的到货单），再单击工具栏的"确定"按钮，系统返回"采购入库单"窗口。根据图4-29修改采购入库单表头中的"入库单号"为"RK01022"，"仓库"选择"皮具仓"，其他项默认，保存并审核该入库单，结果如图4-32所示。

采购入库单

表体排序				◉蓝字 ○红字

入库单号 RK01022　　　　入库日期 2018-01-17　　　　仓库 皮具仓
订单号 ST01002　　　　到货单号 0000000022　　　　业务号
供货单位 天津惠阳　　　　部门 采购部　　　　业务员 徐辉
到货日期 2018-01-17　　　　业务类型 受托代销　　　　采购类型 受托代销(手续费)
入库类别 收取手续费　　　　审核日期 2018-01-17　　　　备注

	存货编码	存货名称	主计量单位	数量	本币单价	本币金额
1	1303	顺达情侣箱包	个	500.00	999.00	499500.00
2						

图4-32　采购入库单

4.正常单据记账并生成凭证

2018年1月17日，由赵凯（W02）登录企业应用平台。

（1）正常单据记账。在供应链的"存货核算"子系统，依次执行"业务核算→正常单据记账"命令，系统打开"查询条件选择"窗口，单击"确定"按钮，系统打开"未记账单据一览表"窗口。双击RK01022号入库单最左侧的"选择"栏，使其显示"Y"字样，此时单击工具栏的"记账"按钮，系统弹出信息框提示记账成功，单击其"确定"按钮，完成记账工作。退出该窗口。

（2）生成凭证。依次执行"存货核算"系统的"财务核算→生成凭证"命令，系统打开"生成凭证"窗口。单击工具栏的"选择"按钮，系统弹出"查询条件"对话框，单击"确定"按钮，系统打开"选择单据"窗口，如图4-33所示。单击工具栏的"全选"按钮，以选中已记账的采购入库单，再单击工具栏的"确定"按钮，系统自动退出"选择单据"窗口返回"生成凭证"窗口。单击工具栏的"生成"按钮，系统打开"填制凭证"窗口并自动生成凭证。单击工具栏的"保存"按钮，保存此凭证，如图4-34所示。关闭并退出窗口。

选择单据

🗐 🖳 ↳ 输出　🗋 单据 ✔ 全选 ✖ 全消 | ✔ 确定 ◎ | ▷ 取消

☐ 已结算采购入库单自动选择全部结算单上单据(包括入库单、发票、付款单)，非本月采购入库单按蓝字报销单制单　**未生成凭证单据一览表**

选择	记账日期	单据日期	单据类型	单据号	仓库	收发类别	记账人	部门	业务类型	计价方式
	2018-01-17	2018-01-17	采购入库单	RKD1022	皮具仓	收取手续费	赵凯	采购部	受托代销	先进先出法

图4-33　未生成凭证单据一览表

图 4-34 记账凭证

二、销售受托代销货物

2018 年 1 月 17 日，销售部何丽与北京汇鑫签订购销合同。当日，我公司开具发票并发出全部货物，同时收到货款。

相关凭证如图 4-35 至图 4-38 所示。

购 销 合 同

合同编号：XS01010

卖方：辽宁恒通商贸有限公司

买方：北京汇鑫百货有限公司

为保护买卖双方的合法权益，根据《中华人民共和国合同法》的有关规定，买卖双方经友好协商，一致同意签订本合同，并共同遵守合同约定。

一、货物的名称、数量及金额：

货物名称	规格型号	计量单位	数量	单价（不含税）	金额（不含税）	税率	税额
顺达情侣箱包		个	500	999.00	499 500.00	17%	84 915.00
合　计					¥499 500.00		¥84 915.00

二、合同总金额：人民币伍拾捌万肆仟肆佰壹拾伍元整（¥584 415.00）。

三、签订合同当日卖方开具增值税专用发票并发出全部货物，买方以电汇方式支付全部货款。

四、交货地点：辽宁恒通商贸有限公司。

五、发运方式及运输费用承担方式：由卖方发货，买方承担运输费用。

卖　　方：辽宁恒通商贸有限公司　　　　买　　方：北京汇鑫百货有限公司

授权代表：何丽　　　　　　　　　　　　授权代表：王三金

日　　期：2018 年 1 月 17 日　　　　　　日　　期：2018 年 1 月 17 日

图 4-35 购销合同

2100172140　　　**辽宁增值税专用发票**　　　№ 21327514

此联不作报销、扣税凭证使用　　　开票日期：2018年1月17日

购买方	名　称：北京汇鑫百货有限公司 纳税人识别号：91110113578732690A 地 址、电 话：北京市顺义区常庄路992号 010-86218025 开户行及账号：中国银行北京顺义常庄支行 2700322598914536398			密码区	383>+>24+19778-<30+>5 加密版本:01 9-36+051/6/8<68>-3012　2100172140 688>>43<796++7+71031* 20**36-+>*<38*7+5-34-　21327514		
货物或应税劳务、服务名称	规格型号	单位	数量	单价	金额	税率	税额
顺达情侣箱包		个	500	999.00	499 500.00	17%	84 915.00
合　计					¥499 500.00		¥84 915.00
价税合计（大写）	⊗伍拾捌万肆仟肆佰壹拾伍元整				（小写）¥ 584 415.00		
销售方	名　称：辽宁恒通商贸有限公司 纳税人识别号：91210105206917583A 地 址、电 话：辽宁省沈阳市皇姑区人民路369号 024-82681359 开户行及账号：中国工商银行沈阳皇姑支行 2107024015890035666			备注	辽宁恒通商贸有限公司 91210105206917583A 发票专用章		

收款人：贺言　　复核：王钰　　开票人：赵凯　　销售方：（章）

税总函〔2017〕335号北京印钞厂

第一联：记账联　销售方记账凭证

图4-36　增值税专用发票

出库单

客户：北京汇鑫　　2018年1月17日　　单号：CK01019

发货仓库	存货编码	存货名称	单位	数量 应收	数量 实收	单价	金额
皮具仓	1303	顺达情侣箱包	个	500	500		
合　计							

部门经理：略　　会计：略　　仓库：略　　经办人：略

图4-37　出库单

中国工商银行　电汇凭证（收账通知）　4　16381757

☑普通　☐加急　　委托日期　2018年1月17日

汇款人	全　称	北京汇鑫百货有限公司	收款人 全　称	辽宁恒通商贸有限公司
	账　号	2700322598914536398	账　号	2107024015890035666
	汇出地点	北京市/县	汇入地点	辽宁省　沈阳市/县
汇出行名称		中国银行北京顺义常庄支行	汇入行名称	中国工商银行沈阳皇姑支行
金额	人民币（大写）	伍拾捌万肆仟肆佰壹拾伍元整	亿千百十万千百十元角分	¥58441500
此汇款已收入收款人账户。 汇入行签章			支付密码 附加信息及用途：货款 复核　记账	

中国工商银行 沈阳皇姑支行 2018.01.17 转讫 (5)

此联为开户行给收款人的收账通知

图4-38　电汇收款凭证

【操作过程概览】

本业务的操作过程概览见表4-5。

表4-5 操作过程概览

序号	操作日期	操作员	系统	操作内容
1	2018-01-17	X01刘晓明	销售管理	填制销售订单
2	2018-01-17	X01刘晓明	销售管理	参照销售订单生成销售专用发票
3	2018-01-17	C01李泽华	库存管理	参照发货单生成销售出库单
4	2018-01-17	W02赵凯	应收款管理	审核发票并制单处理
5	2018-01-17	W02赵凯	存货核算	正常单据记账并生成凭证

【具体操作过程】

1.填制销售订单

2018年1月17日，由刘晓明（X01）登录企业应用平台。依次双击"业务工作"页签中"供应链→销售管理→销售订货→销售订单"菜单，打开"销售订单"窗口。单击工具栏的"增加"按钮，根据图4-35填制销售订单。填制完毕保存并审核该订单，结果如图4-39所示。

销售受托代销货物
（收取手续费）

销售订单

表体排序

订单号 XS01010　　　　订单日期 2018-01-17　　　　业务类型 普通销售
销售类型 销售受托代销货物(手续费)　客户简称 北京汇鑫　　付款条件
销售部门 销售部　　　　　业务员 何丽　　　　　税率 17.00
币种 人民币　　　　　汇率 1　　　　　备注
必有定金 否　　　　　定金原币金额　　　　定金累计实收原币金额
定金比例(%)　　　　定金本币金额　　　　定金累计实收本币金额

	存货编码	存货名称	主计量	数量	无税单价	无税金额	税额	价税合计	税率（%）	预发货日期
1	1303	顺达情侣箱包	个	500.00	999.00	499500.00	84915.00	584415.00	17.00	2018-01-17
2										

图4-39 销售订单

2.参照销售订单生成销售专用发票

（1）依次双击"业务工作"页签中"供应链→销售管理→销售发票→销售专用发票"菜单，系统打开"销售专用发票"窗口。单击工具栏的"增加"按钮，再执行工具栏"生单" | "参照订单"命令，打开"查询条件选择-参照订单"对话框，单击"确定"按钮，系统打开"参照生单"窗口。双击XS01010号订单所对应的"选择"栏，再单击工具栏的"确定"按钮，返回"销售专用发票"窗口。根据图4-36修改表头项目"发票号"为21327514，表体第1行的"仓库名称"选择"皮具仓"，其他项默认。单击工具栏的"保存"按钮，保存该单据。

（2）现结。单击工具栏的"现结"按钮，打开"现结"对话框。根据图4-38，"结算方式"选择"电汇"，"原币金额"输入584415，"票据号"输入16381757。输入完毕单击"确定"按钮，返回"销售专用发票"窗口。单击工具栏的"复核"按钮，结果如图4-40所示。

图4-40　销售专用发票

3.参照发货单生成销售出库单

2018年1月17日，由李泽华（C01）登录企业应用平台。依次双击"业务工作"页签中"供应链→库存管理→出库业务→销售出库单"菜单，系统打开"销售出库单"窗口。在"销售出库单"窗口中，执行"生单"｜"销售生单"命令，打开"查询条件选择-销售发货单列表"对话框，单击"确定"按钮，系统打开"销售生单"窗口。双击17日北京汇鑫的发货单所对应的"选择"栏（即上一步骤完成的发货单），再单击工具栏的"确定"按钮，系统返回"销售出库单"窗口，根据图4-37修改出库单号为"CK01019"，其他项默认。保存并审核该出库单，结果如图4-41所示。

图4-41　销售出库单

4.审核发票并制单处理

2018年1月17日，由赵凯（W02）登录企业应用平台。执行"业务工作→财务会计→应收款管理→应收单据处理→应收单据审核"命令，打开"应收单查询条件"对话框，勾选"包含已现结发票"，单击"确定"按钮，打开"单据处理"窗口。双击17日北京汇鑫那一行"选择"栏右侧任意单元格，打开"销售发票"窗口。单击"审核"按钮，系统提示"是否立即制单？"，点击"是"，生成记账凭证。单击凭证会计分录的第2行任意位置，按"Ctrl+s"组合键，调出"辅助项"对话框，该对话框的"供应商"选择"天津惠阳"，单击"确定"按钮，返回"填制凭证"窗口。单击工具栏的"保存"按钮，结果如图4-42所示。

5.正常单据记账并生成凭证

（1）正常单据记账。在供应链的"存货核算"子系统，依次执行"业务核算→正常单据记账"命令，系统打开"查询条件选择"窗口，直接单击"确定"按钮，系统打开"未记账单据一览表"窗口。双击21327514号发票的"选择"栏，使其显示"Y"字样，此时

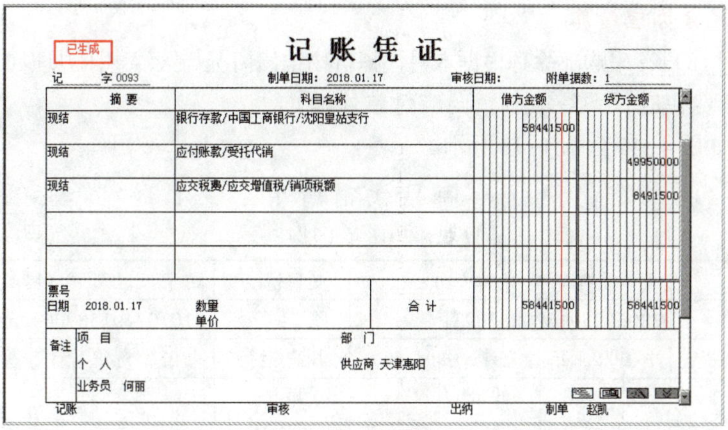

图4-42 记账凭证

单击工具栏的“记账”按钮，系统弹出信息框提示记账成功，单击其“确定”按钮，完成记账工作。退出该窗口。

（2）生成凭证。依次执行“存货核算”子系统的“财务核算→生成凭证”命令，系统打开“生成凭证”窗口。单击工具栏的“选择”按钮，系统弹出“查询条件”对话框，单击“确定”按钮，系统打开“选择单据”窗口，如图4-43所示。单击工具栏的“全选”按钮，再单击工具栏的“确定”按钮，系统自动退出“选择单据”窗口返回“生成凭证”窗口。单击工具栏的“生成”按钮，系统打开“填制凭证”窗口并自动生成凭证。单击凭证中会计分录的第1行任意位置，按“Ctrl+s”组合键，调出“辅助项”对话框，在该对话框的“供应商”处选择“天津惠阳”，单击“确定”按钮，返回“填制凭证”窗口。单击工具栏的“保存”按钮，保存该凭证，如图4-44所示。

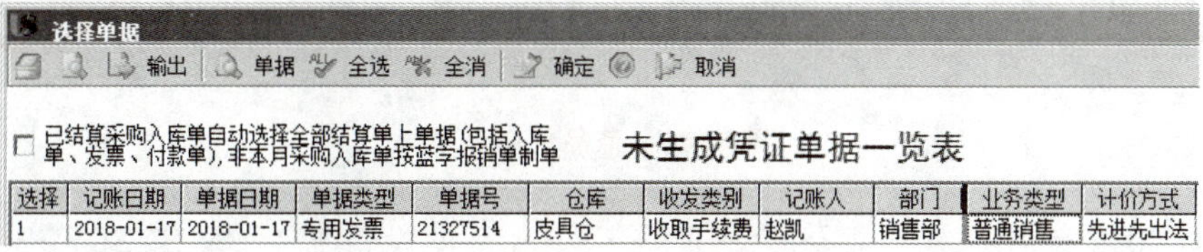

选择	记账日期	单据日期	单据类型	单据号	仓库	收发类别	记账人	部门	业务类型	计价方式
1	2018-01-17	2018-01-17	专用发票	21327514	皮具仓	收取手续费	赵凯	销售部	普通销售	先进先出法

图4-43 未生成凭证单据一览表

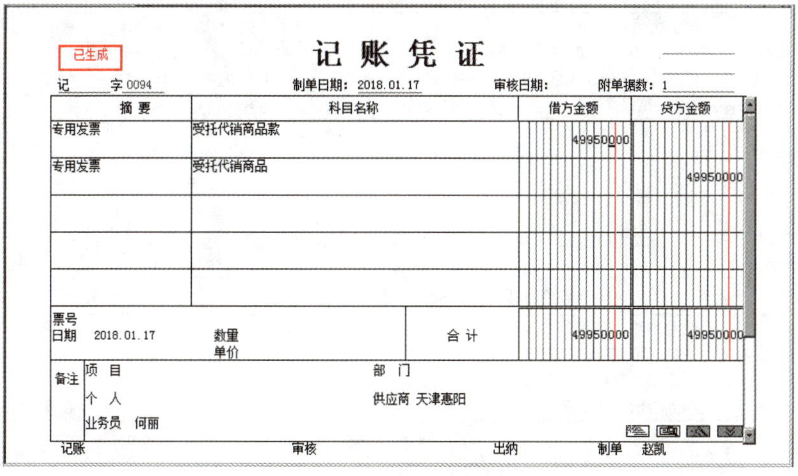

图4-44 记账凭证

三、与委托方办理结算

2018年1月18日，采购部徐辉根据本月代销货物销售情况与天津惠阳办理代销结算。（现结）（注：代销手续费在应付系统填制负向应付单处理）

相关凭证如图4-45至图4-48所示。

商品代销清单

日期：2018年1月18日   No 0000000002

委 托 方	天津惠阳商贸有限公司				受 托 方	辽宁恒通商贸有限公司		
账 号	2806725046208670931				账 号	2107024015890035666		
开户银行	中国农业银行天津南开支行				开户银行	中国工商银行沈阳皇姑支行		
代销货物	代销货物名称	规格型号	计量单位	数量	单价（不含税）	金额	税率	税额
	顺达情侣箱包		个	500	999.00	499 500.00	17%	84 915.00
	价税合计	大写：人民币伍拾捌万肆仟肆佰壹拾伍元整 小写：¥584 415.00						
代销方式	收取手续费							
代销款结算时间	根据代销货物销售情况于每月18日结算							
代销款结算方式	电汇							
本月代销货物销售情况	代销货物名称	规格型号	计量单位	数量	单价（不含税）	金额	税率	税额
	顺达情侣箱包		个	500	999.00	499 500.00	17%	84 915.00
	价税合计	大写：伍拾捌万肆仟肆佰壹拾伍元整 小写：¥584 415.00						
本月代销款结算金额	大写：伍拾捌万肆仟肆佰壹拾伍元整 小写：¥584 415.00							

主管：略   审核：略   制单：略   受托方盖章：

图4-45 商品代销清单

图4-46 增值税专用发票

中国工商银行　电汇凭证（回单）　1　36257074

☑普通　□加急　　委托日期　2018年1月18日

汇款人	全　称	辽宁恒通商贸有限公司	收款人	全　称	天津惠阳商贸有限公司
	账　号	2107024015890035666		账　号	2806725046208670931
	汇出地点	辽宁省　沈阳市/县		汇入地点	天津市/县
汇出行名称		中国工商银行沈阳皇姑支行	汇入行名称		中国农业银行天津南开支行
金额	人民币（大写）	伍拾叁万壹仟肆佰陆拾捌元整		亿千百十万千百十元角分	¥53146800
			支付密码		
			附加信息及用途：货款		
				复核	记账

中国工商银行沈阳皇姑支行 2018.01.18 转讫（05）

此联为汇出行给汇款人的回单

图4-47　电汇付款凭证

2100172140　　辽宁增值税专用发票　　№ 21327523

此联不作报销、扣税凭证使用　　开票日期：2018年1月18日

购买方	名　称：天津惠阳商贸有限公司 纳税人识别号：91120104572036908A 地址、电话：天津市南开区中华路三段88号　022-81329367 开户行及账号：中国农业银行天津南开支行　2806725046208670931			密码区	093>>+2/>861-3/<<950* 53*654++*3<-268*822-3 0>68-1+623<291+986652 72->>+>-+48*+2889209+	加密版本：01 2100172140 21327523	
货物或应税劳务、服务名称	规格型号	单位	数量	单价	金额	税率	税额
代销手续费		次	1	49 950.00	49 950.00	6%	2 997.00
合　计					¥49 950.00		¥2 997.00
价税合计（大写）	⊗伍万贰仟玖佰肆拾柒元整				（小写）¥52 947.00		
销售方	名　称：辽宁恒通商贸有限公司 纳税人识别号：91210105206917583A 地址、电话：辽宁省沈阳市皇姑区人民路369号　024-82681359 开户行及账号：中国工商银行沈阳皇姑支行　2107024015890035666			备注			

收款人：贺青　复核：王钰　开票人：赵凯　销售方：（章）

辽宁恒通商贸有限公司　91210105206917583A　发票专用章

税总函〔2017〕335号北京印钞厂

第一联：记账联　销售方记账凭证

图4-48　增值税专用发票

【操作过程概览】

本业务的操作过程概览见表4-6。

表4-6　操作过程概览

序号	操作日期	操作员	系统	操作内容
1	2018-01-18	G01张宏亮	采购管理	填制受托代销结算单
2	2018-01-18	W02赵凯	应付款管理	审核发票并制单处理
3	2018-01-18	W02赵凯	存货核算	结算成本处理
4	2018-01-18	W02赵凯	应付款管理	填制负向的应付单（受托代销手续费），审核并制单
5	2018-01-15	W02赵凯	应付款管理	红票对冲

【具体操作过程】

1. 填制受托代销结算单

（1）2018年1月18日，由张宏亮（G01）登录企业应用平台。依次双击"业务工作"页签中的"供应链→采购管理→采购结算→受托代销结算"菜单，系统打开"查询条件选择-受托结算选单过滤"窗口。在该窗口的"供应商编码"处选"401天津惠阳"，单击"确定"按钮，进入"受托代销结算"窗口。

（2）填制受托代销结算单。在"受托代销结算"窗口，发票号填入32307959，业务员选择"徐辉"，采购类型选"03受托代销（手续费）"。在窗口下方的"受托代销结算选单列表"中，双击选中顺达情侣箱包的"选择"栏，结果如图4-49所示。单击工具栏的"结算"按钮，系统提示"结算完成！"，单击"确定"按钮。关闭"受托代销结算"窗口。

结算日期	2018-01-18	供应商	天津惠阳	发票类型	专用发票
发票号	32307959	发票日期	2018-01-18	税率	17.00
币名	人民币	汇率	1	付款条件	
部门	采购部	业务员	徐辉	采购类型	03
备注					

受托代销结算选单列表

记录总数：1

选择	入库单号	单据日期	存货编码	存货名称	计量单位	入库数量	结算数量	结算件数
Y	RK01022	2018-01-17	1303	顺达情侣箱包	个	500.00	500.00	
合计								

图4-49 "受托代销结算"窗口

（3）依次双击"业务工作"页签中的"供应链→采购管理→采购发票→采购专用发票"菜单，打开"专用发票"窗口。单击工具栏的"➡|末张"按钮，找到受托代销结算生成的32307959号专用发票。单击工具栏的"现付"按钮，打开"现付"对话框。根据图4-47，"结算方式"选择"电汇"，"原币金额"输入531468，"票据号"输入"36257074"。输入完毕单击"确定"按钮，返回"专用发票"窗口，结果如图4-50所示。

已结算 已现付　　　　　　　　　　专用发票

表体排序				

业务类型	受托代销	发票类型	专用发票	发票号	32307959
开票日期	2018-01-18	供应商	天津惠阳	代垫单位	天津惠阳
采购类型	受托代销（手续费）	税率	17.00	部门名称	采购部
业务员	徐辉	币种	人民币	汇率	1
发票日期		付款条件		备注	

	存货编码	存货名称	主计量	数量	原币单价	原币金额	原币税额	原币价税合计	税率	订单号	记账人
1	1303	顺达情侣箱包	个	500.00	999.00	499500.00	84915.00	584415.00	17.00	ST01002	
2											

图4-50 采购专用发票

2. 审核发票并制单处理

2018年1月18日，由赵凯（W02）登录企业应用平台。依次双击"业务工作"页签中"财务会计→应付款管理→应付单据处理→应付单据审核"菜单，系统打开"应付单查询条件"窗口，勾选"包含已现结发票"，单击"确定"按钮，打开"单据处理"窗口。双击32307959号发票"选择"栏右侧任意单元格，打开"采购发票"窗口，单击工具栏的"审核"按钮，系统提示"是否立即制单?"，单击"是"按钮，系统自动打开"填制凭证"窗口，单击工具栏的"保存"按钮，结果如图4-51所示。

图 4-51 记账凭证

3.结算成本处理

（1）依次双击"业务工作"页签中的"供应链→存货核算→业务核算→结算成本处理"菜单，系统弹出"暂估处理查询"窗口，"仓库"勾选"皮具仓"，再单击"确定"按钮，系统打开"结算成本处理"窗口，如图4-52所示。

结算成本处理

◉ 按数量分摊
○ 按金额分摊

选择	结算单号	仓库名称	入库单号	入库日期	存货编码	存货名称	计量单位	数量	暂估单价	结算数量	结算单价
	000000000000018	皮具仓	RK01022	2018-01-17	1303	顺达情侣箱包	个	500.00	999.00	500.00	999.00
合计								500.00		500.00	

图 4-52 结算成本处理

（2）双击工具栏的"全选"按钮，再单击工具栏的"暂估"按钮，系统提示"暂估处理完成"。单击"确定"按钮。关闭"结算成本处理"窗口。

4.填制负向的应付单（受托代销手续费），审核并制单

（1）依次双击"业务工作"页签中的"财务会计→应付款管理→应付单据处理→应付单据录入"菜单，系统弹出"单据类别"窗口，将其他应付单的"方向"改为"负向"，如图所示4-53所示。单击"确定"按钮，进入"应付单"窗口。

图 4-53 单据类别

（2）单击"增加"按钮。红字应付单表头的"供应商"选择"天津惠阳"，"金额"输入52947，"业务员"选择"徐辉"。将表体第1行的"方向"改为"贷"，"科目"选择605101，"金额"修改为49950；将表体第2行的"方向"改为"贷"，"科目"选择

22210106，"金额"输入2997。输入完毕单击工具栏的"保存"按钮，结果如图4-54所示。

应付单

打印模版
应付单打印模板

表体排序

单据编号 0000000001　　　　单据日期 2018-01-18　　　　供应商 天津惠阳
科目　　220201　　　　　　　币种　人民币　　　　　　　汇率　1
金额　　52947.00　　　　　　本币金额 52947.00　　　　　数量　0.00
部门　　采购部　　　　　　　业务员 徐辉　　　　　　　项目
付款条件　　　　　　　　　　摘要

	方向	科目	币种	汇率	金额	本币金额	部门	业务员	项目
1	贷	605101	人民币	1.00000000	49950.00	49950.00	采购部	徐辉	
2	贷	22210106	人民币	1.00000000	2997.00	2997.00	采购部	徐辉	
3									

图4-54　红字应付单

单击工具栏的"审核"按钮，系统提示"是否立即制单?"，单击"是"按钮，系统自动打开"填制凭证"窗口，单击工具栏的"保存"按钮，结果如图4-55所示。

记账凭证

已生成

记　　字 0096　　　制单日期: 2018.01.18　　审核日期:　　附单据数: 1

摘　要	科目名称	借方金额	贷方金额
其他应付单	应付账款/一般应付账款		5294700
其他应付单	其他业务收入/受托代销手续费		4995000
其他应付单	应交税费/应交增值税/销项税额		299700

票号
日期　　　　数量　　　　　　　　　合计
　　　　　　单价

备注　项目
　　　个人　　　　　　　　　　供应商 天津惠阳
　　　业务员 徐辉

记账　　　　　　审核　　　　　出纳　　　　制单 赵凯

图4-55　记账凭证

5.红票对冲

在"应付款管理"系统，依次双击"转账→红票对冲→手工对冲"命令，打开"红票对冲条件"对话框。在"供应商"处选择"天津惠阳"，单击"确定"按钮，进入"红票对冲"窗口。在窗口下方32307959号发票的"对冲金额"栏输入52947，结果如图4-56所示。单击工具栏的"保存"按钮，系统提示"是否立即制单?"，单击"是"按钮，系统自动打开"填制凭证"窗口，单击工具栏的"保存"按钮，结果如图4-57所示。

单据日期	单据类型	单据编号	供应商	币种	原币金额	原币余额	对冲金额
2018-01-18	其他应付单	0000000001	天津惠阳	人民币	52,947.00	52,947.00	52,947.00
	合计				52,947.00	52,947.00	52,947.00

单据日期	单据类型	单据编号	供应商	币种	原币金额	原币余额	对冲金额
2017-12-15	采购专用发票	14035890	天津惠阳	人民币	68,620,500.00	68,620,500.00	
2018-01-18	采购专用发票	32307959	天津惠阳	人民币	584,415.00	52,947.00	52,947.00
	合计				69,204,915.00	68,673,447.00	52,947.00

图4-56　"红票对冲"窗口

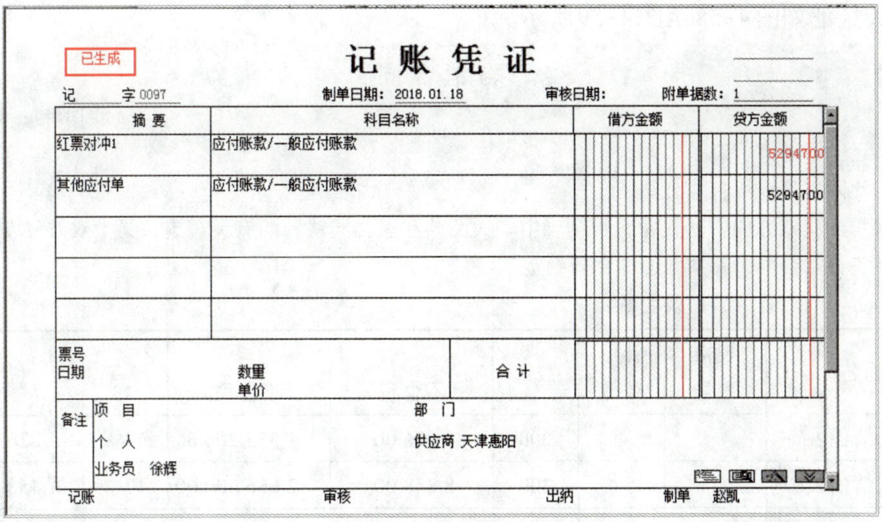

图4-57 记账凭证

【提示】

两种代销方式的操作过程总结见表4-7。

表4-7 受托代销总结

系统	视同买断方式	收取手续费方式
存货	采购入库单: 借:受托代销商品 　贷:受托代销商品款	采购入库单: 借:受托代销商品 　贷:受托代销商品款
应收	销售专用发票: 借:应收账款 　贷:主营业务收入 　　应交税费/应交增值税/销项税额	销售专用发票: 借:应收账款 　贷:应付账款/受托代销 　　应交税费/应交增值税/销项税额
存货	销售出库单: 借:主营业务成本 　贷:受托代销商品	销售出库单: 借:受托代销商品款 　贷:受托代销商品
应付	采购专用发票: 借:受托代销商品款 　　应交税费/应交增值税/进项税额 　贷:应付账款/一般应付账款	采购专用发票: 借:应付账款/受托代销 　　应交税费/应交增值税/进项税额 　贷:应付账款/一般应付账款
应付		代销手续费: 借:应付账款/一般应付账款 　贷:其他业务收入 　　应交税费/应交增值税/销项税额

业务3 委托代销——视同买断方式

一、发出委托代销货物

2018年1月18日,销售部何丽与沈阳喜来签订代销合同。当日发出代销货物。

相关凭证如图4-58至图4-59所示。

购 销 合 同

合同编号：WT01001

委托方：辽宁恒通商贸有限公司

受托方：沈阳喜来商贸有限公司

为保护买卖双方的合法权益，根据《中华人民共和国合同法》的有关规定，买卖双方经友好协商，一致同意签订本合同，并共同遵守合同约定。

一、货物的名称、数量及金额：

货物名称	规格型号	计量单位	数量	单价（不含税）	金额（不含税）	税率	税额
博伦情侣表		对	200	6 666.00	1 333 200.00	17%	226 644.00
恒久情侣表		对	300	8 888.00	2 666 400.00	17%	453 288.00
合 计					¥3 999 600.00		¥679 932.00

二、合同总金额：人民币肆佰陆拾柒万玖仟伍佰叁拾贰元整（¥4 679 532.00）。

三、采用视同买断方式由委托方委托受托方代销货物，即受托方在取得代销商品后是否获利，均与委托方无关；2018年3月31日前未销售完的商品可退回给委托方。受托方根据代销货物销售情况，每月19日依照结算清单结算货款；付款方式：电汇。

四、交货地点：辽宁恒通商贸有限公司。

五、发运方式与运输费用承担方式：由委托方发货，受托方承担运输费用。

委 托 方：辽宁恒通商贸有限公司　　　　受 托 方：沈阳喜来商贸有限公司

授权代表：何 丽　　　　　　　　　　　授权代表：王秋林

日　　期：2018年1月18日　　　　　　日　　期：2018年1月18日

图4-58　视同买断方式代销合同

出 库 单

客户：沈阳喜来　　　　　　　　2018年1月18日　　　　　　　　单号：CK01020

发货仓库	存货编码	存货名称	单位	数量		单价	金额
				应收	实收		
手表仓	1203	博伦情侣表	对	200	200		
手表仓	1206	恒久情侣表	对	300	300		
合　　计							

部门经理：略　　　　会计：略　　　　仓库：略　　　　经办人：略

图4-59　出库单

【操作过程概览】

本业务的操作过程概览见表4-8。

表4-8 操作过程概览

序号	操作日期	操作员	系统	操作内容
1	2018-01-18	X01刘晓明	销售管理	填制（委托代销）销售订单
2	2018-01-18	X01刘晓明	销售管理	参照（委托代销）销售订单生成委托代销发货单
3	2018-01-18	C01李泽华	库存管理	参照委托代销发货单生成销售出库单
4	2018-01-18	W02赵凯	存货核算	发出商品记账并生成凭证

【具体操作过程】

1.填制（委托代销）销售订单

2018年1月18日，由刘晓明（X01）登录企业应用平台。依次双击"业务工作"页签中"供应链→销售管理→销售订货→销售订单"菜单，打开"销售订单"窗口。单击工具栏的"增加"按钮，根据图4-58填制销售订单，注意订单表头"业务类型"为"委托代销"。填制完毕保存并审核该订单，结果如图4-60所示。

图4-60 销售订单

2.参照（委托代销）销售订单生成委托代销发货单

在"销售管理"子系统，依次双击"委托代销→委托代销发货单"菜单，打开"委托代销发货单"窗口。单击工具栏的"增加"按钮，单击"订单"按钮，打开"查询条件选择-参照订单"窗口，单击"确定"按钮。在"参照生单"窗口中，双击上窗格中WT01001号订单"选择"单元格，再单击"确定"按钮，系统返回"委托代销发货单"窗口。发货单表体第1行、第2行的"仓库名称"选择"手表仓"。保存并审核发货单，结果如图4-61所示。

图4-61 委托代销发货单

3.参照委托代销发货单生成销售出库单

2018年1月18日，由李泽华（C01）登录企业应用平台。依次双击"业务工作"页签中"供应链→库存管理→出库业务→销售出库单"菜单，系统打开"销售出库单"窗口。

执行"生单"|"销售生单"命令，打开"查询条件选择–销售发货单列表"对话框，单击"确定"按钮，系统打开"销售生单"窗口。双击18日沈阳喜来的发货单所对应的"选择"栏（即上一步骤完成的发货单），再单击工具栏的"OK确定"按钮，系统返回"销售出库单"窗口。根据图4–59修改出库单号为"CK01020"，其他项默认。保存并审核该出库单，结果如图4–62所示。关闭并退出该窗口。

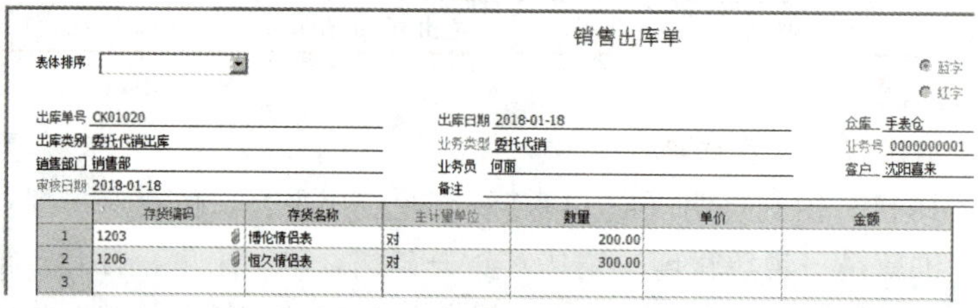

图4–62　销售出库单

4.发出商品记账并生成凭证

2018年1月18日，由赵凯（W02）登录企业应用平台。

（1）发出商品记账。在供应链的"存货核算"系统，依次执行"业务核算→发出商品记账"命令，系统打开"查询条件选择"窗口，直接单击"确定"按钮，系统打开"未记账单据一览表"窗口。单击工具栏的"全选"按钮，再单击"记账"按钮，系统弹出信息框提示记账成功，单击其"确定"按钮，完成记账工作。退出该窗口。

（2）生成凭证。依次执行"存货核算"子系统的"财务核算→生成凭证"命令，系统打开"生成凭证"窗口。单击工具栏的"选择"按钮，系统弹出"查询条件"对话框，单击"确定"按钮，系统打开"选择单据"窗口，如图4–63所示。单击工具栏的"全选"按钮，再单击工具栏的"确定"按钮，系统自动退出"选择单据"窗口进入"生成凭证"窗口。单击工具栏的"生成"按钮，系统打开"填制凭证"窗口并自动生成凭证。单击工具栏的"保存"按钮，保存此凭证，如图4–64所示。关闭并退出窗口。

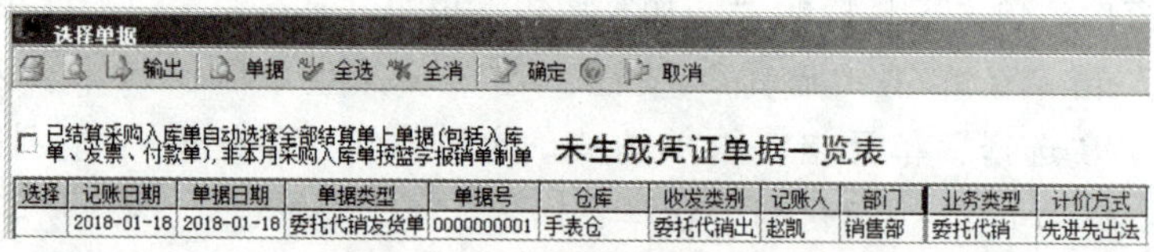

图4–63　未生成凭证单据一览表

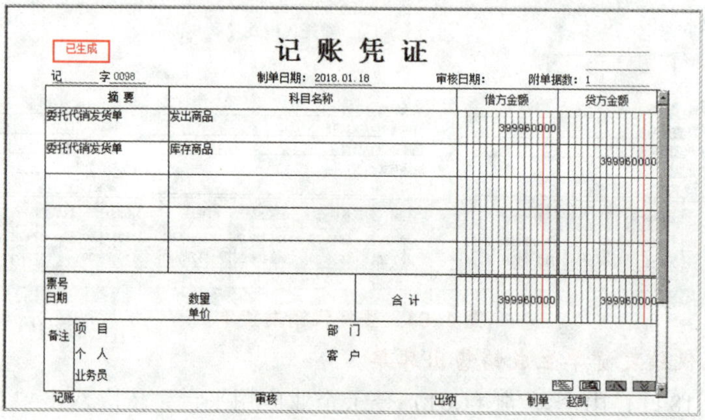

图4–64　记账凭证

二、与受托方办理结算

2018 年 1 月 19 日，沈阳喜来根据本月代销货物销售情况与我公司办理代销结算。业务员何丽。（现结）

相关凭证如图 4-65 至图 4-67 所示。

商品代销清单

日期：2018 年 1 月 19 日　　　　　　　　No 0000000001

委托方	辽宁恒通商贸有限公司					受托方		沈阳喜来商贸有限公司		
账　号	2107024015890035666					账　号		5830626920062662115		
开户银行	中国工商银行沈阳皇姑支行					开户银行		中国农业银行沈阳万春支行		

	代销货物名称	规格型号	计量单位	数量	单价（不含税）	金额	税率	税额
代销货物	博伦情侣表		对	200	6 666.00	1 333 200.00	17%	226 644.00
	恒久情侣表		对	300	8 888.00	2 666 400.00	17%	453 288.00
	价税合计	大写：人民币肆佰陆拾柒万玖仟伍佰叁拾贰元整　小写：¥4 679 532.00						
代销方式	视同买断							
代销款结算时间	根据代销货物销售情况于每月 19 日结算							
代销款结算方式	电汇							

	代销货物名称	规格型号	计量单位	数量	单价（不含税）	金额	税率	税额
本月代销货物销售情况	博伦情侣表		对	100	6 666.00	666 600.00	17%	113 322.00
	恒久情侣表		对	150	8 888.00	1 333 200.00	17%	226 644.00
	价税合计	大写：人民币贰佰叁拾叁万玖仟柒佰陆拾陆元整　小写：¥2 339 766.00						
	本月代销款结算金额	大写：人民币贰佰叁拾叁万玖仟柒佰陆拾陆元整　小写：¥2 339 766.00						

主管：略　　　　审核：略　　　　　制单：略　　　　受托方盖章：

图 4-65　商品代销清单

2100172140　　　　辽宁增值税专用发票　　　No 21327515

此联不作报销、扣税凭证使用　　　　　开票日期：2018年1月19日

购买方	名　称：沈阳喜来商贸有限公司 纳税人识别号：91210103282819034A 地址、电话：辽宁省沈阳市沈河区万春路66号 024-65507283 开户行及账号：中国农业银行沈阳万春支行 5830626920062662115	密码区	-*>+61*9/*>7>6700914+ <94*9223<*811348-4--6 +321><20+64-38+26>86* <0>2928-++38/67+0>505	加密版本:01 2100172140 21327515

货物或应税劳务、服务名称	规格型号	单位	数量	单价	金额	税率	税额
博伦情侣表		对	100	6 666.00	666 600.00	17%	113 322.00
恒久情侣表		对	150	8 888.00	1 333 200.00	17%	226 644.00
合　计					¥1 999 800.00		¥339 966.00
价税合计（大写）	⊗贰佰叁拾叁万玖仟柒佰陆拾陆元整				（小写）¥2 339 766.00		

销售方	名　称：辽宁恒通商贸有限公司 纳税人识别号：91210105206917583A 地址、电话：辽宁省沈阳市皇姑区人民路369号 024-82681359 开户行及账号：中国工商银行沈阳皇姑支行 2107024015890035666	备注	

收款人：贺青　　　复核：王钰　　　开票人：赵凯　　　销售方：（章）

图 4-66　增值税专用发票

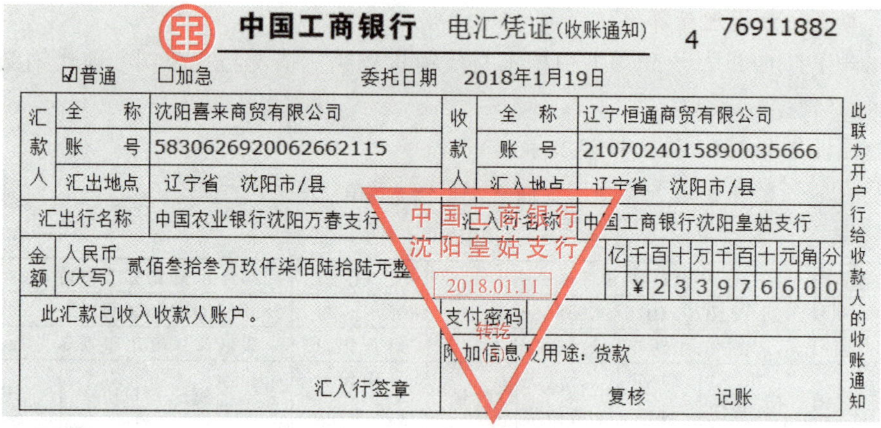

图4-67 电汇收款凭证

【操作过程概览】

本业务的操作过程概览见表4-9。

表4-9 操作过程概览

序号	操作日期	操作员	系统	操作内容
1	2018-01-19	X01刘晓明	销售管理	参照委托代销发货单生成委托代销结算单
2	2018-01-19	W02赵凯	应收款管理	审核发票并制单处理
3	2018-01-19	W02赵凯	存货核算	发出商品记账并生成凭证

【具体操作过程】

1.参照委托代销发货单生成委托代销结算单

2018年1月19日，由刘晓明（X01）登录企业应用平台。

（1）依次双击"业务工作"页签中"供应链→销售管理→委托代销→委托代销结算单"菜单，打开"委托代销结算单"窗口。单击工具栏的"增加"按钮，系统弹出"查询条件选择–委托结算参照发货单"窗口，单击"确定"按钮，系统弹出"参照生单"窗口。双击上窗格中18日沈阳喜来发货单所在行的"选择"单元格，单击"确定"按钮，系统返回"委托代销结算单"窗口。

（2）根据图4-65、图4-66，在"委托代销结算"窗口，发票号填入21327515。将"博伦情侣表"的"数量"修改为100；将"恒久情侣表"的"数量"修改为150，单击工具栏的"保存"按钮，再单击"审核"按钮，系统弹出"请选择发票类型"对话框，单击"确定"按钮，委托代销结算单填制完毕，结果如图4-68所示。

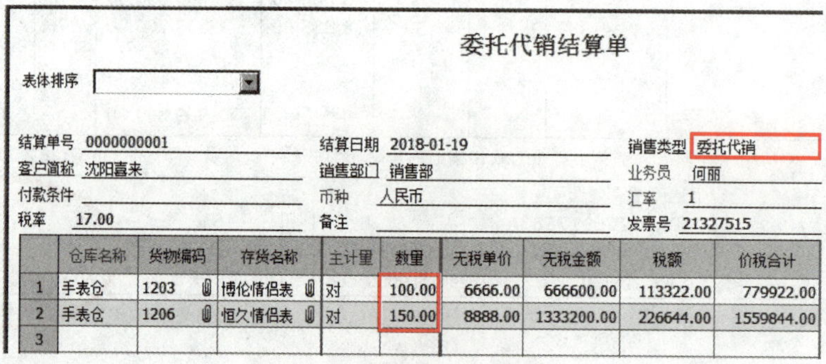

图4-68 委托代销结算单

（3）依次双击"业务工作"页签中的"供应链→销售管理→销售开票→销售专用发票"菜单，打开"销售专用发票"窗口。单击工具栏的"➡️末张"按钮，找到委托代销结算生成的 21327515 号专用发票。单击工具栏的"现结"按钮，打开"现结"对话框。根据图 4-67，"结算方式"选择"电汇"，"原币金额"输入 2339766，"票据号"输入 76911882。输入完毕单击"确定"按钮，返回"销售专用发票"窗口，单击"复核"按钮，结果如图 4-69 所示。

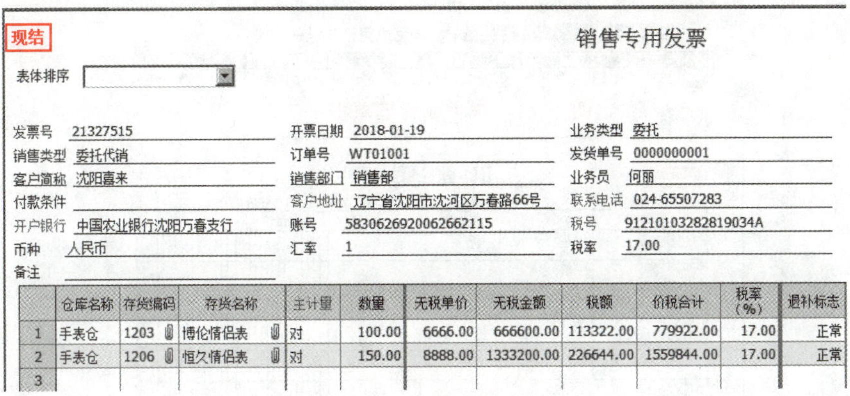

图 4-69　销售专用发票

2.审核发票并制单处理

2018 年 1 月 19 日，由赵凯（W02）登录企业应用平台。执行"业务工作→财务会计→应收款管理→应收单据处理→应收单据审核"命令，打开"应收单查询条件"对话框，勾选"包含已现结发票"，单击"确定"按钮，打开"单据处理"窗口。双击 19 日沈阳喜来那一行"选择"栏右侧任意单元格，打开"销售发票"窗口。单击"审核"按钮，系统提示"是否立即制单？"，点击"是"，生成记账凭证，单击工具栏的"保存"按钮，结果如图 4-70 所示。

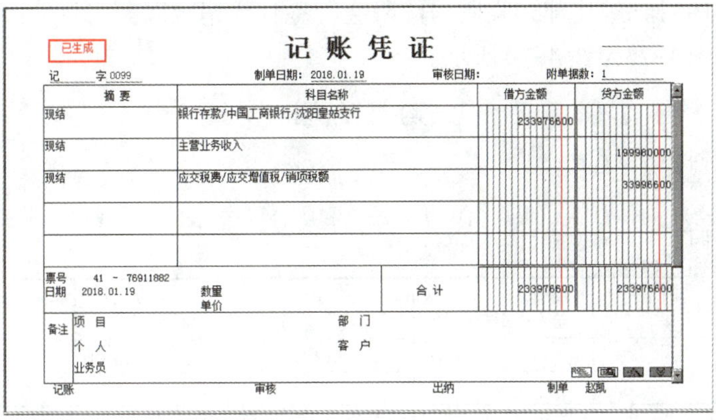

图 4-70　记账凭证

3.发出商品记账并生成凭证

（1）在供应链的"存货核算"系统中，依次执行"业务核算→发出商品记账"命令，系统打开"查询条件选择"窗口，直接单击其"确定"按钮，系统打开"未记账单据一览表"窗口。单击工具栏的"全选"按钮，以选中 21327515 号发票的 2 行记录，此时单击工具栏的"记账"按钮，系统弹出信息框提示记账成功，单击其"确定"按钮，完成记账工作。

（2）依次执行"存货核算"系统的"财务核算→生成凭证"命令，系统打开"生成凭证"窗口。单击工具栏的"选择"按钮，系统弹出"查询条件"对话框，单击"确定"按钮，系统打开"选择单据"窗口，如图4-71所示。单击工具栏的"全选"按钮，以选中入库调整单，再单击工具栏的"确定"按钮，系统自动退出"选择单据"窗口进入"生成凭证"窗口。单击工具栏的"生成"按钮，系统打开"填制凭证"窗口并自动生成凭证。单击工具栏的"保存"按钮，保存此凭证，如图4-72所示。关闭并退出窗口。

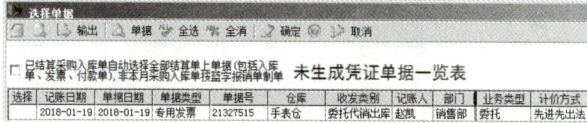

图4-71　未生成凭证单据一览表

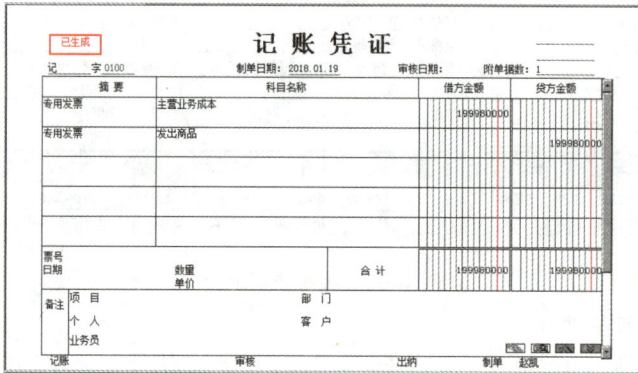

图4-72　记账凭证

业务4 委托代销——收取手续费方式

一、发出委托代销货物

2018年1月19日，销售部刘晓明与沈阳金泰签订代销合同。当日发出代销货物。

相关凭证如图4-73至图4-74所示。

购 销 合 同

合同编号：WT01002

委托方：辽宁恒通商贸有限公司
受托方：沈阳金泰商贸有限公司

为保护买卖双方的合法权益，根据《中华人民共和国合同法》的有关规定，买卖双方经友好协商，一致同意签订本合同，并共同遵守合同约定。

一、货物的名称、数量及金额：

货物名称	规格型号	计量单位	数量	单价（不含税）	金 额（不含税）	税率	税 额
百盛男夹克		件	1 000	598.00	598 000.00	17%	101 660.00
合 计					¥598 000.00		¥101 660.00

二、合同总金额：人民币陆拾玖万玖仟陆佰陆拾元整（￥699 660.00）。
三、采用支付手续费方式由委托方委托受托方销售货物，代销货物的售价只能按照合同约定的价格销售。受托方按不含税售价的10%向委托方收取手续费。每月20日结算一次货款。
四、交货地点：辽宁恒通商贸有限公司。
五、发运方式与运输费用承担方式：由委托方发货，受托方承担运输费用。

委 托 方：辽宁恒通商贸有限公司　　　　受 托 方：沈阳金泰商贸有限公司
授权代表：刘晓明　　　　　　　　　　　授权代表：刘春雨
日　　期：2018年1月19日　　　　　　日　　期：2018年1月19日

图4-73　收取手续费方式代销合同

出库单

客户：沈阳金泰　　　　　　　　　　　　2018年1月19日　　　　　　　　　　　　单号：CK01021

发货仓库	存货编码	存货名称	单位	数量		单价	金额
				应收	实收		
服装仓	1101	百盛男夹克	件	1 000	1 000		
合　计							

部门经理：略　　　　　会计：略　　　　　仓库：略　　　　　经办人：略

图4-74　出库单

【操作过程概览】

本业务的操作过程概览见表4-10。

表4-10　　　　　　　　　　　　　操作过程概览

序号	操作日期	操作员	系统	操作内容
1	2018-01-19	X01刘晓明	销售管理	填制（委托代销）销售订单
2	2018-01-19	X01刘晓明	销售管理	参照（委托代销）销售订单生成委托代销发货单
3	2018-01-19	C01李泽华	库存管理	参照委托代销发货单生成销售出库单
4	2018-01-19	W02赵凯	存货核算	发出商品记账并生成凭证

【具体操作过程】

1.填制（委托代销）销售订单

2018年1月19日，由刘晓明（X01）登录企业应用平台。依次双击"业务工作"页签中"供应链→销售管理→销售订货→销售订单"菜单，打开"销售订单"窗口。单击工具栏的"增加"按钮，根据图4-73填制销售订单。注意订单表头项目"业务类型"为"委托代销"。填制完毕保存并审核销售订单，结果如图4-75所示。

发出委托代销货物
（收取手续费）

销售订单

打印模版 销售订单打印模版
合并显示 □

表体排序 [　　　　　　　▼]

订单号	WT01002	订单日期	2018-01-19	业务类型	委托代销
销售类型	委托代销	客户简称	沈阳金泰	付款条件	
销售部门	销售部	业务员	刘晓明	税率	17.00
币种	人民币	汇率	1	备注	
必有定金	否	定金原币金额	0.00	定金累计实收原币金额	
定金比例(%)		定金本币金额	0.00	定金累计实收本币金额	

	存货编码	存货名称	主计量	数量	无税单价	无税金额	税额	价税合计	税率(%)	预发货日期
1	1101	百盛男夹克	件	1000.00	598.00	598000.00	101660.00	699660.00	17.00	2018-01-19
2										

图4-75　销售订单

2.参照（委托代销）销售订单生成委托代销发货单

在"销售管理"子系统，依次双击"委托代销→委托代销发货单"菜单，打开"委托代销发货单"窗口。单击工具栏的"增加"按钮，单击"订单"按钮，打开"查询条件选择–参照订单"窗口，单击"确定"按钮。在"参照生单"窗口中，双击上窗格中WT01002号销售订单所在行的"选择"单元格，再单击工具栏的"确定"按钮，系统返回"委托代销发货单"窗口。发货单表体第1行的"仓库名称"选择"服装仓"。保存并审核该发货单，结果如图4-76所示。

委托代销发货单

表体排序 _____

发货单号 0000000002　　　　　　发货日期 2018-01-19　　　　　　业务类型 委托代销
销售类型 委托代销　　　　　　　订单号 WT01002　　　　　　　税率 17.00
客户简称 沈阳金泰　　　　　　　销售部门 销售部　　　　　　　　业务员 刘晓明
发货地址 _____　　　发运方式 _____　　　付款条件 _____
币种 人民币　　　　　　　　　　汇率 _____　　　　　备注 _____

	仓库名称	存货编码	存货名称	主计量	数量	含税单价	无税单价	无税金额	税额	价税合计	税率（%）	客户最低售价
1	服装仓	1101	百盛男夹克	件	1000.00	699.66	598.00	598000.00	101660.00	699660.00	17.00	0.00
2												

图4-76　委托代销发货单

3.参照委托代销发货单生成销售出库单

2018年1月19日，由李泽华（C01）登录企业应用平台。依次双击"业务工作"页签中"供应链→库存管理→出库业务→销售出库单"菜单，系统打开"销售出库单"窗口。在"销售出库单"窗口中，执行"生单" | "销售生单"命令，打开"查询条件选择–销售发货单列表"对话框，单击"确定"按钮，系统打开"销售生单"窗口。双击19日沈阳金泰的发货单所对应的"选择"栏（即上一步骤完成的发货单），再单击工具栏的"确定"按钮，系统返回"销售出库单"窗口。根据图4-74修改出库单号为"CK01021"，其他项默认。保存并审核该出库单，结果如图4-77所示。

销售出库单

表体排序 _____　　　　　　　　　　　　　　　　　　◎ 蓝字
　　　　　　　　　　　　　　　　　　　　　　　　　　　　　　　　◎ 红字

出库单号 CK01021　　　　　　出库日期 2018-01-19　　　　　　仓库 服装仓
出库类别 委托代销出库　　　　业务类型 委托代销　　　　　　　业务号 0000000002
销售部门 销售部　　　　　　　业务员 刘晓明　　　　　　　　　客户 沈阳金泰
审核日期 2018-01-19　　　　　备注 _____

	存货编码	存货名称	主计量单位	数量	单价	金额
1	1101	百盛男夹克	件	1000.00		
2						

图4-77　销售出库单

4.发出商品记账并生成凭证

2018年1月19日，由赵凯（W02）登录企业应用平台。

（1）发出商品记账。在供应链的"存货核算"系统，依次执行"业务核算→发出商品记账"命令，系统打开"查询条件选择"窗口，直接单击"确定"按钮，系统打开"未记账单据一览表"窗口。单击工具栏的"全选"按钮，以选中19日沈阳金泰的发货单，此时单击工具栏的“记账”按钮，系统弹出信息框提示记账成功，单击其“确定”按钮，完成发出商品记账工作。退出该窗口。

（2）生成凭证。依次执行“存货核算”系统的“财务核算→生成凭证”命令，系统打开“生成凭证”窗口。单击工具栏的“选择”按钮，系统弹出“查询条件”对话框，单击“确定”按钮，系统打开“选择单据”窗口，如图4-78所示。单击工具栏的“全选”按钮，再单击工具栏的“确定”按钮，系统自动退出“选择单据”窗口返回“生成凭证”窗口。单击工具栏的“生成”按钮，系统打开“填制凭证”窗口并自动生成凭证。单击工具栏的“保存”按钮，保存此凭证，如图4-79所示。关闭并退出窗口。

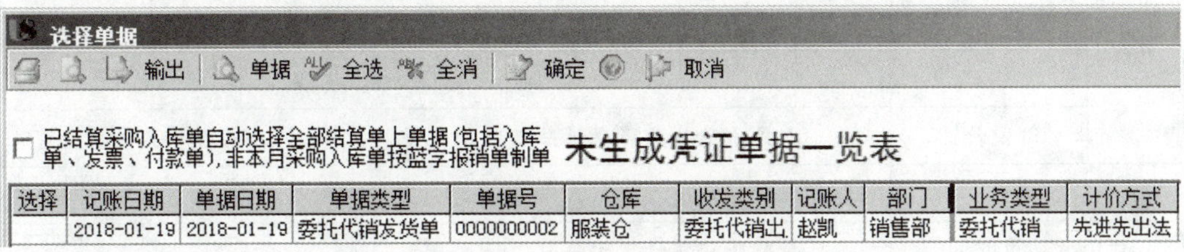
选择单据
输出 单据 全选 全消 确定 取消
已结算采购入库单自动选择全部结算单上单据(包括入库单、发票、付款单)，非本月采购入库单按蓝字报销单制单
未生成凭证单据一览表
选择 记账日期 单据日期 单据类型 单据号 仓库 收发类别 记账人 部门 业务类型 计价方式
2018-01-19 2018-01-19 委托代销发货单 0000000002 服装仓 委托代销出 赵凯 销售部 委托代销 先进先出法

图4-78 未生成凭证单据一览表

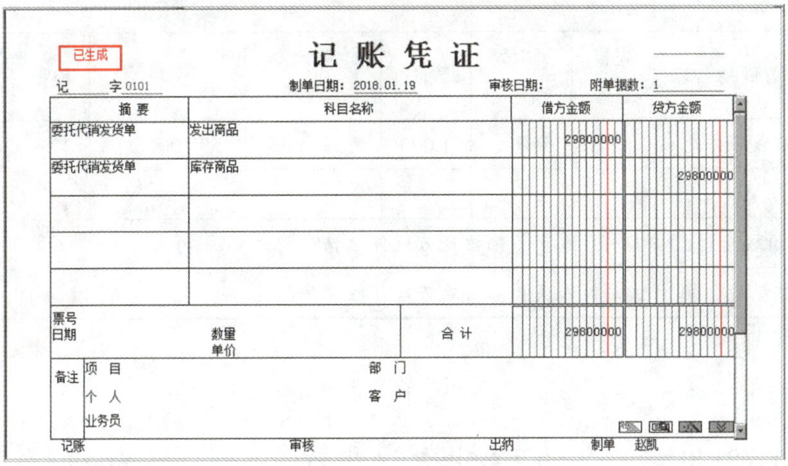
已生成
记账凭证
记 字 0101
制单日期：2018.01.19
审核日期：
附单据数：1
摘要
科目名称
借方金额
贷方金额
委托代销发货单
发出商品
29800000
委托代销发货单
库存商品
29800000
票号
日期
数量
单价
合计
29800000
29800000
备注
项目
部门
个人
客户
业务员
记账
审核
出纳
制单 赵凯

图4-79 记账凭证

二、与受托方办理结算

2018年1月20日，沈阳金泰根据本月代销货物销售情况与我公司办理代销结算。业务员刘晓明。（现结）（注：代销手续费在应收款管理系统填制负向应收单处理）

相关凭证如图4-80至图4-83所示。

商品代销清单

日期：2018年1月20日　　　　　　　　　　　　　　　　No 0000000002

委托方		辽宁恒通商贸有限公司				受托方	沈阳金泰商贸有限公司		
账　号		2107024015890035666				账　号	5830611580626927622		
开户银行		中国工商银行沈阳皇姑支行				开户银行	中国农业银行沈阳百花支行		
代销货物	代销货物名称	规格型号	计量单位	数量	单价（不含税）	金额	税率	税额	
	百盛男夹克		件	1 000	598.00	598 000.00	17%	101 660.00	
	价税合计	大写：人民币陆拾玖万玖仟陆佰陆拾元整					小写：¥699 660.00		
代销方式		收取手续费							
代销款结算时间		根据代销货物销售情况于每月20日结算							
代销款结算方式		电汇							
本月代销货物销售情况	代销货物名称	规格型号	计量单位	数量	单价（不含税）	金额	税率	税额	
	百盛男夹克		件	1 000	598.00	598 000.00	17%	101660.00	
	价税合计	大写：人民币陆拾玖万玖仟陆佰陆拾元整					小写：¥699 660.00		
本月代销款结算金额		大写：人民币陆拾玖万玖仟陆佰陆拾元整					小写：¥699 660.00		

主管：略　　　　　审核：略　　　　　制单：略　　　　　受托方盖章

图4-80　商品代销清单

| 2100172140 | 辽宁增值税专用发票 | № 21327516 |

此联不作报销、扣税凭证使用　　　　　　开票日期：2018年1月20日

购买方	名　　称：沈阳金泰商贸有限公司 纳税人识别号：91210103291938726A 地址、电话：辽宁省沈阳市铁西区百花路2号 024-65308833 开户行及账号：中国农业银行沈阳百花支行 5830611580626927622	密码区	*-<<>9+8136+1+514502* 3>9606+218485>/*85-08 <5<-246>09>-0-3+1-81+ +*234>>303633+673*/3+	加密版本:01 2100172140 21327516
货物或应税劳务、服务名称	规格型号　单位　数量　单价		金　额　税率	税　额
百盛男夹克	件　1 000　598.00		598 000.00　17%	101 660.00
合　　计			¥598 000.00	¥101 660.00
价税合计（大写）	⊗ 陆拾玖万玖仟陆佰陆拾元整		（小写）¥ 699 660.00	
销售方	名　　称：辽宁恒通商贸有限公司 纳税人识别号：91210105206917583A 地址、电话：辽宁省沈阳市皇姑区人民路369号 024-82681359 开户行及账号：中国工商银行沈阳皇姑支行 2107024015890035666	备注		

收款人：贺青　　　复核：王钰　　　开票人：赵凯　　　销售方：（章）

图4-81　增值税专用发票

图 4-82　电汇收款凭证

图 4-83　增值税专用发票

【操作过程概览】

本业务的操作过程概览见表 4-11。

表4-11   操作过程概览

序号	操作日期	操作员	系统	操作内容
1	2018-01-20	X01刘晓明	销售管理	参照委托代销发货单生成委托代销结算单
2	2018-01-20	W02赵凯	应收款管理	审核发票并制单处理
3	2018-01-20	W02赵凯	存货核算	发出商品记账并生成凭证
4	2018-01-20	W02赵凯	应收款管理	填制负向的应收单（委托代销手续费），审核并制单
5	2018-01-20	W02赵凯	应收款管理	红票对冲

【具体操作过程】

1.参照委托代销发货单生成委托代销结算单

2018年1月20日，由刘晓明（X01）登录企业应用平台。

（1）依次双击"业务工作"页签中"供应链→销售管理→委托代销→委托代销结算单"菜单，打开"委托代销结算单"窗口。单击工具栏的"增加"按钮，系统弹出"查询条件选择-委托结算参照发货单"窗口，单击"确定"按钮，系统弹出"参照生单"窗口。双击上窗格中19日沈阳金泰发货单所在行的"选择"单元格，单击"确定"按钮，系统返回"委托代销结算单"窗口。

（2）根据图4-80、图4-81，在"委托代销结算"窗口，发票号填入21327516，单击工具栏的"保存"按钮，再单击"审核"按钮，系统弹出"请选择发票类型"对话框，单击"确定"按钮，委托代销结算单填制完毕，结果如图4-84所示。

委托代销结算单

表体排序 [　　　　　▼]

结算单号　0000000002　　　　结算日期　2018-01-20　　　　销售类型　委托代销
客户简称　沈阳金泰　　　　　销售部门　销售部　　　　　业务员　刘晓明
付款条件　　　　　　　　　　币种　人民币　　　　　　　汇率　1
税率　　17.00　　　　　　　备注　　　　　　　　　　　发票号　21327516

	仓库名称	货物编码	存货名称	主计量	数量	无税单价	无税金额	税额	价税合计	税率（%）	客户最低售价
1	服装仓	1101	百盛男夹克	件	1000.00	598.00	598000.00	101660.00	699660.00	17.00	0.00
2											

图4-84　委托代销结算单

（3）依次双击"业务工作"页签中的"供应链→销售管理→销售开票→销售专用发票"菜单，打开"销售专用发票"窗口。单击工具栏的"▶|"按钮，找到委托代销结算生成的21327516号专用发票。单击工具栏的"现结"按钮，打开"现结"对话框。根据图4-82，"结算方式"选择"电汇"，"原币金额"输入636272，"票据号"输入59601036。输入完毕单击"确定"按钮，返回"销售专用发票"窗口，单击"复核"按钮，结果如图4-85所示。

销售专用发票

现结

表体排序 [　　　　　▼]

发票号　21327516　　　　　开票日期　2018-01-20　　　　业务类型　委托
销售类型　委托代销　　　　订单号　WT01002　　　　　发货单号　0000000002
客户简称　沈阳金泰　　　　销售部门　销售部　　　　　业务员　刘晓明
付款条件　　　　　　　　　客户地址　辽宁省沈阳市铁西区百花路2号　联系电话　024-65308833
开户银行　中国农业银行沈阳百花支行　账号　5830611580626927622　税号　91210103291938726A
币种　人民币　　　　　　　汇率　1　　　　　　　　　税率　17.00
备注

	仓库名称	存货编码	存货名称	主计量	数量	无税单价	无税金额	税额	价税合计	税率（%）	退补标志
1	服装仓	1101	百盛男夹克	件	1000.00	598.00	598000.00	101660.00	699660.00	17.00	正常
2											

图4-85　销售专用发票

2.审核发票并制单处理

2018年1月20日，由赵凯（W02）登录企业应用平台。依次双击“业务工作”页签中“财务会计→应收款管理→应收单据处理→应收单据审核”菜单，系统打开“应收单查询条件”窗口，勾选“包含已现结发票”，单击“确定”按钮，打开“单据处理”窗口。双击21327516号发票“选择”栏右侧任意单元格，打开“销售发票”窗口，单击工具栏的“审核”按钮，系统提示“是否立即制单？”，单击“是”，系统自动打开“填制凭证”窗口，单击工具栏的“保存”按钮，结果如图4-86所示。

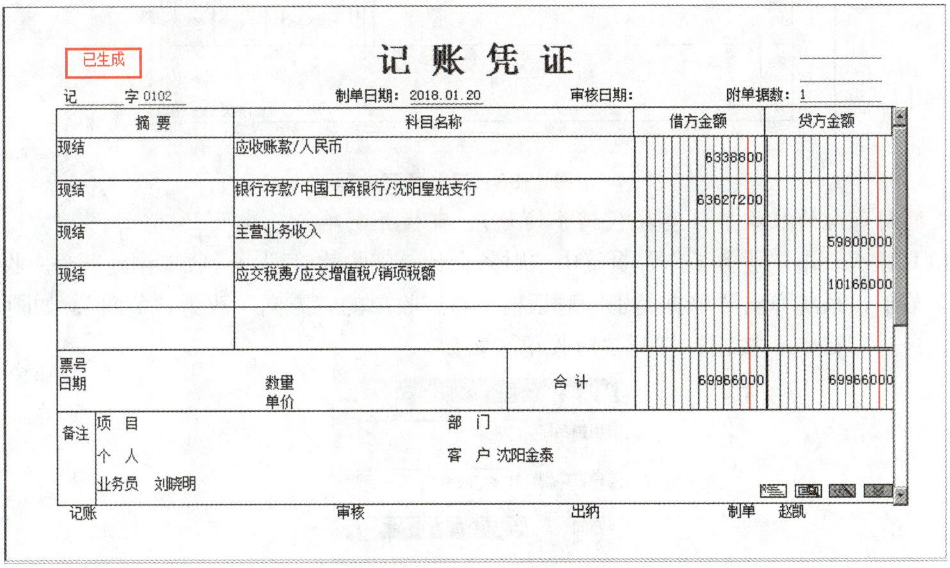

摘要	科目名称	借方金额	贷方金额
现结	应收账款/人民币	6338800	
现结	银行存款/中国工商银行/沈阳皇姑支行	63627200	
现结	主营业务收入		59800000
现结	应交税费/应交增值税/销项税额		10166000
	合计	69966000	69966000

图4-86　记账凭证

3.发出商品记账并生成凭证

（1）在供应链的“存货核算”系统中，依次执行“业务核算→发出商品记账”命令，系统打开“查询条件选择”窗口，直接单击“确定”按钮，系统打开“未记账单据一览表”窗口。双击21327516号销售发票的“选择”栏，再单击工具栏的“记账”按钮，系统弹出信息框提示记账成功，单击其“确定”按钮，完成记账工作。退出该窗口。

（2）依次执行“存货核算”系统的“财务核算→生成凭证”命令，系统打开“生成凭证”窗口。单击工具栏的“选择”按钮，系统弹出“查询条件”对话框，单击“确定”按钮，系统打开“选择单据”窗口，如图4-87所示。单击工具栏的“全选”按钮，再单击“确定”按钮，系统自动退出“选择单据”窗口进入“生成凭证”窗口。单击工具栏的“生成”按钮，系统打开“填制凭证”窗口并自动生成凭证。单击“保存”按钮，如图4-88所示。

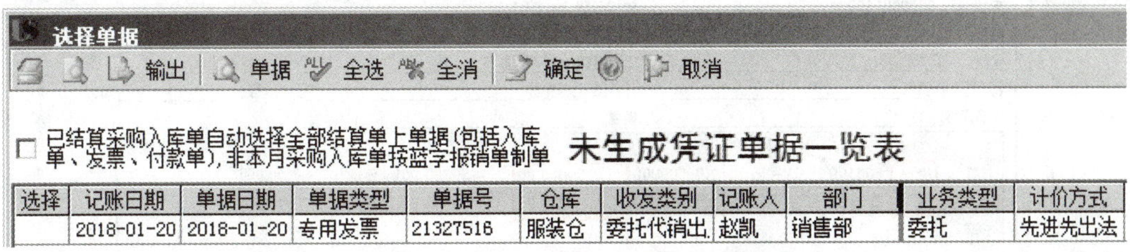

选择	记账日期	单据日期	单据类型	单据号	仓库	收发类别	记账人	部门	业务类型	计价方式
	2018-01-20	2018-01-20	专用发票	21327516	服装仓	委托代销出	赵凯	销售部	委托	先进先出法

图4-87　未生成凭证单据一览表

图4-88 记账凭证

4.填制负向的应收单（委托代销手续费），审核并制单

（1）依次双击"业务工作"页签中"财务会计→应收款管理→应收单据处理→应收单据录入"菜单，系统弹出"单据类别"对话框，将应收单的"方向"改为"负向"，如图4-89所示，单击"确定"按钮，打开"应收单"窗口。

图4-89 单据类别

（2）单击"增加"按钮，填制红字应收单。表头"客户"选择"沈阳金泰"，"金额"输入63388，"业务员"选择"刘晓明"。单击表体第1行，将"方向"改为"借"，"科目"选择660109，"金额"改为59800；单击表体第2行，将"方向"改为"借"，"科目"选择"22210101"，"金额"改为3588。输入完毕单击工具栏的"保存"按钮，结果如图4-90所示。单击工具栏的"审核"按钮，系统提示"是否立即制单？"，单击"是"按钮，系统自动打开"填制凭证"窗口，单击工具栏的"保存"按钮，结果如图4-91所示。

应收单

表体排序 [▾]

单据编号 0000000002   单据日期 2018-01-20   客户 沈阳金泰
科目   112201   币种   人民币   汇率 1
金额   63388.00   本币金额 63388.00   数量 0.00
部门   销售部   业务员 刘晓明   项目
付款条件   摘要

	方向	科目	币种	汇率	金额	本币金额	部门	业务员	摘要
1	借	660109	人民币	1.00000000	59800.00	59800.00	销售部	刘晓明	
2	借	22210101	人民币	1.00000000	3588.00	3588.00	销售部	刘晓明	
3									

图4-90 红字应收单

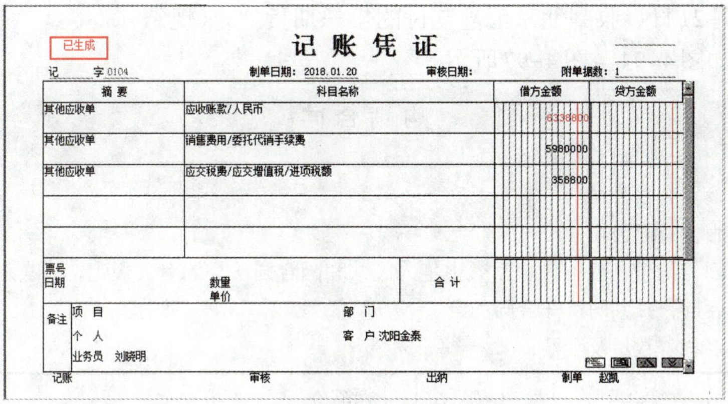

图4-91　记账凭证

5.红票对冲

在“应收款管理”系统，依次双击“转账→红票对冲→手工对冲”命令，打开“红票对冲条件”对话框，“客户”选择“沈阳金泰”，单击“确定”按钮，进入“红票对冲”窗口。在窗口下方21327516号发票的“对冲金额”中输入63388，结果如图4-92所示。单击工具栏的“保存”按钮，系统提示“是否立即制单?”，单击“是”按钮，系统自动打开“填制凭证”窗口，单击工具栏的“保存”按钮，结果如图4-93所示。

单据日期	单据类型	单据编号	客户	币种	原币金额	原币余额	对冲金额	部门	业务员
2018-01-20	其他应收单	0000000002	沈阳金泰	人民币	63,388.00	63,388.00	63,388.00	销售部	刘晓明
合计					63,388.00	63,388.00	63,388.00		

单据日期	单据类型	单据编号	客户	币种	原币金额	原币余额	对冲金额	部门	业务员
2018-01-20	销售专用发票	21327516	沈阳金泰	人民币	699,660.00	63,388.00	63,388.00	销售部	刘晓明
合计					699,660.00	63,388.00	63,388.00		

图4-92　“红票对冲”窗口

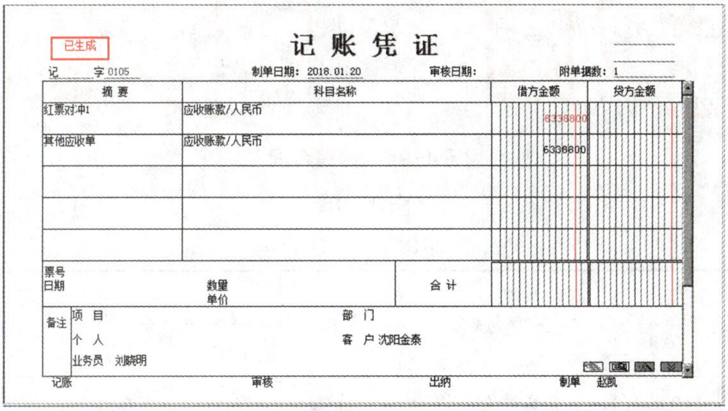

图4-93　记账凭证

任务2　其他业务类型业务

业务1　分期收款业务

2018年1月20日，销售部何丽与北京汇鑫签订分期收款销售合同。当日发出全部货物。

2018年1月21日，收到北京汇鑫支付的第一期货款。（现结）

相关凭证如图4-94至图4-97所示。

购 销 合 同

合同编号：FQ01001

卖方：辽宁恒通商贸有限公司

买方：北京汇鑫百货有限公司

为保护买卖双方的合法权益，根据《中华人民共和国合同法》的有关规定，买卖双方经友好协商，一致同意签订本合同，并共同遵守合同约定。

一、货物的名称、数量及金额：

货物名称	规格型号	计量单位	数量	单价（不含税）	金额（不含税）	税率	税额
百盛牛仔裤		条	600	300.00	180 000.00	17%	30 600.00
合计					¥180 000.00		¥30 600.00

二、合同总金额：人民币贰拾壹万零陆佰元整（¥210 600.00）。

三、签订合同当日，卖方发出全部商品。买方分期向卖方支付货款。自本月起，每月21日支付货款，分三期支付，逾期未付，视为买方违约。至付清所有合同款项前，卖方按买方未付款项与合同总价款的比例保留对合同标的物的所有权。

四、交货地点：辽宁恒通商贸有限公司。

五、发运方式和运输费用承担方式：由卖方发货，买方承担运输费用。

卖　方：辽宁恒通商贸有限公司　　　买　方：北京汇鑫百货有限公司

授权代表：何 丽　　　　　　　　　　授权代表：王三金

日　　期：2018年1月20日　　　　　日　　期：2018年1月20日

图 4-94　购销合同

出 库 单

客户：北京汇鑫　　　　　　　　2018年1月20日　　　　　　　　单号：CK01022

发货仓库	存货编码	存货名称	单位	数量		单价	金额
				应收	实收		
服装仓	1103	百盛牛仔裤	条	600	600		
合计							

部门经理：略　　　　会计：略　　　　仓库：略　　　　经办人：略

图 4-95　出库单

2100172140　　**辽宁增值税专用发票**　　№ 21327517

此联不作报销、扣税凭证使用　　开票日期：2018年1月21日

购买方	名称：北京汇鑫百货有限公司 纳税人识别号：91110113578732690A 地址、电话：北京市顺义区常庄路992号 010-86218025 开户行及账号：中国银行北京顺义常庄支行 2700322598914536398			密码区	+0916*>89<<4-5>-56+44 +2*63>+1>491-5+5>8-66 /8931+4-/07>++3026>*< 08*759749<17-+83*9376	加密版本：01 2100172140 21327517	
货物或应税劳务、服务名称	规格型号	单位	数量	单价	金额	税率	税额
百盛牛仔裤		条	200	300.00	60 000.00	17%	10 200.00
合计					¥60 000.00		¥10 200.00
价税合计（大写）	⊗柒万零贰佰元整				（小写）¥ 70 200.00		
销售方	名称：辽宁恒通商贸有限公司 纳税人识别号：91210105206917583A 地址、电话：辽宁省沈阳市皇姑区人民路369号 024-82681359 开户行及账号：中国工商银行沈阳皇姑支行 2107024015890035666			备注	辽宁恒通商贸有限公司 91210105206917583A 发票专用章		

收款人：贺青　　复核：王钰　　开票人：赵凯　　销售方：（章）

税总函〔2017〕335号北京印钞厂

第一联：记账联　销售方记账凭证

图4-96　增值税专用发票

中国工商银行　电汇凭证（收账通知）　4　16381762

☑普通　☐加急　　委托日期　2018年1月21日

汇款人	全称	北京汇鑫百货有限公司	收款人	全称	辽宁恒通商贸有限公司
	账号	2700322598914536398		账号	2107024015890035666
	汇出地点	北京市/县		汇入地点	辽宁省　沈阳市/县
汇出行名称		中国银行北京顺义常庄支行	汇入行名称		中国工商银行沈阳皇姑支行
金额	人民币（大写）	柒万零贰佰元整	亿千百十万千百十元角分		¥7020000
此汇款已收入收款人账户。 汇入行签章			支付密码		
			附加信息及用途：货款		
			复核　记账		

中国工商银行沈阳皇姑支行 2018.01.21 转讫 (5)

此联为开户行给收款人的收账通知

图4-97　电汇收款凭证

【操作过程概览】

本业务的操作过程概览见表4-12。

表4-12　　**操作过程概览**

序号	操作日期	操作员	系统	操作内容
1	2018-01-20	X01刘晓明	销售管理	填制（分期收款）销售订单
2	2018-01-20	X01刘晓明	销售管理	参照（分期收款）销售订单生成发货单
3	2018-01-20	C01李泽华	库存管理	参照发货单生成销售出库单
4	2018-01-20	W02赵凯	存货核算	发出商品记账并生成凭证
5	2018-01-21	X01刘晓明	销售管理	参照发货单生成销售专用发票
6	2018-01-21	W02赵凯	应收款管理	审核发票并制单处理
7	2018-01-21	W02赵凯	存货核算	发出商品记账并生成凭证

【具体操作过程】

1.填制（分期收款）销售订单

2018年1月20日，由刘晓明（X01）登录企业应用平台。依次双击"业务工作"页签中"供应链→销售管理→销售订货→销售订单"菜单，打开"销售订单"窗口。单击工具栏的"增加"按钮，根据图4-94填制销售订单。注意表头项目"业务类型"应为"分期收款"。填制完毕保存并审核订单，结果如图4-98所示。

销售订单

表体排序 ▢

订单号 FQ01001	订单日期 2018-01-20	业务类型 分期收款
销售类型 分期收款	客户简称 北京汇鑫	付款条件
销售部门 销售部	业务员 何丽	税率 17.00
币种 人民币	汇率 1	备注
必有定金 否	定金原币金额 0.00	定金累计实收原币金额
定金比例(%)	定金本币金额 0.00	定金累计实收本币金额

	存货编码	存货名称	主计量	数量	无税单价	无税金额	税额	价税合计	税率（%）	预发货日期
1	1103	百盛牛仔裤	条	600.00	300.00	180000.00	30600.00	210600.00	17.00	2018-01-20
2										

图4-98 分期收款销售订单

2.参照（分期收款）销售订单生成发货单

在"销售管理"子系统，依次双击"销售发货→发货单"菜单，打开"发货单"窗口。单击工具栏的"增加"按钮，将表头的"业务类型"改为"分期收款"，单击"订单"按钮，打开"查询条件选择-参照订单"窗口，单击"确定"按钮。在"参照生单"窗口，双击上窗格中FQ01001号订单所在行的"选择"单元格，再单击工具栏的"确定"按钮，系统返回"发货单"窗口。发货单表体第1行"仓库名称"选择"服装仓"。保存并审核该发货单，结果如图4-99所示。

发货单

表体排序 ▢

发货单号 0000000016	发货日期 2018-01-20	业务类型 分期收款
销售类型 分期收款	订单号 FQ01001	发票号
客户简称 北京汇鑫	销售部门 销售部	业务员 何丽
发货地址	发运方式	付款条件
税率 17.00	币种 人民币	汇率 1
备注		

	仓库名称	存货编码	存货名称	主计量	数量	无税单价	无税金额	税额	价税合计	税率（%）
1	服装仓	1103	百盛牛仔裤	条	600.00	300.00	180000.00	30600.00	210600.00	17.00
2										

图4-99 分期收款发货单

3.参照发货单生成销售出库单

2018年1月20日，由李泽华（C01）登录企业应用平台。依次双击"业务工作"页签中"供应链→库存管理→出库业务→销售出库单"菜单，系统打开"销售出库单"窗口。在"销售出库单"窗口中，执行"生单"|"销售生单"命令，打开"查询条件选择-销售发货单列表"对话框，单击"确定"按钮，系统打开"销售生单"窗口。双击20日北京汇鑫的发货单所对应的"选择"栏（即上一步骤完成的发货单），再单击工具栏的"确定"按钮，系统返回"销售出库单"窗口。根据图4-95修改出库单号为"CK01022"，其他项

默认。保存并审核该出库单，结果如图4-100所示。

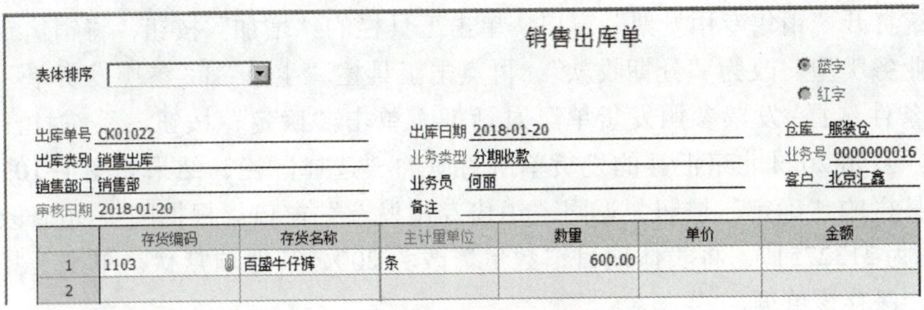

图4-100 销售出库单

4.发出商品记账并生成凭证

2018年1月20日，由赵凯（W02）登录企业应用平台。

（1）发出商品记账。在供应链的“存货核算”系统，依次执行“业务核算→发出商品记账”命令，系统打开“查询条件选择”窗口，直接单击“确定”按钮，系统打开“未记账单据一览表”窗口。双击20日北京汇鑫发货单的“选择”栏，此时单击工具栏的“记账”按钮，系统弹出信息框提示记账成功，单击其“确定”按钮，完成记账工作。退出该窗口。

（2）生成凭证。依次执行“存货核算”子系统的“财务核算→生成凭证”命令，系统打开“生成凭证”窗口。单击工具栏的“选择”按钮，系统弹出“查询条件”对话框，单击“确定”按钮，系统打开“选择单据”窗口，如图4-101所示。单击工具栏的“全选”按钮，再单击工具栏的“确定”按钮，系统自动退出“选择单据”窗口返回“生成凭证”窗口。单击工具栏的“生成”按钮，系统打开“填制凭证”窗口并自动生成凭证。单击工具栏的“保存”按钮，保存此凭证，如图4-102所示。关闭并退出窗口。

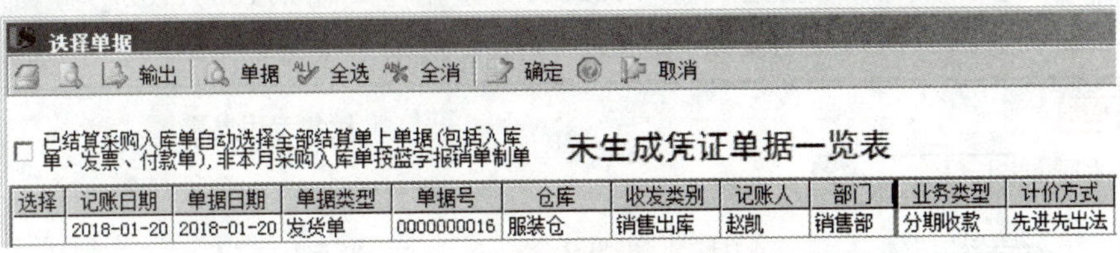

选择	记账日期	单据日期	单据类型	单据号	仓库	收发类别	记账人	部门	业务类型	计价方式
	2018-01-20	2018-01-20	发货单	0000000016	服装仓	销售出库	赵凯	销售部	分期收款	先进先出法

图4-101 未生成凭证单据一览表

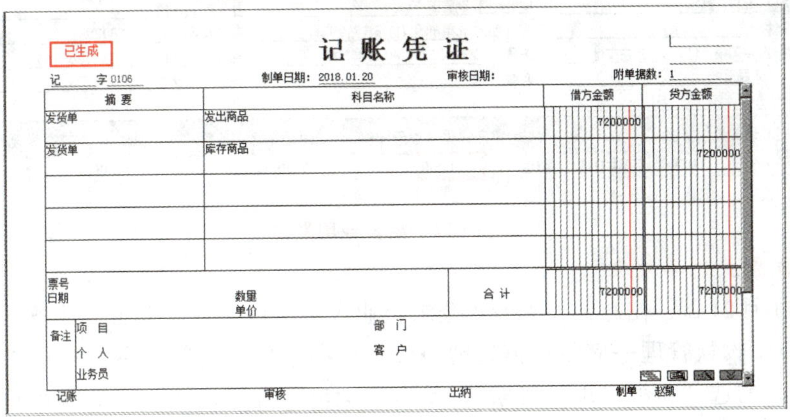

图4-102 记账凭证

5.参照发货单生成销售专用发票

2018年1月21日，由刘晓明（X01）登录企业应用平台。

（1）依次双击"业务工作"页签中"供应链→销售管理→销售发票→销售专用发票"菜单，系统打开"销售专用发票"窗口。单击工具栏的"增加"按钮，将销售专用发票表头项目"业务类型"改为"分期收款"，再点击工具栏"生单"丨"参照发货单"命令，打开"查询条件选择-发票参照发货单"对话框，单击"确定"按钮，系统打开"参照生单"窗口。双击20日北京汇鑫的发货单所对应的"选择"栏，结果如图4-103所示，然后单击工具栏的"确定"按钮，返回"销售专用发票"窗口。根据图4-96修改表头项目"发票号"为21327517，将表体项目"数量"改为200，其他项默认。单击工具栏的"保存"按钮，保存该单据。

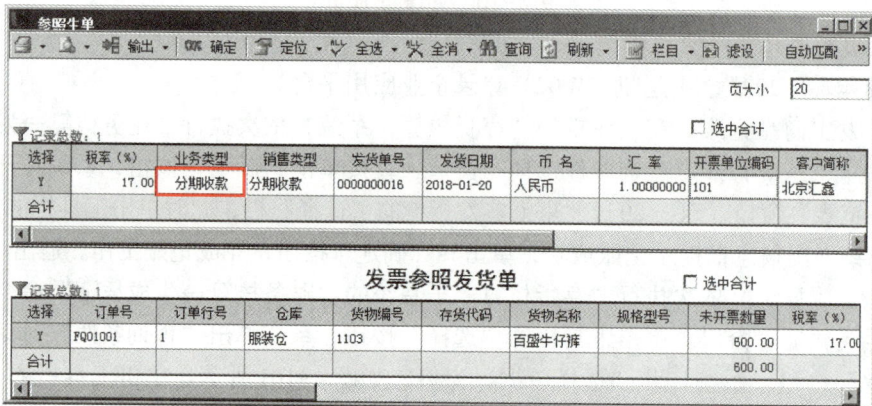

图4-103　"参照生单"窗口

（2）现结。单击工具栏的"现结"按钮，打开"现结"对话框，根据图4-97，"结算方式"选择"电汇"，"原币金额"输入70200，"票据号"输入16381762。输入完毕单击"确定"按钮，返回"销售专用发票"窗口。单击"复核"按钮，结果如图4-104所示。

图4-104　销售专用发票

6. 审核发票并制单处理

2018年1月21日，由赵凯（W02）登录企业应用平台。依次双击"业务工作"页签中"财务会计→应收款管理→应收单据处理→应收单据审核"菜单，系统打开"应收单查询条件"窗口，勾选"包含已现结发票"，单击"确定"按钮，打开"单据处理"窗口。双击21327517号发票"选择"栏右侧的任意单元格，打开"销售发票"窗口，单击工具栏的"审核"按钮，系统提示"是否立即制单？"，单击"是"，系统自动打开"填制凭证"窗口，单击工具栏的"保存"按钮，结果如图4-105所示。

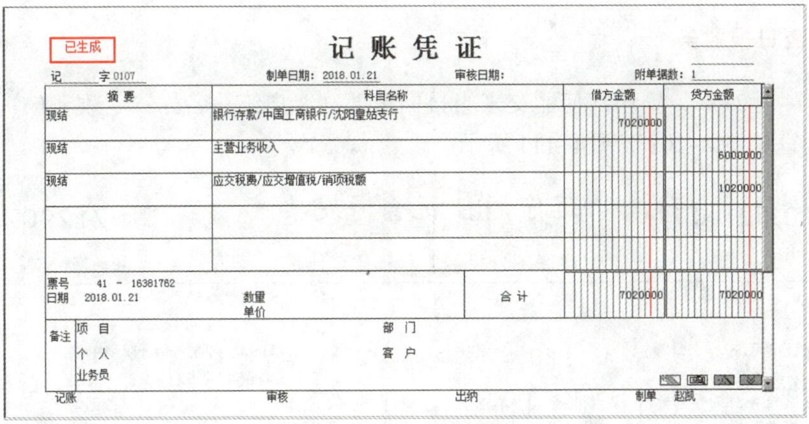

图4-105 记账凭证

7.发出商品记账并生成凭证

（1）发出商品记账。在供应链的“存货核算”子系统，依次执行“业务核算→发出商品记账”命令，系统打开“查询条件选择”窗口，直接单击其“确定”按钮，系统打开“未记账单据一览表”窗口。双击21327517号专用发票的“选择”栏，此时单击工具栏的“记账”按钮，系统弹出信息框提示记账成功，单击其“确定”按钮，完成记账工作。

（2）生成凭证。依次执行“存货核算”子系统的“财务核算→生成凭证”命令，系统打开“生成凭证”窗口。单击工具栏的“选择”按钮，系统弹出“查询条件”对话框，单击“确定”按钮，系统打开“选择单据”窗口，如图4-106所示。单击工具栏的“全选”按钮，再单击工具栏的“确定”按钮，系统自动退出“选择单据”窗口返回“生成凭证”窗口。单击工具栏的“生成”按钮，系统打开“填制凭证”窗口并自动生成凭证。单击工具栏的“保存”按钮，保存此凭证，如图4-107所示。

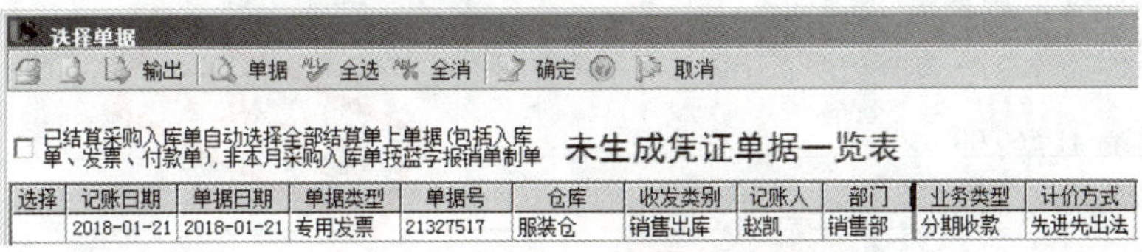

选择	记账日期	单据日期	单据类型	单据号	仓库	收发类别	记账人	部门	业务类型	计价方式
	2018-01-21	2018-01-21	专用发票	21327517	服装仓	销售出库	赵凯	销售部	分期收款	先进先出法

图4-106 未生成凭证单据一览表

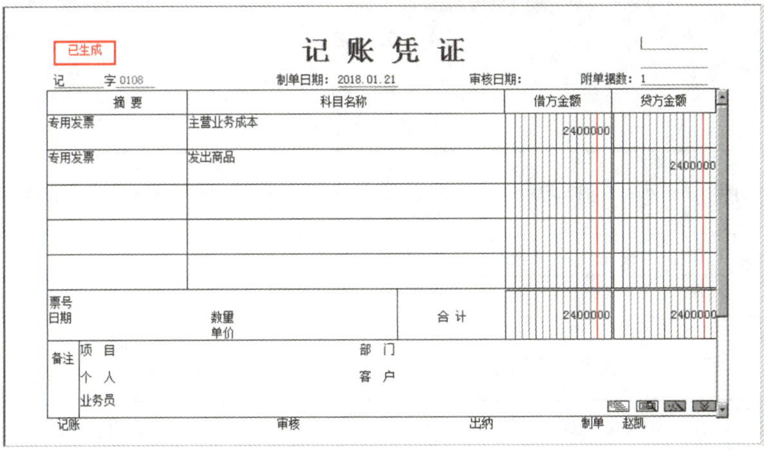

图4-107 记账凭证

业务2 零售日报业务

2018年1月21日，销售部何丽交来当日门市部（客户统一名称：零散客户）零售货款。相关凭证如图4-108至图4-111所示。

辽宁增值税普通发票

2100172140 № 71290756

此联不作报销 扣税凭证使用

开票日期：2018年1月21日

购买方	名 称：零散客户				
	纳税人识别号：				
	地址、电话：				
	开户行及账号：				

密码区：653*119>63/53>933<375 4><>2>+-40<<51-++68+--74>45+2026**>/4-48*9 688+619-3521++8*+0662

加密版本：01
2100172140
71290756

货物或应税劳务、服务名称	规格型号	单位	数量	单价	金 额	税率	税 额
百盛男夹克		件	60	417.0940	25 025.64	17%	4 254.36
嘉伟女风衣		件	85	758.9744	64 512.82	17%	10 967.18
博伦女表		只	10	3 316.2393	33 162.39	17%	5 637.61
恒久情侣表		对	20	8 461.5385	169 230.77	17%	28 769.23
合 计					¥291 931.62		¥49 628.38

价税合计（大写）⊗叁拾肆万壹仟伍佰陆拾元整　　（小写）¥ 341 560.00

销售方	名 称：辽宁恒通商贸有限公司	备注
	纳税人识别号：91210105206917583A	
	地址、电话：辽宁省沈阳市皇姑区人民路369号 024-82681359	
	开户行及账号：中国工商银行沈阳皇姑支行 2107024015890035666	

收款人：贺青　　复核：王钰　　开票人：赵凯　　销售方：（章）

第一联：记账联 销售方记账凭证

图4-108　增值税普通发票

收 据

2018年1月21日　　　　　　　　　　№ 45362532

交款单位（人）　零散客户　　　　　　　收款方式　现金

人民币合计（大写）　叁拾肆万壹仟伍佰陆拾元整

（小写）　¥341 560.00

交款事由　零售日报款

会计：赵凯　　　　出纳：贺青　　　　复核：王钰

第二联：记账联

图4-109　收据

出库单

客户：零散客户　　　　　2018年1月21日　　　　　单号：CK01023

发货仓库	存货编码	存货名称	单位	数量		单价	金额
				应发	实发		
服装仓	1101	百盛男夹克	件	60	60		
服装仓	1105	嘉伟女风衣	件	85	85		
合 计							

部门经理：略　　　会计：略　　　仓库：略　　　经办人：略

图4-110　出库单

出 库 单

客户：零散客户　　　　　　　　2018年1月21日　　　　　　　　单号：CK01024

发货仓库	存货编码	存货名称	单位	数量		单价	金额
				应发	实发		
手表仓	1201	博伦女表	只	10	10		
手表仓	1206	恒久情侣表	对	20	20		
合　计							

部门经理：略　　　　会计：略　　　　仓库：略　　　　经办人：略

图4-111　出库单

【操作过程概览】

本业务的操作过程概览见表4-13。

表4-13　　　　　　　　　　操作过程概览

序号	操作日期	操作员	系统	操作内容
1	2018-01-21	X01 刘晓明	销售管理	填制零售日报
2	2018 01 21	C01 李泽华	库存管理	参照发货单批量生成销售出库单
3	2018-01-21	W02 赵凯	应收款管理	审核销售零售日报并制单处理
4	2018-01-21	W02 赵凯	存货核算	正常单据记账并生成凭证

【具体操作过程】

1.填制零售日报

2018年1月21日，由刘晓明（X01）登录企业应用平台。

（1）依次双击"业务工作"页签中"供应链→销售管理→零售日报→零售日报"菜单，打开"零售日报"窗口。单击工具栏的"增加"按钮。根据图4-108填制零售日报，填制完毕保存该日报。

（2）现结。单击工具栏的"现结"按钮，打开"现结"对话框。根据图4-109，"结算方式"选择"现金"，"原币金额"输入341560，"票据号"输入45362532。输入完毕单击"确定"按钮，返回"零售日报"窗口，单击"复核"按钮，结果如图4-112所示。零售日报复核后自动生成已审核的发货单。

零售日报

表体排序　[　　　　　]

日报号 71290756　　　　　日报日期 2018-01-21　　　　　销售类型 正常销售
客户简称 零散客户　　　　　销售部门 销售部　　　　　　业务员 何丽
客户地址　　　　　　　　　税率 17.00　　　　　　　　备注

	仓库名称	存货编码	存货名称	主计量	数量	含税单价	无税单价	无税金额	税额	价税合计	税率（%）	客户最低售价
1	服装仓	1101	百盛男夹克	件	60.00	488.00	417.09	25025.64	4254.36	29280.00	17.00	0.00
2	服装仓	1105	嘉伟女风衣	件	85.00	888.00	758.97	64512.82	10967.18	75480.00	17.00	0.00
3	手表仓	1201	博伦女表	只	10.00	3880.00	3316.24	33162.39	5637.61	38800.00	17.00	0.00
4	手表仓	1206	恒久情侣表	对	20.00	9900.00	8461.54	169230.77	28769.23	198000.00	17.00	0.00
5												

图4-112　零售日报

2.参照发货单批量生成销售出库单

2018年1月21日，由李泽华（C01）登录企业应用平台。依次双击"业务工作"页签中"供应链→库存管理→出库业务→销售出库单"菜单，系统打开"销售出库单"窗口。在"销售出库单"窗口中，执行"生单"|"销售生单（批量）"命令，打开"查询条件选择-销售发货单列表"对话框，单击"确定"按钮，系统打开"销售生单"窗口。双击21日零散客户的发货单所对应的"选择"栏（即上一步骤完成的发货单），如图4-113所示。再单击"确定"按钮，系统提示"生单成功！"，单击"确定"按钮，返回"销售出库单"窗口。

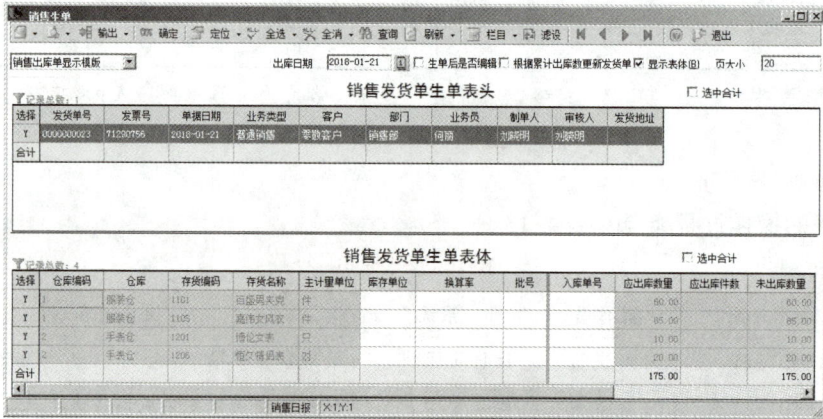

图4-113　"销售生单"窗口

单击"修改"按钮，根据图4-111将手表仓的销售出库单单号修改为"CK01024"。保存并审核该仓库单，结果如图4-114所示。同理，单击工具栏的"←"按钮，单击"修改"按钮，根据图4-110将服装仓的销售出库单单号修改为"CK01023"。保存并审核该出库单，结果如图4-115所示。

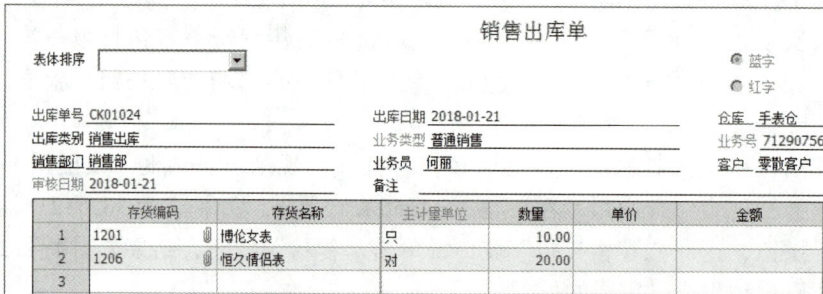

销售出库单

表体排序 [　　　　　　▼]　　　　　　　　　　　　　　　　　　　　　　⊙ 蓝字
　　　　　　　　　　　　　　　　　　　　　　　　　　　　　　　　　○ 红字

出库单号 CK01024　　　　　　出库日期 2018-01-21　　　　　　仓库 手表仓
出库类别 销售出库　　　　　　业务类型 普通销售　　　　　　业务号 71290756
销售部门 销售部　　　　　　　业务员 何丽　　　　　　　　客户 零散客户
审核日期 2018-01-21　　　　　备注

	存货编码	存货名称	主计量单位	数量	单价	金额
1	1201	博伦女表	只	10.00		
2	1206	恒久情侣表	对	20.00		
3						

图4-114　销售出库单

销售出库单

表体排序 [　　　　　　▼]　　　　　　　　　　　　　　　　　　　　　　⊙ 蓝字
　　　　　　　　　　　　　　　　　　　　　　　　　　　　　　　　　○ 红字

出库单号 CK01023　　　　　　出库日期 2018-01-21　　　　　　仓库 服装仓
出库类别 销售出库　　　　　　业务类型 普通销售　　　　　　业务号 71290756
销售部门 销售部　　　　　　　业务员 何丽　　　　　　　　客户 零散客户
审核日期 2018-01-21　　　　　备注

	存货编码	存货名称	主计量单位	数量	单价	金额
1	1101	百盛男夹克	件	60.00		
2	1105	嘉伟女风衣	件	85.00		
3						

图4-115　销售出库单

3.审核销售零售日报并制单处理

2018 年 1 月 21 日,由赵凯(W02)登录企业应用平台。依次双击"业务工作"页签中"财务会计→应收款管理→应收单据处理→应收单据审核"菜单,系统打开"应收单查询条件"窗口,勾选"包含已现结发票",单击"确定"按钮,打开销售零售日报的"单据处理"窗口。双击 71290756 号零售日报"选择"栏右侧任意单元格,打开"销售发票"窗口,单击工具栏的"审核"按钮,系统提示"是否立即制单?",单击"是"按钮,系统自动打开"填制凭证"窗口,单击工具栏的"保存"按钮,结果如图 4-116 所示。

图 4-116　记账凭证

4.正常单据记账并生成凭证

(1)正常单据记账。在供应链的"存货核算"系统,依次执行"业务核算→正常单据记账"命令,系统打开"查询条件选择"窗口,直接单击其"确定"按钮,系统打开"未记账单据一览表"窗口。单击工具栏的"全选"按钮,以选中 71290756 号发票的 4 行记录,再单击工具栏的"记账"按钮,系统弹出信息框提示记账成功,单击其"确定"按钮,完成记账工作。退出该窗口。

(2)生成凭证。依次执行"存货核算"子系统的"财务核算→生成凭证"命令,系统打开"生成凭证"窗口。单击工具栏的"选择"按钮,系统弹出"查询条件"对话框,单击"确定"按钮,系统打开"选择单据"窗口,如图 4-117 所示。单击工具栏的"全选"按钮,再单击工具栏的"确定"按钮,系统自动退出"选择单据"窗口进入"生成凭证"窗口。单击工具栏的"生成"按钮,系统打开"填制凭证"窗口并自动生成凭证。单击工具栏的"保存"按钮,保存此凭证,如图 4-118 所示。关闭并退出窗口。

选择	记账日期	单据日期	单据类型	单据号	仓库	收发类别	记账人	部门	业务类型	计价方式
	2018-01-21	2018-01-21	销售日报	71290756	服装仓	销售出库	赵凯	销售部	普通销售	先进先出法
	2018-01-21	2018-01-21	销售日报	71290756	手表仓	销售出库	赵凯	销售部	普通销售	先进先出法

图 4-117　未生成凭证单据一览表

图 4-118 记账凭证

【提示】

根据测试，无论是否勾选销售系统参数"销售生成出库单"，零售日报复核时均自动生成已审核的发货单。但是，在勾选"销售生成出库单"的情况下，自动生成未审核的销售出库单。

零售日报的多数功能与销售发票相同，其他区别如下：①零售日报不可以参照销售订单生成。②零售日报不能处理先发货后开票业务，即零售日报不能参照发货单录入。

业务3 直运业务

2018 年 1 月 21 日，销售部何丽与北京汇鑫签订销售合同，当天采购部徐辉与天津惠阳签订采购合同。

2018 年 1 月 22 日，收到北京汇鑫货款，当日与天津惠阳结清货款。（使用选择收款和选择付款处理）

相关凭证如图 4-119 至图 4-124 所示。

购销合同

合同编号：ZX01001

卖方：辽宁恒通商贸有限公司
买方：北京汇鑫百货有限公司

为保护买卖双方的合法权益，根据《中华人民共和国合同法》的有关规定，买卖双方经友好协商，一致同意签订本合同，并共同遵守合同约定。

一、货物的名称、数量及金额：

货物名称	规格型号	计量单位	数量	单价（不含税）	金额（不含税）	税率	税额
百盛男夹克		件	500	598.00	299 000.00	17%	50 830.00
嘉伟男风衣		件	600	999.00	599 400.00	17%	101 898.00
合　计					¥898 400.00		¥152 728.00

二、合同总金额：人民币壹佰零伍万壹仟壹佰贰拾捌元整（¥1 051 128.00）。
三、签订合同当日，卖方发出全部商品并开具增值税专用发票，买方验收合格后于月底前向卖方支付货款。
四、交货地点：天津市南开区中华路三段88号。
五、发运方式与运输费用承担方式：由卖方发货，买方承担运输费用。

卖　方：辽宁恒通商贸有限公司　　　　　买　方：北京汇鑫百货有限公司
授权代表：李嘉成　　　　　　　　　　　授权代表：王回金
日　期：2018 年 1 月 21 日　　　　　　日　期：2018 年 1 月 21 日

图 4-119　购销合同

购销合同

合同编号：ZC01001

卖方：天津惠阳商贸有限公司

买方：辽宁恒通商贸有限公司

为保护买卖双方的合法权益，根据《中华人民共和国合同法》的有关规定，买卖双方经友好协商，一致同意签订本合同，并共同遵守合同约定。

一、货物的名称、数量及金额：

货物名称	规格型号	计量单位	数量	单价（不含税）	金额（不含税）	税率	税额
百盛男夹克		件	500	318.00	159 000.00	17%	27 030.00
嘉伟男风衣		件	600	658.00	394 800.00	17%	67 116.00
合 计					¥553 800.00		¥94 146.00

二、合同总金额：人民币陆拾肆万柒仟玖佰肆拾陆元整（¥647 946.00）。

三、签订合同当日，卖方发出全部商品并开具增值税专用发票。买方验收合格后于月底前向卖方支付货款。

四、交货地点：天津市南开区中华路三段88号。

五、发运方离与运输费用承担方式：由卖方发货，买方承据运输费用。

卖　　方：天津惠阳商贸有限公司　　　买　　方：辽宁恒通商贸有限公司

授权代表：张　进　　　　　　　　　　授权代表：徐　辉

日　　期：2018年1月21日　　　　　　日　　期：2018年1月21日

图4-120　购销合同

辽宁增值税专用发票

2100172140　　　　　　　　　　　　　　　No 21327518

此联不作报销、扣税凭证使用

开票日期：2018年1月21日

购买方	名　称：北京汇鑫百货有限公司 纳税人识别号：91110113578732690A 地　址、电话：北京市顺义区常庄路992号 010-86218025 开户行及账号：中国银行北京顺义常庄支行 2700322598914536398	密码区	>85+>>54006<80/>5355-79047>505+2>55*/*0369+6*6++428+67+033659-<22-6-*13<-3>-543*9+<+	加密版本：01 2100172140 21327518

货物或应税劳务、服务名称	规格型号	单位	数量	单价	金额	税率	税额
百盛男夹克		件	500	598.00	299 000.00	17%	50 830.00
嘉伟男风衣		件	600	999.00	599 400.00	17%	101 898.00
合　计					¥898 400.00		¥152 728.00

价税合计（大写）　⊗壹佰零伍万壹仟壹佰贰拾捌元整　　（小写）¥1 051 128.00

销售方	名　称：辽宁恒通商贸有限公司 纳税人识别号：91210105206917583A 地　址、电话：辽宁省沈阳市皇姑区人民路369号 024-82681359 开户行及账号：中国工商银行沈阳皇姑支行 2107024015890035666	备注	

收款人：贺青　　复核：王钰　　开票人：赵凯　　销售方：(章)

图4-121　增值税专用发票

图4-122 增值税专用发票

图4-123 电汇收款回单

图4-124 电汇付款凭证

【操作过程概览】

本业务的操作过程概览见表4-14。

表4-14   **操作过程概览**

序号	操作日期	操作员	系统	操作内容
1	2018-01-21	X01刘晓明	销售管理	填制（直运销售）销售订单
2	2018-01-21	X01刘晓明	销售管理	参照（直运销售）销售订单生成销售专用发票
3	2018-01-21	G01张宏亮	采购管理	参照（直运销售）销售订单生成（直运采购）采购订单
4	2018-01-21	G01张宏亮	采购管理	参照（直运采购）采购订单生成采购专用发票
5	2018-01-21	W02赵凯	应收款管理	审核直运销售发票并制单处理
6	2018-01-21	W02赵凯	应付款管理	审核直运采购发票并制单处理
7	2018-01-21	W02赵凯	存货核算	直运销售记账并生成凭证
8	2018-01-22	W03贺青	应收款管理	选择收款
9	2018-01-22	W03贺青	应付款管理	选择付款
10	2018-01-22	W02赵凯	应收款管理	收款合并制单
11	2018-01-22	W02赵凯	应付款管理	付款合并制单

【具体操作过程】

1.填制（直运销售）销售订单

2018年1月21日，由刘晓明（X01）登录企业应用平台。依次双击"业务工作"页签中"供应链→销售管理→销售订货→销售订单"菜单，打开"销售订单"窗口。单击工具栏的"增加"按钮，根据图4-119填制销售订单。注意订单表头项目"业务类型"应为"直运销售"。填制完毕保存并审核销售订单，结果如图4-125所示。

图4-125 销售订单

2.参照（直运销售）销售订单生成销售专用发票

依次双击"业务工作"页签中"供应链→销售管理→销售发票→销售专用发票"菜单，系统打开"销售专用发票"窗口。单击工具栏的"增加"按钮，将表头项目"业务类型"改为"直运销售"，再点击工具栏的"生单"|"参照订单"命令，打开"查询条件选择-参照订单"对话框，单击"确定"按钮，系统打开"参照生单"窗口。双击ZX01001号订单最左侧的"选择"栏，结果如图4-126所示，然后单击工具栏的"确定"按钮，返回"销售专用发票"窗口。根据图4-121修改表头项目"发票号"为21327518。保存并复核销售专用发票，结果如图4-127所示。

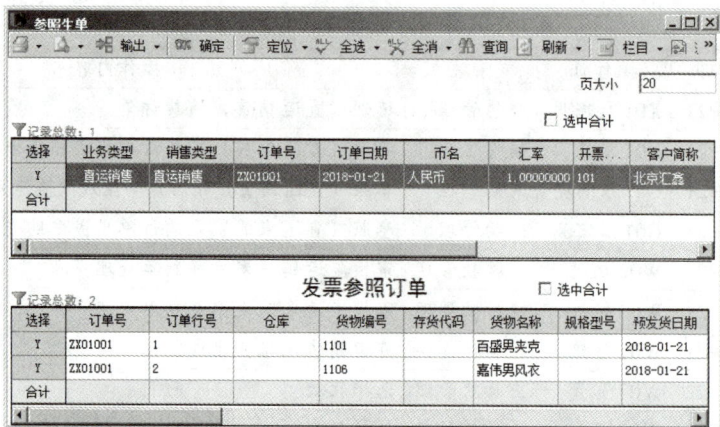

图4-126 "参照生单"窗口

图4-127 销售专用发票

3.参照(直运销售)销售订单生成(直运采购)采购订单

2018年1月21日,由张宏亮(G01)登录企业应用平台。

(1)依次双击"业务工作"页签中的"供应链→采购管理→采购订货→采购订单"菜单,打开"采购订单"窗口。单击工具栏的"增加"按钮,将"业务类型"改为"直运采购",执行工具栏的"生单"|"销售订单"命令,系统弹出"查询条件选择-销售订单列表过滤"窗口,单击"确定"按钮,系统打开"拷贝并执行"窗口,如图4-128所示。双击窗口上方"ZX01001"左侧的"选择"单元格,在单击"确定"按钮,系统返回"采购订单"窗口。

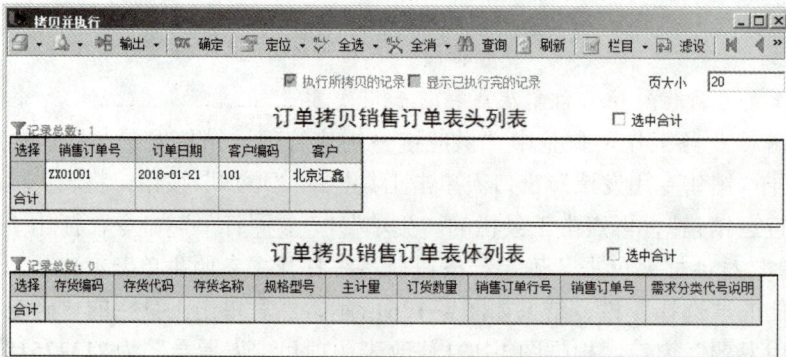

图4-128 "拷贝并执行"窗口

（2）根据图4-120修改采购订单表头的"订单编号"为ZC01001，"采购类型"为"直运采购"，"供应商"为"天津惠阳"，"部门"为"采购部"，"业务员"为"徐辉"，其他项默认。表体中"百盛男夹克"的原币单价输入318，"嘉伟男风衣"的原币单价输入658，其他项默认。输入完毕单击工具栏的"保存"按钮，单击"审核"按钮，结果如图4-129所示。

采购订单

表体排序									

业务类型　直运采购　　　　订单日期　2018-01-21　　　订单编号　ZC01001
采购类型　直运采购　　　　供应商　　天津惠阳　　　　部门　　　采购部
业务员　　徐辉　　　　　　税率　　　17.00　　　　　付款条件
币种　　　人民币　　　　　汇率　　　1　　　　　　　备注

	存货编码	存货名称	主计量	数量	原币单价	原币金额	原币税额	原币价税合计	税率	计划到货日期
1	1101	百盛男夹克	件	500.00	318.00	159000.00	27030.00	186030.00	17.00	2018-01-21
2	1106	嘉伟男风衣	件	600.00	658.00	394800.00	67116.00	461916.00	17.00	2018-01-21
3										

图4-129　采购订单

4.参照（直运采购）采购订单生成采购专用发票

依次双击"业务工作"页签中"供应链→采购管理→采购发票→专用采购发票"菜单，系统打开"专用发票"窗口。单击工具栏的"增加"按钮，将专用发票表头项目"业务类型"改为"直运采购"，再点击工具栏"生单"|"采购订单"命令，打开"查询条件选择-采购订单列表过滤"对话框，单击"确定"按钮，系统打开"拷贝并执行"窗口。双击ZC01001号订单所对应的"选择"栏，结果如图4-130所示，然后单击工具栏的"确定"按钮，返回"专用发票"窗口。根据图4-122修改表头项目"发票号"为32307967，单击工具栏的"保存"按钮，完成采购专用发票处理，结果如图4-131所示。

拷贝并执行

☑执行所拷贝的记录　☑显示已执行完的记录　　　　页大小　20

发票拷贝订单表头列表　☐选中合计

记录总数：1

选择	订单号	订单日期	供货商	币种
Y	ZC01001	2018-01-21	天津惠阳	人民币
合计				

发票拷贝订单表体列表　☐选中合计

记录总数：2

选择	存货编码	存货名称	规格型号	主计量	订货数量	已开票数量	原币单价	原币含税单价
Y	1101	百盛男夹克		件	500.00	0.00	318.00	372.06
Y	1106	嘉伟男风衣		件	600.00	0.00	658.00	769.86
合计								

图4-130　"拷贝并执行"窗口

5.审核直运销售发票并制单处理

2018年1月21日，由赵凯（W02）登录企业应用平台。依次双击"业务工作"页签中"财务会计→应收款管理→应收单据处理→应收单据审核"菜单，系统打开"应收单查

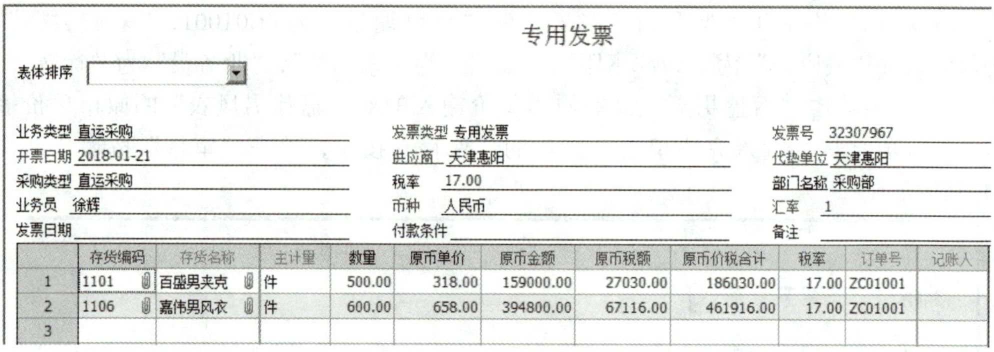

图4-131 采购专用发票

询条件"窗口,单击"确定"按钮,打开"单据处理"窗口。双击21327518号发票"选择"栏右侧任意单元格,打开"销售发票"窗口,单击工具栏的"审核"按钮,系统提示"是否立即制单?",单击"是"按钮,系统自动打开"填制凭证"窗口。单击工具栏的"保存"按钮,结果如图4-132所示。

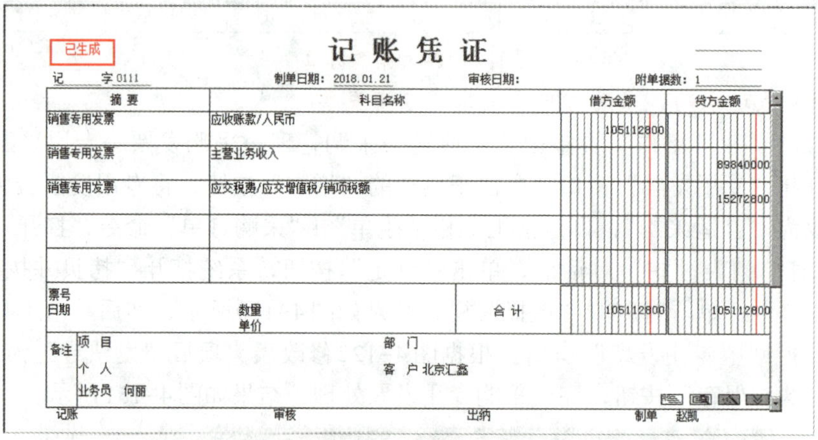

图4-132 记账凭证

6.审核直运采购发票并制单处理

依次双击"业务工作"页签中"财务会计→应付款管理→应付单据处理→应付单据审核"菜单,系统打开"应付单查询条件"窗口,单击"确定"按钮,打开"单据处理"窗口。双击32307967号发票"选择"栏右侧任意单元格,打开"采购发票"窗口,单击工具栏的"审核"按钮,系统提示"是否立即制单?",单击"是"按钮,系统自动打开"填制凭证"窗口,单击工具栏的"保存"按钮。结果如图4-133所示。

7.直运销售记账并生成凭证

(1)直运销售记账。在供应链的"存货核算"子系统,依次执行"业务核算→直运销售记账"命令,系统打开"直运采购发票核算查询条件"窗口,单击"确定"按钮,系统打开"未记账单据一览表"窗口,如图4-134所示。单击工具栏的"全选"按钮,再单击工具栏的"记账"按钮,系统弹出信息框提示记账成功,单击其"确定"按钮,完成记账工作。

(2)生成凭证。依次执行"存货核算"子系统的"财务核算→生成凭证"命令,系统打开"生成凭证"窗口。单击工具栏的"选择"按钮,系统弹出"查询条件"对话框,单击"确定"按钮,系统打开"选择单据"窗口,如图4-135所示。单击工具栏的"全选"

已生成

记账凭证

记　字 0112　　制单日期：2018.01.21　　审核日期：　　附单据数：1

摘要	科目名称	借方金额	贷方金额
采购专用发票	在途物资	55380000	
采购专用发票	应交税费/应交增值税/进项税额	9414600	
采购专用发票	应付账款/一般应付账款		64794600
票号 日期	数量 单价 合计	64794600	64794600

备注　项目　　部门
个人　　客户
业务员

记账　　审核　　出纳　　制单　赵凯

图 4-133　记账凭证

直运销售记账

记录总数：4

选择	日期	单据号	存货编码	存货名称	收发类别	单据类型	数量	单价	金额
	2018-01-21	32307967	1101	百盛男夹克	其他入库	采购发票	500.00	318.00	159,000.00
	2018-01-21	32307967	1106	嘉伟男风衣	其他入库	采购发票	600.00	658.00	394,800.00
	2018-01-21	21327518	1101	百盛男夹克	其他出库	专用发票	500.00		
	2018-01-21	21327518	1106	嘉伟男风衣	其他出库	专用发票	600.00		
小计							2,200.00		553,800.00

图 4-134　直运销售记账

按钮，再单击工具栏的“确定”按钮，系统自动退出“选择单据”窗口进入“生成凭证”窗口。单击工具栏的“生成”按钮，系统打开“填制凭证”窗口并自动生成凭证。单击工具栏的“保存”按钮，结果如图4-136所示。

选择单据

输出　单据　全选　全消　确定　取消

□ 已结算采购入库单自动选择全部结算单上单据(包括入库单、发票、付款单)，非本月采购入库单按蓝字报销单制单

未生成凭证单据一览表

选择	记账日期	单据日期	单据类型	单据号	仓库	收发类别	记账人	部门	业务类型	计价方式
	2018-01-21	2018-01-21	专用发票	21327518		直运销售	赵凯	销售部	直运销售	

图 4-135　未生成凭证单据一览表

已生成

记账凭证

记　字 0113　　制单日期：2018.01.21　　审核日期：　　附单据数：1

摘要	科目名称	借方金额	贷方金额
专用发票	主营业务成本	55380000	
专用发票	在途物资		55380000
票号 日期	数量 单价 合计	55380000	55380000

备注　项目　　部门
个人　　客户
业务员

记账　　审核　　出纳　　制单　赵凯

图 4-136　记账凭证

8. 选择收款

2018年1月22日，由贺青（W03）登录企业应用平台。

（1）依次双击"业务工作"页签中"财务会计→应收款管理→选择收款"菜单，系统打开"选择收款-条件"窗口。在该窗口的"客户"栏选择"北京汇鑫"，单击"确定"按钮，打开"选择收款-单据"窗口，如图4-137所示。

选择收款列表

收款总计 [　　　]

客户	单据类型	单据编号	部门	业务员	摘要	单据日期	到期日	原币金额	本次折扣	收款金额
北京汇鑫	销售专用发票	21327518	销售部	何丽	销售专用发票	2018-01-21	2018-01-21	1,051,128.00		
合计								1,051,128.00		

图4-137　选择收款列表

（2）单击工具栏的"全选"按钮，再单击"确认"按钮，系统弹出"选择收款-收款单"窗口。根据图4-123，"结算方式"选择"电汇"，"票据号"输入16381769。单击"确定"按钮，完成选择收款。

9. 选择付款

（1）依次双击"业务工作"页签中"财务会计→应付款管理→选择付款"菜单，系统打开"选择付款-条件"窗口。在该窗口的"供应商"栏选择"天津惠阳"，单击"确定"按钮，打开"选择付款-单据"窗口，如图4-138所示。

选择付款列表

付款总计 [　　　]

供应商	供应商编号	单据类型	单据编号	部门	业务员	摘要	单据日期	到期日	原币金额	原币余额
天津惠阳	401	采购专用发票	14035890	采购部	张宏亮		2017-12-15	2017-12-15	68,620,500.00	68,620,500.00
天津惠阳	401	采购专用发票	32307967	采购部	徐辉	采购专用发票	2018-01-21	2018-01-21	647,946.00	647,946.00
合计									69,268,446.00	69,268,446.00

图4-138　选择付款列表

（2）双击32307967号发票所在行任意单元格，再单击"确认"按钮，系统弹出"选择付款-付款单"窗口。根据图4-124，"结算方式"选择"电汇"，"票据号"输入36257075。输入完毕单击"确定"按钮，完成选择付款。

10. 收款合并制单

2018年1月22日，由赵凯（W02）登录企业应用平台。

（1）依次双击"业务工作"页签中"财务会计→应收款管理→制单处理"菜单，系统打开"制单查询"窗口，勾选"收付款单制单""核销制单"，单击"确定"按钮，打开"制单"窗口，如图4-139所示。

应收制单

凭证类别 [记账凭证 ▼]　　制单日期 2018-01-22

选择标志	凭证类别	单据类型	单据号	日期	客户编码	客户名称	部门	业务员	金额
	记账凭证	收款单	0000000024	2018-01-22	101	北京汇鑫百货有限公司	销售部	何丽	1,051,128.00
	记账凭证	核销	0000000024	2018-01-22	101	北京汇鑫百货有限公司	销售部	何丽	1,051,128.00

图4-139　应收制单

（2）单击工具栏的"合并"按钮，再单击"制单"按钮，系统自动打开"填制凭证"

窗口，单击工具栏的“保存”按钮，结果如图4-140所示。关闭该窗口。

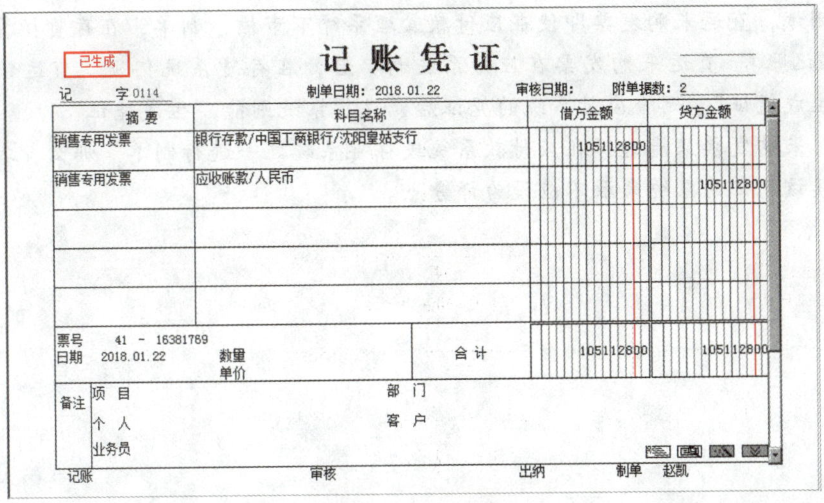

已生成

记账凭证

记　字 0114　制单日期：2018.01.22　审核日期：　附单据数：2

摘要	科目名称	借方金额	贷方金额
销售专用发票	银行存款/中国工商银行/沈阳皇姑支行	105112800	
销售专用发票	应收账款/人民币		105112800
票号 41 - 16381769 日期 2018.01.22 　数量 单价	合计	105112800	105112800

备注　项目　部门

个人　客户

业务员

记账　审核　出纳　制单 赵凯

图4-140　记账凭证

11. 付款合并制单

（1）依次双击“业务工作”页签中“财务会计→应付款管理→制单处理”菜单，系统打开“制单查询”窗口，勾选“收付款单制单”“核销制单”，单击“确定”按钮，打开“制单”窗口，如图4-141所示。

应付制单

凭证类别　记账凭证　　制单日期　2018-01-22　　共 2 条

选择标志	凭证类别	单据类型	单据号	日期	供应商编码	供应商名称	部门	业务员	金额
	记账凭证	付款单	0000000021	2018-01-22	401	天津惠阳商贸有限公司	采购部	徐辉	647,946.00
	记账凭证	核销	0000000021	2018-01-22	401	天津惠阳商贸有限公司	采购部	徐辉	647,946.00

图4-141　应付制单

（2）单击工具栏的“合并”按钮，再单击“制单”按钮，系统自动打开“填制凭证”窗口，单击工具栏的“保存”按钮，结果如图4-142所示。关闭该窗口。

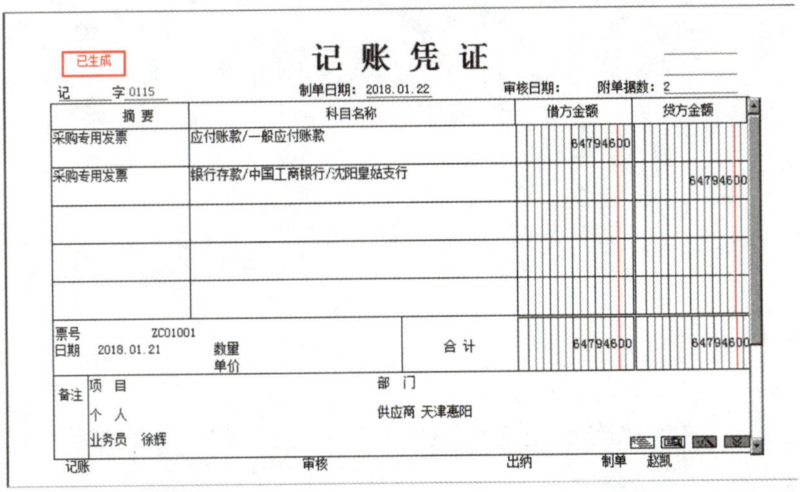

已生成

记账凭证

记　字 0115　制单日期：2018.01.22　审核日期：　附单据数：2

摘要	科目名称	借方金额	贷方金额
采购专用发票	应付账款/一般应付账款	64794600	
采购专用发票	银行存款/中国工商银行/沈阳皇姑支行		64794600
票号 ZC01001 日期 2018.01.21 　数量 单价	合计	64794600	64794600

备注　项目　部门

个人　供应商 天津惠阳

业务员 徐辉

记账　审核　出纳　制单 赵凯

图4-142　记账凭证

【提示】

根据测试，直运采购发票即使在应付款管理系统不审核、制单，在存货核算系统也能"直运销售记账"。直运采购发票在应付系统制单后，在存货系统仍须"直运销售记账"，但不能"生成凭证"。删除应付系统的凭证后，存货系统则能"生成凭证"。

总结：采购发票只能选择在应付款系统或存货系统之一进行制单。那么，我们在制作题库的时候该凭证的系统来源不应设为评分点。

项目5　特殊购销类型业务

任务1　债务重组与非货币性资产交换

业务1 债务重组

2018年1月21日，我公司与广西玉宝协商进行债务重组。该应收账款已计提3 510元减值准备。业务员刘晓明。

相关凭证如图5-1至图5-2所示。

债务重组协议

甲方（债权人）：辽宁恒通商贸有限公司

乙方（债务人）：广西玉宝商贸有限公司

截至2018年1月21日止，乙方共欠甲方货款人民币柒拾万零贰仟元整（¥702 000.00）。鉴于乙方目前已无法持续经营，经友好协商甲乙双方达成如下协议：

1.乙方于2018年1月21日前一次性支付人民币陆拾伍万元整（¥650 000.00），甲方免除乙方剩余欠款人民币伍万贰仟元整（¥52 000.00）。

2.甲方承诺对其放弃的债权享有独立、合法、完全的处分权。在乙方按照本协议约定的期限和数额偿还本息后，甲、乙双方的债权债务关系同时终止。

3.本合同自各方授权代表人签字并加盖公章后生效。

甲方（盖章）：辽宁恒通商贸有限公司　　乙方（盖章）：广西玉宝商贸有限公司

授权代表（签字）：李成喜　　授权代表（签字）：李玉宝

时间：2018年1月21日　　时间：2018年1月21日

（辽宁恒通商贸有限公司 合同专用章）（李成喜印）（广西玉宝商贸有限公司 合同专用章）（李玉宝印）

图5-1　债务重组协议

中国工商银行　电汇凭证（收账通知）　4　39649658

☑普通　☐加急　　委托日期　2018年1月21日

汇款人	全称	广西玉宝商贸有限公司	收款人	全称	辽宁恒通商贸有限公司
	账号	2111702010422009265		账号	2107024015890035666
	汇出地点	广西　玉林市/县		汇入地点	辽宁省　沈阳市/县
汇出行名称		中国工商银行玉林市东门支行	汇入行名称		中国工商银行沈阳皇姑支行
金额	人民币（大写）	陆拾伍万元整	亿千百十万千百十元角分		¥65000000
此汇款已收入收款人账户。			支付密码		
			附加信息及用途：货款		
汇入行签章			复核　记账		

此联为开户行给收款人的收账通知

（中国工商银行沈阳皇姑支行 2018.01.21 转讫(5)）

图5-2　电汇收款凭证

【操作过程概览】

本业务的操作过程概览见表5-1。

表5-1 操作过程概览

序号	操作日期	操作员	系统	操作内容
1	2018-01-21	W02赵凯	应收款管理	坏账发生
2	2018-01-21	W03贺青	应收款管理	填制两张收款单
3	2018-01-21	W02赵凯	应收款管理	审核收款单、核销，合并制单

【具体操作过程】

1.坏账发生

（1）2018年1月21日，由赵凯（W02）登录企业应用平台。依次双击"业务工作"页签中"财务会计→应收款管理→坏账发生"菜单，系统打开"坏账发生"窗口，在窗口的"客户"栏选择"广西玉宝"，单击"确定"按钮，打开"发生坏账损失"窗口，如图5-3所示。

坏账发生单据明细

单据类型	单据编号	单据日期	到期日	余　额	部…	业务员	本次发生坏账金额
销售专用发票	21323501	2017-12-17	2017-12-17	702,000.00	销售部	刘晓明	
合　计				702,000.00			0.00

图5-3 坏账发生单据明细

（2）在广西玉宝的"本次发生坏账金额"栏输入3510，单击工具栏的"确认"按钮，系统提示"是否立即制单"，单击"是"按钮，系统自动打开"填制凭证"窗口，单击工具栏的"保存"按钮，结果如图5-4所示。

记 账 凭 证

已生成

记 字 0116　　制单日期：2018.01.21　　审核日期：　　附单据数：1

摘　要	科目名称	借方金额	贷方金额
坏账发生	坏账准备	351000	
坏账发生	应收账款/人民币		351000
票号 日期	数量 单价	合　计 351000	351000
备注 项目 个人 业务员	部门 客户		
记账	审核	出纳	制单 赵凯

图5-4 记账凭证

2.填制两张收款单

2018年1月21日，由贺青（W03）登录企业应用平台。依次双击"业务工作"页签中"财务会计→应收款管理→收款单据处理→收款单据录入"菜单，打开"收付款单录入"窗口。单击"增加"，根据图5-2填制收款单，填制完毕保存该收款单，结果如图5-5所示。单击工具栏的"复制"按钮，系统复制出一张新的收款单，将表头的"结算方式"

改为"其他","结算科目"改为671101,表头和表体的"金额"均改为48490,保存该收款单,结果如图5-6所示。

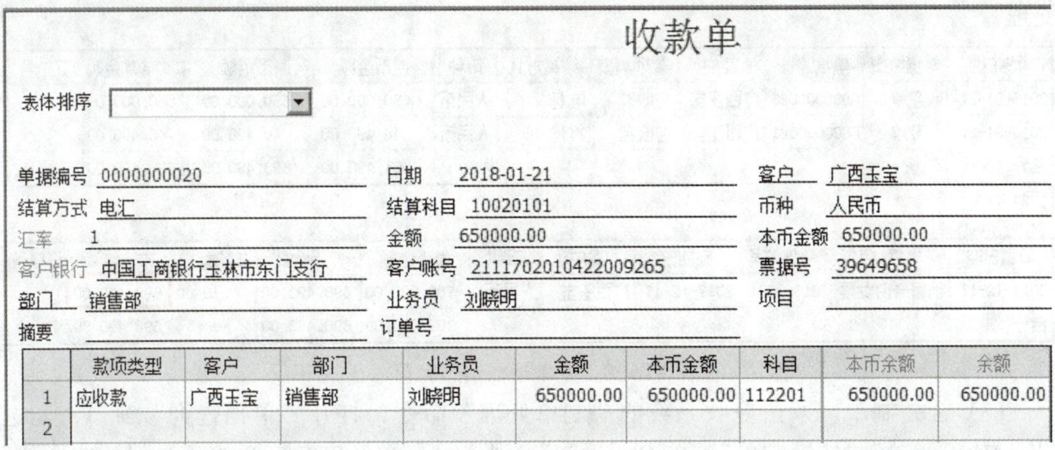

图5-5 收款单

图5-6 (虚拟)收款单

3.审核收款单、核销,合并制单

2018年1月21日,由赵凯(W02)登录企业应用平台。

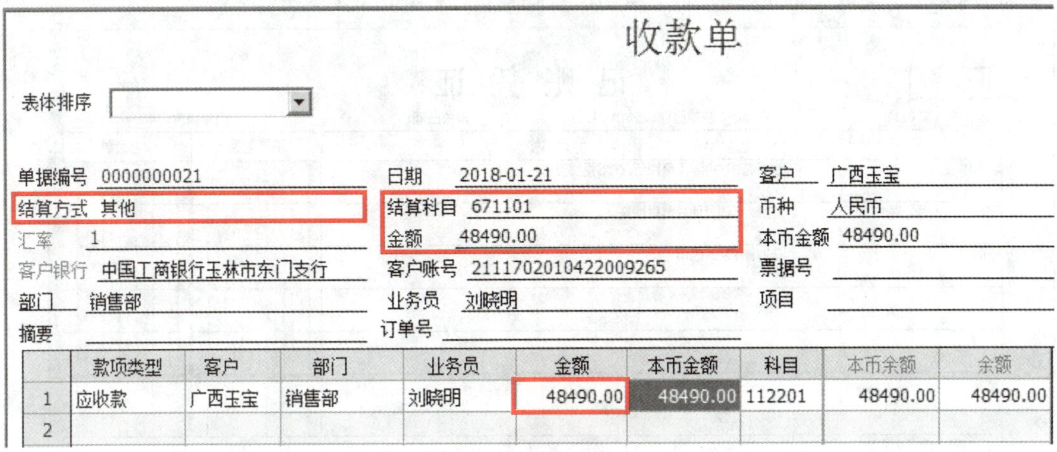

(1)依次双击"业务工作"页签中"财务会计→应收款管理→收款单据处理→收款单据审核"菜单,打开"收款单查询条件"窗口,单击"确定",进入"收付款单列表"窗口,如图5-7所示。单击工具栏的"全选"按钮,再单击"审核"按钮。关闭该窗口。

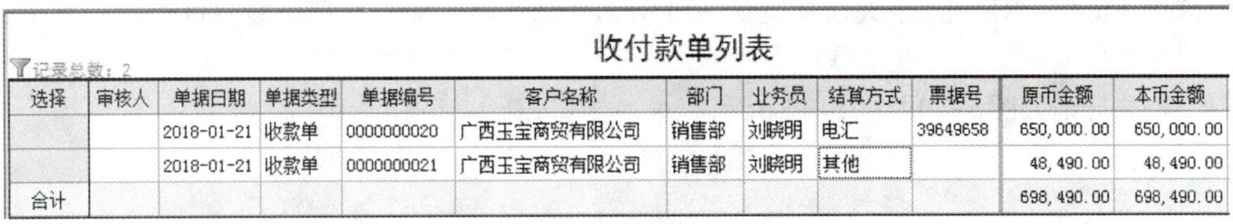

图5-7 收付款单列表

(2)执行应收系统的"核销处理→手工核销"命令,系统弹出"核销条件"窗口,

"客户"栏选择"广西玉宝"后单击"确定",进入"单据核销"窗口。在该窗口下方销售专用发票的"本次结算"栏录入698490,如图5-8所示。单击"保存",完成核销处理。

单据日期	单据类型	单据编号	客户	款项类型	结算方式	币种	原币金额	原币余额	本次结算金额	订单号
2018-01-21	收款单	0000000020	广西玉宝	应收款	电汇	人民币	650,000.00	650,000.00	650,000.00	
2018-01-21	收款单	0000000021	广西玉宝	应收款	其他	人民币	48,490.00	48,490.00	48,490.00	
合计							698,490.00	698,490.00	698,490.00	

单据日期	单据类型	单据编号	到期日	客户	币种	原币金额	原币余额	本次折扣	本次结算	订单号
2017-12-17	销售专用发票	21323501	2017-12-17	广西玉宝	人民币	702,000.00	698,490.00	0.00	698,490.00	
合计						702,000.00	698,490.00		698,490.00	

图5-8 "单据核销"窗口

(3)合并制单。双击应收系统的"制单处理"命令,打开"单据查询"窗口,勾选"收付款单制单""核销制单",单击"确定",进入"制单"窗口。单击工具栏的"合并""制单"按钮,生成一张记账凭证,单击"保存",结果如图5-9所示。

图5-9 记账凭证

业务2 非货币性资产交换

2018年1月21日,我公司与湖南百盛达成资产置换协议,以我公司所持股票(股价为每股3元)与对方的存货进行置换。业务员张宏亮。(换出的股票填制负向的应付单,收到的补价填制负向的付款单)

相关凭证如图5-10至图5-13所示。

资产置换协议

协议编号：ZH01001

甲方：辽宁恒通商贸有限公司　　　　　乙方：湖南百盛服装有限公司
住址：辽宁省沈阳市皇姑区人民路369号　　住址：湖南省长沙市开福区林夕路100号

甲乙双方经协商一致达成如下资产置换协议：

1.置换标的

甲方换出资产：8万股股票。股票名称为京东方，股票代码为000725。

乙方换出资产：

货物名称	规格型号	计量单位	数量	单价（不含税）	金额（不含税）	税率	税额
百盛男夹克		件	400	298.00	119 200.00	17%	20 264.00
百盛休闲裤		条	500	199.00	99 500.00	17%	16 915.00
合　计					¥218 700.00		¥37 179.00

2.置换范围和方式

甲乙双方聘请资产评估机构以2018年1月21日为资产置换评估基准日进行评估，甲方换出资产的公允价值为260 000.00元，乙方换出资产评估价值为218 700.00元（不含税）。本次资产置换以评估结果为依据作价。本次资产置换补价部分4 121.00元由乙方向甲方支付现金。

3.置换的生效

置换自置换的生效日起正式生效。置换的生效日期为本协议签订日。虽然置换行为在协议签署后才实施，置换的生效有追溯性。

甲　方：辽宁恒通商贸有限公司　　　乙　方：湖南百盛服装有限公司
授权代表：张宏亮　　　　　　　　　授权代表：王志广
日　期：2018年1月21日　　　　　　日　期：2018年1月21日

图5-10　资产置换协议

湖南增值税专用发票

4300172140　　　　　　　　　　　　№ 83051466

开票日期：2018年1月21日

购买方	名称：辽宁恒通商贸有限公司 纳税人识别号：912101052069175 83A 地址、电话：辽宁省沈阳市皇姑区人民路369号 024-82681359 开户行及账号：中国工商银行沈阳皇姑支行 2107024015890035666	密码区	6/891-*+3465<9+>2>*6- +->86*771+8483<7>0569 41/6>+62+95++5357*225 <-<*-1280+8>3>5-12812	加密版本:01 4300172140 83051466

第三联：发票联 购买方记账凭证

货物或应税劳务、服务名称	规格型号	单位	数量	单价	金额	税率	税额
百盛男夹克		件	400	298.00	119 200.00	17%	20 264.00
百盛休闲裤		条	500	199.00	99 500.00	17%	16 915.00
合　计					¥218 700.00		¥37 179.00

价税合计（大写）　⊗贰拾伍万伍仟捌佰柒拾玖元整　（小写）¥ 255 879.00

销售方	名称：湖南百盛服装有限公司 纳税人识别号：91430105276531895A 地址、电话：湖南省长沙市开福区林夕路100号 0731-8266319 开户行及账号：中国农业银行长沙开福支行 1012093710651047815

收款人：段丹雪　复核：孙绍雪　开票人：温艳　销售方：（章）

图5-11　增值税专用发票

入库单

供应商：湖南百盛　　　　　2018年1月21日　　　　　单号：RK01023

验收仓库	存货编码	存货名称	单位	数量		单价	金额
				应收	实发		
服装仓	1101	百盛男夹克	件	400	400		
服装仓	1102	百盛休闲裤	条	500	500		
合　计							

部门经理：略　　　　会计：略　　　　仓库：略　　　　经办人：略

图5-12　入库单

图5-13　电汇收款凭证

【操作过程概览】

本业务的操作过程概览见表5-2。

表5-2　　　　　　　　　　　　操作过程概览

序号	操作日期	操作员	系统	操作内容
1	2018-01-21	G01张宏亮	采购管理	填制采购订单
2	2018-01-21	G01张宏亮	采购管理	参照采购订单生成到货单
3	2018-01-21	C01李泽华	库存管理	参照到货单生成采购入库单
4	2018-01-21	G01张宏亮	采购管理	参照采购入库单生成采购专用发票
5	2018-01-21	W02赵凯	应付款管理	审核发票并制单处理
6	2018-01-21	W02赵凯	存货核算	正常单据记账并生成凭证
7	2018-01-21	W02赵凯	应付款管理	填制负向的应付单，审核并制单
8	2018-01-21	W02赵凯	应付款管理	红票对冲
9	2018-01-21	W03贺青	应付款管理	填制应付系统收款单
10	2018-01-21	W02赵凯	应付款管理	审核收款单、核销处理，合并制单

【具体操作过程】

1.填制采购订单

2018年1月21日，由张宏亮（G01）登录企业应用平台。依次双击"业务工作"页签中的"供应链→采购管理→采购订货→采购订单"菜单，打开"采购订单"窗口。单击工具栏的"增加"按钮，根据图5-10填制采购订单，填制完毕保存并审核该订单，结果如图5-14所示。

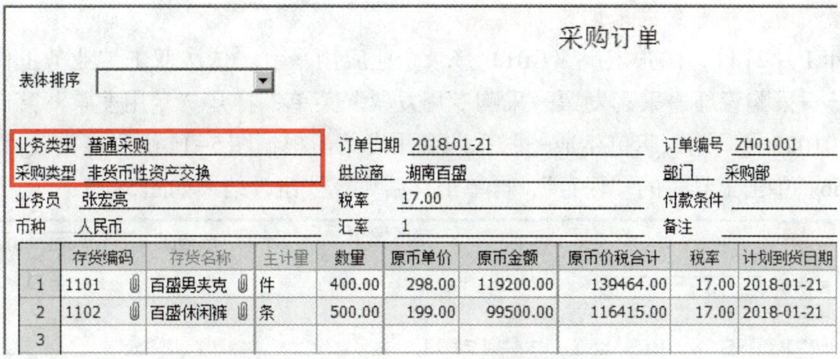

图 5-14 采购订单

2.参照采购订单生成到货单

在"采购管理"子系统，双击"采购到货→到货单"菜单，打开"到货单"窗口。单击工具栏的"增加"按钮，再点击工具栏的"生单"|"采购订单"命令，打开"查询条件选择-采购订单列表过滤"对话框，单击"确定"按钮，系统弹出"拷贝并执行"窗口。双击ZH01001号订单最左侧的"选择"单元格，再单击"确定"按钮，系统返回"到货单"窗口，生成一张到货单。保存并审核该到货单，结果如图5-15所示。关闭该窗口。

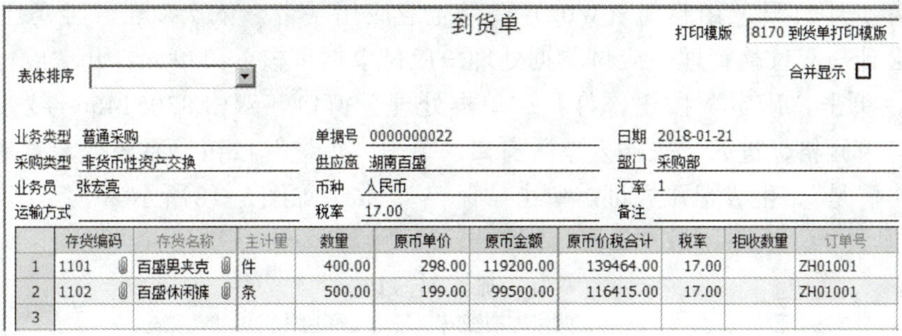

图 5-15 到货单

3.参照到货单生成采购入库单

2018年1月21日，由李泽华（C01）登录企业应用平台。依次双击"业务工作"页签中的"供应链→库存管理→入库业务→采购入库单"菜单，系统打开"采购入库单"窗口。参照上一步生成的到货单生成一张采购入库单，根据图5-12修改表头"入库单号"为RK01023，"仓库"选择"服装仓"。保存并审核该采购入库单，结果如图5-16所示。

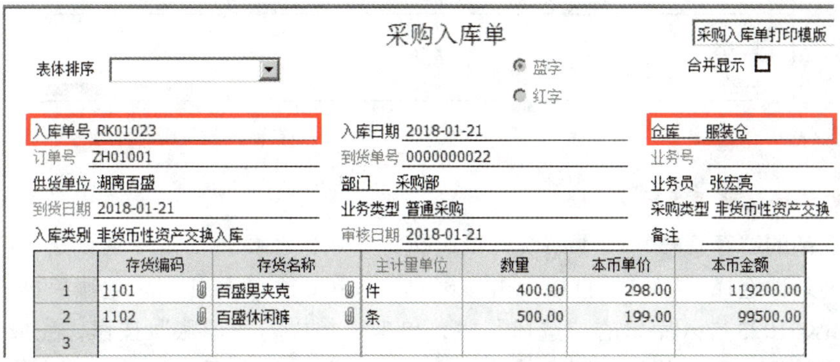

图 5-16 采购入库单

4.参照采购入库单生成采购专用发票

2018年1月21日，由张宏亮（G01）登录企业应用平台。依次双击"业务工作"页签中的"供应链→采购管理→采购发票→采购专用发票"菜单，打开"专用发票"窗口。参照上一步的RK01023号采购入库单生成一张采购专用发票。根据图5-11修改表头项目"发票号"为83051466。单击工具栏的"保存"，再单击"结算"按钮，结果如图5-17所示。

	存货编码	存货名称	主计量	数量	原币单价	原币金额	原币价税合计	税率	订单号
1	1101	百盛男夹克	件	400.00	298.00	119200.00	139464.00	17.00	ZH01001
2	1102	百盛休闲裤	条	500.00	199.00	99500.00	116415.00	17.00	ZH01001
3									

图5-17 采购专用发票

业务类型 普通采购　发票类型 专用发票　发票号 83051466
开票日期 2018-01-21　供应商 湖南百盛　代垫单位 湖南百盛
采购类型 非货币性资产交换　税率 17.00　部门名称 采购部
业务员 张宏亮　币种 人民币　汇率 1
发票日期　付款条件　备注

（已结算）专用发票　打印模版 8164 专用发票打印模版　合并显示□　表体排序

5.审核发票并制单处理

2018年1月21日，由赵凯（W02）登录企业应用平台。依次双击"业务工作"页签中"财务会计→应付款管理→应付单据处理→应付单据审核"菜单，打开"应付单查询条件"窗口，单击"确定"按钮，打开"单据处理"窗口。双击83051466号发票"选择"栏右侧任意单元格，进入"采购发票"窗口。单击"审核"按钮，系统提示"是否立即制单?"，单击"是"，生成记账凭证。单击"保存"，结果如图5-18所示。

摘 要	科目名称	借方金额	贷方金额
采购专用发票	在途物资	21870000	
采购专用发票	应交税费/应交增值税/进项税额	3717900	
采购专用发票	应付账款/一般应付账款		25587900
	合 计	25587900	25587900

（已生成）记账凭证　记 字 0118　制单日期: 2018.01.21　审核日期:　附单据数: 1　制单 赵凯

图5-18 记账凭证

6.正常单据记账并生成凭证

在供应链的"存货核算"子系统，依次执行"业务核算→正常单据记账"命令，系统打开"查询条件选择"窗口，直接单击"确定"按钮，系统打开"未记账单据一览表"窗口。双击RK01023号入库单的"选择"栏，单击工具栏的"记账"按钮，完成记账工作。执行"存货核算"子系统的"财务核算→生成凭证"命令，系统打开"生成凭证"窗口。

单击工具栏的"选择"按钮，系统弹出"查询条件"对话框，单击"确定"按钮，系统打开"选择单据"窗口。单击工具栏的"全选"按钮，选中已记账的RK01023号采购入库单，再单击工具栏的"确定"按钮，系统自动退出"选择单据"窗口返回"生成凭证"窗口。单击工具栏的"生成"按钮，系统打开"填制凭证"窗口并自动生成凭证。单击工具栏的"保存"按钮，保存该凭证，如图5-19所示。关闭该窗口。

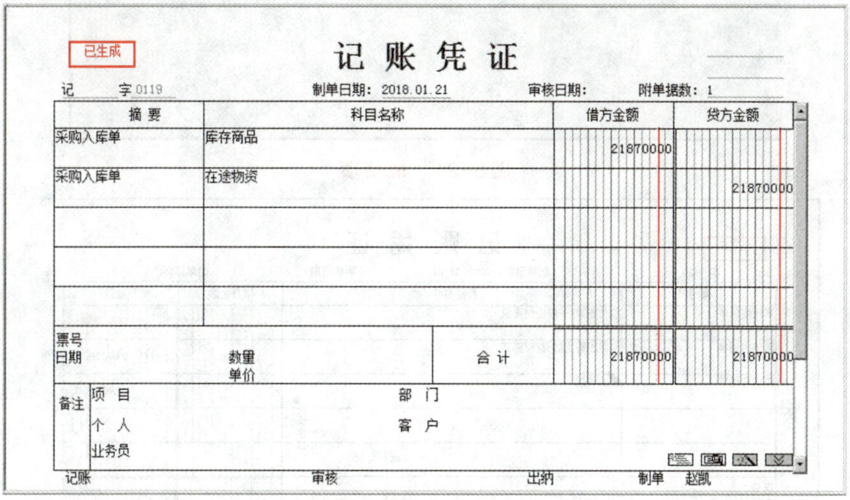

图5-19　记账凭证

7.填制负向的应付单，审核并制单

（1）填制（负向）应付单。2018年1月21日，由赵凯（W02）登录企业应用平台。依次双击"业务工作"页签中"财务会计→应付款管理→应付单据处理→应付单据录入"菜单，系统打开"单据类别"对话框，将应付单的"方向"改为"负向"单击"确定"，打开"应付单"窗口。单击工具栏的"增加"按钮，根据图5-10填制负向的应付单，填制完毕保存该应付单，结果如图5-20所示。

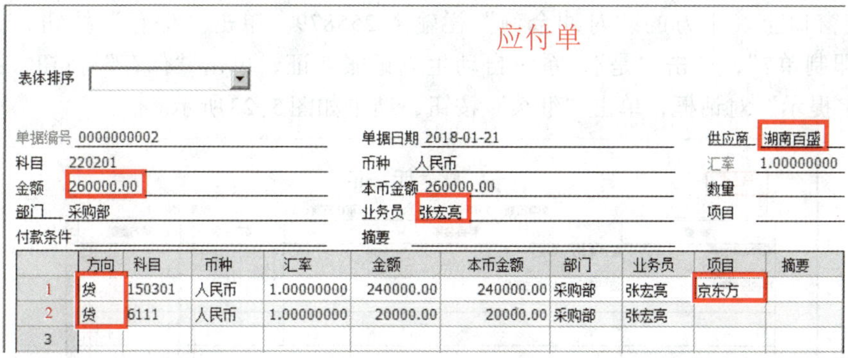

图5-20　红字应付单

（2）单击工具栏的"审核"按钮，系统提示"是否立即制单？"窗口，单击"是"，自动生成记账凭证，调出记账凭证第2行的"辅助项"对话框，如图5-21所示。在该对话框的"数量"处填入80000，"单价"处填入3。单击"保存"按钮，系统提示"凭证赤字提示"对话框，单击"继续"按钮，结果如图5-22所示。

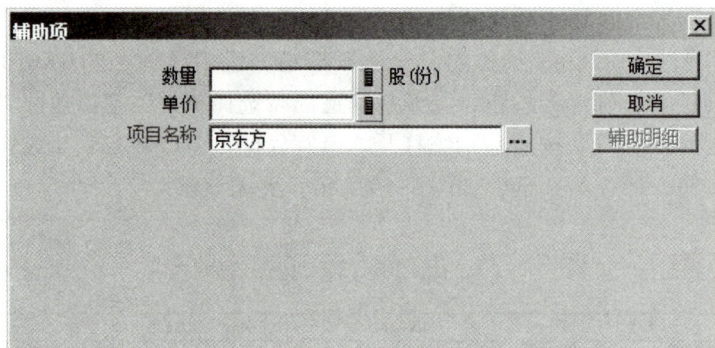

图 5-21 辅助项

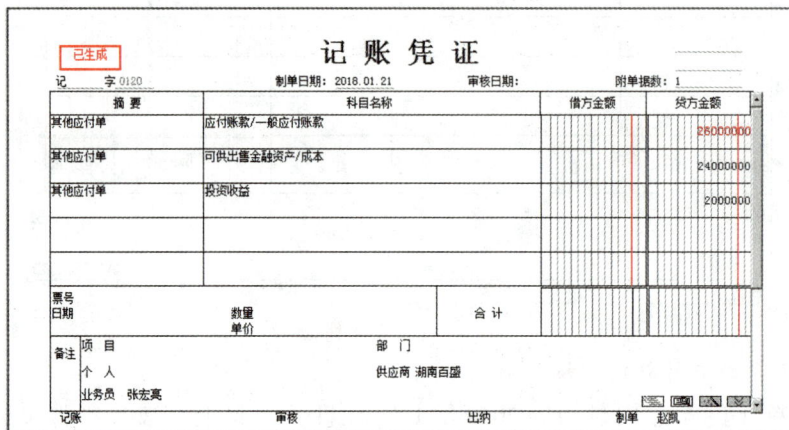

图 5-22 记账凭证

8.红票对冲

执行"应付款管理→转账→红票对冲→手工对冲"命令，系统弹出"红票对冲条件"对话框，该窗口的"供应商"栏选择"湖南百盛"，单击"确定"按钮，进入"红票对冲"窗口，在窗口上、下方的"对冲金额"栏输入255879。单击"保存"按钮，系统提示"是否立即制单?"，单击"是"，系统自动生成记账凭证，单击"保存"按钮，系统提示"凭证赤字提示"对话框，单击"继续"按钮，结果如图5-23所示。

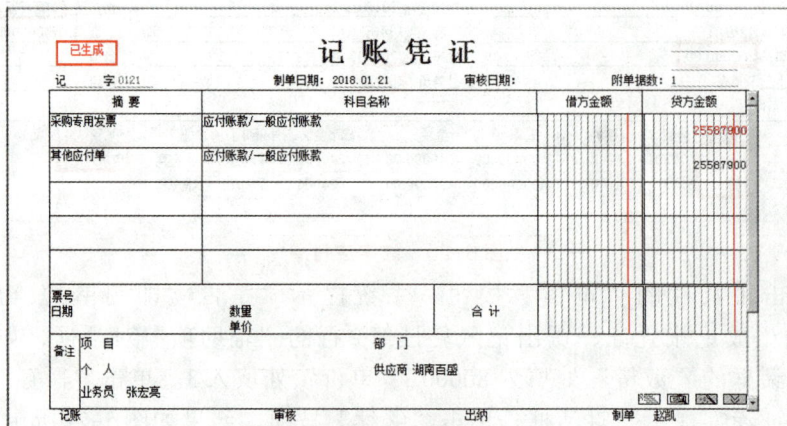

图 5-23 记账凭证

9.填制应付系统收款单

2018年1月21日，由贺青（W03）身份登录企业应用平台。依次双击“业务工作”页签中“财务会计→应付款管理→付款单据处理→付款单据录入”菜单，系统打开“收付款单录入”窗口，单击工具栏的“切换”按钮，再单击“增加”按钮，根据图5-13填制一张收款单，填制完毕保存收款单，结果如图5-24所示。

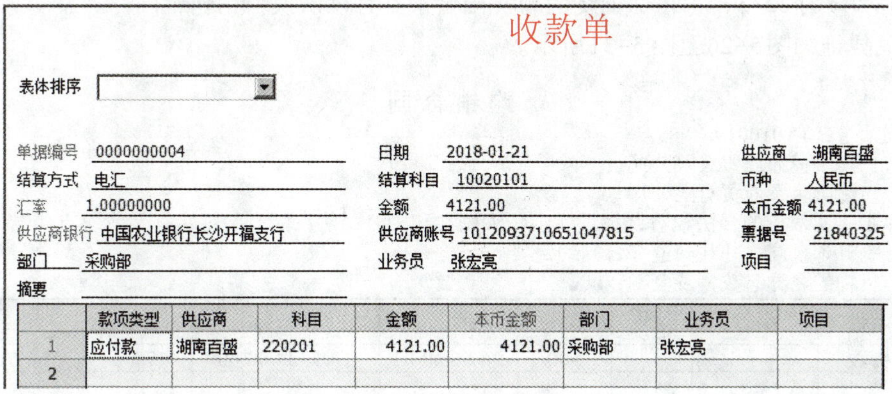
收款单

表体排序

单据编号 0000000004　日期 2018-01-21　供应商 湖南百盛
结算方式 电汇　结算科目 10020101　币种 人民币
汇率 1.00000000　金额 4121.00　本币金额 4121.00
供应商银行 中国农业银行长沙开福支行　供应商账号 1012093710651047815　票据号 21840325
部门 采购部　业务员 张宏亮　项目
摘要

	款项类型	供应商	科目	金额	本币金额	部门	业务员	项目
1	应付款	湖南百盛	220201	4121.00	4121.00	采购部	张宏亮	
2								

图5-24　红字收款单

10.审核收款单、核销处理，合并制单

（1）2018年1月21日，由赵凯（W02）登录企业应用平台。依次双击“业务工作”页签中“财务会计→应付款管理→付款单据处理→付款单据审核”菜单，打开“付款单查询条件”窗口，单击“确定”，打开“收付款单列表”窗口。双击湖南百盛“选择”栏右侧任意单元格，打开“收付款单录入”窗口。单击“审核”，系统提示“是否立即制单?”，单击“否”，再单击“核销”按钮，系统弹出“核销条件”对话框，单击“确定”，打开“单据核销”窗口。在该窗口下方的“本次结算”处输入4121，单击“保存”，完成核销操作。

（2）依次双击“业务工作”页签中“财务会计→应付款管理→制单处理”菜单，打开“制单查询”窗口，勾选“收付款单制单”“核销制单”，单击“确定”，打开“制单”窗口，单击“合并”，再单击“制单”，系统自动生成记账凭证，单击“保存”，结果如图5-25所示。

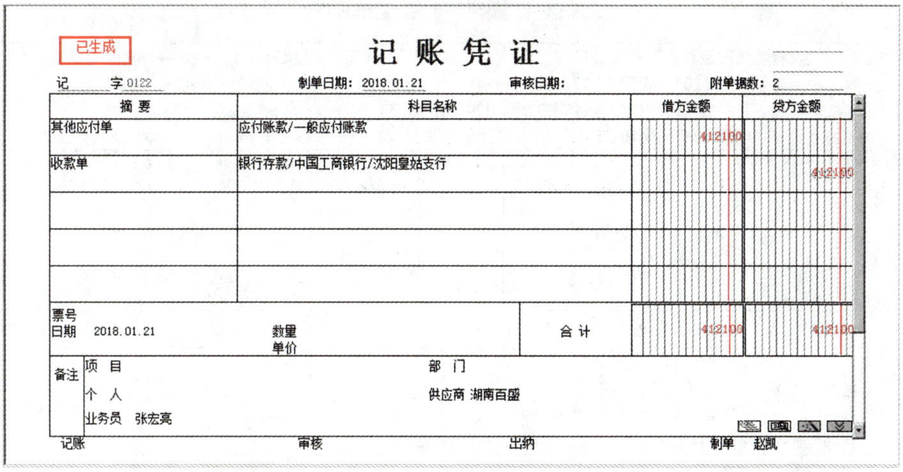
已生成

记 账 凭 证

记 字 0122　制单日期：2018.01.21　审核日期：　附单据数：2

摘 要	科目名称	借方金额	贷方金额
其他应付单	应付账款/一般应付账款	412100	
收款单	银行存款/中国工商银行/沈阳皇姑支行		412100
票号 日期 2018.01.21	数量 单价 　合 计	412100	412100

备注　项 目　部 门
个 人　供应商 湖南百盛
业务员 张宏亮

记账　审核　出纳　制单 赵凯

图5-25　记账凭证

任务2 其他购销类型业务

业务1 以旧换新

2018年1月22日，销售部刘晓明与沈阳金泰签订以旧换新销售合同。

相关凭证如图5-26至图5-31所示。

购销合同

合同编号：TX01001

卖方：辽宁恒通商贸有限公司

买方：沈阳金泰商贸有限公司

为保护买卖双方的合法权益，根据《中华人民共和国合同法》的有关规定，买卖双方经友好协商，一致同意签订本合同，并共同遵守合同约定。

一、货物的名称、数量及金额：

货物名称	规格型号	计量单位	数量	单价（不含税）	金额（不含税）	税率	税额
恒久男表		只	500	6 666.00	3 333 000.00	17%	566 610.00
合计					¥3 333 000.00		¥566 610.00

二、合同总金额：人民币叁佰捌拾玖万玖仟陆佰壹拾元整（¥3 899 610.00）。

三、以旧换新销售条件：若买方提供同品牌旧手表，每只可作价800元，买方交差价即可换回所换购的同品牌同数量全新产品。签订合同当日，卖方即向买方发货并收回同品牌旧手表，买方当日支付货款。付款结算方式：转账支票。

四、交货地点：辽宁恒通商贸有限公司。

五、发运方式与运输费用承担方式：由卖方发货，买方承担运输费用。

卖　方：辽宁恒通商贸有限公司　　　　买　方：沈阳金泰商贸有限公司

授权代表：刘晓明　　　　　　　　　　授权代表：刘春雨

日　　期：2018年1月22日　　　　　　日　　期：2018年1月22日

图5-26　购销合同

辽宁增值税专用发票

2100172140　　　　　　　此联不作报销抵扣税凭证使用　　　　№ 21327519

开票日期：2018年1月22日

购买方	名称：沈阳金泰商贸有限公司 纳税人识别号：91210103291938726A 地址、电话：辽宁省沈阳市铁西区百花路2号 024-65308833 开户行及账号：中国农业银行沈阳百花支行 5830611580626927622	密码区	+*24317*4+7618+-<8532 -178150>76/9+83<<23*0 >59+>5486/->-2*+7-+91 58>6>08-8462>+3+21<*6	加密版本：01 2100172140 21327519

货物或应税劳务、服务名称	规格型号	单位	数量	单价	金额	税率	税额
恒久男表		只	500	6 666.00	3 333 000.00	17%	566 610.00
合计					¥3 333 000.00		¥566 610.00

价税合计（大写）　⊗叁佰捌拾玖万玖仟陆佰壹拾元整　　　（小写）¥3 899 610.00

销售方	名称：辽宁恒通商贸有限公司 纳税人识别号：91210105206917583A 地址、电话：辽宁省沈阳市皇姑区人民路369号 024-82681359 开户行及账号：中国工商银行沈阳皇姑支行 2107024015890035666	备注	

收款人：贺青　　复核：王钰　　开票人：赵凯　　　　销售方：（章）

图5-27　增值税专用发票

中国工商银行　　进 账 单（收账通知）　3

2018年1月22日

出票人	全　　称	沈阳金泰商贸有限公司	收款人	全　　称	辽宁恒通商贸有限公司
	账　　号	5830611580626927622		账　　号	2107024015890035666
	开户银行	中国农业银行沈阳百花支行		开户银行	中国工商银行沈阳皇姑支行

金额	人民币（大写）	叁佰肆拾叁万壹仟陆佰壹拾元整	亿	千	百	十	万	千	百	十	元	角	分
				¥	3	4	3	1	6	1	0	0	0

中国工商银行
沈阳皇姑支行
2018.01.21
转讫
（5）

票据种类	转账支票	票据张数	1
票据号码	36248309		

复核	记账	收款人开户银行签章

此联是银行交给收款人的收账通知

图 5-28　进账单

出 库 单

客户：沈阳金泰　　　　　　　　2018 年 1 月 22 日　　　　　　　单号：CK01025

发货仓库	存货编码	存货名称	单位	数量		单价	金额
				应发	实发		
手表仓	1205	恒久男表	只	500	500		
合　计							

部门经理：略　　　　　会计：略　　　　　仓库：略　　　　　经办人：略

图 5-29　出库单

入 库 单

供应商：沈阳金泰　　　　　　　2018 年 1 月 22 日　　　　　　　单号：RK01024

验收仓库	存货编码	存货名称	单位	数量		单价	金额
				应收	实收		
废旧品仓	1205	恒久男表	只	500	500		
合　计							

部门经理：略　　　　　会计：略　　　　　仓库：略　　　　　经办人：略

图 5-30　入库单

图5-31 增值税专用发票

【操作过程概览】

本业务的操作过程概览见表5-3。

表5-3 操作过程概览

序号	操作日期	操作员	系统	操作内容
1	2018-01-22	X01刘晓明	销售管理	填制销售订单
2	2018-01-22	X01刘晓明	销售管理	参照销售订单生成销售专用发票
3	2018-01-22	C01李泽华	库存管理	参照发货单生成销售出库单
4	2018-01-22	W02赵凯	应收款管理	审核发票并制单处理
5	2018-01-22	W02赵凯	存货核算	正常单据记账并生成凭证
6	2018-01-22	G01张宏亮	采购管理	填制采购订单
7	2018-01-22	G01张宏亮	采购管理	参照采购订单生成到货单
8	2018-01-22	C01李泽华	库存管理	参照到货单生成采购入库单
9	2018-01-22	G01张宏亮	采购管理	参照采购入库单生成采购专用发票
10	2018-01-22	W02赵凯	应付款管理	审核发票并制单处理
11	2018-01-22	W02赵凯	存货核算	正常单据记账并生成凭证
12	2018-01-22	W02赵凯	应付款管理	应付冲应收

【具体操作过程】

1.填制销售订单

2018年1月22日，由刘晓明（X01）登录企业应用平台。依次双击"业务工作"页签中"供应链→销售管理→销售订货→销售订单"菜单，打开"销售订单"窗口。单击工具栏的"增加"按钮，根据图5-26填制销售订单，填制完毕保存并审核该订单，结果如图5-32所示。关闭该窗口。

图5-32 销售订单

2.参照销售订单生成销售专用发票

（1）生成销售专用发票。依次双击“业务工作”页签中“供应链→销售管理→销售发票→销售专用发票”菜单，系统打开“销售专用发票”窗口。单击工具栏的“增加”按钮，参照上一步的TX01001号订单生成一张销售专用发票，根据图5-27修改发票表头项目“发票号”为21327519，表体第1行单元格“仓库名称”选择“手表仓”，单击“保存”，结果如图5-33所示。

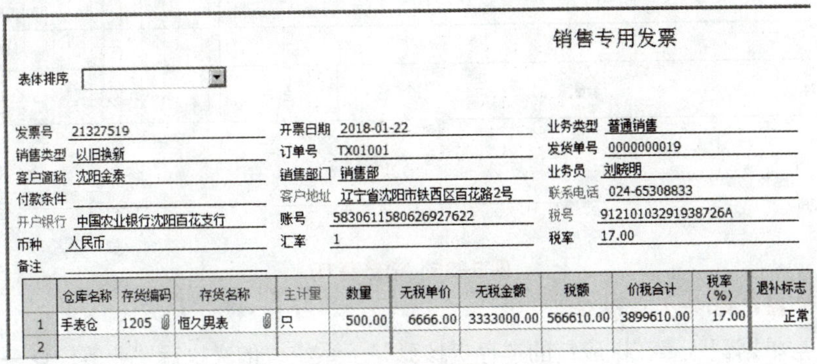

销售专用发票

表体排序

发票号 21327519　开票日期 2018-01-22　业务类型 普通销售
销售类型 以旧换新　订单号 TX01001　发货单号 0000000019
客户简称 沈阳金泰　销售部门 销售部　业务员 刘晓明
付款条件　客户地址 辽宁省沈阳市铁西区百花路2号　联系电话 024-65308833
开户银行 中国农业银行沈阳百花支行　账号 583061158026927622　税号 91210103291938726A
币种 人民币　汇率 1　税率 17.00
备注

	仓库名称	存货编码	存货名称	主计量	数量	无税单价	无税金额	税额	价税合计	税率（%）	退补标志
1	手表仓	1205	恒久男表	只	500.00	6666.00	3333000.00	566610.00	3899610.00	17.00	正常
2											

图5-33　销售专用发票

（2）现结、复核。单击工具栏的“现结”按钮，打开“现结”对话框，根据图5-28，录入该对话框的“结算方式”“原币金额”“票据号”这三项信息。录入完毕单击“确定”，完成现结并返回发票窗口，单击“复核”，完成发票处理。

3.参照发货单生成销售出库单

2018年1月22日，由李泽华（C01）登录企业应用平台。依次双击“业务工作”页签中“供应链→库存管理→出库业务→销售出库单”菜单，系统打开“销售出库单”窗口。参照上一步自动生成的发货单生成一张销售出库单，根据图5-29将出库单表头的“出库单号”改为CK01025。保存并审核该出库单，结果如图5-34所示。

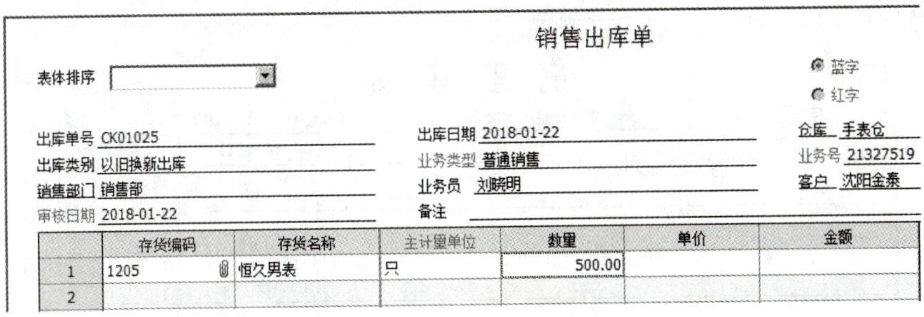

销售出库单

表体排序　　蓝字　红字

出库单号 CK01025　出库日期 2018-01-22　仓库 手表仓
出库类别 以旧换新出库　业务类型 普通销售　业务号 21327519
销售部门 销售部　业务员 刘晓明　客户 沈阳金泰
审核日期 2018-01-22　备注

	存货编码	存货名称	主计量单位	数量	单价	金额
1	1205	恒久男表	只	500.00		
2						

图5-34　销售出库单

4.审核发票并制单处理

2018年1月22日，由赵凯（W02）登录企业应用平台。依次双击“业务工作”页签中“财务会计→应收款管理→应收单据处理→应收单据审核”菜单，系统打开“应收单查询条件”窗口，勾选“包含已现结发票”，单击“确定”按钮，打开“单据处理”窗口。双击21327519号发票“选择”栏右侧任意单元格，打开“销售发票”窗口，单击“审核”，系统提示“是否立即制单？”，单击“是”，系统自动打开“填制凭证”窗口，单击“保存”，结果如图5-35所示。关闭窗口。

已生成

记 账 凭 证

记 字 0123　制单日期：2018.01.22　审核日期：　附单据数：1

摘 要	科目名称	借方金额	贷方金额
现结	应收账款/人民币	46800000	
现结	银行存款/中国工商银行/沈阳皇姑支行	343161000	
现结	主营业务收入		333300000
现结	应交税费/应交增值税/销项税额		58661000
票号 日期	数量 单价 合计	389961000	389961000

备注　项 目　部 门

个 人　客 户 沈阳金泰

业务员 刘晓明

记账　审核　出纳　制单 赵凯

图5-35　记账凭证

5.正常单据记账并生成凭证

（1）正常单据记账。在供应链的“存货核算”子系统，依次执行“业务核算→正常单据记账”命令，系统打开“查询条件选择”窗口，直接单击“确定”按钮，系统打开“未记账单据一览表”窗口，如图5-36所示。对CK01025号出库单进行正常单据记账。记账完毕关闭该窗口。

正常单据记账列表

记录总数：1

选择	日期	单据号	存货编码	存货名称	单据类型	仓库名称	收发类别	数量	单价
	2018-01-22	21327519	1205	恒久男表	专用发票	手表仓	以旧换新出库	500.00	
小计								500.00	

图5-36　正常单据记账列表

（2）生成凭证。依次执行“存货核算”子系统的“财务核算→生成凭证”命令，系统打开“生成凭证”窗口。将已记账的21327519号发票生成记账凭证并保存，结果如图5-37所示。

已生成

记 账 凭 证

记 字 0124　制单日期：2018.01.22　审核日期：　附单据数：1

摘 要	科目名称	借方金额	贷方金额
专用发票	主营业务成本	277750000	
专用发票	库存商品		277750000
票号 日期	数量 单价 合计	277750000	277750000

备注　项 目　部 门

个 人　客 户

业务员

记账　审核　出纳　制单 赵凯

图5-37　记账凭证

6.填制采购订单

2018年1月22日，由张宏亮（G01）登录企业应用平台。依次双击"业务工作"页签中的"供应链→采购管理→采购订货→采购订单"菜单，打开"采购订单"窗口。单击工具栏的"增加"按钮，根据图5-26填制采购订单，填制完毕保存并审核该订单，结果如图5-38所示。关闭该窗口。

采购订单

表体排序

			业务类型 普通采购	订单日期 2018-01-22		订单编号 TX01001		
			采购类型 以旧换新	供应商 沈阳金泰		部门 采购部		
			业务员	税率 17.00		付款条件		
			币种 人民币	汇率 1		备注		

	存货编码	存货名称	主计量	数量	原币单价	原币金额	原币税额	原币价税合计	税率	计划到货日期	行关闭入
1	1205	恒久男表	只	500.00	800.00	400000.00	68000.00	468000.00	17.00	2018-01-22	
2											

图5-38　采购订单

7.参照采购订单生成到货单

在"采购管理"子系统，双击"采购到货→到货单"菜单，打开"到货单"窗口。单击工具栏的"增加"按钮，参照上一步的采购订单生成一张到货单。保存并审核该到货单，结果如图5-39所示。关闭该窗口。

到货单　　　　　　　　　　　　打印模版 8170 到货单打印模版

表体排序　　　　　　　　　　　　　　　　　　　　　　合并显示 □

		业务类型 普通采购	单据号 0000000023	日期 2018-01-22	
		采购类型 以旧换新	供应商 沈阳金泰	部门 采购部	
		业务员	币种 人民币	汇率 1	
		运输方式	税率 17.00	备注	

	存货编码	存货名称	主计量	数量	原币单价	原币金额	原币价税合计	税率	拒收数量	订单号
1	1205	恒久男表	只	500.00	800.00	400000.00	468000.00	17.00		TX01001
2										

图5-39　到货单

8.参照到货单生成采购入库单

2018年1月22日，由李泽华（C01）登录企业应用平台。依次双击"业务工作"页签中的"供应链→库存管理→入库业务→采购入库单"菜单，系统打开"采购入库单"窗口。参照上一步生成的到货单生成一张采购入库单，根据图5-30修改表头"入库单号"为RK01024，"仓库"选择"废旧品仓"。保存并审核该采购入库单，结果如图5-40所示。

采购入库单

表体排序　　　　　　　　　　　　　　　　　　　　　　　　　　　　◉ 蓝字
　　　　　　　　　　　　　　　　　　　　　　　　　　　　　　　　◎ 红字

	入库单号 RK01024	入库日期 2018-01-22	仓库 废旧品仓
	订单号 TX01001	到货单号 0000000023	业务号
	供货单位 沈阳金泰	部门 采购部	业务员
	到货日期 2018-01-22	业务类型 普通采购	采购类型 以旧换新
	入库类别 以旧换新入	审核日期 2018-01-22	备注

	存货编码	存货名称	主计量单位	数量	本币单价	本币金额
1	1205	恒久男表	只	500.00	800.00	400000.00
2						

图5-40　采购入库单

9.参照采购入库单生成采购专用发票

2018年1月22日，由张宏亮（G01）登录企业应用平台。依次双击"业务工作"页签中的"供应链→采购管理→采购发票→采购专用发票"菜单，打开"专用发票"窗口。参照上一步的采购入库单生成一张采购专用发票。根据图5-31修改表头项目"发票号"为18733213。保存该发票后，单击工具栏的"结算"按钮，将该发票与上一步的采购入库单直接结算，结果如图5-41所示。关闭该窗口。

已结算			专用发票						
表体排序									
业务类型 普通采购			发票类型 专用发票				发票号 18733213		
开票日期 2018-01-22			供应商 沈阳金泰				代垫单位 沈阳金泰		
采购类型 以旧换新			税率 17.00				部门名称 采购部		
业务员			币种 人民币				汇率 1		
发票日期			付款条件				备注		

	存货编码	存货名称	主计量	数量	原币单价	原币金额	原币税额	原币价税合计	税率	订单号
1	1205	恒久男表	只	500.00	800.00	400000.00	68000.00	468000.00	17.00	TX01001
2										

图5-41　采购专用发票

10.审核发票并制单处理

2018年1月22日，由赵凯（W02）登录企业应用平台。依次双击"业务工作"页签中"财务会计→应付款管理→应付单据处理→应收单据审核"菜单，系统打开"应付单查询条件"窗口，单击"确定"按钮，打开"单据处理"窗口。双击18733213号发票"选择"栏右侧任意单元格，进入"采购发票"窗口，审核该发票并直接制单，结果如图5-42所示。

已生成	记 账 凭 证		
记 字 0125	制单日期: 2018.01.22　　审核日期:　　　附单据数:1		
摘 要	科目名称	借方金额	贷方金额
采购专用发票	在途物资	40000000	
采购专用发票	应交税费/应交增值税/进项税额	6800000	
采购专用发票	应付账款/一般应付账款		46800000
票号 日期	数量 单价		
	合 计	46800000	46800000
备注　项 目	部 门		
个 人	客 户		
业务员			
记账	审核　　　　　出纳　　　　　制单 赵凯		

图5-42　记账凭证

11.正常单据记账并生成凭证

（1）正常单据记账。在供应链的"存货核算"子系统，依次执行"业务核算→正常单据记账"命令，系统打开"查询条件选择"窗口，直接单击其"确定"按钮，系统打开"未记账单据一览表"窗口，如图5-43所示。对RK01024号入库单进行正常单据记账。记账完毕关闭该窗口。

选择	日期	单据号	存货编码	存货名称	单据类型	仓库名称	收发类别	数量	单价	金额
	2018-01-22	RKD1024	1205	恒久男表	采购入库单	废旧品仓	以旧换新入库	500.00	800.00	400,000.00
小计								500.00		400,000.00

图 5-43　正常单据记账列表

（2）生成凭证。依次执行"存货核算"子系统的"财务核算→生成凭证"命令，系统打开"生成凭证"窗口。把上一步正常单据记账的 RK01024 号入库单生成记账凭证并保存，结果如图 5-44 所示。关闭该窗口。

12.应付冲应收

在"应付款管理"系统，依次双击"转账→应付冲应收"命令，打开"应付冲应收"对话框。该窗口的"供应商"栏选择"沈阳金泰"，单击"确定"按钮，进入"应付冲应收"窗口。窗口上、下方的"转账金额"栏输入 468000，结果如图 5-45 所示。单击工具栏的"保存"按钮，系统提示"是否立即制单?"，单击"是"按钮，系统自动打开"填制凭证"窗口，单击工具栏的"保存"按钮，结果如图 5-46 所示。

图 5-44　记账凭证

单据日期	单据类型	单据编号	原币余额	合同号	合同名称	项目编码	项目	转账金额
2018-01-22	采购专用发票	18733213	468,000.00					468,000.00
合计			468,000.00					468,000.00

单据日期	单据类型	单据编号	原币余额	合同号	合同名称	项目编码	项目	转账金额
2018-01-22	销售专用发票	21327519	468,000.00					468,000.00
合计			468,000.00					468,000.00

图 5-45　"应付冲应收"窗口

已生成

记 账 凭 证

记　　字 0127　　制单日期：2018.01.22　　审核日期：　　附单据数：1

摘要	科目名称	借方金额	贷方金额
采购专用发票	应付账款/一般应付账款	46800000	
应付冲应收	应收账款/人民币		46800000
票号 日期　　数量 单价	合 计	46800000	46800000

备注　项　目　　部　门

个　人　　供应商　沈阳金泰

业务员

记账　　审核　　出纳　　制单　赵凯

图5-46　记账凭证

业务2　售后回购

2018年1月23日，销售部刘晓明与沈阳金泰签订售后回购销售合同。

相关凭证如图5-47至图5-50所示。

购 销 合 同

合同编号：TX01002

卖方：辽宁恒通商贸有限公司

买方：沈阳金泰商贸有限公司

为保护买卖双方的合法权益，根据《中华人民共和国合同法》的有关规定，买卖双方经友好协商，一致同意签订本合同，并共同遵守合同约定。

一、货物的名称、数量及金额：

货物名称	规格型号	计量单位	数量	单价（不含税）	金额（不含税）	税率	税额
百盛男套装		套	2000	500.00	1 000 000.00	17%	170 000.00
合 计					¥1 000 000.00		¥170 000.00

二、合同总金额：人民币壹佰壹拾柒万元整（¥1 170 000.00）。

三、签订合同当日，卖方发出全部货物，买方向卖方以转账支票方式支付1 170 000元。卖方于5个月后以1 100 000.00元的价格（不含税）将所售商品购回。

四、交货地点：辽宁恒通商贸有限公司。

五、发运方式与运输费用承担方式：由卖方发货，买方承担运输费用。

卖　　方：辽宁恒通商贸有限公司　　买　　方：沈阳金泰商贸有限公司

授权代表：刘晓明　　授权代表：刘春雨

日　　期：2018年1月23日　　日　　期：2018年1月23日

图5-47　购销合同

辽宁增值税专用发票

2100172140

№ 21327520

此联不作报销 抵税凭证使用

开票日期：2018年1月23日

购买方	名　　称：沈阳金泰商贸有限公司	密码区	90992*1-8+++5*5<-9077 7>765/0+0>681+>0356-* 2*526->7<<71/158+>*+4 -975-121-2>85>02845<+	加密版本:01 2100172140 21327520
	纳税人识别号：　91210103291938726A			
	地址、电话：辽宁省沈阳市铁西区百花路2号 024-65308833			
	开户行及账号：中国农业银行沈阳百花支行 5830611580626927622			

货物或应税劳务、服务名称	规格型号	单位	数量	单价	金　额	税率	税　额
百盛男套装		套	2 000	500.00	1 000 000.00	17%	170 000.00
合　　计					¥1 000 000.00		¥170 000.00

价税合计（大写）	⊗壹佰壹拾柒万元整	（小写）¥ 1 170 000.00

销售方	名　　称：辽宁恒通商贸有限公司	备注
	纳税人识别号：　91210105206917583A	辽宁恒通商贸有限公司 91210105206917583A 发票专用章
	地址、电话：辽宁省沈阳市皇姑区人民路369号 024-82681359	
	开户行及账号：中国工商银行沈阳皇姑支行 2107024015890035666	

收款人：贺青　　　复核：王钰　　　开票人：赵凯　　　销售方：（章）

第一联：记账联　销售方记账凭证

税总函〔2017〕335号北京印钞厂

图5-48　增值税专用发票

中国工商银行　进 账 单（收账通知）　3

2018年1月23日

出票人	全　称	沈阳金泰商贸有限公司	收款人	全　称	辽宁恒通商贸有限公司	此联是银行交给收款人的收账通知
	账　号	5830611580626927622		账　号	2107024015890035666	
	开户银行	中国农业银行沈阳百花支行		开户银行	中国工商银行沈阳皇姑支行	
金额	人民币（大写）壹佰壹拾柒万元整				千百十万千百十元角分 ¥1 1 7 0 0 0 0 0 0	
票据种类	转账支票	票据张数	1		中国工商银行 沈阳皇姑支行 2018.01.23 转讫 (5)	
票据号码	36248310					
复核		记账		收款人开户银行签章		

图5-49　进账单

出 库 单

客户：沈阳金泰　　　　　　　　2018年1月23日　　　　　　　　单号：CK01026

发货仓库	存货编号	存货名称	单位	数量		单价	金额
				应发	实发		
服装仓	1104	百盛男套装	套	2 000	2 000		
		合　计					

部门经理：略　　　　会计：略　　　　仓库：略　　　　经办人：略

图5-50　出库单

【操作过程概览】

本业务的操作过程概览见表5-4。

表5-4　　　　　　　　　　　　操作过程概览

序号	操作日期	操作员	系统	操作内容
1	2018-01-23	X01刘晓明	销售管理	填制销售订单
2	2018-01-23	X01刘晓明	销售管理	参照销售订单生成销售专用发票
3	2018-01-23	C01李泽华	库存管理	参照发票单生成销售出库单
4	2018-01-23	W02赵凯	应收款管理	审核发票并制单处理
5	2018-01-23	W02赵凯	存货核算	正常单据记账并生成凭证
6	2018-01-23	W02赵凯	总账	填制凭证——计提利息费用

【具体操作过程】

1.填制销售订单

2018年1月23日，由刘晓明（X01）登录企业应用平台。依次双击"业务工作"页签中"供应链→销售管理→销售订货→销售订单"菜单，打开"销售订单"窗口。单击工具栏的"增加"按钮，根据图5-47填制销售订单，结果如图5-51所示。单击"保存"，再单击"审核"。关闭该窗口。

图5-51　销售订单

2.参照销售订单生成销售专用发票

（1）依次双击"业务工作"页签中"供应链→销售管理→销售发票→销售专用发票"菜单，系统打开"销售专用发票"窗口。单击工具栏的"增加"按钮，参照上一步的销售订单生成一张销售专用发票，根据图5-48修改发票表头项目"发票号"为21327520，表体第1行单元格"仓库名称"选择"服装仓"，单击"保存"，结果如图5-52所示。

图5-52　销售专用发票

（2）现结、复核。单击工具栏的"现结"按钮，打开"现结"对话框，根据图5-49，录入该对话框的"结算方式""原币金额""票据号"这三项信息。单击"确定"，完成现结并返回发票窗口，单击"复核"，完成销售发票处理。

3.参照发货单生成销售出库单

2018年1月23日，由李泽华（C01）登录企业应用平台。依次双击"业务工作"页签中"供应链→库存管理→出库业务→销售出库单"菜单，系统打开"销售出库单"窗口。参照上一步自动生成的发货单生成一张销售出库单，根据图5-50将出库单表头的"出库单号"改为CK01026。保存并审核该出库单，结果如图5-53所示。

销售出库单

表体排序					● 蓝字	
					○ 红字	
出库单号 CK01026		出库日期 2018-01-23			仓库 服装仓	
出库类别 售后回购出库		业务类型 普通销售			业务号 21327520	
销售部门 销售部		业务员 刘晓明			客户 沈阳金泰	
审核日期 2018-01-23		备注				

	存货编码	存货名称	规格型号	主计量单位	数量	单价	金额
1	1104	百盛男套装		套	2000.00		
2							

图5-53　销售出库单

4.审核发票并制单处理

2018年1月23日，由赵凯（W02）登录企业应用平台。依次双击"业务工作"页签中"财务会计→应收款管理→应收单据处理→应收单据审核"菜单，系统打开"应收单查询条件"窗口，勾选"包含已现结发票"，单击"确定"按钮，打开"单据处理"窗口。双击21327520号销售发票"选择"栏右侧任意单元格，打开"销售发票"窗口，单击"审核"，系统提示"是否立即制单？"，单击"是"，系统自动打开"填制凭证"窗口。

调出所生成凭证的第2行的"辅助项"对话框，"供应商"栏选择"沈阳金泰"，单击"确定"。单击"保存"，结果如图5-54所示。关闭窗口。

记 账 凭 证

已生成				
记　字 0128	制单日期: 2018.01.23	审核日期:	附单据数: 1	

摘　要	科目名称	借方金额	贷方金额
现结	银行存款/中国工商银行/沈阳皇姑支行	117000000	
现结	其他应付款/应付售后回购款		100000000
现结	应交税费/应交增值税/销项税额		17000000

票号				
日期 2018.01.23	数量		合　计	117000000　117000000
	单价			
备注	项目		部门	
	个人		供应商 沈阳金泰	
	业务员 刘晓明			

记账	审核	出纳	制单 赵凯

图5-54　记账凭证

5.正常单据记账并生成凭证

（1）正常单据记账。在供应链的"存货核算"子系统，依次执行"业务核算→正常单据记账"命令，系统打开"查询条件选择"窗口，直接单击其"确定"按钮，系统打开

"未记账单据一览表"窗口，如图5-55所示。对21327520号发票进行正常单据记账。记账完毕关闭该窗口。

正常单据记账列表

选择	日期	单据号	存货编码	存货名称	单据类型	仓库名称	收发类别	数量	单价
	2018-01-23	21327520	1104	百盛男套装	专用发票	服装仓	售后回购出库	2,000.00	
小计								2,000.00	

图5-55　正常单据记账列表

（2）生成凭证。依次执行"存货核算"子系统的"财务核算→生成凭证"命令，系统打开"生成凭证"窗口。把上一步正常单据记账的21327520号发票生成记账凭证并保存，结果如图5-56所示。

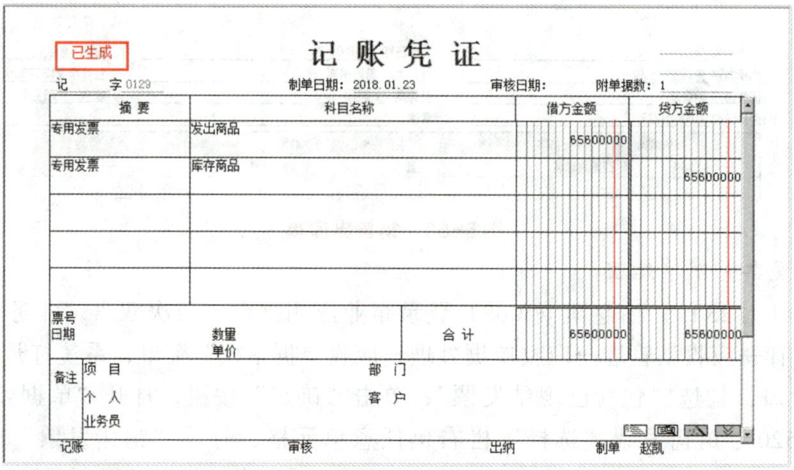

图5-56　记账凭证

6.填制凭证——计提利息费用

依次双击"业务工作"页签中"财务会计→总账→凭证→填制凭证"菜单，系统打开"填制凭证"窗口，单击"增加"，填制一张如图5-57所示的计提本月利息费用的记账凭证，保存后关闭该窗口。

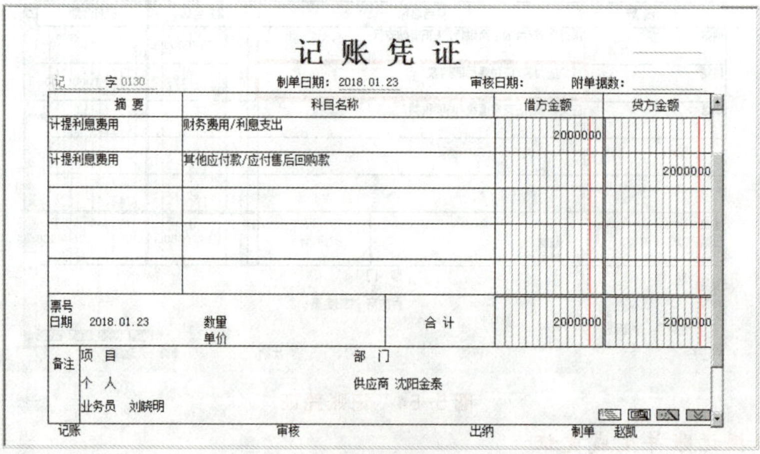

图5-57　记账凭证

业务 3 附退回条件销售

2018年1月23日，销售部刘晓明与沈阳金泰签订销售合同。（无法估计退货率）

相关凭证如图5-58至图5-61所示。

购销合同

合同编号：TX01003

卖方：辽宁恒通商贸有限公司

买方：沈阳金泰商贸有限公司

为保护买卖双方的合法权益，根据《中华人民共和国合同法》的有关规定，买卖双方经友好协商，一致同意签订本合同，并共同遵守合同约定。

一、货物的名称、数量及金额：

货物名称	规格型号	计量单位	数量	单价（不含税）	金额（不含税）	税率	税额
嘉伟女风衣		件	800	598.00	478 400.00	17%	81 328.00
合 计					￥478 400.00		￥81 328.00

二、合同总金额：人民币伍拾伍万玖仟柒佰贰拾捌元整（￥559 728.00）。

三、签订合同当日卖方发出全部商品，买方支付全部货款。2月23日前，买方有权退货。

四、交货地点：辽宁恒通商贸有限公司。

五、发运方式与运输费用承担方式：由卖方发货，买方承担运输费用。

卖　方：辽宁恒通商贸有限公司　　　　买　方：沈阳金泰商贸有限公司

授权代表：刘晓明　　　　　　　　　　授权代表：刘春雨

日　　期：2018年1月23日　　　　　　日　　期：2018年1月23日

图 5-58　购销合同

辽宁增值税专用发票

2100172140　　　　　　　　　　　　　　　　　　　　　№ 21327521

此联不作报销抵扣税凭证使用

开票日期：2018年1月23日

购买方	名　称：沈阳金泰商贸有限公司 纳税人识别号：91210103291938726A 地址、电话：辽宁省沈阳市铁西区百花路2号 024-65308833 开户行及账号：中国农业银行沈阳百花支行 5830611580626927622	密码区	/9<>3698+9*>-+52+-331 4->*53>6+<77>27332*8* 1<+-0<-9-1+5/499>7572 1*861+6899833471+4>9+	加密版本：01 2100172140 21327521

货物或应税劳务、服务名称	规格型号	单位	数量	单价	金　额	税率	税　额
嘉伟女风衣		件	800	598.00	478 400.00	17%	81 328.00
合　　计					￥478 400.00		￥81 328.00

价税合计（大写）　⊗伍拾伍万玖仟柒佰贰拾捌元整　　　（小写）￥ 559 728.00

销售方	名　称：辽宁恒通商贸有限公司 纳税人识别号：91210105206917583A 地址、电话：辽宁省沈阳市皇姑区人民路369号 024-82681359 开户行及账号：中国工商银行沈阳皇姑支行 2107024015890035666	备注	

收款人：贺青　　　复核：王钰　　　开票人：赵凯　　　销售方：（章）

税总函〔2017〕335号·北京印钞厂

第一联：记账联　销售方记账凭证

图 5-59　增值税专用发票

图5-60　进账单

出库单

客户：沈阳金泰　　　　　　　　　2018年1月23日　　　　　　　　单号：CK01027

发货仓库	存货编码	存货名称	单位	数量		单价	金额
				应发	实发		
服装仓	1105	嘉伟女风衣	件	800	800		
合　计							

部门经理：略　　　　会计：略　　　　仓库：略　　　　经办人：略

图5-61　出库单

【操作过程概览】

本业务的操作过程概览见表5-5。

表5-5　　　　　　　　　　　　操作过程概览

序号	操作日期	操作员	系统	操作内容
1	2018-01-23	X01刘晓明	销售管理	填制销售订单
2	2018-01-23	X01刘晓明	销售管理	参照销售订单生成销售专用发票
3	2018-01-23	C01李泽华	库存管理	参照发货单生成销售出库单
4	2018-01-23	W02赵凯	应收款管理	审核发票并制单处理
5	2018-01-23	W02赵凯	存货核算	正常单据记账并生成凭证

【具体操作过程】

1.填制销售订单

2018年1月23日，由刘晓明（X01）登录企业应用平台。依次双击"业务工作"页签中"供应链→销售管理→销售订货→销售订单"菜单，打开"销售订单"窗口。单击工具栏的"增加"按钮，根据图5-58填制销售订单，填制完毕保存并审核该订单，结果如图5-62所示。关闭该窗口。

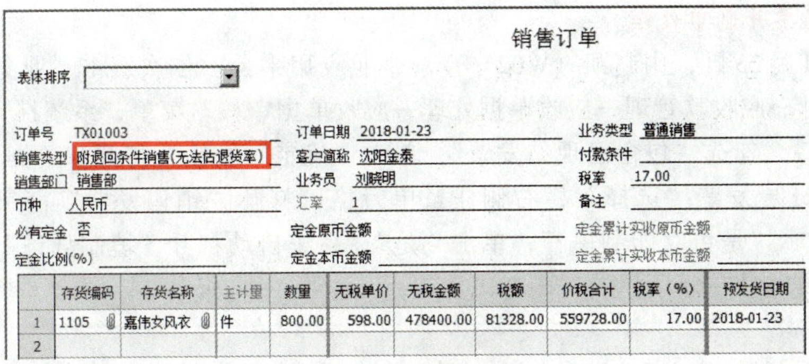

图5-62 销售订单

2.参照销售订单生成销售专用发票

（1）生成销售专用发票。依次双击"业务工作"页签中"供应链→销售管理→销售发票→销售专用发票"菜单，系统打开"销售专用发票"窗口。单击工具栏的"增加"按钮，参照上一步的销售订单生成一张销售专用发票，根据图5-59修改发票表头项目"发票号"为21327521，表体第1行单元格"仓库名称"选择"服装仓"，单击"保存"，结果如图5-63所示。

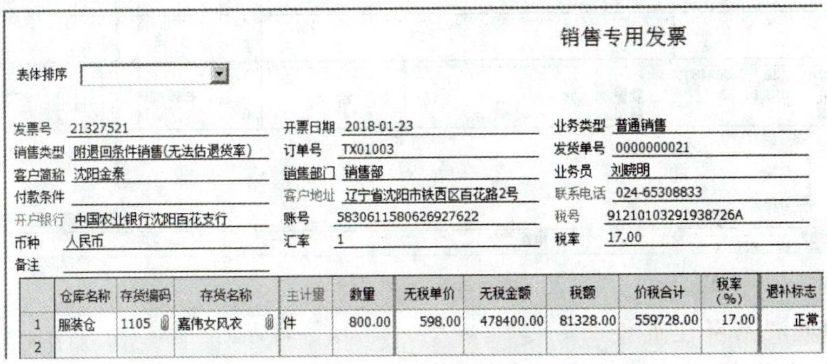

图5-63 销售专用发票

（2）现结、复核。单击工具栏的"现结"按钮，打开"现结"对话框。根据图5-60，录入该对话框的"结算方式""原币金额""票据号"这三项信息。单击"确定"，完成现结并返回发票窗口，单击"复核"，关闭该窗口。

3.参照发货单生成销售出库单

2018年1月23日，由李泽华（C01）登录企业应用平台。依次双击"业务工作"页签中"供应链→库存管理→出库业务→销售出库单"菜单，系统打开"销售出库单"窗口。参照上一步自动生成的发货单生成一张销售出库单，根据图5-61将出库单表头的"出库单号"改为CK01027。保存并审核该出库单，结果如图5-64所示。

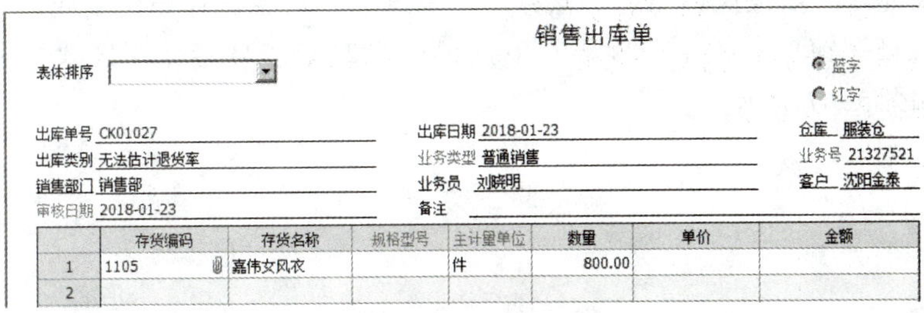

图5-64 销售出库单

4.审核发票并制单处理

2018年1月23日，由赵凯（W02）登录企业应用平台。依次双击"业务工作"页签中"财务会计→应收款管理→应收单据处理→应收单据审核"菜单，系统打开"应收单查询条件"窗口，勾选"包含已现结发票"，单击"确定"按钮，打开"单据处理"窗口。双击21327521号发票"选择"栏右侧任意单元格，打开"销售发票"窗口，单击"审核"，系统提示"是否立即制单？"，单击"是"，系统自动打开"填制凭证"窗口。单击"保存"，结果如图5-65所示。关闭窗口。

记 账 凭 证

已生成			
记 字 0131	制单日期: 2018.01.23	审核日期:	附单据数: 1

摘 要	科目名称	借方金额	贷方金额
现结	银行存款/中国工商银行/沈阳皇姑支行	55972800	
现结	预收账款/附条件销售款		47840000
现结	应交税费/应交增值税/销项税额		8132800
票号 22 - 36248311			
日期 2018.01.23 数量 单价	合 计	55972800	55972800
备注 项 目	部 门		
个 人	客 户		
业务员			

记账	审核	出纳	制单 赵凯

图5-65 记账凭证

5.正常单据记账并生成凭证

（1）正常单据记账。在供应链的"存货核算"子系统，依次执行"业务核算→正常单据记账"命令，系统打开"查询条件选择"窗口，直接单击其"确定"按钮，系统打开"未记账单据一览表"窗口，如图5-66所示。对21327521号专用发票进行正常单据记账。记账完毕关闭该窗口。

正常单据记账列表

记录总数: 1

选择	日期	单据号	存货编码	存货名称	单据类型	仓库名称	收发类别	数量	单价
	2018-01-23	21327521	1105	嘉伟女风衣	专用发票	服装仓	无法估计退货率	800.00	
小计								800.00	

图5-66 正常单据记账列表

（2）生成凭证。依次执行"存货核算"子系统的"财务核算→生成凭证"命令，系统打开"生成凭证"窗口。把上一步正常单据记账的21327521号专用发票生成记账凭证并保存，结果如图5-67所示。

图5-67　记账凭证

【提示】

如果签订合同时能够估计退货率，那么开票发货时正常确认收入，期末根据退货率进行如下处理：

借：主营业务收入

　　贷：主营业务成本

　　　　预计负债

以后会计期间根据实际退货情况进行后续处理。

业务4　非货币性福利

2018年1月23日，为庆祝公司上年实现营业目标，公司购入一批华为mate9手机作为福利发放给公司员工。

相关凭证如图5-68至图5-70所示。

员工福利发放登记表

2018年1月10日

姓名	部门	产品名称	数量	领取人签名	发放人签名
李成喜	总经理办公室	mate9	1	李成喜	李泽华
王钰	财务部	mate9	1	王钰	李泽华
赵凯	财务部	mate9	1	赵凯	李泽华
贺青	财务部	mate9	1	贺青	李泽华
刘晓明	销售部	mate9	1	刘晓明	李泽华
何丽	销售部	mate9	1	何丽	李泽华
张宏亮	采购部	mate9	1	张宏亮	李泽华
徐辉	采购部	mate9	1	徐辉	李泽华
李泽华	仓储部	mate9	1	李泽华	李泽华
合计			9	—	—

图5-68　员工福利发放登记表

图5-69　增值税专用发票

图5-70　转账支票存根

【操作过程概览】

本业务的操作过程概览见表5-6。

表5-6　　　　　　　　　　　　操作过程概览

序号	操作日期	操作员	系统	操作内容
1	2018-01-23	W02赵凯	总账	填制凭证——计提非货币性福利
2	2018-01-23	W02赵凯	总账	填制凭证——购入手机发给职工

【具体操作过程】

1. 填制凭证——计提非货币性福利

2018年1月23日，由赵凯（W02）登录企业应用平台。依次双击"业务工作"页签中"财务会计→总账→凭证→填制凭证"菜单，系统打开"填制凭证"窗口，单击"增加"，填制一张如图5-71所示的计提非货币性福利的记账凭证，保存该凭证。

记账凭证

记 字 0133 - 0001/0002 制单日期：2018.01.23 审核日期： 附单据数：

摘要	科目名称	借方金额	贷方金额
计提非货币性福利	管理费用/职工薪酬	702000	
计提非货币性福利	管理费用/职工薪酬	702000	
计提非货币性福利	管理费用/职工薪酬	1404000	
计提非货币性福利	管理费用/职工薪酬	2106000	
计提非货币性福利	销售费用/职工薪酬	1404000	
计提非货币性福利	应付职工薪酬/非货币性福利		6318000
票号 日期	数量 单价 合计	6318000	6318000
备注	项目 个人	部门 采购部 客户	

图5-71 记账凭证

2.填制凭证——购入手机发给职工

在总账系统填制一张如图5-72所示购入手机发给职工的记账凭证，保存该凭证，关闭该窗口。

记账凭证

记 字 0134 制单日期：2018.01.23 审核日期： 附单据数：

摘要	科目名称	借方金额	贷方金额
购入手机发放给职工	应付职工薪酬/非货币性福利	6318000	
购入手机发放给职工	银行存款/中国工商银行/沈阳皇姑支行		6318000
票号 22 - 21562396 日期 2018.01.23	数量 单价 合计	6318000	6318000
备注	项目 个人 业务员	部门 客户	

记账 审核 出纳 制单 赵凯

图5-72 记账凭证

业务5 商业折扣销售

2018年1月25日，销售部刘晓明与沈阳金泰签订含商业折扣的销售合同。

相关凭证如图5-73至图5-76所示。

购 销 合 同

合同编号：TX01004

卖方：辽宁恒通商贸有限公司

买方：沈阳金泰商贸有限公司

为保护买卖双方的合法权益，根据《中华人民共和国合同法》的有关规定，买卖双方经友好协商，一致同意签订本合同，并共同遵守合同约定。

一、货物的名称、数量及金额：

货物名称	规格型号	计量单位	数量	单价（不含税）	金额（不含税）	税率	税额
嘉伟男风衣		件	10 000	758.00	7 580 000.00	17%	1 288 600.00
合计					￥7 580 000.00		￥1 288 600.00

二、合同总金额：人民币捌佰捌拾陆万捌仟陆佰元整（￥8 868 600.00）。

三、签订合同当日卖方发出全部商品，买方支付全部货款。卖方给予买方10%的价格折扣。

四、交货地点：辽宁恒通商贸有限公司。

五、发运方式与运输费用承担方式：由卖方发货，买方承担运输费用。

卖　方：辽宁恒通商贸有限公司　　　　买　方：沈阳金泰商贸有限公司

授权代表：刘晓明　　　　　　　　　　授权代表：刘春雨

日　　期：2018年1月25日　　　　　　日　　期：2018年1月25日

图 5-73　购销合同

辽宁增值税专用发票

2100172140

№ 21327522

此联不作退税、抵扣凭证使用

开票日期：2018年1月25日

购买方	名　称：沈阳金泰商贸有限公司 纳税人识别号：912101032919387726A 地　址、电话：辽宁省沈阳市铁西区百花路2号 024-65308833 开户行及账号：中国农业银行沈阳百花支行 5830611580626927622	密码区	702551+0+37509+*3-*-5 023095010+61>1/7>607> -<09/3+5+*>-12++67-<* 2<55*2+<5>389743->1>9	加密版本：01 2100172140 21327522

第一联：记账联 销售方记账凭证

货物或应税劳务、服务名称	规格型号	单位	数量	单价	金额	税率	税额
嘉伟男风衣 折扣(10%)		件	10 000	758.00	7 580 000.00 -758 000.00	17%	1 288 600.00 -128 860.00
合　计					￥6 822 000.00		￥1 159 740.00

价税合计（大写）	⊗柒佰玖拾捌万壹仟柒佰肆拾元整	（小写）￥7 981 740.00

销售方	名　称：辽宁恒通商贸有限公司 纳税人识别号：912101052069175583A 地　址、电话：辽宁省沈阳市皇姑区人民路369号 024-82681359 开户行及账号：中国工商银行沈阳皇姑支行 2107024015890035666	备注

收款人：贺青　　复核：王钰　　开票人：赵凯　　销售方：（章）

图 5-74　增值税专用发票

图 5-75　进账单

出库单

客户：沈阳金泰　　　　　　2018 年 1 月 22 日　　　　　　单号：CK01028

发货仓库	存货编码	存货名称	单位	数量		单价	金额
				应发	实发		
服装仓	1106	嘉伟男风衣	件	10 000	10 000		
合　计							

部门经理：略　　　　会计：略　　　　仓库：略　　　　经办人：略

图 5-76　出库单

【操作过程概览】

本业务的操作过程概览见表 5-7。

表 5-7　　　　　　　　　　　　　　操作过程概览

序号	操作日期	操作员	系统	操作内容
1	2018-01-25	X01 刘晓明	销售管理	填制销售订单
2	2018-01-25	X01 刘晓明	销售管理	参照销售订单生成销售专用发票
3	2018-01-25	C01 李泽华	库存管理	参照发货单生成销售出库单
4	2018-01-25	W02 赵凯	应收款管理	审核发票并制单处理
5	2018-01-25	W02 赵凯	存货核算	正常单据记账并生成凭证

【具体操作过程】

1. 填制销售订单

2018 年 1 月 25 日，由刘晓明（X01）登录企业应用平台。依次双击"业务工作"页签中"供应链→销售管理→销售订货→销售订单"菜单，打开"销售订单"窗口。单击工具栏的"增加"按钮，根据图5-73填制销售订单，在输入表体"无税单价"时，先输入758，再右键单击该行，调出如图5-77所示的对话框，选择"总额分摊商业折扣"，打开"总额分摊商业折扣"窗口，该窗口的"折扣率"栏输入90，单击"确认"，返回"销售订单"窗口。保存并审核销售订单，结果如图5-78所示。

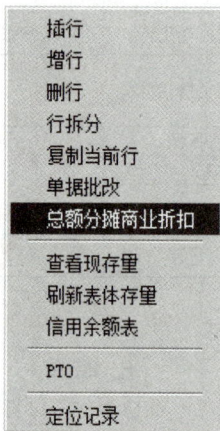

图 5-77　总额分摊商业折扣窗口

图 5-78　销售订单

2.参照销售订单生成销售专用发票

（1）生成销售专用发票。依次双击"业务工作"页签中"供应链→销售管理→销售发票→销售专用发票"菜单，系统打开"销售专用发票"窗口。单击"增加"按钮，参照上一步的销售订单生成一张销售专用发票，根据图5-74修改发票表头项目"发票号"为21327522，表体第1行单元格"仓库名称"选择"服装仓"，单击"保存"，结果如图5-79所示。

图 5-79　销售专用发票

（2）现结、复核。单击工具栏的"现结"按钮，打开"现结"对话框，根据图 5-75，录入该对话框的"结算方式""原币金额""票据号"这三项信息。单击"确定"，完成现结并返回发票窗口，单击"复核"，关闭该窗口。

3. 参照发货单生成销售出库单

2018 年 1 月 25 日，由李泽华（C01）登录企业应用平台。依次双击"业务工作"页签中"供应链→库存管理→出库业务→销售出库单"菜单，系统打开"销售出库单"窗口。参照上一步自动生成的发货单生成一张销售出库单，根据图 5-76 将出库单表头的"出库单号"改为 CK01028。保存并审核该出库单，结果如图 5-80 所示。

销售出库单

| 表体排序 | | | | | | | ○ 蓝字 ○ 红字 |

出库单号 CK01028　　　　出库日期 2018-01-25　　　　仓库 服装仓
出库类别 销售出库　　　　业务类型 普通销售　　　　业务号 21327522
销售部门 销售部　　　　业务员 刘晓明　　　　客户 沈阳金泰
审核日期 2018-01-25　　　　备注

	存货编码	存货名称	规格型号	主计量单位	数量	单价	金额
1	1106	嘉伟男风衣		件	10000.00		
2							

图 5-80　销售出库单

4. 审核发票并制单处理

2018 年 1 月 25 日，由赵凯（W02）登录企业应用平台。依次双击"业务工作"页签中"财务会计→应收款管理→应收单据处理→应收单据审核"菜单，系统打开"应收单查询条件"窗口，勾选"包含已现结发票"，单击"确定"按钮，打开"单据处理"窗口。双击 21327522 号销售专用发票"选择"栏右侧任意单元格，打开"销售发票"窗口，单击"审核"，系统提示"是否立即制单？"，单击"是"，系统自动打开"填制凭证"窗口。单击"保存"，结果如图 5-81 所示。关闭窗口。

记 账 凭 证

已生成
记　字 0135　　　制单日期：2018.01.25　　　审核日期：　　　附单据数：1

摘　要	科目名称	借方金额	贷方金额
现结	银行存款/中国工商银行/沈阳皇姑支行	798174000	
现结	主营业务收入		682200000
现结	应交税费/应交增值税/销项税额		115974000

票号　22 - 36248312
日期　2018.01.25　　　数量　单价　　　合　计　798174000　798174000

备注　项　目　　　部　门
　　　个　人　　　客　户
　　　业务员

记账　　　审核　　　出纳　　　制单 赵凯

图 5-81　记账凭证

5.正常单据记账并生成凭证

（1）正常单据记账。在供应链的"存货核算"子系统，依次执行"业务核算→正常单据记账"命令，系统打开"查询条件选择"窗口，直接单击其"确定"按钮，系统打开"未记账单据一览表"窗口，如图5-82所示。对21327522号专用发票进行正常单据记账。记账完毕关闭该窗口。

正常单据记账列表							
选择	单据号	存货编码	存货名称	单据类型	仓库名称	收发类别	数量	单价
	21327522	1106	嘉伟男风衣	专用发票	服装仓	销售出库	10,000.00	
小计							10,000.00	

图5-82　正常单据记账列表

（2）生成凭证。依次执行"存货核算"子系统的"财务核算→生成凭证"命令，系统打开"生成凭证"窗口。把上一步正常单据记账的21327522号专用发票生成记账凭证并保存，结果如图5-83所示。

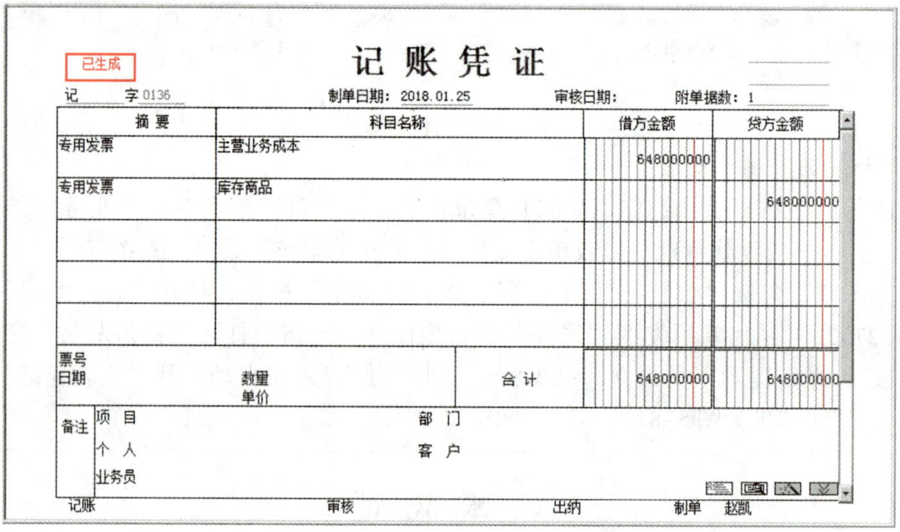

图5-83　记账凭证

项目6　库存与存货系统业务

2018年1月31日，按仓库对存货进行盘点，根据盘点单编制库存商品实存账存对比表。

相关凭证如图6-1所示。

库存商品实存账存对比表

盘点日期：2018年1月31日

盘点单位：仓储部各仓库

单位：元

商品名称	单位	账面结存数量	实际盘存数量	升溢/损耗			升溢损耗原因
				数量	单价	金额	
嘉伟女风衣	件	15 245	15 235	-10	499.33	-4 993.30	仓储工作人员失职
嘉伟男风衣	件	10 750	10 755	5	638.60	3 193.00	收发计量差错
合计						-1 800.30	

单位主管：李成喜　　会计：赵凯　　复核：张宏亮　　监盘：王钰　　物资负责人：李泽华

图6-1　实存账存对比表

【操作过程概览】

本业务的操作过程概览见表6-1。

表6-1　　　　　　　　　　　　　操作过程概览

序号	操作日期	操作员	系统	操作内容
1	2018-01-31	C01李泽华	库存管理	填制盘点单
2	2018-01-31	C01李泽华	库存管理	审核其他出库单、其他入库单
3	2018-01-31	W02赵凯	存货核算	正常单据记账并生成凭证
4	2018-01-31	W02赵凯	存货核算	盘点结果处理

【具体操作过程】

1.填制盘点单

2018年1月31日，由李泽华（C01）登录企业应用平台。依次双击"业务工作"页签中"供应链→库存管理→盘点单"菜单，系统打开"盘点单"窗口。单击"增加"，盘点单表头的"盘点仓库"选择"服装仓"，出库类别选择"盘亏出库"，入库类别选择"盘盈入库"。单击工具栏的"盘库"，系统提示"盘库将删除未保存的所有记录，是否继续？"，单击"是"，自动打开"盘点方式"窗口，单击"确认"，返回"盘点单"窗口。根据图6-1将嘉伟女风衣的"盘点数量"改为15235，将嘉伟男风衣的"盘点数量"改为10755。保存并审核该盘点单，结果如图6-2所示。普通仓库盘点的盘点单审核时，根据盘点单生成其他出、入库单。

盘点单

表体排序

◉ 普通仓库盘点
○ 倒冲仓库盘点

盘点会计期间 | 盘点单号 0000000001 | 盘点日期 2018-01-31
账面日期 2018-01-31 | 盘点仓库 服装仓 | 出库类别 盘亏出库
入库类别 盘盈入库 | 部门 | 经手人
备注

	存货编码	存货名称	主计量单位	账面数量	单价	账面金额	盘点数量	盘点金额	盈亏数量	盈亏金额
1	1101	百盛男夹克	件	7390.00	298.00	2202220.00	7390.00	2202220.00	0.00	
2	1102	百盛休闲裤	条	15300.00	200.31	3064750.00	15300.00	3064750.00	0.00	
3	1103	百盛牛仔裤	条	7895.00	120.98	955100.00	7895.00	955100.00	0.00	
4	1104	百盛男套装	套	17600.00	324.57	5712500.00	17600.00	5712500.00	0.00	
5	1105	嘉伟女风衣	件	15245.00	499.33	7612210.00	15235.00	7607292.55	-10.00	-4993.30
6	1106	嘉伟男风衣	件	10750.00	638.60	6865000.00	10755.00	6868143.00	5.00	3193.00
7	1107	嘉伟羽绒服	件	10153.00	598.74	6078980.00	10153.00	6078980.00	0.00	
8										

图6-2　盘点单

2.审核其他出库单、其他入库单

依次双击“业务工作”页签中“供应链→库存管理→入库业务→其他入库单”菜单，系统打开“其他入库单”窗口。单击工具栏的“➡|”按钮，找到盘盈的其他入库单，单击“审核”，结果如图6-3所示。关闭该窗口。按此方法到“库存管理→出库业务→其他出库单”中找到并审核根据盘点表生成的其他出库单，如图6-4所示。关闭该窗口。

其他入库单

表体排序

◉ 蓝字
○ 红字

入库单号 0000000001 | 入库日期 2018-01-31 | 仓库 服装仓
入库类别 盘盈入库 | 业务类型 盘盈入库 | 业务号 0000000001
部门 | 审核日期 2018-01-31 | 备注

	存货编码	存货名称	主计量单位	数量	单价	金额
1	1106	嘉伟男风衣	件	5.00	638.60	3193.00
2						

图6-3　其他入库单

其他出库单

表体排序

◉ 蓝字
○ 红字

出库单号 0000000001 | 出库日期 2018-01-31 | 仓库 服装仓
出库类别 盘亏出库 | 业务类型 盘亏出库 | 业务号 0000000001
部门 | 审核日期 2018-01-31 | 备注

	存货编码	存货名称	主计量单位	数量	单价	金额
1	1105	嘉伟女风衣	件	10.00	499.33	4993.30
2						

图6-4　其他出库单

3.正常单据记账并生成凭证

（1）正常单据记账。2018年1月31日，由赵凯（W02）登录企业应用平台。在供应链的“存货核算”子系统，依次执行“业务核算→正常单据记账”命令，系统打开“查询条件选择”窗口，直接单击其“确定”按钮，系统打开“未记账单据一览表”窗口，如图6-5所示。对上一步的其他出、入库单进行正常单据记账。记账完毕关闭该窗口。

正常单据记账列表

记录总数：2

选择	日期	单据号	存货编码	存货名称	单据类型	仓库名称	收发类别	数量	单价	金额
	2018-01-31	0000000001	1106	嘉伟男风衣	其他入库单	服装仓	盘盈入库	5.00	638.60	3,193.00
	2018-01-31	0000000001	1105	嘉伟女风衣	其他出库单	服装仓	盘亏出库	10.00	499.33	4,993.30
小计								15.00		8,186.30

图6-5　正常单据记账列表

（2）生成凭证。依次执行“存货核算”子系统的“财务核算→生成凭证”命令，系统打开“生成凭证”窗口。把上一步正常单据记账的其他出、入库单生成记账凭证，其中其他出库单所生成的凭证须在贷方手工补充会计分录“应交税费/应交增值税/进项税额转出”。保存两张记账凭证，结果如图6-6、图6-7所示。

已生成

记账凭证

记　字 0137　　制单日期：2018.01.31　　审核日期：　　附单据数：1

摘要	科目名称	借方金额	贷方金额
其他入库单	库存商品	319300	
其他入库单	待处理财产损溢/待处理流动资产损溢		319300
票号 日期　数量 单价	合计	319300	319300

备注　项目　部门　个人　客户　业务员

记账　审核　出纳　制单　赵凯

图6-6　记账凭证

已生成

记账凭证

记　字 0138　　制单日期：2018.01.31　　审核日期：　　附单据数：1

摘要	科目名称	借方金额	贷方金额
其他出库单	待处理财产损溢/待处理流动资产损溢	584216	
其他出库单	库存商品		499330
其他出库单	应交税费/应交增值税/进项税额转出		84886
票号 日期　数量 单价	合计	584216	584216

备注　项目　部门　个人　客户　业务员

记账　审核　出纳　制单　赵凯

图6-7　记账凭证

4.盘点结果处理

根据图6-1，在总账系统填制记账凭证，对盘点结果进行处理，结果如图6-8、图6-9所示。

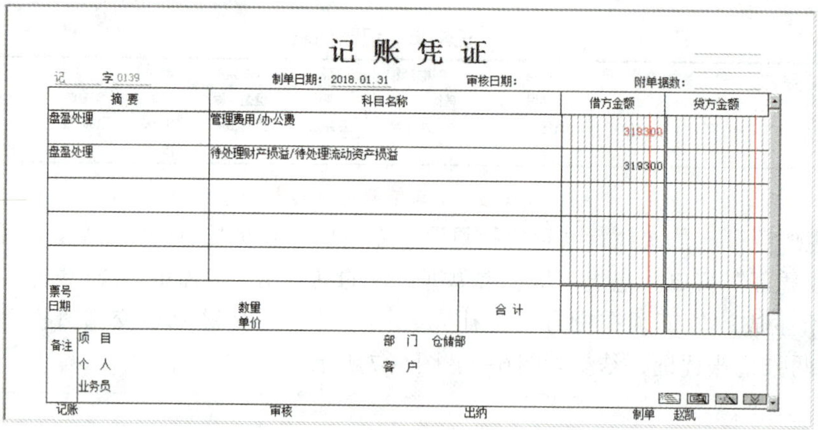

图6-8　记账凭证

图6-9　记账凭证

任务2　计提存货跌价准备

2018年1月31日，接销售部通知，部分库存商品期末可变现净值低于成本，按要求计提存货跌价准备。

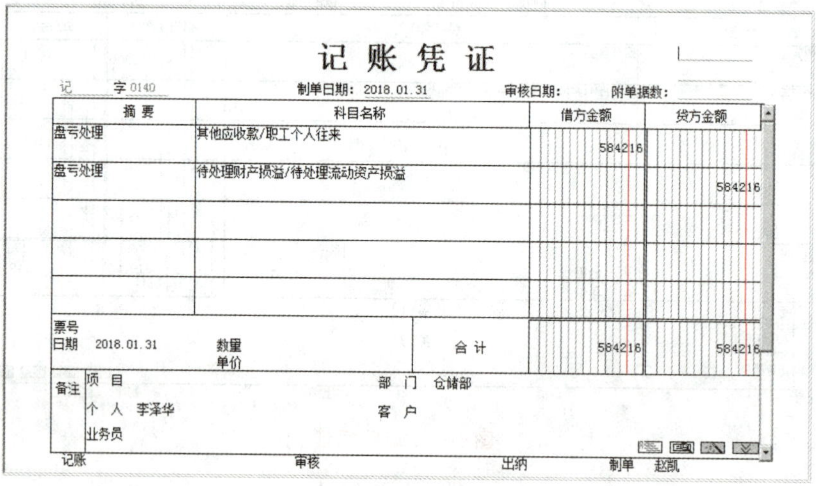

相关凭证如图6-10所示。

销售部通知

经全面清查，由于市场物价异动，下列商品期末预计可变现净值的单价如下：　　　　　　金额单位：元

存货编码	商品名称	成本价	可变现净值单价
1101	百盛男夹克	298.00	250.00
1107	嘉伟羽绒服	598.74	450.00

销售部：刘晓明

图6-10　销售部通知

【操作过程概览】

本业务的操作过程概览见表6-2。

表6-2　　　　　　　　　　　　操作过程概览

序号	操作日期	操作员	系统	操作内容
1	2018-01-31	W02赵凯	存货核算	计提跌价准备
2	2018-01-31	W02赵凯	存货核算	跌价准备制单

【具体操作过程】

1.计提跌价准备

2018年1月31日，由赵凯（W02）登录企业应用平台。依次双击"业务工作"页签中"供应链→存货核算→跌价准备→计提跌价准备"菜单，系统打开"计提跌价处理单"窗口。单击"增加"，表头项目"部门"选择"仓储部"。根据图6-10，表体选择"百盛男夹克"和"嘉伟羽绒服"，前者的"可变现价格"输入250，后者的"可变现价格"输入450。输入完毕保存并审核该处理单，结果如图6-11所示。关闭该窗口。

计提跌价处理单

表体排序

单据号 0000000001　　　　　单据日期 2018-01-31　　　　　部门　仓储部
凭证号　　　　　　　　　　凭证日期　　　　　　　　　　凭证摘要

	存货编码	存货名称	计量单位	结存数量	结存单价	结存金额	可变现价格	可变现金额	本次计提金额
1	1101	百盛男夹克	件	7390.00	298.00	2202220.00	250.00	1847500.00	354720.00
2	1107	嘉伟羽绒服	件	10153.00	598.74	6078980.00	450.00	4568850.00	1510130.00
3									

图6-11　计提跌价处理单

2.跌价准备制单

执行存货核算系统的"跌价准备→跌价准备制单"命令，系统打开"生成凭证"窗口。单击"选择"，系统弹出"查询条件"窗口，单击"确定"，打开"选择单据"窗口，单击"全选"，再单击"确定"，系统自动退出"选择单据"窗口进入"生成凭证"窗口。单击工具栏的"生成"按钮，系统打开"填制凭证"窗口并自动生成凭证。单击工具栏的"保存"按钮，保存该凭证，如图6-12所示。关闭该窗口。

记 账 凭 证

已生成　　记　字 0141　　制单日期：2018.01.31　　审核日期：　　附单据数：1

摘要	科目名称	借方金额	贷方金额
跌价准备	资产减值损失	186485000	
跌价准备	存货跌价准备		186485000
	合　计	186485000	186485000

票号 日期　　数量 单价　　　　　　　　　　

备注 项目　部门　个人　客户　业务员

记账　　　审核　　　出纳　　　制单 赵凯

图6-12　记账凭证

任务3　　　　　　　　　　期末处理

一、月末结账

2018年1月31日，对采购管理、销售管理、库存管理、存货核算、应收款管理、应付款管理以及总账等七个子系统进行月末结账。

【操作过程概览】

本业务的操作过程概览见表6-3。

表6-3　　　　　　　　　　　　　　操作过程概览

序号	操作日期	操作员	系统	操作内容
1	2018-01-31	G01张宏亮	采购管理	采购管理系统月末结账
2	2018-01-31	X01刘晓明	销售管理	销售管理系统月末结账
3	2018-01-31	C01李泽华	库存管理	库存管理系统月末结账
4	2018-01-31	W02赵凯	存货核算	存货核算系统月末结账
5	2018-01-31	W02赵凯	应收款管理	应收款管理系统月末结账
6	2018-01-31	W02赵凯	应付款管理	应付款管理系统月末结账
7	2018-01-31	W02赵凯	总账	总账系统月末结账

【具体操作过程】

1.采购管理系统月末结账

2018年1月31日，由张宏亮（G01）登录企业应用平台。依次双击"业务工作"页签中"供应链→采购管理→月末结账"菜单，打开"结账"对话框，单击"结账"按钮，系统弹出"月末结账"对话框，提示是否关闭订单，单击"否"，完成月末结账。

2.销售管理系统月末结账

2018年1月31日，由刘晓明（X01）登录企业应用平台。依次双击"业务工作"页签中"供应链→销售管理→月末结账"菜单，打开"结账"对话框，单击"结账"按钮，系统弹出"销售管理"对话框，提示是否关闭订单，单击"否"，完成月末结账。

3.库存管理系统月末结账

2018年1月31日，由李泽华（C01）登录企业应用平台。依次双击"业务工作"页签中"供应链→库存管理→月末结账"菜单，打开"结账"对话框，单击"结账"按钮，系统弹出"库存管理"对话框，提示"库存启用月份结账后将不能修改期初数据，是否继续结账?"，单击"是"，完成月末结账。

4.存货核算系统月末结账

2018年1月31日，由赵凯（W02）登录企业应用平台。依次双击"业务工作"页签中"供应链→存货核算→业务核算→期末处理"菜单，打开"期末处理-1月"对话框，单击"确定"按钮，系统提示"期末处理完毕!"，单击"确定"。

双击存货核算系统的"业务核算→月末结账"菜单，打开"结账"对话框，单击"结账"，系统提示"月末结账完成!"

5.应收款管理系统月末结账

依次双击"业务工作"页签中"财务会计→应收款管理→期末处理→月末结账"菜单，打开"月末处理"对话框，双击1月份的"结账标志"栏，单击"下一步"，单击

"完成"，系统提示"1月份结账成功"。

6.应付款管理系统月末结账

依次双击"业务工作"页签中"财务会计→应付款管理→期末处理→月末结账"菜单，打开"月末处理"对话框，双击1月份的"结账标志"栏，单击"下一步"，单击"完成"，系统提示"1月份结账成功"。

7.总账系统月末结账

依次双击"业务工作"页签中"财务会计→总账→期末→结账"菜单，进行总账月末结账。结账前须完成记账凭证的出纳签字、审核、记账以及期间损益结转等工作。

二、账表查询

查询2018年1月份百盛男套装的存货明细账。

【操作过程概览】

本业务的操作过程概览见表6-4。

表6-4　　　　　　　　　　　　操作过程概览

序号	操作日期	操作员	系统	操作内容
1	2018-01-31	W02赵凯	存货核算	账表查询

【具体操作过程】

2018年1月31日，由赵凯（W02）登录企业应用平台。依次双击"业务工作"页签中"供应链→存货核算→账表→明细账"菜单，打开"明细账查询"对话框，"仓库"选择"服装仓"，"商品编码"选择"百盛男套装"，单击"确定"，结果如图6-13所示。

明细账

仓库：(1) 服装仓
商品：(1104)百盛男套装　　　　　　...　　　规格型号：
计量单位：套　　　　　　　　　　　　　　　存货代码：
最高存量：　　　　　　最低存量：　　　　　安全库存量：

记账日期 2018年		凭证号	摘要		收入			发出			结存		
月	日		凭证摘要	收发类别	数量	单价	金额	数量	单价	金额	数量	单价	金额
			期初结存								20,000.00	328.00	6,560,000.00
2018-01-03	1	3	记 18	采购入库单	采购入库	100.00	325.00	32,500.00				20,100.00	327.99	6,592,500.00
2018-01-09	1	9	记 49	红字回冲单	采购入库	-20,000.00	328.00	-6,560,000.00				100.00	325.00	32,500.00
2018-01-09	1	9	记 50	蓝字回冲单	采购入库	20,000.00	325.00	6,500,000.00				20,100.00	325.00	6,532,500.00
2018-01-11	1	11	记 67	专用发票	销售出库				500.00	328.00	164,000.00	19,600.00	324.92	6,368,500.00
2018-01-23	1	23	记 129	专用发票	售后回购出库				2,000.00	328.00	656,000.00	17,600.00	324.57	5,712,500.00
			1月合计		100.00		-27,500.00	2,500.00		820,000.00	17,600.00	324.57	5,712,500.00
			本年累计		100.00		-27,500.00	2,500.00		820,000.00			

图6-13　明细账

参考文献

［1］赵建新，宋郁，周宏.新编用友ERP供应链管理系统实验教程［M］.北京：清华大学出版社，2009.

［2］牛永芹，刘大斌，曹芳林.ERP供应链管理系统实训教程［M］.3版.北京：高等教育出版社，2017.

［3］刘春梅，王新玲.会计信息化实训教程［M］.北京：清华大学出版社，2015.

［4］张莉莉.企业财务业务一体化实训教程［M］.北京：清华大学出版社，2014.

［5］毛华扬，邹淑.会计业务一体化实验教程［M］.北京：清华大学出版社，2014.

［6］中国注册会计师协会.会计［M］.北京：中国财政经济出版社，2017.

［7］中国注册会计师协会.税法［M］.北京：中国财政经济出版社，2017.

［8］张瑞君，蒋砚章.会计信息系统［M］.7版.北京：中国人民大学出版社，2015.

［9］谢歆.委托代销在用友ERP－U8.72软件中的实现［J］.科技展望，2014（15）.

［10］谢歆，郭小芬.非货币性资产交换在用友ERP－U8V10.1软件中的实现探讨［J］.经济技术协作信息，2015（13）.

［11］宋红尔.非货币性资产交换在用友U8.72软件中的实现［J］.中国管理信息化，2015（13）.

［12］刘秀艳.用友ERP－U8 V10.1环境下固定资产与存货交换业务处理［J］.中外企业家，2015（22）.

［13］郭小芬，谢歆.特殊销售业务在用友ERP－U8 V10.1软件中的实现探讨［J］.商，2015（34）.

［14］郭小芬.债务重组在用友ERP－U8.72财务软件中的实现［J］.中国乡镇企业会计，2014（9）.

［15］谢歆，郭小芬.用友U8.72管理系统受托代销业务处理探讨［J］.中国电子商务，2014（21）.

［16］宋红尔，吴爽.销售定金在用友U8 V10.1软件中的信息化处理流程［J］.中国管理信息化，2016（9）.

［17］宋红尔，吴爽.用友U8先发货后开票模式与开票直接发货模式比较研究［J］.财会学习，2016（20）.

［18］郭小芬.外币业务在用友ERP-U8V10.1软件中的处理探讨——以2015年全国职业院校技能大赛样题为例［J］.经济管理（全文版），2016（6）.

［19］全国职业院校技能大赛网.2015年全国职业院校技能大赛赛项正式赛题（高职组）［EB/OL］.［2015－07－24］.http://www.chinaskills-jsw.org/content.jsp?id=ff8080814ead5a97015217ebf68a08c6&classid=ff8080814ead5a97015217ea88d208a8.

［20］全国职业院校技能大赛网.2016年全国职业院校技能大赛高职组赛项正式赛卷［EB/OL］.［2016-05-17］. http://www.chinaskills-jsw.org/content.jsp?id=ff80808154109a6c0154c009934b04eb&classid=ff8080814ead5a97015217ea88d208a8.

［21］全国职业院校技能大赛网.2017年全国职业院校技能大赛高职组赛项正式赛卷［EB/OL］.［2017-05-26］. http://www.chinaskills-jsw.org/content.jsp?id=ff8080815bf9bc00015c483769e20107&classid=ff8080814ead5a97015217ea88d208a8.